电子政务基础教程

田景熙 叶 苗 郑鑫宁 田维涿 编著

东南大学出版社
SOUTHEAST UNIVERSITY PRESS
·南京·

内容提要

本书在系统阐述电子政务的总体架构、技术基础、标准体系、资源加工、编目体系、数据整合、质量管理、政务网站建设、业务运行与政务绩效评估等基本理论的基础上，全面给出了该领域的知识与学科体系；在实践层面上跟踪国际电子政务的发展前沿，以及国内在"互联网＋政务服务"理念指导下产生的种种创新性的发展与经验；同时还介绍了一些新信息技术与电子政务的融合，如聚类分析、代理服务、资源互联互通等。

本书是作者在长期从事电子政务理论研究与各类政务系统的开发、建设与运行实践基础上撰写的，对影响电子政务领域的诸多"难点、痛点、堵点"问题有深入理解，故撰写中以政务应用为核心，突出对政务数据资源的采集、分类、编目、系统化描述、整合共享与质量管控等，全面剖析了"互联网＋政务服务"所需的代表性技术、业务与运行体系。

本书可作为高等院校公共管理、信息管理等专业的教材，也可供各类电子政务咨询机构、应用系统开发机构、数据管理机构及其他相关领域研发人员参考，对各类政府机构、事业单位等从事相关工作的人员也有参考价值。

图书在版编目(CIP)数据

电子政务基础教程/田景熙等编著. —南京：东南大学出版社，2019.7
 ISBN 978-7-5641-8403-2

Ⅰ. ①电… Ⅱ. ①田… Ⅲ. ①电子政务—高等学校—教材 Ⅳ. ①D035-39

中国版本图书馆 CIP 数据核字(2019)第 084474 号

出版发行：东南大学出版社
社　　址：南京市四牌楼2号　邮编：210096
出 版 人：江建中
网　　址：http://www.seupress.com
电子邮箱：press@seupress.com
经　　销：全国各地新华书店
印　　刷：虎彩印艺股份有限公司
开　　本：787×1092　1/16
印　　张：19
字　　数：480 千字
版　　次：2019 年 7 月第 1 版
印　　次：2019 年 7 月第 1 次印刷
书　　号：ISBN 978-7-5641-8403-2
定　　价：49.00 元

本社图书若有印装质量问题，请直接与营销部联系。电话(传真)：025-83791830

前　言

当前,在大数据、云计算、移动通信、物联网等新信息技术的推动下,电子政务正朝着公众24小时在线、全媒体社交、跨领域协作互动、虚拟场景服务、共享经济、万物互联等新应用形态发展。同时,电子政务的内容也从"十三金工程""政府上网"等信息化基础设施建设和传统政务服务信息化,朝着全面扩展政府公共服务、深化改革、提高政务活动绩效等方向转变。

自十八大以来,电子政务向着解决企业和群众办事难、办事慢、多头跑、来回跑等问题,推进简政放权、放管结合、优化服务改革的方向发展,降低了制度性交易成本,加快转变了政府职能和作风,提升了政府治理能力和水平。十九大进一步强化了政府的职能转变和简政放权,"互联网十政务服务"围绕面向企业和群众、依申请办理行政审批和公共服务事项,推动了审批服务理念、制度、作风全方位、深层次的变革,打造出"宽进、快办、严管、便民、公开"的服务模式,最大限度减少了企业和群众跑政府的次数。电子政务已从初期的"十三金工程"建设不断扩展延伸与细化,下沉到社会公共服务的方方面面。例如不动产登记、市场准入、企业投资、建设工程、民生事务中企业和群众关注的各类具体事项的接收与办理上,此时电子政务的主要功能在于减环节、减材料、减时限、减费用、提升效率、流程透明、全程监管等方面,体现为减少了大量的盖章、审核、备案、确认、告知等繁琐环节和手续。在办事流程上,各级政务服务大厅的"一站式"服务通过"前台综合受理、后台分类审批、综合窗口出件"的一窗受理,实现集成服务模式。其综合效果,还体现在不断优化办事、创业和营商环境,增强政府公信力和执行力,推动政府治理体系和治理能力现代化上。

电子政务的进一步发展,将以"ABCDR"即人工智能(Artificial Intelligence)、区块链(Block Chain)、云计算(Cloud Computing)、大数据(Big Data)和机器人(Robot)等高新技术的综合应用为特征,使以事务办理为主要内容的服务向智慧型、敏捷型、互动型、改善公众服务体验与提供个性化服务等方向发展,不仅在实现"让数据多跑路、群众少跑腿"上起关键作用,还进一步为政府在坚持体制创新与促进"互联网十"融合,强化互联网思维,推动管理创新,逐步向建立数字政府、改善社会治理、调整产业结构、建立环境友好型社会、改善营商环境、优化配置社会与产业资源、提升国际竞争力等诸多宏观决策与管理等领域的发展提供支撑。

电子政务在全球范围内成为继电子商务之后发展最快、变革最新、对政府服务能力和对社会影响力最大、与国家竞争力培育最为密切的领域,自然也为各高等学校在全球信息化大变革中进行公用管理专业建设和人才培养带来了新的机遇和挑战。电子政务的快速更新、不断迭代、动态演进的发展,已成国家信息化战略中具有长远性、全局性、前瞻性和基础性的工作,推动该领域专业化与信息化人才的教育和培养就是一件具有重要意义的工作。

为此,我们编写了这本基础性教材,以期对电子政务的基本概念、总体架构、技术基础、标准体系、资源加工、编目体系、数据整合、质量管理、政务网站建设、业务运行与绩效评估等基本理论进行介绍。考虑到国内电子政务尚未形成独立学科，多数院校都在公共管理、政治学等专业下设置电子政务方向并开设电子政务课程，普遍存在该领域师资力量不足、教学内容陈旧等情况。

本书针对传统文科专业补充了基础信息技术内容，系统介绍了该领域的知识与相关学科体系和基础架构。同时，由于作者长期从事电子政务理论研究与各类实际应用系统的开发、建设、咨询与测评的工作，对当前影响政务领域的诸多难点、痛点与堵点问题有深入理解，故撰写中以政务应用为核心，重点介绍了对电子政务业务各类数据资源的采集、分类、编目、标准化加工、系统化描述、整合共享与质量管理和控制等内容，剖析了实施"互联网＋政务服务"所涉及的主要技术、资源、业务与运行管理体系等。本书内容上既跟踪了国际电子政务的发展前沿，又分析了国内以"互联网＋政务服务"为代表的各种创新性实践，以及与电子政务发展密切相关的新信息技术，如聚类分析、代理服务、资源互联互通等，为进一步学习如数字政府、智慧政务等相关领域知识打下基础。

本书编写中得到国际数据管理协会（DAMA-International）中国分会、国脉集团、国脉研究院、南京师范大学泰州学院信科院等机构和专家、教师的大力支持，在此表示感谢！同时，本书引用了互联网上最新的文字与图片材料，在此谨向原作者和刊载机构表示感谢，对不能一一注明引用来源的表示歉意，并声明该部分著作权属于原创作者，对他们在网上提供内容共享表示感谢。

当然，电子政务是一个内容广泛、形态多变、快速发展的综合领域，加之作品有限且编写仓促，书中错误在所难免，敬请读者批评指正！

编　者
2019 年 6 月 11 日

目 录

1 电子政务概述 ·· 1
　1.1 电子政务概念 ·· 1
　1.2 电子政务与传统政务的区别 ·· 2
　1.3 电子政务的特点 ·· 3
　1.4 电子政务的发展动因 ·· 4
　1.5 电子政务的发展历程 ·· 5
　　1.5.1 各国电子政务发展的一般历程 ··· 5
　　1.5.2 我国电子政务的发展历程与取得的成就 ····························· 6
　　1.5.3 我国电子政务发展的基础 ··· 9
　　1.5.4 我国电子政务应用的深度与广度 ······································· 10
　1.6 我国新时期的电子政务发展 ·· 11
　　1.6.1 我国电子政务存在的问题 ··· 11
　　1.6.2 我国电子政务的发展方向 ··· 12
　　1.6.3 我国电子政务发展的目标 ··· 13
　1.7 电子政务的主要形式 ·· 13
　思考题 ·· 15
2 电子政务技术基础 ·· 16
　2.1 网络基础知识 ·· 16
　　2.1.1 计算机网络的概念与功能 ··· 16
　　2.1.2 计算机网络的组成 ··· 17
　　2.1.3 计算机网络的分类 ··· 19
　　2.1.4 网络协议 ··· 20
　　2.1.5 计算机网络软件 ··· 21
　2.2 互联网简介 ·· 21
　　2.2.1 互联网的形成与发展 ··· 22
　　2.2.2 互联网的组成及主要功能 ··· 23
　　2.2.3 IP 地址 ·· 24
　　2.2.4 域名系统 ··· 25
　　2.2.5 互联网接入方式 ··· 27
　　2.2.6 内联网和外联网 ··· 28
　2.3 无线网络与移动通信 ·· 29
　　2.3.1 无线网络 ··· 29

  2.3.2 移动通信 ………………………………………………………… 30
 2.4 网络服务及常用工具 ……………………………………………………… 31
  2.4.1 万维网服务 ……………………………………………………… 31
  2.4.2 电子邮件服务 …………………………………………………… 31
  2.4.3 文件传输服务 …………………………………………………… 32
  2.4.4 远程登录服务 …………………………………………………… 32
  2.4.5 网络常用工具 …………………………………………………… 33
  2.4.6 EDI 技术 ………………………………………………………… 34
 2.5 电子政务中网络与信息安全 ……………………………………………… 36
 思考题 …………………………………………………………………………… 38

3 电子政务系统总体架构 …………………………………………………………… 39
 3.1 电子政务系统概念 ………………………………………………………… 39
 3.2 电子政务系统的特点 ……………………………………………………… 39
  3.2.1 电子政务系统简述 ……………………………………………… 39
  3.2.2 电子政务系统的特征 …………………………………………… 41
 3.4 电子政务系统的概念框架 ………………………………………………… 45
  3.4.1 系统概念框架简介 ……………………………………………… 45
  3.4.2 电子政务系统的技术架构 ……………………………………… 45
 3.5 电子政务系统接口 ………………………………………………………… 47
  3.5.1 政务系统公众接口的特征 ……………………………………… 47
  3.5.2 业务应用层的关联模型 ………………………………………… 48
 3.6 政务系统信息资源架构 …………………………………………………… 49
  3.6.1 统一数据交换平台架构 ………………………………………… 50
  3.6.2 政务数据资源的共享与集成 …………………………………… 51
 3.7 政务服务的相关技术 ……………………………………………………… 51
  3.7.1 门户(Portal)技术 ……………………………………………… 51
  3.7.2 Web 服务(Web Services) …………………………………… 51
  3.7.3 目录服务 ………………………………………………………… 52
 3.8 电子政务系统服务模型 …………………………………………………… 52
  3.8.1 电子政务系统服务流程 ………………………………………… 52
  3.8.2 电子政务行政层级模型 ………………………………………… 53
  3.8.3 政务平台的构建模式 …………………………………………… 54
 3.9 "互联网+政务服务"技术体系总体架构 ……………………………… 55
 3.10 政务服务数据共享平台架构 …………………………………………… 56
  3.10.1 政务数据共享流程 …………………………………………… 56
  3.10.2 电子政务应用集成模式 ……………………………………… 57
 3.11 政务服务的网上支付体系架构 ………………………………………… 58
 3.12 电子政务系统架构设计的一般要求 …………………………………… 59
 思考题 …………………………………………………………………………… 59

4 电子政务标准体系 ... 60
4.1 电子政务标准体系概述 ... 60
4.2 电子政务标准化概述 ... 60
4.2.1 标准化的定义 ... 60
4.2.2 标准化的原理与方法 ... 60
4.2.3 标准化的层级范围 ... 61
4.2.4 开展电子政务标准化的目的 ... 61
4.2.5 电子政务标准化的实施 ... 62
4.3 电子政务标准化体系框架 ... 63
4.3.1 电子政务标准体系的概念与作用 ... 63
4.3.2 电子政务标准化内容 ... 64
4.4 电子政府数据资源标准 ... 65
4.4.1 电子政务数据资源的特殊性 ... 65
4.4.2 电子政务数据资源标准化体系 ... 65
4.5 电子政务标准化的实施 ... 67
4.5.1 电子政务标准化过程的特点 ... 67
4.5.2 电子政务标准化过程体系 ... 67
4.6 ISO/IEC 20000 在电子政务标准化中的应用 ... 69
4.6.1 ISO/IEC 20000 简介 ... 69
4.6.2 ISO/IEC 20000 的作用 ... 69
4.6.3 ISO/IEC 20000 的内容 ... 70
4.6.4 ISO/IEC 20000 的实施 ... 72
4.7 其他相关政务标准体系 ... 74
4.7.1 ISO 9000 质量管理体系 ... 74
4.7.2 ISO/IEC 27001 信息安全管理体系 ... 75
思考题 ... 75

5 政务信息资源的形态、加工和语义处理 ... 76
5.1 概述 ... 76
5.2 数据、信息与知识 ... 76
5.2.1 政务系统中的资源形态 ... 76
5.2.2 数据、信息与知识模型 ... 76
5.3 电子政务基础数据资源与标准化 ... 79
5.3.1 政务术语与概念标准化 ... 79
5.3.2 基础数据标准化 ... 80
5.3.3 基于概念的资源描述 ... 80
5.4 语义计算 ... 81
5.4.1 基于自然语言的资源处理技术 ... 81
5.4.2 汉语分词与专业语料库 ... 82
5.4.3 语义计算的应用 ... 82

5.5 基于知识管理的电子政务系统架构 …… 86
5.5.1 传统三层架构系统模型的缺陷 …… 86
5.5.2 智能数据操作层架构 …… 87
5.6 基于知识管理的电子政务系统功能 …… 90
5.6.1 自动相关链接 …… 90
5.6.2 形成自动摘要 …… 91
5.6.3 内容匹配 …… 92
5.6.4 信息获取和检索 …… 92
5.6.5 自动内容综合与精练 …… 93
5.6.6 自动语言探测 …… 93
思考题 …… 94

6 政务信息资源分类 …… 95
6.1 政务信息资源分类概述 …… 95
6.1.1 分类简述 …… 95
6.1.2 政务信息资源分类 …… 95
6.2 政务信息资源的分类原理 …… 95
6.2.1 信息资源的基本分类原理 …… 95
6.2.2 政务信息资源的分类原则 …… 97
6.3 政务信息分类系统 …… 97
6.3.1 政务信息分类技术架构 …… 97
6.3.2 四种政务资源分类和编码结构 …… 98
6.3.3 面向资源共享的政务信息分类体系 …… 101
6.4 共享政务信息资源分类体系 …… 102
6.4.1 共享政务信息资源分类体系架构 …… 102
6.4.2 分类层级与结构 …… 103
6.4.3 主题分类 …… 104
6.4.4 其他主题政务分类标准 …… 107
6.5 信息资源的自动分类 …… 109
6.5.1 信息资源自动分类概述 …… 109
6.5.2 自动分类技术的需求背景 …… 110
6.5.3 自动分类算法简介 …… 110
6.5.4 自动分类技术的特点 …… 115
6.5.5 自动分类法在政务资源分类应用中的特点 …… 116
6.5.6 人工分类与自动分类的比较 …… 116
思考题 …… 117

7 政务信息资源编目与目录体系 …… 118
7.1 政务信息资源编目 …… 118
7.1.1 政务信息资源编目概述 …… 118
7.1.2 政务信息资源编目内容 …… 118

7.1.3　政务信息资源编目流程 ·· 119
　7.2　政务信息资源调查内容 ·· 122
　　　7.2.1　政务信息资源调查模板 ·· 122
　　　7.2.2　政务信息资源编目 ··· 123
　7.3　政务信息资源目录体系 ·· 124
　　　7.3.1　政务信息资源目录体系概述 ······································· 124
　　　7.3.2　政务信息资源目录体系的内容 ···································· 124
　　　7.3.3　政务信息资源目录体系的供需构成 ····························· 125
　7.4　政务信息资源目录体系的功能 ··· 126
　　　7.4.1　信息资源的组织 ·· 127
　　　7.4.2　信息资源目录的接口 ··· 127
　　　7.4.3　信息资源目录的管理 ··· 127
　　　7.4.4　信息资源的发现与定位 ·· 127
　　　7.4.5　信息资源的集成 ·· 127
　　　7.4.6　政务协同的实现 ·· 127
　　　7.4.7　专题化与个性化资源定制 ·· 128
　7.5　政务信息资源目录体系的管理 ··· 128
　　　7.5.1　编目管理 ··· 128
　　　7.5.2　注册管理 ··· 128
　　　7.5.3　要素与过程管理 ·· 128
　7.6　政务信息资源目录体系工作流程 ··· 130
　　　7.6.1　常规作业流程 ·· 130
　　　7.6.2　共享交换作业流程 ··· 130
　7.7　政务信息资源目录体系建设 ·· 131
　　　7.7.1　一般政务信息资源目录体系建设 ································ 131
　　　7.7.2　国家政务信息资源目录体系架构 ································ 132
　　　7.7.3　分级管理内容 ·· 133
　　　7.7.4　政务资源目录体系技术管理要求 ································ 133
　　　7.7.5　目录体系的编制与扩充 ·· 135
　思考题 ·· 136

8　政务信息系统整合共享 ·· 137
　8.1　政务信息系统整合共享概述 ·· 137
　8.2　政务信息系统整合共享的资源架构 ······································ 137
　　　8.2.1　政务信息系统整合共享的基础 ···································· 137
　　　8.2.2　政务信息系统的整合共享条件 ···································· 138
　8.3　参与整合共享的数据类型 ·· 138
　　　8.3.1　元数据 ··· 138
　　　8.3.2　数据元 ··· 146
　　　8.3.3　主数据和参考数据 ··· 147

8.3.4 业务数据 ····· 155
8.3.5 指标数据 ····· 156
8.4 共享政府数据词典 ····· 156
8.4.1 电子政务数据字典 ····· 156
8.4.2 数据字典的内容 ····· 156
8.4.3 电子政务数据字典的分类 ····· 157
8.5 共享数据分类与编码 ····· 158
8.5.1 共享编码的数据分类 ····· 158
8.5.2 数据编码 ····· 158
8.6 政务信息资源目录与共享交换 ····· 159
8.6.1 面向共享交换的政务信息资源目录概念 ····· 159
8.6.2 政务信息资源目录交换体系 ····· 159
思考题 ····· 161

9 政务数据质量管理 ····· 162
9.1 政务数据质量管理概述 ····· 162
9.2 政务数据质量管理概念 ····· 162
9.2.1 政务数据质量管理的定义与内涵 ····· 162
9.2.2 政务数据质量管理方法 ····· 163
9.2.3 政务数据质量意识与质量管理目标 ····· 164
9.3 政务数据质量管理内容 ····· 164
9.3.1 数据质量管理活动框架 ····· 164
9.3.2 政务数据质量管理的对象、参与者、工具与测量体系 ····· 165
9.3.3 数据质量的供给、输入与成果 ····· 166
9.4 政务数据质量体系 ····· 166
9.4.1 质量体系概述 ····· 166
9.4.2 政务数据质量指标 ····· 166
9.4.3 元数据质量管理 ····· 172
9.5 政务数据质量治理 ····· 173
9.5.1 数据质量治理概述 ····· 173
9.5.2 政务数据质量治理的流程 ····· 174
9.5.3 政务系统内外部的数据质量治理 ····· 174
9.6 政务大数据质量管理简述 ····· 176
9.6.1 传统环境与大数据环境的需求差异 ····· 176
9.6.2 大数据导致的数据质量管理变化 ····· 177
9.6.3 大数据分析的质量管理需求 ····· 178
思考题 ····· 178

10 聚类分析 ····· 180
10.1 聚类分析概述 ····· 180
10.2 政务数据聚类分析 ····· 181

  10.2.1 政务领域的聚类分析需求 ················· 181
  10.2.2 聚类分析的优点 ······················ 181
  10.2.3 聚类分析的一般方法 ··················· 182
  10.2.4 聚类分析方法的特征 ··················· 186
  10.2.4 聚类分析的性能 ······················ 186
  10.2.5 聚类分析的形式 ······················ 187
 10.3 聚类可视化 ····························· 188
  10.3.1 聚类可视化的需求 ···················· 188
  10.3.2 二维政务信息聚类分析 ················· 189
  10.3.3 三维政务信息聚类分析 ················· 191
 10.4 聚类分析的综合应用 ······················ 192
  10.4.1 聚类分析嵌入个人作业平台 ·············· 192
  10.4.2 聚类与分类结合 ······················ 193
 思考题 ···································· 194

11 政务信息代理服务 195
 11.1 政务信息代理概述 ······················· 195
 11.2 政务信息代理功能 ······················· 195
  11.2.1 信息代理概述 ······················· 195
  11.2.2 信息代理的框架与流程 ················· 196
  11.2.3 信息代理的特点 ······················ 197
 11.3 代理机制的建立 ························· 198
  11.3.1 电子政务的代理需求 ··················· 198
  11.3.2 代理机功能实例 ······················ 199
 11.4 代理服务简介 ··························· 200
 11.5 专家聚集 ······························ 203
 11.6 信息代理的发展 ························· 204
 思考题 ···································· 205

12 电子政务网站建设 206
 12.1 电子政务网站概述 ······················· 206
 12.2 政府网站的一般要求 ····················· 206
 12.3 政府网站建设要点 ······················· 206
  12.3.1 设计原则 ··························· 206
  12.3.2 职责分工 ··························· 207
  12.3.3 政府网站的开设与整合 ················· 208
 12.4 政府网站的基本功能与要求 ················ 208
  12.4.1 栏目与频道设置 ····················· 208
  12.4.2 解读与回应要求 ····················· 210
  12.4.3 办事服务 ··························· 210
  12.4.4 公众互动交流 ······················· 211

12.4.5　集约共享 211
　　　12.4.6　共享共用信息资源 212
　　　12.4.7　政务服务创新 212
　　　12.4.8　多渠道拓展 213
　　　12.4.9　安全要求 213
　　　12.4.10　机制保障 214
　12.5　政府网站建设与管理规范 215
　　　12.5.1　网上政府信息公开 215
　　　12.5.2　网上政府信息公开的栏目设置 216
　12.6　在线服务 217
　　　12.6.1　在线服务的要求 217
　　　12.6.2　在线服务的构成和实现方式 217
　　　12.6.3　在线服务的内容组织 218
　12.7　公众参与 218
　　　12.7.1　公众参与栏目的要求 218
　　　12.7.2　公众参与栏目的建设 218
　12.8　网站页面设计 219
　12.9　政府网站技术性能 219
　12.10　政府网站安全 220
　　　12.10.1　政府网站的物理安全 220
　　　12.10.2　政府网站的网络安全 220
　　　12.10.3　政府网站的系统安全 220
　　　12.10.4　政府网站的应用安全 220
　　　12.10.5　政府网站的数据安全 221
　12.11　政府网站管理制度 221
　　　12.11.1　政府网站组织管理制度 221
　　　12.11.2　政府网站在线服务制度 221
　　　12.11.3　政府网站公众参与制度 221
　　　12.11.4　政府网站技术运维管理制度 221
　　　12.11.5　政府网站安全管理制度 222
　　　12.11.6　其他相关制度 222
　思考题 222

13　电子政务绩效评估 223
　13.1　电子政务绩效评估概述 223
　　　13.1.1　电子政务绩效评估的定义 223
　　　13.1.2　电子政务绩效评估的内涵 224
　　　13.1.3　电子政务绩效评估的意义 224
　13.2　国内外电子政务绩效评估的基本框架 225
　　　13.2.1　国外相关绩效评估框架 225

13.2.2　国内部分电子政务绩效评估框架 ………………………………… 226
　　13.2.3　电子政务绩效评估框架类型 ………………………………………… 226
13.3　电子政务绩效评估体系 …………………………………………………………… 228
　　13.3.1　电子政务绩效评估体系与流程 ……………………………………… 228
　　13.3.2　评估方法、报告与成果 ……………………………………………… 229
　　13.3.3　评估基准 ……………………………………………………………… 229
13.4　电子政务绩效评估指标体系 ……………………………………………………… 230
　　13.4.1　电子政务绩效评估指标体系简介 …………………………………… 230
　　13.4.2　电子政务绩效评估指标体系的构建思路 …………………………… 230
　　13.4.3　电子政务绩效评估指标体系的构建原则 …………………………… 231
　　13.4.4　电子政务绩效评估指标体系 ………………………………………… 232
　　13.4.5　部委、省、市级政府网站绩效评估指标 …………………………… 236
　　13.4.6　质量-效益型(质效型)电子政务运维管理指标体系 ……………… 236
思考题 ……………………………………………………………………………………… 238

14　"互联网＋政务服务"技术体系 …………………………………………………… 239
14.1　"互联网＋政务服务"技术体系简介 …………………………………………… 239
14.2　"互联网＋政务服务"技术体系基本内容 ……………………………………… 239
　　14.2.1　体系目标 ……………………………………………………………… 239
　　14.2.2　重点任务 ……………………………………………………………… 240
　　14.2.3　"互联网＋政务服务"的主要内容 ………………………………… 241
　　14.2.4　"互联网＋政务服务"平台用户的注册和认证体系 ……………… 242
14.3　政务服务信息的汇聚、发布与提供 ……………………………………………… 244
　　14.3.1　需求侧(面向社会) …………………………………………………… 244
　　14.3.2　供给侧(面向政府) …………………………………………………… 245
　　14.3.3　政务服务事项的一体化办理 ………………………………………… 248
思考题 ……………………………………………………………………………………… 263

15　政务数据资源互联互通与整合 …………………………………………………… 264
15.1　政务数据资源互联互通与整合概述 ……………………………………………… 264
15.2　政务数据资源互联互通 …………………………………………………………… 264
　　15.2.1　统一数据交换 ………………………………………………………… 265
　　15.2.2　平台架构及功能 ……………………………………………………… 269
15.3　备份机制及运行保障 ……………………………………………………………… 270
15.4　各地区现有政务服务相关业务办理系统对接 …………………………………… 270
　　15.4.1　分类、分层级对接 …………………………………………………… 270
　　15.4.2　部门业务办理系统对接 ……………………………………………… 270
　　15.4.3　数据交换内容 ………………………………………………………… 271
15.5　省级平台与国务院部门相关系统数据对接 ……………………………………… 272
15.6　基础资源库共享共用 ……………………………………………………………… 273
　　15.6.1　共享共用模式 ………………………………………………………… 273

    15.6.2 访问方式和访问流程 274
    15.6.3 基础资源目录管理 275
  15.7 建立数据共享利用的管理机制 276
  15.8 关键保障技术 276
    15.8.1 平台支撑技术 276
    15.8.2 平台保障技术 280
  15.9 网上政务服务的监督考核 281
  思考题 282
附录一 2017年全国政府网站绩效评估指标体系(部委) 283
附录二 2017年全国政府网站绩效评估指标体系(省级) 285
附录三 2017年全国政府网站绩效评估指标体系(市级) 287
参考文献 289

1 电子政务概述

1.1 电子政务概念

自20世纪90年代电子政务(Electronic Government)概念出现以来,各国和国际权威机构都给出了相应的定义,几则代表性的定义如下:

(1) 国家标准《电子政务术语》(GB/T 25647—2010)对电子政务的定义 政务部门为实现政府与公民、企事业之间的信息交互,向社会提供优质、高效、透明的管理和服务,对自身的管理结构和业务流程进行梳理,运用信息技术所构建的技术系统和形成的服务体系。

(2) 联合国经济社会理事会对电子政务的定义 政府通过信息通信技术手段的密集性和战略性应用来组织与实施公共管理,旨在提高效率、增强政府的透明度、改善财政约束、改进公共政策的质量和决策的科学性,建立良好的政府之间、政府与社会,以及政府与公民之间的关系,提高公共服务的质量,赢得广泛的社会参与度。

(3) 世界银行对电子政务的定义 政府机构使用信息技术(如万维网、互联网和移动计算),赋予政府部门独特的能力,转变其与公民、企业、政府部门之间的关系。这些技术可以服务于不同的目的:向公民提供更加有效的政府服务、改进政府与企业和产业界的关系、通过利用信息更好地履行公民权,以及增加政府管理效能。因此而产生的收益可以减少腐败、提高透明度、促进政府服务更加便利化、增加政府收益或减少政府运行成本。

(4)《十六大报告辅导读本》(人民出版社2002年版)对电子政务的定义 利用信息网络技术和其他相关技术构造更加适合时代要求的政府结构和运行方式。电子政务建设的主要目的,是促进政府信息资源的开发利用和共享,提高行政效率和决策水平,改善公共服务质量和增加服务内容,增加办事执法的透明度,加强政府有效监管,建立政府与人民直接沟通的渠道,推动国民经济和社会信息化发展。电子政务建设不是简单地将政府原有的职能和业务流程电子化或网络化,而是政府行政方式和组织结构优化重组,必须与转变政府职能和机构改革紧密结合起来。

归纳以上诸定义,可得到电子政务概念的要点如下:

(1) 电子政务的目标性 电子政务是在促进政府信息资源的开发利用和共享的前提下,实现提高行政效率、提升决策水平、改善公共服务的目标。

(2) 电子政务的服务性 电子政务对内服务于各级各类机构的公务员、业务流转和事项处理,对外服务于社会公众与各类企事业单位和社会实体等。

(3) 电子政务的能动性 电子政务在现代信息、网络与计算机和其他技术为代表的新型生产力的蓬勃发展中应运而生,它将在政府结构和运行方式范畴内引发生产关系的转变,使之更适应知识与数字经济时代生产力的发展。

(4) 电子政务的变革性 电子政务的实施不只是新技术、新应用的引进,而且是通过促进政府转型，从战略、战役与战术等层面实施一系列系统化的变革，促进创新型政府、服务型政府的建立，并由此引发更深层的社会变革。

（5）电子政务的技术性　现代电子信息技术是电子政务的基础与支撑。随着云计算、大数据、物联网、移动通信、区块链、人工智能与计算机深度学习等领域的迅猛发展，大批高新技术不断被导入公共服务领域，推动着电子政务对政府形态、公共管理模式乃至社会信息化发展的关键性的引领作用。

（6）电子政务的知识性　随着"互联网＋"进入公共行政各领域，相对独立的经济、社会、金融、各门类产业、管理等应用学科在数字化空间中跨界融合，生成一系列的新知识与新应用，这对于构建知识型政府起着日益重要的作用。

（7）电子政务的系统性　电子政务是复杂的系统工程。首先，电子政务建设和运行的基础，即信息、通信与计算机领域本身就是综合性技术系统；其次，电子政务涉及的经济、社会、金融、各门类产业、行政管理等，都是复杂的巨型系统；最后，政府职能转变、机构改革更是复杂的系统工程。

1.2　电子政务与传统政务的区别

电子政务与传统政务在政府服务的形式、空间、界面、途径、方式、资源等诸方面有显著的不同，主要区别如下：

（1）服务形式　传统政务以机构实体形式进行，电子政务以网络虚拟空间形式进行。

（2）服务空间　传统政务以固定地点、面对面的方式进行，受空间限制；电子政务超越地域开展服务，不受空间限制。

（3）服务时间　传统政务受机关上下班作息时间限制，电子政务可 $7×24$ 小时全天候服务。

（4）服务界面　传统政务通过公众与公务员以人—人方式进行，电子政务中公众主要通过计算机或手机，以人—机方式进行。

（5）组织结构　传统政务以垂直的金字塔形分层架构进行，层级间易形成迟滞与梗阻；电子政务则通过扁平化辐射结构进行，提供更顺畅、便捷的沟通方式。

（6）政务处理程序　传统政务以机构间、部门间串行作业模式进行，电子政务则以网络化协同并行作业模式进行。

（7）决策资源　传统政务的决策依据主要为领导者的主观经验、判断力与既往知识等，电子政务的决策则更多地借助于大数据、多渠道信息和算法与模型等。

（8）沟通方式　传统政务只能在有限的时间、空间与公众群体范围中与公众沟通，电子政务则可不受时间、空间与群体范围的限制，通过多种信息媒体迅速与公众沟通和交互。

（9）行政成本　传统政务遵循政务边际成本递增法则，社会任务越重、管理范围越大、调控难度越大，相应成本也越高；而电子政务遵循政务边际成本递减法则，社会管理的中间成本、交流成本、时间成本等，均在社会管理范围扩大、集约化与共享化程度增加中减少。

（10）工作中心　传统政务的工作重点以各公共部门的孤立业务为中心，电子政务则力求以公众服务为中心，以共享资源为手段，构建跨机构的多功能、协作办理的公众服务平台。

（11）实施成本　与传统政务的规模—成本递增规律不同，实施电子政务的政府则遵循了边际成本递减规律，即随着政务服务量的增加，投入的信息化建设成本可以在更广的用户范围内加以均摊,而且云平台、大数据、集约化的计算中心和服务中心等运行模式,使政务基础设施的单位管理成本随其规模的扩展而下降。

除上述诸区别之外,随着大数据、物联网、移动通信、区块链、人工智能与计算机深度学习等领域的发展,大量新技术如模式识别、面部认证、场景与行为分析、客户画像、自动感知、机器人、虚拟现实、深度学习等技术不断进入公共服务领域,创生出的各种新应用还将进一步扩大电子政务与传统政务的区别。

1.3 电子政务的特点

电子政务是一场划时代的政治与社会变革,它具有如下特点。

1) 转变政府工作方式,提高政府行政效率和执政能力,提升政府形象

从政府管理角度,电子政务主要从以下三个方面推动着政府公共服务的变革:

(1) 政府可通过无所不在的信息网络向社会及时、准确、多媒介、多形态地传递信息。如政策服务、舆情与民意调查、信息咨询服务、信访服务以及其他面向公众与社会的服务等。

(2) 从技术、行政环境、作业流程与运行体制等方面提高政府服务效率,克服官僚主义。

(3) 促进公共服务的公开性、公正性与公平性,提高政府服务质量。在传统政务模式下,公众对政府提供的服务常处于被动状态,往往面临如"门难进、脸难看、话难听、事难办"的尴尬场面。而且人们对政府机构提供的服务,没有选择余地,更谈不上个性化服务。电子政务的兴起,使人们面对计算机或手机,通过政务网站提供统一、规范的信息界面,不仅极大地消除了信息不对称带来的公共服务的高成本、灰色操作、权力寻租与滋生腐败的温床,而且将实现以"数据跑路"取代"公众跑路",更能提供一些具有可选性甚至个性化的政务服务。

2) 提高政府科学决策水平,发扬民主,促进政务公开与廉政建设

实施电子政务可加强政府和社会公众对各级权力机构运行的监管,将政府相关信息和业务处理流程公开化、透明化。由于公共服务流程均通过电子政务平台自动运行,其处理过程、处理时间、处理结果、处理依据等对于相关领导、工作人员、服务对象、社会公众等来说都是可知、可询、透明的。这在一定程度上使权力展现于阳光之下,极大地减少了传统政务过程中可能出现的暗箱操作,实现了政务的公开化、透明化。电子政务能促使公众更多地参与决策过程。从公民角度,通过电子政务使公民能了解政府在做什么、如何做,因而可用多种方式及时表达意见、参政与议政等。

3) 有利于提升公务员水平,培养高素质的公务员队伍

开展电子政务不仅要求各级公务员对各种电子、网络与信息设备和技能有所了解、掌握与使用,更重要的是使他们能跟随全球信息化的大势,在云计算、大数据、移动通信、物联网、区块链、人工智能与计算机深度学习等影响全局的高新技术发展中,以更敏锐的眼光审视公众需求,提出各种更高层次的针对社会、经济、产业与文化发展等领域的新问题,开展分析性、探索性、指导性与决策性的研究。这些就需要各级公务员在充分占有数据资源、多种形式的信息载体、各种处理与运用的工具的基础上开展创新型的工作,有利于提升公务员在新技术环境中的分析、研判与解决问题的能力。

4) 优化行政资源配置,减少机构摩擦,降低行政成本与社会资源浪费

传统政务环境中,人力、信息与设备等行政资源都是以机构为边界进行独立配置、运行采集与使用的,这就造成了资源四分五裂的形态。电子政务将在虚拟空间中,以集约化、共享化

和规模化的形式打破这些藩篱与摩擦,具体途径如下:

(1) 政务云打破了传统机构一家一户式地重复建设数据中心的模式,以大规模、集约化服务方式大幅减少服务器等硬件设施的重复投资和小规模运行造成的浪费。

(2) 通过与社会上专业信息服务机构,如与空间信息服务平台、第三方支付平台、大型搜索引擎等的合作,以低成本、高辐射的形态,构建新型高效的公共服务,建立创新型公众服务业务。

(3) 通过政务大数据平台,可使各机构获得动态、充分且随需而变的信息资源。对政府机构之间,可构建协同共享的作业链;对社会公众,能消除反复填表、反复登录、反复输入个人或单位信息造成的不满,提升政府服务质量。

5) 借助信息技术,降低管理和服务成本,提升效率

传统政务之所以会出现管理成本过高、质量与效率低下等问题,原因之一就是不能充分利用信息资源,造成人力、物力、财力和时间的浪费。电子政务为建立高效能政府提供了良好契机,使政府能有效地利用政府内、外部信息资源,提高各种资源的利用效率,降低行政成本。如虚拟办公、移动政务、大数据分析、虚拟现实与深度学习等,皆有助于政府部门间实现跨系统、跨地区、跨行业、跨部门与跨层级的协同作业,可大大减少行政人员的办公与差旅费用、公民多次往返上门的时间与资金成本等。

6) 强调"以公众为中心"的政府服务,构建服务型政府

构建服务型政府是电子政务体现其价值的核心所在,服务型政府的中心职能与目的是社会公众服务,服务的精神、各种技术设施与手段等贯穿于政府活动始终,是形成服务型政府依存的主要依据和价值。同时,和谐民主的社会主张公众参与社会管理。但如何提供服务,提供什么类型的服务,相应的管理与技术手段和实施成本等,也都取决于公众的要求和愿望,政府决策也应围绕这一核心展开。在建立公众参与机制上,政府应保持公众参与渠道的便捷和畅通,让公众可以选择和表达各自需要的社会服务。

服务型政府反对官员本位和政府本位,提倡公民本位和社会本位,起到提高公民在公共服务提供和政务决策中的作用,实现了政府与公民间关系更加真实的平等。

所以,电子政务的实施承载着重大的历史使命,它在经济基础发生变革、人类社会进入知识经济的前提下,要求上层建筑领域转型变革以顺应生产力的发展,并落实在推动国民经济、社会事业、公众对美好生活的追求以及现代化、民主化、和谐化发展上。

1.4 电子政务的发展动因

在全球范围内,推动电子政务蓬勃发展的因素主要有以下几个:

(1) 当代科技的进步,尤其是微电子、计算机网络和通信技术的迅猛发展。如习近平指出的:"信息技术成为率先渗透到经济社会生活各领域的先导技术,将促进以物质生产、物质服务为主的经济发展模式向以信息生产、信息服务为主的经济模式转变,世界正在进入以信息产业为主导的新经济发展时期。"这一时期中,任何国家的政府、企业和各类社会机构的经济与管理关系都越来越复杂,运行与交流机制越来越深入,政府在内外事务决策上的难度也越来越大,风险增加。这就使政府在大规模、精确化、全方位、高速率地采集相关数据,分析与呈现其处理结果等方面提出更多的需求。

(2) 全球产业结构调整,经济一体化进程加快,各国经济、金融、产业与贸易等相互影响、

相互融合与相互竞争关系的多元化,加上国际间变幻莫测的政治、军事、经济、金融形势和地区安全局势与局部冲突演化等,都加大了各国政府研判和应对复杂形势、不确定事件、潜伏危机和突发灾害等方面的难度。

(3) 以互联网为代表的知识经济的兴起,使包括政府机构在内的各种社会组织的信息具有了开放性和传播性。随着民主化进程的加快,各国公众均要求以方便、快捷的方式享受良治政府带来的各项便捷服务,这也推动着各类职能机构在信息层、作业层、服务层和决策层上的跨界整合,以一个形象统一、职能集成、服务多元的"政府"面向全球公众(如美国的"第一政府"网站、中国的"国务院"微信公众号等)。这些都促使各国政府以信息化为杠杆,在行政执法与公共服务领域不断进行创新。

(4) 信息技术的发展,个人计算机尤其是智能手机的普及,网络带宽的提升,各类传感、图像采集和自动监管装置逐步进入公共服务领域,均使公众服务需求、公众与政府、公众与各类传媒间的联系发生了革命性的变化。纳税人要求政府在公共服务的门类、方便性、可用性和质量上,以及政府反应的敏捷性和满意度等方面有实质性的变革,要求政府公共服务提供全天候、全空间7×24小时的服务。

(5) 国际上的冷战时代虽已结束,世界以和平与发展为主题,但各国都可能随时面临一些自然与人为的突发性事件,如地质灾害、气象灾害、环境灾害、恐怖袭击、局部冲突与动荡、食品安全问题、卫生防疫问题等。这些都要求政府迅速动员并整合各方资源,启动相关应急预案,有效地进行动态指挥和实时管控响应等。

(6) 人类信息化已进入新阶段,除互联网外,物联网、云计算、大数据、人工智能、知识管理、语义计算、自动识别、虚拟现实、深度学习、场景分析与区块链技术等正不断应用于电子商务及信息化的各领域,也不断地从各角度和各层面推进电子政务的发展,为电子政务的创新提供技术先导,也不断地拓展其社会需求。

总之,在高新技术的拉动下,电子政务正呈现出融合、转型、创新与优化的趋势,它不断推动着传统政务从粗放管理模式向精准化、个性化、敏捷化、普惠化的服务模式转化,成为保障电子政务可持续发展、促进政府现代化治理水平升级发展的重要推动力。

1.5 电子政务的发展历程

1.5.1 各国电子政务发展的一般历程

各国电子政务的发展历程基本相似,都伴随着信息技术的发展一次次地飞跃。最初是随着计算机导入政府机构,产生了面向公文流转、内部事务管理的办公自动化系统建设阶段。其后进入互联网普及期,各国政府从中央到地方纷纷上网建站,开始了以信息发布为中心的政务信息发布时期。至今,单纯的政府网站已无法支撑公共行政管理、公众服务日益扩展与深入的需求,于是电子政务就朝着互为补充的两个方面深化。一方面是大规模的政府网站进行集群与资源整合成以改善行政管理、提升公共服务质量,如美国"第一政府"的联邦政府门户网站,倡导以"一键式"接触全美政府的服务模式,英国的"在线交互"式政府等,走的是政务外延的发展道路。另一方面则是以提高信息资源加工的自动化、智能化为手段,提高各类应用的技术含量,确立以知识管理、服务创新、决策支持等提升政府服务能力和竞争力为主要内容的方向发展,走深化政务活动内涵的道路。两者间的结合,导致了政府行政与执行方面的内外变革。

1.5.2 我国电子政务的发展历程与取得的成就

1) 我国电子政务的发展历程

我国电子政务的发展大致经历了四个阶段,如图 1-1 所示。

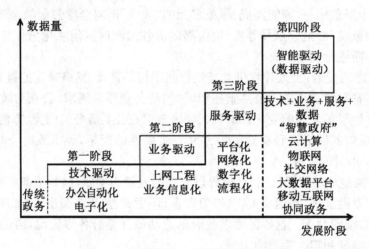

图 1-1 我国电子政务发展的四个阶段

图 1-1 中,第一阶段为技术驱动阶段。从 20 世纪 80 年代开始,政府机构开始导入计算机,实现公文、档案、事务等的电子化流转和轻印刷系统输出等,实现"办公自动化(OA)"。此阶段是电子化开始进入政府系统,启动信息技术进入政府的时代,该阶段也造成了一系列孤立、分散的应用。

第二阶段为业务驱动阶段。从 20 世纪 90 年代,以"金字工程"为代表,启动了一批政府职能部门和行业的纵向信息化基础设施与业务系统工程建设。至 12 个"金字工程"等的投入建设,形成了我国电子政务的基本资源与应用雏形。

第三阶段为服务驱动阶段。随着互联网的普及,1999 年开始的"政府上网工程",通过各地政府门户网站建设实现了政府信息公开和网上办事窗口的设立,各类"金字工程"的陆续投入使用,使得政府工作系统化,政府开始用信息系统实现业务办理。此阶段以"在线服务"为导向,利用信息系统实现政府管理和业务工作的平台化、网络化、数字化、流程化。通过构建各级政府统一的信息平台和业务系统,优化政府办事流程,提高政府工作效率,为企业、公众和社会提供在线服务。

第四阶段为智能驱动或数据驱动阶段。大数据时代的到来,利用云计算、物联网、移动通信和大数据等技术,通过将电子政务进行数据资源整合,实现政务信息共享,构建政务协同等,来实现移动政府服务、优化政务工作流程、促进政府流程再造、创新公共管理和服务模式等,形成"以技术为支撑、以业务为核心、以数据为基础、以服务为导向"的一站式、一网式、一体化的电子政务模式,最终达到智慧政府阶段。

2) 我国电子政务取得的成就

我国的信息化建设中,电子政务领域的成就是令人瞩目的,其代表就是"两网一站六库十二金工程"。"两网"分别指政府信息化网络的"内网"和"外网";"一站"是指政府门户网站;"六库"是人口信息、法人单位、空间地理、自然资源、宏观经济与文化资源、信用信息的基础数据库;"十二金工程"是全国12个重点行业与领域的纵向信息系统建设工程。

2002年8月,《国家信息化领导小组关于我国电子政务建设指导意见》(中办发〔2002〕17号)明确表示,要继续完善已取得初步成效的办公业务资源系统、金关、金税和金融监管(含金卡)4个工程,促进业务协同、资源整合;启动和加快宏观经济管理、金财、金盾、金审、社会保障、金农、金水、金质8个业务系统工程的建设,相应构建标准化体系和安全保障体系,进一步推进电子政务的发展。此即国家信息化重点建设的12个"金字工程",统称"十二金工程",各自功能与实现目标如下:

(1) 金宏工程　即"宏观经济管理"系统,由国家发改委牵头,会同财政部、商务部、中国人民银行、国有资产监督管理委员会、海关总署、国家统计局和国家外汇管理局共八部委联合建设,总体目标是:依托国家电子政务网络平台,实现宏观经济管理部门的互联互通和信息共享,提高业务管理信息化和科学决策水平,促进宏观经济管理部门间的业务协同与互动。为党中央、国务院及时、准确、全面地掌握宏观经济运行态势提供信息服务,增强政府调控宏观经济、驾驭市场变化、应对突发事件、总揽经济全局的能力。

(2) 金财工程　即政府财政管理信息系统,简称GFMIS,它包括了166个中央部门近一万户预算单位历年的预算管理,为国库集中收付和财政经济景气预测等核心业务提供支持。金财工程以财政系统的纵向和横向三级网络为支撑,以部门预算为基础,以所有财政收支进入国库单一账户为基本模式,以预算指标、用款计划和采购订单为预算执行的主要控制机制,以出纳环节高度集中并实现国库资金的有效调度为特征,以实现财政收支全过程监管、提高财政资金使用效益为目标。该工程有利于促进政府行为的规范,提高政府宏观经济管理和决策水平,加强财政资金管理,从源头上防止腐败等。

(3) 金农工程　金农工程的目标是增强政府对农业领域的宏观调控能力和综合服务能力,增强农民信息意识和信息利用能力,增强我国农产品在国内、国际市场的竞争力。具体建设任务:开发4个系统(农产品生产经营者服务系统、农村市场服务系统、农业科技信息联合服务系统与农业管理服务系统),整合3类资源(①农业部内部信息资源,建立涉农信息收集、沟通渠道,整合全国信息资源,②建立与海关总署、粮食局、供销总社、国家发改委、商务部等涉农部门的信息支持协作机制,③开发国际农产品生产贸易信息资源),建设2支队伍(一支是高素质的农业信息管理服务队伍;一支是农村信息员队伍),完善一个服务网络。

(4) 金盾工程　公安系统建立覆盖全国的网络,建成人口信息管理系统,纳入计算机管理的常住人口数据、机动车数据、驾驶员数据、出入境边防检查数据等;公安部建立的中国犯罪信息中心(CCIC)日臻完善,在近年开展的"网上追逃""网上打拐"和"打击走私、盗抢机动车犯罪"等专项斗争中发挥着日益重要的作用。

(5) 金保工程　社会保障卡是由劳动和社会保障部统一规划、各地劳动保障部门向社会发行,应用于劳动和社会保险各项业务领域的集成电路(IC)卡,分为社会保障(个人)卡和社会保障(用人单位)卡的管理与信息系统。各中心城市资源数据库为上层信息交换平台,单位和个人持有的社会保障IC卡为底层信息交换平台。

(6) 金税工程　国家税收管理信息系统的总称,其功能覆盖各级税务机关税收业务、行政管理、决策支持、外部信息应用等所有职能,形成功能齐全、协调高效、信息共享、监控严密、安全稳定、保障有力的中国电子税务管理信息系统。它覆盖所有税种、所有工作环节、各级税务局,并与有关部门联网,形成一个以征管业务为主,同时包括行政管理、外部信息和决策支持在内的四大子系统的应用平台。

(7) 金关工程　即外贸业务处理系统,是国务院确定由原外经贸部牵头组织实施的国家重点工程。初期目标是建设好配额许可证管理、进出口统计、出口退税、出口收汇和进口付汇核销四个应用系统,实现外经贸相关领域的网络互连和信息共享;中长期目标是逐步推行各类对外经贸业务单证的计算机网络传输,提高对外经济贸易的现代化管理水平,实现国际电子商务,增强国家的宏观调控能力。

(8) 金水工程　对全国重点水资源、大江河重点防洪和易旱地区进行动态监控,为各级防汛抗旱部门及时、准确地提供各类防汛抗旱信息,能较准确地做出降雨、洪水和旱情的预测报告,为防洪抗旱调度决策和指挥抢险救灾提供技术支持和科学依据。其防洪部分覆盖了7个流域机构、24个重点防洪省(市)、224个地级水情分中心和228个地级工情分中心,以及与水情分中心相连的3 002个中央报汛站和与工情分中心相连的927个重点防洪县的工情采集点,还有中央直管的7个工程单位、9个大型水库、12个蓄滞洪区等。抗旱部分覆盖31个省(区、市)267个地级旱情分中心以及与之相连的1 265个易旱县旱情采集点。全系统由信息采集系统、通信系统、计算机网络系统、决策支持系统和天气雷达系统等构成。

(9) 金质工程　金质工程一期包括6个项目：电子通关系统建设、WTO/TBT-SPS咨询系统和检验检疫风险预警系统建设、质量安全电子监控快速反应系统建设、网络与平台建设、国家认证认可监督管理信息系统建设和中国标准化管理信息系统建设。概言之,"金质工程"包括"一网一库三系统",即建设质检业务监督管理系统、质检业务申报审批系统、质检信息服务系统、质检业务数据库及覆盖全国的质量监测网。

(10) 金审工程　即国家审计信息网络,已建成全国审计急需的被审计单位资料库、审计专家经验库、审计文献资料库等,在财政预算执行、海关、税务等领域也开展了联网审计试点,国家审计署经济执法审计局与国家工商行政管理系统联网,实现了对中央一级预算单位的实时监督。一些地方审计机关与会计结算中心联网,实现了对多个部门的一级化监管。

(11) 金卡工程　金卡工程是以电子货币应用为重点启动的各类卡基应用系统工程,是跨部门、跨地区、跨行业的庞大社会系统工程。早在2003年9月,我国的银行卡发卡机构就已达91家,发卡量达5.69亿张;至金卡工程启动15年,发卡总量累计已达50亿张,国内受理银行卡的特约商户约85万家,累计安装POS机120万台、ATM机13万台,境外受理中国银联卡的国家和地区达26个。其方便快捷的支付方式,对我国电子商务、电子政务的发展起着基础性的支撑作用。

(12) 金桥工程/办公业务资源系统　金桥、金关与金卡一起称为"三金工程",是1993年首批提出的"金"字工程之一。它是国家公用经济信息通信网,以卫星为主,与电信数据网融合,并与各部委及各省市的信息数据网互联互通。其建设内容包括：金桥地面骨干网、金桥卫星通信网、金桥无线移动数据用户接入网、金桥光纤城域用户接入网、金桥网络电话/传真、金桥互联网信息服务、国有大型企业综合信息网技术改造项目等。十多年来,全国通信网络建设飞速发展,金桥工程的通信基础设施建设的任务早已完成,在政府办公业务资源系统建设方面,也已演进为从中央到地方政府的政务内网。

上述"十二金"工程为国家信息化建设、各级政府的内部业务支撑、对外服务的实现等打下了坚实基础,是国家信息化的基础设施,也是开展各类新型电子政务建设与服务的基石。

1.5.3 我国电子政务发展的基础

我国电子政务发展的基础架构如图1-2所示,代表电子政务发展的5个逻辑层次,具体如下。

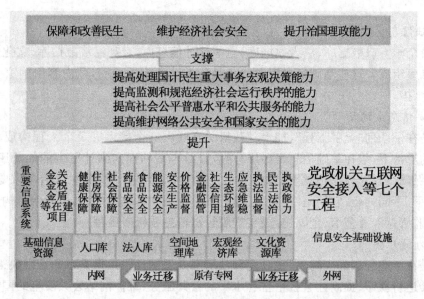

图1-2 我国电子政务发展的基础架构示意图

1) 基础设施层

基础设施层位于基础架构的底层,主要由电子政务"两网"即"内网"与"外网"组成。

(1) 内网 政府内部办公网(简称"政务内网"或"内网"),用于政府机关内部公文、信息处理和政府系统内部信息的传输和共享,提高政府和部门之间的信息快速反应能力和应急指挥能力,运用内部办公自动化、数据交换与共享、采集及发布手段,使各机构在同一平台上传递信息、开展纵向和横向协作业务,整合分散的业务系统,优化机构间的作业流程,提高效率,强化工作监督。其功能主要包括文件流转、公文管理、签批管理、会议会务管理、政务信息管理、档案管理、领导日程安排、车辆管理及公共信息服务等系统。内网是党政机关涉密业务网络,与互联网物理隔离,主要满足各级政务部门内部办公、管理、协调、监督和决策的需要。

内网的联网范围仅到区县级以上政府,且不与外网交换信息,因此副省级以下城市中,党政机关业务流转和信息处理的主要平台一般部署在外网。

(2) 外网 政务外网(简称"外网")是电子政务重要的公共基础设施,服务于各级党委、人大、政府、政协、法院和检察院等政务部门,是满足其经济调节、市场监管、社会管理和公共服务等方面需要的政务公用网络。外网支持跨地区、跨部门的业务应用、信息共享和业务协同,以及不在内网上运行的业务。外网由中央政务外网和地方政务外网组成,与互联网逻辑隔离。外网主要为面向公众、服务民生的业务系统以及国家基础信息资源的开放共享提供支持。

在我国电子政务的发展史上,曾有过电子政专网(简称"专网",参见图1-2底部),它是党政机关的非涉密办公网,用于非涉密公文、信息的传递和业务流转,与外网间不是通过防火墙隔离,而是以数据"摆渡"方式交换信息,以实现公共服务与内部业务流转的衔接。这种数据"摆渡"方式使专网与互联网分隔,故不受互联网不安全因素的威胁,具有较高的安全性。另外,政务专网不是涉密网,可实现广泛的内部互联,还可与外网实现安全信息交换。但专网是部门条块分割的历史遗留问题,国家现不再建设专网,而将其迁移和融合到政务内、外网中。这一精简反映了政务信息资源公开度的增加,政务活动更加方便快捷,信息传输更顺畅,效率更高。

2) 基础信息资源层

此层由全国人口数据库、法人数据库、空间地理信息库、宏观经济数据库、文化资源数据库和信用信息库组成。这些基础信息资源为各级各类政务应用所需,其内容由国家专业机构建设、扩展与维护。

3) 重要信息系统层

此层是在一系列"金字工程",加上党政机关互联网安全接入等7个工程构成的信息安全基础设施的支持下,依托基础信息资源层,建立日益丰富的面向国计民生的如健康保障、住房保障、社会保障、药品与食品安全、能源安全、价格监管、金融监管、民主法治等重要信息系统。与"金字工程"不同的是,它们是在"金字工程"垂直系统的基础上,通过横向融合构建出的新应用,如金融监管就涉及金卡、金财、金关与宏观经济信息系统等工程。

4) 能力提升层

此层是在上述各层的支持下,提高党和政府在处理国计民生重大事务宏观决策、监测和规范经济社会运行秩序、提高社会公平普惠水平的公共服务、维护网络公共安全的国家安全等诸方面的能力。

5) 目标层

此层代表我国电子政务的发展目标是保障和改善民生、维护经济社会安全、提升治国理政能力。

1.5.4 我国电子政务应用的深度与广度

图1-3从电子政务应用的深度、广度和成熟度三个方面,给出了这一领域的关联发展内容。

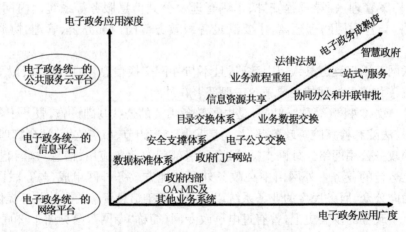

图1-3 电子政务的成熟度历程

由图1-3可看出,电子政务始于统一网络平台建设,它是支撑政府内部办公自动化(OA)、管理信息系统(MIS)和其他业务系统的基础设施。其后向统一信息平台建设发展,带动数据标准体系、政府门户网站、安全支撑体系、电子公文交换、目录交换体系、业务数据交换和信息资源共享等以数据、信息和内容等为主体的电子政务应用的广度方向发展。其成熟的标志,是在统一的公共服务云平台中,在各种相应的法律法规支持下,实现政府机构内外的业务流程重组、协同办公和并联审批及"一站式"服务,最终向智慧政府的方向发展。

1.6 我国新时期的电子政务发展

我国电子政务的发展,将为社会主义建设提供支持,并结合中国国情,满足新时期的建设与发展需求,为深化改革和创新服务。同时,新时代也引发了一系列的新趋势,全社会正向着一个计算无处不在、网络无处不在、传感与识别无处不在、大数据无处不在、应用与服务无处不在的信息时代发展,以提升公众服务为目标的电子政务依然存在着极大的发展空间。尤其是在当前大数据、云计算、移动通信、物联网、人工智能、虚拟实现和深度学习等新信息技术的发展与普及,将为政府管理带来六大变革:①从粗放管理向精细化、精准化转变;②从单向管理向政民互动转变;③从机构与系统间的信息孤岛向协作共享转变;④政务活动从被动响应向主动预见转变;⑤政府从行政主导型向以人为本的服务型政府转变;⑥各级领导从经验决策向基于大数据的科学决策转变。

1.6.1 我国电子政务存在的问题

我国的电子政务建设基本与发达国家同步,在完成了以一系列"金字工程"为代表的大型基础应用系统,以及从中央到地方的大量政府网站建设后,取得了巨大成果,但目前仍存在如下问题。

1) 条块分割、信息孤岛现象依然比较严重

如国务院办公厅近年曾调研了38个部委共80个专用业务网络,发现能实现横向交互的比例尚不到0.1%,且各专网的横向整合进展迟缓。在国家层面上尚且如此,各省、市、县信息孤岛的整合与治理问题就更显突出。

2) 信息共享和业务协同的程度亟待提高

跨部门平台的数量有日益增加的趋势,但其协同程度不高,再次形成了多平台聚集的局面。结果一是增加了部门负担,二是难以应对新的跨平台协同,三是难以适应大数据时代的及时性要求。跨机构间的管理难以与相关组织内部的工作流程有机结合,无法形成主导的、动态的应用模式。

3) 重建设轻应用、重硬件轻软件与数据的状况仍需改善

据统计,目前政务网络资源的利用率普遍较低,大部分不到5%,其他基础设施资源利用率也远低于合理水平,这导致信息闭塞与缺失。大量政府网站缺乏实质性的信息与有效的服务社会的应用,缺乏统一规划,建设和管理不规范,功能不健全,信息更新不及时,缺乏交互性,信息孤岛现象明显。

4) 网络和信息安全水平仍待提升

各级各地各类繁多的政务系统的分散化建设,必然会降低平台与资源的安全强度。同时,

当电子政务系统在向民众和其他机构开放时,也面临黑客攻击和非法入侵的危险,它们将破坏服务和通信,使信息被窃取或篡改。面对社会上各种非法渠道泄露和交易公民个人数据与隐私及信息诈骗犯罪等,电子政务更应提升信息安全水平。

1.6.2 我国电子政务的发展方向

当前,我国电子政务的发展方向可归结为改革创新、服务融合与系统优化。

1) 电子政务的改革创新

电子政务的发展,必须适应新时期国家现代化的总进程,相关改革创新体现在如下方面:

(1) 提高各级政府的行政效能,增强执行力和服务能力。

(2) 优化行政审批流程,缩短审批周期,提升审批效能。

(3) 推行政务信息公开,提高工作透明度,提高执行力。

(4) 完善监督考核机制,提升服务质量。

(5) 建设服务型政府,实现国家治理的现代化。

(6) 实现协同办公,减少公民、企业和社会办事成本。

(7) 实现高效安全的电子政务,降低信息安全风险。

2) 政务服务的融合

许多新型政务服务是从现有业务项的融合与重构中来的,具体如下:

(1) 技术融合 许多新技术如物联网、大数据、云计算、区块链、虚拟现实、人工智能、深度学习、自动识别等技术的日益普及,必将融合到电子政务中,不仅将传统电子政务的功能融为一体,还将导入诸多新型应用,使得政府公共服务更加自动与高效,内容更为丰富。

(2) 数据融合 在技术与平台融合的基础上,运用大数据技术对海量信息进行梳理加工、整合增值、转换分析、可视化处理与发布等,实现数据逻辑层面及业务逻辑层面的融合,形成电子政务的各个主题领域的智能抽取、分析与多视角呈现等。通过有效整合机构的上、下、内、外资源,向融合化模式发展,政府网站也将融合各种社交元素和各种应用,面向公众需求,提供多层次、多渠道与个性化的服务。

(3) 业务融合 在数据融合的基础上,基于各电子政务主题领域对信息进行分析和挖掘,并对经大数据分析提炼出的知识进行管理和发布,实现电子政务在业务逻辑层面的全面融合。

(4) 应用融合 在上述各项融合的基础上,通过对机构间的协同、资源渠道、业务流程、发布界面、访问通道与用户终端等的全面整合,实现电子政务各个业务系统在应用上的融合。

3) 电子政务的优化

(1) 结构优化 生产力的发展是推动电子政务发展的原动力。当前,技术创新和产业优化活动正不断创造出新的产业模式与产业集群,然后又通过产业链传递到企业、社会和公众。该过程中的各种新需求也将反映到政府服务领域,带动电子政务不断优化与创新。

(2) 管理优化 在对电子政务流程梳理和再造的基础上,不断动态调整,以提高管理效率、深化服务,通过政务云平台集聚资源,规避重复投资和分散投资等。

(3) 技术优化 整合并优化新技术资源,创建动态高效的信息技术基础设施,建立对电子政务优化的思路和解决方案,实现技术与计算资源的优化、集成化与高效化。

(4) 服务链优化 为打破信息孤岛,电子政务建设要不断拓展与延伸服务链,通过管理模式创新实现服务的个性化与精准化、服务链信息及应用的共享和集成。

1.6.3 我国电子政务发展的目标

依据相关规划,我国在当前各省(区、市)人民政府、国务院有关部门普遍建成网上政务服务平台的基础上,到2020年,建成覆盖全国的整体联动、部门协同、省级统筹、一网办理的"互联网＋政务服务"技术和管理体系,实现政务服务的标准化、精准化、便捷化、平台化、协同化,政务服务流程显著优化,服务形式更加多元,服务渠道更为畅通,群众办事满意度显著提升。具体如下:

1) 政务服务标准化

实现政务服务事项清单标准化、办事指南标准化、审查工作细则标准化、考核评估指标标准化、实名用户标准化、线上线下支付标准化等,让企业和群众享受规范、透明、高效的政务服务。

2) 政务服务精准化

按照公众和企业办事需求,群众"点餐"与政府"端菜"相结合,将政务服务事项办事指南要素和审查工作细则流程相融合,删繁化简,去重除冗,减条件、减材料、减环节,实现政务服务精准供给,让数据多跑路,让群众少跑腿。

3) 政务服务便捷化

以用户为中心,整合政务服务资源和流程,提供个性化政务服务,实现一站式办理。创新应用云计算、大数据、移动互联网等新技术,分级分类推进新型智慧城市建设。对政务服务办理过程和结果进行大数据分析,创新办事质量控制和服务效果评估,大幅提高政务服务的在线化、个性化、智能化水平。

4) 政务服务平台化

打造线上线下融合、多级联动的政务服务平台体系。着力破解信息孤岛,建成网上统一身份认证体系、统一支付体系、统一电子证照库,推动跨部门、跨地区数据共享和业务协同;推动政务服务平台向基层延伸,促进实体办事大厅规范化建设,公众和企业办事网上直办、就近能办、同城通办、异地可办。

5) 政务服务协同化

运用互联网思维,调动各地区各部门的积极性和主动性,在政务服务标准化、精准化、便捷化、平台化过程中,推动政务服务跨地区、跨部门、跨层级业务协作。开展众创、众包、众扶、众筹,借助社会资源和智力,加快政务服务方式、方法、手段的迭代创新,为企业和群众提供用得上、用得好的"互联网＋政务服务"。

1.7 电子政务的主要形式

电子政务可从政务主体、政府职能、政务活动对象与内容等方面进行分类。从主体对象来看,电子政务主要有图1-4中所示的几种形式。

1) 政府对政府(G2G)

G2G主要是政府间的业务往来与协同互动,包括中央与各级地方政府之间、不同政府部门之间、政府与一些行政事业单位和社会实体之间的交流与互动等,主要涉及政府的公共行政活动。从信息角度来说,G2G涉及大量的基础信息和应用信息处理,包括从中央到地方的基

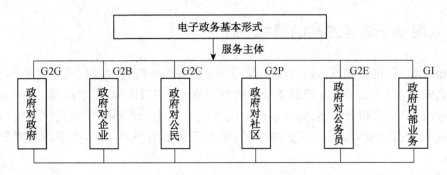

图1-4 电子政务的基本形式

础信息的采集、处理和利用,如人口、国土资源、空间等数值、文字、图形图像与流媒体信息;政府间各种行政管理业务所需采集和处理的信息,如计划、经济、产业、社会、统计、公安、劳动与社会保障、国防、国家安全等;政府内部的各种管理信息系统,如人事、财务、公文流转、资产管理、档案管理,以及各级政府中垂直与综合性的业务活动、决策支持和信息查询系统等。

在国际上,G2G在国家相互之间、同盟国(如欧盟诸国)之间、各国政府与国际组织(如联合国、世贸组织、世界银行等)之间、西方发达国家(如英国与美国、澳大利亚与新西兰等国)之间政府网站的信息融合中就可看出。

国内的G2G除政府机构外,还包括党委、人大、政协,以及工会、共青团、妇联系统。

2) 政府对企业(G2B)

主要包括政府向企事业单位发布的各种政策、方针、法规、行政规定,构成企事业单位从事合法经营与业务活动的环境,如产业政策、在线办理进出口业务、注册申办企业、在线纳税、企业年检、劳动用工、社保等规定,各类营业执照、许可证、合格证、强制性认证的申领等。G2B的另一个重要领域是政府采购招标,政府采购对象有各种物资、军备、服务和咨询项目等,往往是电子政务与电子商务的融合,体现政府对企业实施服务与管理等职能。

3) 政府对公民(G2C)

指政府对公民个体的服务与交互活动。如公民在线申办护照、网上报税、申请奖学金、结婚登记、驾驶执照的办理、车辆登记、出生死亡登记、户口管理,以及公民通过政府网站对政府的活动,如公民参政议政、报警服务、民意反馈、意见建议,还有对各种办事流程的了解、在线表格的下载与填报,等等。

4) 政府对社区(G2P)

如政府对各类公众团体、商会、协会与学会、社区等提供的服务,以及各种公益型的服务事务等,均属此类。

5) 政府对公务员(G2E)

如为基层公务员提供虚拟办公环境;为出行中的公务员提供信息或提供移动办公环境;为精简办公程序、减少工作量并提高效率,提供各种程式化服务,如涉及大量办文、办事、办会、迎来送往等,许多已成规程化或半规程化作业。G2E可通过各种公告板、个人提示簿、交互式日历、"轻型"项目管理软件等提供支持;大量程式化公文(如通知、请示、总结、汇报等)也可通过各种文牍模板以减少工作量。

6) 政府内部业务(GI)

政府办公业务自动化,主要业务有人事管理、财务管理、公文管理、档案管理、资产管理、政府动产和不动产管理、车队调度,等等。

7) 其他电子政务形式

其他电子政务形式,如 E2E 等。E2E 是电子政务中的公务员社区,也可为异地、异机构公务员之间提供跨地区交流、远程协作、研讨互助的环境。许多公务员之间有在职教育、业务学习、知识更新、文化与艺术交流、居家理财、个人保健、心理咨询甚至育儿家教等方面的交流需求。E2E 将逐渐成为公务员之间的专业社区,是构建和谐政务的一种途径。

以上7个方面基本包括了电子政务的服务主体,也构成了7种形态的电子政务活动,而政府职能、活动对象与内容的分类,更是构建政务系统模型的基础。

思考题

1. 请分析电子政务的含义。
2. 电子政务与传统政务的区别有哪些?
3. 电子政务的主要特点是什么?
4. 电子政务发展的驱动力是什么?
5. 简述我国电子政务的发展历程。
6. 简述我国电子政务的发展目标。
7. 电子政务的主要形式有哪些?

2 电子政务技术基础

网络基础设施是电子政务发展的前提条件,也是电子政务建设的重要内容和成果体现。电子政务应用系统依赖于网络环境而开展,不同的政务应用需要依赖不同的网络环境和安全策略。电子政务网络系统以统一的安全电子政务平台为核心,现代信息技术与政府信息相结合,共同组成一个有机的整体。我国电子政务网络基础设施建设经历了由"三网一库"向"政务内网、政务专网、政务外网"的政务内外网的转变。目前,我国政府正积极推进电信网、广播电视网和计算机通信网的"三网融合"工程建设,形成相互渗透、相互兼容并逐步整合成为统一的信息通信网络。网络资源的整合和信息基础设施的不断完善,为电子政务健康稳定发展提供了重要的支撑和保障。

2.1 网络基础知识

计算机网络是伴随着计算机技术与通信技术的发展而发展的,既是两者有机结合的产物,也是电子政务运作的基础平台,是电子政务有效实施的必要保障。计算机网络的形成过程是从简单地为解决远程计算、信息收集和数据处理的专用联机系统开始的。随着计算机技术和通信技术的发展,又在联机系统的基础上发展到把多台计算机连接起来,组成以共享资源为目的的计算机网络。这样就进一步扩大了计算机的应用领域,促进了计算机技术、通信技术等在各个领域的飞速发展。

2.1.1 计算机网络的概念与功能

1) 计算机网络的定义

计算机网络是指利用通信设备和线路将分布在不同地理位置的具有独立功能的多台计算机系统互联,遵照网络协议及网络操作系统进行数据通信,实现资源共享和信息传递的系统。

2) 计算机网络的功能

计算机网络技术使计算机的作用范围和其自身的功能有了突破性的发展。计算机网络虽然各种各样,但一般都具有如下功能:

(1) 数据通信 数据通信是计算机网络最基本的功能之一,利用这一功能,分散在不同地理位置的计算机就可以相互传输信息。该功能是计算机网络实现其他功能的基础。

(2) 资源共享 对于用户所在站点的计算机而言,无论是硬件还是软件,性能总是有限的。个人电脑用户可以通过使用网络中的某一台高性能的计算机来处理自己提交的某个大型复杂的问题,还可以像使用自己的个人电脑一样,使用网上的一台高速打印机打印报表、文档等。更重要的资源是计算机软件和各种各样的数据库。随着计算机网络覆盖区域的扩大,信息交流已越来越不受地理位置、时间的限制,人类对资源可以互通有无,这大大提高了资源的利用率和对信息的处理能力。

（3）信息处理　信息集中和综合处理将分散在各地计算机中的数据资料适时集中或分级管理,并经综合处理后形成各种报表提供给管理者或决策者分析和参考,如自动订票系统、政府部门的计划统计系统等。

（4）分布式处理　对于综合性的大型问题可采用合适的算法,将任务分散到网络中不同的计算机上进行分布式处理。分布式处理对当前流行的局域网更有意义,它可以利用网络技术将微机连成高性能的分布式计算机系统,使它具有解决复杂问题的能力。

（5）提高系统的可靠性和可用性　当网络中的某一处理机发生故障时,可由别的路径传输信息或转到别的系统中代为处理,以保证用户的正常操作,不因局部故障而导致系统的瘫痪。

以上只是列举了一些计算机网络的常用功能,其中资源共享和数据通信是计算机网络最主要的,也是最基本的功能。随着计算机应用的不断发展,计算机网络的功能和提供的服务也将不断地增加。

2.1.2　计算机网络的组成

计算机网络由通信子网和资源子网组成,即计算机网络的二级结构,如图 2-1 所示。

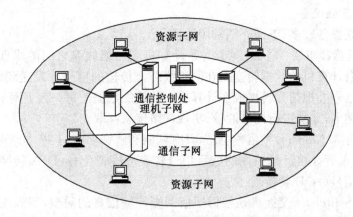

图 2-1　计算机网络的二级结构

通信子网包括专门负责通信处理的通信控制处理机、通信线路和其他通信设备,它承担着全网的数据传输、转发和通信控制等通信处理工作,但不提供信息资源和计算能力。通信子网主要由通信控制处理机、通信链路及其他设备(如调制解调器等)组成。通信链路是用于传输信息的物理信道以及为达到有效、可靠的传输质量所需的信道设备的总称。通常情况下,通信子网中的链路属于高速线路,所用的信道类型可以是有线信道或无线信道。

资源子网负责全网的数据处理和计算,向用户提供各种网络资源和网络服务,最大限度地共享网络中的各种软、硬件资源。资源子网主要由主机、终端以及相应的 I/O 设备、各种软件资源和数据资源构成。主机(HOST)可以是大型机、中型机、小型机、工作站或微型机,它通过高速通信线路与通信控制处理机相连。主机系统拥有各种终端用户要访问的资源,它负担着数据处理的任务。终端(Terminal)是用户进行网络操作时所使用的末端设备,它是用户访问网络的界面。终端设备的种类很多,如电传打字机、CRT 监视器和键盘,另外还有网络打印机、传真机等。

计算机网络系统主体可分为硬件和软件两大部分。下面首先介绍网络硬件。

一般而言，计算机网络的硬件可分为 5 类：网络服务器、网络工作站、网络交换互联设备、防火墙和外部设备。

1）网络服务器

网络服务器是一台可被网络用户访问的计算机，它可为网络用户提供各种资源，并负责管理这些资源，协调网络用户对这些资源的访问。服务器是局域网的核心，网络中可共享的资源大多集中在服务器中，如大容量磁盘、高速打印机、网络数据库等。通过服务器，局域网上的用户可以共享文件、共享数据库、共享外部设备等。

按照提供的服务不同，可把服务器分为 Web 服务器、文件服务器、电子邮件服务器、数据库服务器和视频服务器等。

2）网络工作站

网络工作站是指能使用户在网络环境下进行工作的计算机。网络工作站通常被称为客户机。在局域网上，一般都是采用微型机作为网络工作站。

网络工作站的作用就是让用户在网络环境下工作，并运行由网络上文件服务器提供的各种应用软件。在网络中，服务器一般只存放共享数据或文件，而对这些信息或文件的运行和处理则是由工作站来完成的。

3）网络交换互联设备

网络交换互联设备较多，下面介绍常用的设备。

(1) 网络适配器(NIC) 俗称"网卡"，是计算机和网络线缆之间的物理接口。网卡一方面将发送给另一台计算机的数据转变成在网络线缆上传输的信号并发送到线缆上；另一方面从网络线缆接收信号并把信号转换成在计算机内传输的数据。每一台上网的服务器或工作站都至少装有一块网卡，才能进行网络通信，实现网络信息存取。

(2) 调制解调器(Modem) 俗称"猫"，具有调制和解调功能，其基本原理是通过模拟线路来传输数字信号，前者是将计算机内的数字信号转换成模拟信号(D/A 转换)，后者则将模拟信号转换成数字信号(A/D 转换)。

(3) 交换机(Switch) 交换机是根据通信两端传输信息的需要，用人工或设备自动完成的方法把要传输的信息送到符合要求的相应路由上的技术统称。交换机拥有一条很高带宽的总线和内部交换矩阵，交换机的所有端口都挂接在这条总线上。控制电路收到数据包以后，处理端口会查找内存中的 MAC 地址(网卡的硬件地址)对照表以确定目的 MAC 的网卡(NIC)挂接在哪个端口上，通过内部交换矩阵直接将数据包迅速传送到目的结点。这样可充分利用带宽，数据传输速率高。这也是交换机为什么会很快取代集线器的重要原因。

(4) 网桥(Bridge) 网桥能对不同类型的局域网实行桥接，实现互相通信，而且还能有效地防止各自网内的通信不会流到别的网络。网桥有时也用在同一网络内，可以隔离不同的网段，把不需要越出网段的通信限制在段内，避免网络传输的负担过重。

(5) 路由器(Router) 路由器是一种多端口设备，可用于连接不同传输速度并运行于多种环境的局域网和广域网。路由器位于 OSI 七层协议的网络层，具有判断网络地址、选择路径和识别执行不同网络协议的功能，从而消除网络层协议间的差别。网络与网络的连接都是通过路由器实现的，路由器为通过它的数据包选择合适的路径以到达目的地。

(6) 网关(Gateway) 网关是本地网络的标记，数据从本地网络跨过网关，就代表走出该本地网络。所以，网关也是不同体系结构(不同协议或者不同大小)的网络间的通信设备，它能将局域网分割成若干网段、连接相关的局域网以及将各广域网互联而形成互联网。

4）防火墙

防火墙指的是一个由软件和硬件设备组合而成，在内部网和外部网之间、专用网与公共网之间的界面上构造的保护屏障。它是一种获取安全性方法的形象说法，是一种计算机硬件和软件的结合，使 Internet 与 Intranet 之间建立起一个安全网关（Security Gateway），从而保护内部网免受非法用户的侵入。防火墙主要由服务访问规则、验证工具、包过滤和应用网关 4 个部分组成。

5）外部设备

外部设备属于可被网络用户共享的硬件资源。通常情况下是一些大型的、昂贵的外部设备，如大型激光打印机、绘图设备、大容量存储系统等。

2.1.3 计算机网络的分类

计算机网络可以从不同的角度进行分类，如按网络的覆盖范围、网络的交换功能、网络的拓扑结构、网络的用途以及传输媒体等分类。下面介绍按照网络的覆盖范围和拓扑结构进行分类的两种分类方式。

1）按网络覆盖的范围分类

按网络覆盖的范围分类，实际上是按网络传输的距离进行分类。传输技术随信息传输距离不同而不同。根据覆盖的范围可把网络分成局域网、城域网和广域网。

（1）局域网（Local Area Network，LAN） 局域网的分布距离一般在数千米以内，其基本特征是由某一个单位团体所建立与管理，一般是一个机构内部的网络，或是大学校园网。

（2）城域网（Metropolitan Area Network，MAN） 城域网是介于局域网和广域网之间的一种区域性网络，其分布距离一般在 10~100 km，覆盖一个城市或地区。城域网为多个局域网提供高速的连接途径，可实现大量用户间的数据、语音、图像、视频等多种信息的传输，也可作为公共设施运作。

（3）广域网（Wide Area Network，WAN） 广域网的地理分布距离大，一般在数百千米以上，其通信线路一般由通信部门提供。广域网可以是一个国家或一个洲际网络，规模庞大而复杂，它可以将多个局域网和城域网连接起来，甚至可以把世界各地的局域网连接起来，以实现远距离资源共享和低价高速的数据通信。

2）按网络拓扑结构分类

计算机网络按拓扑结构可分为：星型、环型、总线型、网状和混合型。常见的网络拓扑结构如图 2-2 所示。

图 2-2 常见的网络拓扑结构

网络的拓扑结构不同，所采用的传输方式和通信控制协议也不同。其中，星型、环型和网状拓扑采用点对点的数据传输方式，总线型采用一点对多点（广播式）的数据传输方式，而混合型则由多个不同拓扑结构的网络组成。

2.1.4 网络协议

为了实现不同主机间的信息交换和资源共享,在基本的物理连接的基础上,必须有一整套的准则来规定通信双方信息交换的格式、信息传递的顺序、传送过程中的差错控制等问题,通信双方都必须遵守协议规则才能进行数据交换。目前,计算机网络存在两个协议标准,一个是国际标准化组织(International Organization for Standardization,ISO)制定的 OSI/RM;另一个是事实上的工业标准 TCP/IP 协议。

1) OSI/RM 参考模型

为了减少网络协议软件设计的复杂性,大多数网络都按层的方式来组织协议集,每一层完成其独立的功能,并为上一层提供一定的服务。通过这种层与层的结构,将协议必须完成的功能由各层来分担。不同的网络,层的数量及各层的名字、内容和功能等都不相同。由于各层要完成规定的功能,因此,每一层都有着其独自的协议。人们将网络的层和协议的集合称为网络体系结构。

国际标准化组织提出了一个互联网参考模型——OSI/RM,即开放系统互联参考模型。OSI/RM 规定的网络体系结构为一个七层结构,从低到高分别为物理层、数据链路层、网络层、传输层、会话层、表示层和应用层,如图 2-3 所示。

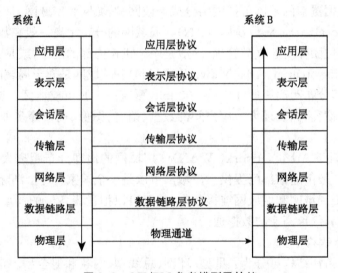

图 2-3 OSI/RM 参考模型及协议

OSI 作为国际标准化组织提出的网络协议参考模型,对每一层的功能和每一层向上一层提供的服务都有明确的定义。但由于协议的模型比较复杂,实现比较困难,因此,OSI/RM 参考模型并未真正流行开来,不过它依然是学习网络理论知识的一个理想模型。

2) TCP/IP 协议

传输控制协议(Transportation Control Protocol,TCP)和网际协议(Internet Protocol,IP)是网际互联网的通信协议,其目的在于通过它实现异构网络或异种机之间的互相通信。TCP/IP 协议是目前最完整且被普遍接受的通信协议,其中包含了许多通信标准用来规范各计算机之间如何通信、网络如何连接等操作。

TCP/IP 协议实现了异构网络互联,为互联网的迅速发展打下了基础,对于网络互联而言功不可没,TCP/IP 已成为互联网的基本协议。TCP/IP 参考模型包括应用层(Application Layer)、传输层(Transport Layer)、网际层(Network Layer)和网络接口层(Network Interface Layer)四层,如图 2-4 所示。

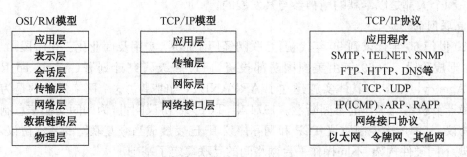

图 2-4 TCP/IP 参考模型及协议

2.1.5 计算机网络软件

计算机网络系统是在网络软件的控制下工作的。网络软件是一种在网络环境下运行的控制和管理网络工作的软件系统。一般而言,网络软件是一个软件包,它包括供服务器使用的网络软件和供工作站使用的网络软件两个部分,每一部分都包括几个程序。互相通信的计算机必须遵守共同的协议,因此网络软件必须遵守网络协议,并在协议的基础上提供网络功能。

1) 网络软件的分类

根据网络软件的作用和功能,可把网络软件分为网络系统软件和网络应用软件。网络系统软件是控制和管理网络运行及网络资源使用的网络软件,它为用户提供访问网络和操作网络的人机接口。网络应用软件是指为某一个应用目的而开发的网络软件。

2) 网络操作系统

网络系统软件中最重要的是网络操作系统。网络操作系统往往决定了网络的性能和功能。计算机系统的运行需要操作系统的控制和管理,如 Windows、Unix、OS/2 等。网络系统的运行也需要网络操作系统。

网络操作系统主要用于控制服务器的运行,并且使用户能够且容易地使用网络资源。它为网络管理员提供管理网络的工具,以便控制和管理用户对网络的访问。网络操作系统还可管理磁盘上的文件,控制允许用户访问哪一个文件以及控制用户的使用权限。

3) 常用的网络操作系统

目前,使用最广泛的网络操作系统主要有 Windows、Unix、Linux、Android、iOS 等。

2.2 互联网简介

通过互联网可以把一个五彩缤纷的世界展现在世人面前,互联网已深入到政治、经济、科学、技术、文化、卫生乃至人们的现实生活中。利用互联网进行市场调查、产品介绍、信息咨询、商务洽谈、合同签订、网上购物、货币支付、售后服务、网络金融活动等已成为人们崇尚的理念。

2.2.1 互联网的形成与发展

互联网不属于哪个国家、单位或个人所独有,它更像是世界性的公益事业和资源共享库,许多组织和个人都是以奉献的精神参与其发展的。

1) 互联网的形成

从 20 世纪 60 年代末到 90 年代初,互联网经历了形成、实用及商业化三个阶段。

(1) 形成阶段　1969 年由美国国防部投资,通过高级研究计划署(Advanced Research Project Agency,ARPA)具体实施建立了 ARPANET,当时建立这个网络的目的是为了在战争中保障计算机系统工作的不间断性。1974 年,TCP/IP 协议问世,为网间交换信息制定了各种通信协议,其中传输控制协议 TCP 和网际协议 IP 已发展成当今互联网的基本协议。TCP/IP 为实现不同硬件构架、不同操作平台网络间的互联奠定了基础。

(2) 实用阶段　互联网的快速发展始于 1986 年。由美国国家科学基金会(National Science Foundation,NSF)赞助,把 5 个美国国内超级计算机网络连成广域网——NSFNET。之后,相继又有一些大公司加盟,把 NSFNET 建成了一个强大的骨干网,旨在共享它所拥有的资源,推动科学研究的发展。1986 年至 1991 年间,接入 NSFNET 的计算机网络由 100 多个发展到 3 000 多个,有力地推动了互联网的发展。

(3) 商业化阶段　互联网的初衷是用来支持教育与研究的,而非商业活动。但随着互联网规模的迅速扩大,其中蕴藏的无限商机也逐渐显露出来。1991 年底,美国 IBM、MERIT 和 MCI 公司联合组成了一个非营利公司 ANS(Advanced Networks and Services),建成了取代 NSFNET 的 ANSNET 骨干网。不久,由 IBM 公司生产的计算机组成的 BITNET 与 ANSNET 合并后,又引入了商用互联网交换(Commercial Internet Exchange,CIX)互联结点结构(由高速路由器和连接各个充当互联网服务提供商的 CIX 成员的链路组成),从而形成了现今互联网的基础。这一阶段是互联网的商业化阶段。

2) 互联网的发展

20 世纪 80 年代中期后,在世界其他地区也先后建成了各自的互联网骨干网,如北欧网、加拿大网、欧洲网等。这些骨干网又通过各种途径与美国的 Internet 骨干网相连,形成了规模庞大的互联网。

随着网络应用的迅速发展,多媒体、高带宽、超容量的数据信息库的广泛使用(如远程教学、远程医疗、金融理财、高性能实验室等),使得原有的网络已不能满足用户的需求。因此,美国于 1994 年提出并于 1996 年开始实施 Internet Ⅱ 计划和新一代 Internet (Next Generation In-ternet,NGI)的网络发展规划。

3) 我国互联网的应用及发展

我国的互联网应用可分为两个阶段:

第一个阶段是指与互联网电子邮件的连通(1987—1993 年)。1987 年 9 月 20 日,北京计算机应用技术研究所通过与德国一所大学的合作,向世界发送了我国第一封来自北京的电子邮件。从 1990 年开始,科技人员开始通过欧洲结点在互联网上向国外发送电子邮件。1990 年 10 月,我国的最高域名"CN"在互联网网管中心注册登记。

第二个阶段是指 1994 年至今,与互联网实现全功能的 TCP/IP 连接并逐步开通了互联网的全功能服务。1994 年 4 月,我国教育与科研示范网(NCFC)实现了与互联网的直接连接。

同年5月域名(CN)服务器在中国科学院计算机网络中心设置完成,从而可向NCFC的各成员组织提供互联网的全功能服务,这标志着我国正式加入了Internet。从发展到现在,中国的互联网已形成了中国科技网(CSTNet)、中国公用计算机互联网(CHINANet)、中国教育和科研计算机网(CERNet)和中国金桥信息网(CHINAGBN)四大主流网络体系。

2.2.2 互联网的组成及主要功能

1) 互联网的组成

互联网是通过分层结构实现的,从上至下可以大致分为物理网、协议、应用软件和信息四层。

(1) 物理网 物理网是实现互联网通信的基础,它的作用类似于现实生活中的交通网络,像一个巨大的蜘蛛网覆盖着全球,而且不断在延伸和加密。

(2) 协议 在互联网上传输的每个信息至少遵循3个协议:传输协议(TCP)、网际协议(IP)和应用程序协议。TCP负责管理被传送信息的完整性;IP负责将信息发送到指定的接收机;应用程序协议几乎和应用程序一样多,如SMTP、Telnet、FTP和HTTP等,每一个应用程序都有自己的协议,它负责将网络传输的信息转换成用户能够识别的信息。

(3) 应用软件 实际应用中,我们是通过一个个具体的应用软件与互联网打交道的,每一个应用软件的使用都代表着要获取互联网提供的某种网络服务。例如,通过QQ你可以寻找抒发情感的网上朋友;使用浏览器可以访问互联网上的WWW服务器,享用图文并茂的网页信息。

(4) 信息 信息是网络的主体,互联网能够迅速地发展和膨胀完全依赖它丰富的信息和资源。

2) 互联网的主要功能

互联网的主要功能是资源共享,根据资源共享的不同方式,互联网提供以下几种信息服务:

(1) 万维网服务 WWW(World Wide Web) 也称万维网,是一个基于超文本方式的信息查询工具。它实际上是一个由文件、图片、声音、动画以及视频构成的巨大的信息媒体库,这些信息存储在遍布全球的各种各样的计算机中,要访问万维网,必须使用浏览器。

(2) 电子邮件(E-mail) 通过网络技术收发以电子文件格式编写的信件。在ARPANET的早期就可以编写、发送和接收电子邮件了,现在电子邮件已成为互联网上使用最广泛的服务之一,因此电子邮件是互联网最基本的功能之一。在浏览器技术产生之前,互联网上的用户之间的交流大多数是通过电子邮件方式进行的。随着互联网的发展和电子邮件系统的不断完善,再加上多媒体技术的发展和应用,发送电子邮件可以附加任意格式的文件,如图片、声音以及视频等。

(3) 文件传输(FTP) FTP是文件传输协议,所谓文件传输指的是将远程文件复制到本地计算机(下载Download),或将本地文件复制到远程计算机(上传Upload)。远程文件一旦复制到本地计算机上,便属于本地文件,与远程系统无关,用户可以对该文件进行读写等操作。

(4) 远程登录(Telnet) 远程登录可以使本地计算机连接到另一个远程计算机上,执行远程计算机上的程序。登录以后的本地计算机就像是远程计算机的终端,可以使用远程计算机允许使用的各项功能。远程登录通常需要一个合法的账户。

(5) 电子公告牌(BBS)　BBS实际上是一个信息发布与广播系统,包括信件讨论、文件交流、信息布告和交流讨论等几个部分。

(6) 新闻组(News Group)　新闻组可以看成是一个庞大的全球性BBS,人们可以对共同感兴趣的主题交换信息,发表自己的意见和建议。现在已有许多关于技术和非技术专题的新闻组,涵盖社会、科学、娱乐和政治等方面。

2.2.3　IP地址

互联网中IP地址是一个极为重要的概念。为确保互联网上每台主机(能提供互联网服务的计算机)在通信时都能互相识别,每台主机都必须有一个唯一的地址来标识,即用IP地址表示该主机在网络上的位置。IP地址也称为主机网际协议地址,这犹如电话系统中每台接入电话网络的具有标识效用的电话号码。一般用户在拨号上网时,由互联网服务提供商(ISP)随机分配一个IP地址,而且每次拨号时IP地址都不固定,这就叫作动态IP地址。一般大型网站都向他们的域名服务商申请一个固定不变的IP地址,称为固定IP地址。

1) IPv4地址

(1) IPv4地址的组成　IPv4地址的层次结构组织包含两部分:网络地址与主机地址,前者用以区分在互联网上互联的各个网络,后者用来表示同一网络上的不同计算机(或主机)。IP地址由32位二进制数构成,分为4段(4个字节),每段8位(1个字节),可以用小于256的十进制数来表示,段间用圆点隔开。例如,192.168.8.128(二进制数为:11000000.10101000.00001000.10000000)。

IP地址具有如下两个重要特点:

① 每台主机的IP地址在整个互联网中是唯一的。

② 网络地址在互联网范围内统一分配,主机地址则由该网络本地分配,即当一个网络获得一个网络地址后,可以自行对本网络中的每台主机分配主机地址,主机地址只需在本网络中唯一即可。

(2) IPv4地址的分类　为适应不同规模网络的需要,IPv4地址通常分为5类。其中:A类以"0"开头,用于有大量主机的超大型网络;B类以"10"开头,用于有较多主机的大、中型网络;C类以"110"开头,用于主机数量不多的小型网络;D类以"1110"开头,用于多目的地址的广播传递;E类以"1111"开头,主要用于研究和试验,不供一般使用。其中,A、B、C类为基本类,基本类所规定的网络地址与主机地址的空间分别与它们的相应长度相关。表2-1给出了基本类IPv4地址空间列表。

表2-1　基本类IPv4地址空间列表

类	第一字节	网络号位数	最多网络数	主机号位数	最多主机数	地址范围	子网掩码
A	1-126	7	126	24	16 777 214	1.0.0.0-127.255.255.255	255.0.0.0
B	128-191	14	16 382	16	65 534	128.0.0.0-191.255.255.255	255.255.0.0
C	192-223	21	209 750	8	254	192.0.0.0-223.255.255.255	255.255.255.0

2) IPv6 地址

目前我们使用的 IPv4 核心技术属于美国。它的最大问题是网络地址资源有限,从理论上可以编址 1 600 万个网络、40 亿台主机。但采用 A、B、C 三类编址方式后,可用的网络地址和主机地址的数目大打折扣,以至目前的 IP 地址近乎枯竭,无法再分配。IP 地址的不足,严重地制约了我国及其他国家互联网的应用和发展。

IPv6 是"Internet Protocol Version 6"的缩写,它是 IETF(Internet Engineering Task Force)从 20 世纪 90 年代初开始制定的用于替代现行版本 IPv4 的下一代 IP 协议。如果说 IPv4 实现的只是人机对话,而 IPv6 则扩展到任意事物之间(物联网)的对话,它不仅可以为人类服务,还将服务于众多硬件设备,如家用电器、传感器、远程照相机、汽车等,它将是无时不在、无处不在地深入社会每个角落的真正的宽带网,而且它所带来的经济效益将非常巨大。

IPv6 地址类似 X:X:X:X:X:X:X:X 的格式,它是 128 位,用":"分成 8 段,用 16 进制表示。可见,IPv6 地址空间相对于 IPv4 地址有了极大的扩充。

2.2.4 域名系统

由于 IP 地址不易记忆,用户使用颇感不便,为此互联网引进了便于记忆的、富有一定含义的字符型地址-域名。在互联网上,域名是用有意义的名字来对应地标识计算机的 IP 地址。域名在互联网上是不能重复的,为此互联网规定了一套命名机制,称为域名系统(Domain Name System,DNS)。域名和 IP 地址之间存在一对一或多对一的关系,因为一个企业网站只有一个 IP 地址,但是可以有多个域名。对于大多数人而言,只要有了域名,无需知道 IP 地址就可以访问网站。

域名系统是互联网的一项核心服务,它作为可以将域名和 IP 地址相互映射的一个分布式数据库,使人能够更方便地访问互联网,而不用去记可以被机器直接读取的 IP 数字串。

互联网域名系统是一个树形结构,其形式如下:com(企业)、net(网络运行服务机构)、gov(政府机构)、org(非营利性组织)、edu(教育)。

互联网的域名系统是一种分布型层次式的命名机制。域名由若干子域构成,子域间以圆点相隔,最右边的子域是顶级域名,从右向左层次逐级降低,最左边的子域是主机名。域名的一般形式如图 2-5 所示。

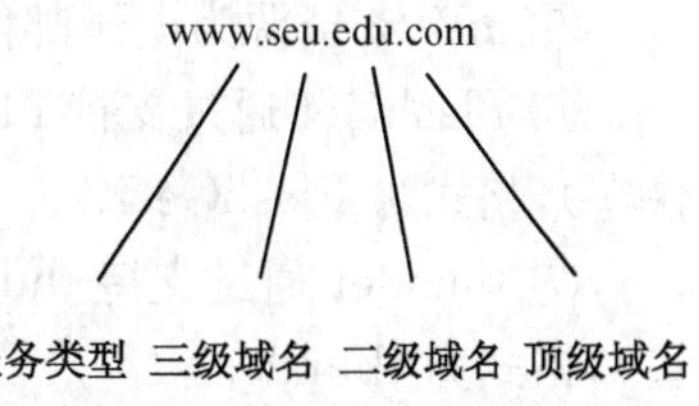

www.seu.edu.com

服务类型 三级域名 二级域名 顶级域名

图 2-5 域名的一般形式

1) 国际顶级域名

国际顶级域名可分成两大类,一类表示机构类别,另一类表示国家及行政区。需要说明的是 tv、cc、ws、bz 原本是一些国家的顶级域名,但由于这些小国的商务水平很低,这些资源不能得到有效利用,而其又能引申出一些含义,如 tv-电视,cc-commercial company 等,一些精明的公司便买断了这些国家的域名经营权,然后在国际上出售这些域名。

2) 中国的二级域名

中国的域名管理机构是中国互联网络信息中心(CNNIC)。中国互联网络的二级域名分为"类别域名"和"行政区域名"两类。"类别域名"有 6 个(见表 2-2),"行政区域名"有 34 个。我国互联网络域名体系中各级域名可以由字母(A-Z,a-z,大小写等价)、数字(0-9)、连接符

(-)或汉字组成,各级域名之间用实点(.)连接,中文域名的各级域名之间用实点或中文句号(。)连接。

表 2-2 中国二级域名按类别分类

域名	类别	域名	类别
ac	科研机构	gov	政府部门
edu	教育机构	org	非营利性组织
com	工、商、金融等企业	net	互联网络服务机构

3) 中文域名

在 CNNIC 的中文域名系统中,顶级域名"cn"之外暂设"中国""公司"和"网络"三个中文顶级域名。其中注册"中国"的用户将自动获得"cn"的中文域名,如"龙.cn""龙.中国""中国频道.公司"和"中国频道.网络"等。中文通用域名的长度限制在 20 个汉字以内,首尾不能有非法字符,如"+""@""&"等,不得含有危害国家及政府的文字,允许使用中文、英文、阿拉伯数字及"-"号等字符;中文汉字通用域名兼容简体与繁体,无需重复注册。中文通用域名具有很鲜明的中国特色,但目前中文通用域名使用率偏低。

4) 统一资源定位器

统一资源定位器(Uniform Resource Locator,URL)由三部分组成:协议类型、主机名及路径、文件名。通过 URL 可以指定的资源主要有以下几种:http、ftp、gopher、telnet、file 等。

(1) 协议指定使用的传输协议 如 HTTP 协议,它也是目前 WWW 中应用最广的协议。

① file 资源是本地计算机上的文件,格式为 file://。

② ftp 通过 FTP 访问资源,格式为 ftp://。

③ http 通过 HTTP 访问该资源,格式为 http://。

④ https 通过安全的 HTTPS 访问该资源,格式为 https://。

⑤ mailto 资源为电子邮件地址,通过 SMTP 访问,格式为 mailto://。

⑥ FlashGet 通过支持 FlashGet(专用下载链接)协议的 P2P 软件访问该资源(代表软件:快车),格式为 FlashGet://。

⑦ thunder 通过支持 thunder(专用下载链接)协议的 P2P 软件访问该资源(代表软件:迅雷),格式为 thunder://。

⑧ news 通过 NNTP 访问该资源。

(2) 主机名(Hostname) 指存放资源的服务器的域名系统(DNS)主机名或 IP 地址。有时,在主机名前也可以包含连接到服务器所需的用户名和密码(格式:username,pass-word)。

(3) 端口号(Port) 整数,可选,省略时使用方案的默认端口,各种传输协议都有默认的端口号,如 http 的默认端口为 80。如果输入时省略,则使用默认端口号。有时候出于安全或其他考虑,可以在服务器上对端口进行重新定义,即采用非标准端口号,此时,URL 中就不能省略端口号这一项。

(4) 路径(Path) 由零或多个"/"符号隔开的字符串,一般用来表示主机上的一个目录或文件地址。

注意:Windows 主机不区分 URL 大小写,但是 Unix/Linux 主机区分大小写。

5) 通用网址与网络实名

通用网址是 CNNIC 开发的一种新兴的网络名称访问技术,带有半官方性质,它是通过建立通用网址与网站地址 URL 的对应关系,实现浏览器访问的一种便捷方式。用户只需要使用自己所熟悉的语言告诉浏览器要去的通用网址即可。

2.2.5 互联网接入方式

用户接入互联网主要是通过互联网服务提供商(Internet Service Provider,ISP),即提供互联网接入服务及相关技术支持的公司,它们是用户进入互联网的入口和桥梁。ISP 一般都具有和互联网快速连接的计算机系统和良好的服务配套系统。目前我国最大的 ISP 是中国电信,此外还有一些较大的 ISP,比如联通、移动等。

互联网服务提供商包括互联网内容提供商和互联网接入服务商。互联网内容提供商提供内容服务,如网页制作、门户网站设计等。互联网的接入技术很多,从用户的角度出发,大致有以下几种接入方式:

1) ADSL 接入

ADSL(Asymmetric Digital Subscriber Line)是非对称数字用户环路的简称,是目前电信系统普遍采用的宽带接入服务。它是利用现有的市话铜线进行数据信号传输的一种技术,下行速率在 2～9 MB/s 之间,上行速率在 640 KB/s～1 MB/s 之间,终端设备主要是一个 ADSL 调制解调器。

2) DDN 接入

数字数据网(Digital Data Network,DDN)是利用数字信道来传输数据信号的专用网络,目前全国各地的电信系统都开通了这项服务。DDN 利用数字信道提供半永久性连接线路以连入互联网,它利用一种全透明、全数字、优质的传输介质,传输速率范围为 64 KB/s～2 MB/s。DDN 可以提供独享上网方式,缺点是费用昂贵,除了基本费用以外,还要根据上网流量计费,所以目前 DDN 主要是一些特殊单位使用。

3) 有线电视电缆接入

传统的有线电视网只能实现单向传输,经过改造后可以实现双向传输。终端设备是一个电缆调制解调器,它是利用有线电视网作为接入互联网的设备。有线电视电缆传输下行速率最高可达 36 MB/s,上行速率最高可达 10 MB/s。目前我国许多地区的有线电视网都开通了这项服务。有线电视电缆上网在我国具有广阔的前景,因为我国有线电视网十分普及,而且上网可以不占用电话线路,并且可以和数字式家电紧密集成。

4) 光纤接入

光纤是一种直径为 50～100 μm 的特殊传输介质,一般由石英玻璃或塑料制成,外裹一层折射率较低的材料,多根光纤连在一起,就组成了光缆。光纤通信网才是真正意义上的宽带网,传输速率最快,单根光纤的传输速率可以达到 100 MB/s～10 GB/s,而且相当稳定,唯一缺点就是价格较高。

5) 无线接入

无线接入技术分为以下两种:

(1) 固定接入方式 如微波、卫星和短波接入等。

(2) 移动接入方式 即移动上网。

6）局域网共享接入

局域网连入互联网的方式非常普遍，其基本原理是通过局域网上的代理服务器共享上网，也就是说局域网上的任何一台计算机经过授权后都可以经由代理服务器共享上网，服务器需要安装相应的代理服务器软件或进行相关设置。比如，校园网通过光纤接入互联网，而学校内部的计算机可以共享这根光纤上网。光纤局域网内的传输速率范围为 10～100 MB/s。

2.2.6 内联网和外联网

1）内联网

内联网（Intranet）也叫企业内部网，是指利用互联网技术构建的一个企业、组织或者部门内部的提供综合性服务的计算机网络。内联网将互联网的成熟技术应用于企业内部，使 TCP/IP、SMTP、WWW、Java、ASP 等先进技术在企业信息系统中充分发挥作用，将 WWW 服务、E-mail 服务、FTP 服务、News 服务等迁移到了企业内部，实现了内部网络的开放性、低投资性、易操作性以及运营成本的低廉性。

通过防火墙的安全机制，可以将内联网与互联网实现平滑连接并保障内部网络信息的安全隔离。现在多数企业使用内联网在企业内部发布信息，或者把他们原来的数据库与 WWW 服务器连接起来，使信息查询变得更为快捷。如果企业已经建成了内联网，那么就可以在企业内部网络浏览网页、收发电子邮件。

2）外联网

内联网加上专线连接或者虚拟专网（VPN）的应用，就可以升级转换成一个外联网。企业的外联网（Extranet）也可以这样表述：外联网是企业与其合作伙伴之间管理信息系统的网络，外联网是内联网的一种延伸，外联网可以用这样一个公式来表示：

外联网＝内联网＋企业外部扩展

外联网这个概念是随着防火墙的出现而产生的。企业与外界的数据交换都要经过防火墙，但与该企业相关的供应商和经销商等可以通过外联网访问该企业的内联网，他们拥有一定的权限来查询该企业与自己相关的数据信息，由此提出了外联网的概念。外联网不仅仅局限于一个企业内部，而是把相互合作的上、下游企业的网络连在了一起。同时外联网又隔离了外部的非法访问，从而保护了外联网内部各企业数据的安全性。

外联网的形式多种多样，但一般都是受限使用，用户要想使用外联网必须要通过身份鉴别。最基本的鉴别方法是设置密码保护，这是一种比较简单的用户身份鉴别手段。

3）互联网、内联网、外联网三者的关系

互联网、内联网、外联网三者既有联系又有区别，主要表现在以下几个方面：

（1）在操作权限上　互联网提供的服务基本上对用户没有权限控制或很少控制，而内联网和外联网对权限的控制是很严的。

（2）在内容上　互联网提供信息的页面以静态为主，而内联网和外联网提供的信息内容大部分与数据库有关，即提供的信息内容是动态的，随着底层数据库的变化而变化。

（3）在服务对象方面　互联网服务的对象是全世界用户，而内联网服务的对象是企业员工，外联网服务的对象是贸易伙伴的员工。

（4）在连接方式上　互联网强调各个组织网站之间的连接，无交易的企业、消费者都是它的业务范围;外联网强调各个企业间的连接,业务范围包括交易伙伴、合作对象、相关公司、销售商店以及主要客户;内联网强调企业内部各部门的连接,业务范围仅限于企业内。

由此看出,互联网业务范围最大,外联网次之,内联网最小。从提供信息的内容上看,互联网信息量最大,内联网较少。外联网专门用来促进企业间的交互作用,是互联网和内联网基础设施上的逻辑覆盖。如果把互联网称为开放的网络,内联网称为专用封闭的网络,那么外联网就是一种受控的外部网络。

2.3 无线网络与移动通信

2.3.1 无线网络

1) 无线网络简介

无线网络是指采用无线传输媒体如无线电波、红外线等的网络。它与有线网络的用途十分类似,它们之间最大的不同在于传输媒介的不同,无线网络利用无线电技术取代了网线。无线网络技术涵盖的范围很广,既包括允许用户建立远距离无线连接的全球语音和数据网络,也包括为近距离无线连接进行优化的红外、蓝牙及射频技术等。

2) 无线网络的标准

无线网络的标准按产生的先后顺序排列如下:

(1) IEEE802.11a 使用 5 GHz 频段,传输速率为 54 MB/s,与 802.11b 不兼容。

(2) IEEE802.11b 使用 2.4 GHz 频段,传输速率为 11 MB/s。

(3) IEEE802.11g 使用 2.4 GHz 频段,传输速率主要有 54 MB/s、108 MB/s,可向下兼容 802.11b。

(4) IEEE802.11n 使用 2.4 GHz 频段,传输速率可达 300 MB/s。

(5) IEEE802.11ac 使用 5 GHz 频段,传输速率达到 1 000 MB/s。

2014 年批准的 802.11ac 协议能将传输速率提高到每秒千兆位,现已广泛使用。

3) 无线局域网

无线局域网(WLAN)是指把分布在数公里范围内的不同物理位置的计算机设备连在一起,在网络软件的支持下可以相互通信和资源共享的网络系统。通常计算机组网主要以铜缆或光缆为传输媒介,构成有线局域网,但有线网络在某些场合要受到布线的限制,其布线、改线工程量大,线路容易损坏,且网中的各结点不可移动。

WLAN 就是为解决有线网络以上问题而出现的。WLAN 利用电磁波在空气中发送和接收数据,而无需线缆介质。WLAN 的数据传输速率现在已经能够达到 300 MB/s,传输距离可远至 20 km 以上。无线联网方式是对有线联网方式的一种补充和扩展,使网上的计算机具有可移动性,能快速、方便地解决有线方式不易实现的网络联通问题。

目前,中国电信、中国移动和中国联通等运营商均在机场、酒店、会议中心和展览馆等商旅人士经常出入的场所铺设了无线局域网,用户只需要使用内置了 WLAN 网卡的电脑、PDA 及智能手机,在 WLAN 覆盖的地方(俗称"热点")就可以上网。

4) 无线个人网

无线个人网(WPAN)技术使用户能够为个人操作空间(POS)设备(如 PDA、智能手机和笔记本电脑等)创建临时无线通信。POS指的是以个人为中心,最大距离为10 m的一个空间范围。最早使用的WPAN是1994年爱立信公司推出的蓝牙系统,数据传输速率为720 KB/s,通信范围在10 m左右。

目前,两个主要的WPAN技术是蓝牙(Bluetooth)和红外线。蓝牙可以在10 m以内使用无线电波传送数据。它是一种支持设备间短距离无线通信的技术,能够在移动电话、PDA、无线耳机、笔记本电脑、相关外设等众多设备间进行无线信息交换。红外线只能在近距离(1 m)内连接设备。

2.3.2 移动通信

人类社会的无线通信起源于有线通信,下面来看看移动通信技术的更新换代,其中也孕育了无线网络。

1) 移动通信技术的发展阶段

(1) 第一代移动通信技术 即"高级移动电话服务"(Advanced Mobile Phone Service,AMPS)。AMPS采用"蜂窝"的概念,将一个通信区域划分成彼此相接的六角形蜂窝,被称为一个"Cell",俗称蜂窝电话。各个蜂窝都有一个低功率的无线电基站(Base Station,BS)。

(2) 第二代移动通信技术 全球数字式移动电话系统(Global System for Mobile Communication,GSM)是1990年由欧洲邮电会议以及欧洲电信标准协会共同负责制定的数字蜂窝式移动通信标准。在GSM系统中,信号的传送方式和传统有线电话的方式相同,都是采用电路交换技术。这种技术使得通话两端在通话的整个过程中独占一条线路。

(3) 第三代移动通信技术 第三代移动通信系统(3G)是能支持语音数据综合和移动多媒体服务的宽带数字移动网络。3G提供了更大容量、更快速度的数据传输速率,实现了移动电话、互联网、计算机和各种家电的连接。3G不仅为用户提供传统的语音通信,还能提供移动上网、视频点播、视频电话、远程教学等多种个性化、全球化和多媒体化的通信服务。3G为电子商务的发展创造了更加有利的条件。

(4) 第四代移动通信技术 第四代移动通信技术(4G)的概念可称为宽带接入和分布网络,具有非对称的超过2 MB/s的数据传输能力。它包括宽带无线固定接入、宽带无线局域网、移动宽带系统和交互式广播网络。第四代移动通信标准比第三代标准具有更多的功能,4G移动通信可以在不同的固定平台、无线平台和跨越不同频带的网络中提供无线服务,可以在任何地方用宽带接入互联网(包括卫星通信和平流层通信),能够提供定位定时、数据采集、远程控制等综合功能。

(5) 第五代移动通信技术 第五代移动通信技术是4G之后的延伸,正在研究中。目前尚未有任何电信公司或标准订定组织的公开规格或官方文件,将于2020年左右实现商用化。

2) 移动通信的接入系统

移动通信接入系统的显著特点是,智能化多模式终端(Multi Mode Terminal)基于公共平台,通过各种接入技术,在各种网络系统(平台)之间实现无缝连接和协作。在4G移动通信中,各种专门的接入系统都基于一个公共平台相互协作,以最优化的方式工作,以满足不同用户的通信需求。当多模式终端接入系统时,网络会自适应划分自己频带,给出最优化路由,以达到最佳通信效果。

目前,移动通信的主要接入技术有:无线蜂窝移动通信系统(如2G、3G)、无绳系统(如

DECT)、短距离连接系统(如蓝牙)、WLAN 系统、固定无线接入系统、卫星系统、平流层通信(STS)、广播电视接入系统(如 DAB、DVB-T、CATV)。随着技术的发展和市场需求的变化，新的接入技术还将不断出现。

2.4 网络服务及常用工具

2.4.1 万维网服务

万维网(World Wide Web，WWW)通常又称为 Web、W3 或全球信息网。它是一种以图形界面和超文本链接方式来组织信息页面的技术，在该网中允许用户从某台计算机中访问网上资源。这个服务基于超文本传输协议 HTTP，采用了超文本(Hypertext)和超媒体(Hypermedia)及链接技术，可用多种媒体技术直观地向用户展现信息。客户端使用浏览器软件。

WWW 浏览提供界面友好的信息查询接口，用户只需提出查询要求，至于到什么地方查询、如何查询则由 WWW 自动完成，因此 WWW 为用户带来的是世界范围的超文本服务。用户只要操纵鼠标，就可以通过 Internet 从全世界任何地方调来所需的文本、图像、声音等信息。WWW 使非常复杂的 Internet 使用起来异常简单。

WWW 不仅为用户打开了寻找 Internet 上内容丰富、形式多样的主页信息资源的便捷途径，而且提供了 Usenet 新闻组、电子邮件与 FTP 协议等功能强大的通信手段。

1) WWW 的工作流程

WWW 采用客户机/服务器的工作模式，工作流程具体如下：

(1) 用户使用浏览器或其他程序建立客户机与服务器的连接，并发送浏览请求。

(2) Web 服务器接收到请求后，返回信息到客户机。

(3) 通信完成，关闭连接。

2) WWW 的构成

WWW 的内核部分是由三个标准构成的：统一资源定位器(URL)、超文本传输协议(HTTP)和超文本标记语言(HTML)。

3) WWW 的特征

(1) 提供文本、声音、图形、图像等信息，赋予超媒体链接图形界面，可交互地查询和访问网上资源。

(2) 支持可产生具体网页的超文本标识语言 HTML。

(3) 基于域名地址的 URL。

2.4.2 电子邮件服务

电子邮件(E-mail)服务是互联网最基本的服务，也是最重要的服务。电子邮件是一种用电子手段提供信息交换的通信方式，通过全球互联网实现文本、声音、图形、图像与视频等信息的传送、接收及存储，从而将邮件发往全球各个区域。

1）电子邮件的邮箱地址

在互联网中,电子邮件的地址格式为:User-name@ Domain-name,其中,User-name 表示用户名,@表示位于(读作 At),Domain-name 表示接收邮件的主机域名(指向该主机的电子邮件服务器)。

2）SMTP 与 POP3 协议

简单邮件传送协议(Simple Mail Transfer Protocol,SMTP)用于保证不同操作系统的计算机之间能有效地传送邮件,它是 TCP/IP 协议簇中制定计算机之间交换邮件的一个标准。

两台遵循 SMTP 的主机进行邮件传送的前提条件是接收邮件的主机必须时刻处于等待状态(因为它无法知道何时会有其他主机的连接要求),为求改进,由此产生了 POP 协议(Post Office Protocol),现为 POP3,即邮局协议第三版。POP3 允许用户通过计算机访问负责接收邮件的主机并取走存放在里面的邮件。人们通常把这个主机称为 POP3 服务器。POP3 服务器不间断地运行着一个邮件传输代理,负责通过 SMTP 接收其他主机发来的邮件。SMTP 协议中传送请求是发送邮件的主机主动提出的,而 POP3 协议中是接收邮件的主机主动提出传送请求。引入 POP3 带来的好处是用户可以完全控制、保存自己的邮件。

3）电子邮件软件

目前,使用电子邮件的主要形式有专用电子邮件软件与基于 WWW 站点附带的电子邮件两种。电子邮件软件是用户用来发送和接收邮件的程序(或称为用户代理),如 Outlook Express、Foxmail 等。IE6 浏览器的邮件软件默认使用 Outlook Express。而基于 WWW 站点附带的电子邮件则是通过 WWW 浏览器的电子邮件功能(如 http://www.126.com/)收发电子邮件。每一个电子邮件软件的基本功能是相同的,使用前均需进行参数的设置,收发电子邮件必须上网,但写信或仔细阅读则可脱机进行。

2.4.3 文件传输服务

文件传输服务遵守文件传输协议(FTP)。在互联网上有很多匿名 FTP 服务器,这类服务器用于向公众提供文件拷贝服务。这些服务器中存有大量可供人们自由拷贝的各类信息,如各种免费或共享软件、技术文档、电子杂志、归档的新闻组等。许多正在开发的互联网软件的测试版本往往由匿名 FTP 服务器向公众发表,供用户试用。这些服务器构成了互联网的巨大信息资源。匿名 FTP 服务器可以由任何人以用户名 Anonymous 进行访问。

2.4.4 远程登录服务

远程登录(Telnet)可使用户的计算机变成网络上另一台计算机的远程终端。只要用户有网上那台计算机的账号和口令,就可以登录该计算机,使用该计算机的各种资源。网络上的超级计算机往往利用这种方式供大家共享。

在 IE 浏览器环境下使用 Telnet 的操作步骤如下:在地址栏中输入要访问的主机 URL 地址,如北京大学 BBS:telnet://bbs.pku.edu.cn,按回车键,屏幕上将出现 Telnet 对话窗口,系统开始连接,当登录提示信息 login 出现时,便进入远程主机了,输入远程主机的用户名和密码,系统验证用户名、密码。若用户名和密码正确,则登录成功,显示该主机的命令提示符,并可用 Unix 命令操作。

2.4.5 网络常用工具

1) 离线浏览工具 WebZIP

WebZIP 是著名的离线浏览器软件,在它的帮助下能够完整地下载网站的内容,也可以选择自行设置下载的层数、文件类型、网页与媒体文件的定位以及网址过滤器,以便按需获取 ZIP 文件。

2) 远程桌面连接

使用远程桌面连接,可以从其他计算机通过网络登录到开启了远程桌面功能的计算机或服务器,访问远程计算机上保存的所有文件,操作远程计算机中安装的程序。这一功能使得专业人员可以远距离操作自己的计算机。

3) 快速下载工具 FlashGet

网际快车又名快车(FlashGet),是一种快速下载工具,深受人们的喜爱,因为它的性能非常好,功能多,下载速度快。

4) 网络聊天工具 QQ

网络聊天工具(QQ)是腾讯科技有限公司研制开发、基于互联网的免费网络聊天软件。QQ 可即时传送和接收消息,即时交谈,即时发送文件和传送语音、网址,并可显示好友在线或离线状态。QQ 可以自动检查用户是否已联网,如果用户电脑已连入互联网,便可根据各种关键词或类别搜索网友、显示在线网友。可以根据 QQ 号、昵称、姓名、E-mail 地址等关键词来查找,还可以在腾讯公司的主页根据其他类别如职业、兴趣、爱好等模糊查找,找到后可将其加入到通讯录中。当通讯录中的网友在线时,QQ 中朋友头像就会以彩色显示,此时可以发送信息给对方。

5) 微信

微信是腾讯公司于 2011 年 1 月 21 日推出的一个为智能终端提供即时通信服务的免费应用程序,微信支持跨通信运营商、跨操作系统平台,支持多种语言,支持 Wi-Fi 无线局域网,支持 2G、3G 和 4G 移动数据网络,支持 iOS 版、Android 版、Windows Phone 版、Blackberry 版等操作系统。

微信提供公众平台、朋友圈、消息推送等功能,用户可以通过"摇一摇""搜索号码""附近的人"及扫描二维码的方式添加好友和关注公众平台,同时微信可以将内容分享给好友以及将看到的精彩内容分享到微信朋友圈。

微信作为时下最热门的社交信息平台,也是移动端的一大入口,正在演变成为一大商业交易平台,其给营销行业带来的颠覆性变化开始显现。微信商城的开发也随之兴起,微信商城是基于微信而研发的一款社会化电子商务系统,消费者只要通过微信平台,就可以实现商品查询、选购、体验、互动、订购与支付的线上、线下一体化服务模式。

6) 百度云

百度云(Baidu Cloud)是百度推出的一项云存储服务,首次注册即有机会获得 2TB 的空间,已覆盖主流 PC 和手机操作系统,包含 Web 版、Windows 版、Mac 版、Android 版、iPhone 版和 Windows Phone 版,用户可以轻松将自己的文件上传到网盘,并可跨终端随时地查看和分享。

2013 年 8 月 22 日,百度云推出"百度云用户破亿,基础服务震撼升级"活动,宣布提供 2T 永久免费容量和无限制离线下载服务。

百度云个人版是百度面向个人用户的云服务,满足用户工作、生活各类需求,已上线的产品包括网盘、个人主页、通讯录、相册、文章、记事本、短信、手机找回。

2.4.6 EDI 技术

1) EDI 的概念

EDI 是英文 Electronic Data Interchange 的缩写,中文可直接译为"电子数据互换"。简单来讲,EDI 就是在企业内部和企业的合作伙伴之间,以结构化的、计算机能直接识别的方式,通过计算机网络来传输商业信息。使用这种方式来传输商业信息之后,在贸易伙伴之间可以不再使用纸介质,所以 EDI 又被形象地称为"无纸化贸易"。

企业在商业活动中,与其供应商和客户之间存在着大量的信息交流。如图 2-6 所示,一个企业要同其供应商之间完成一笔采购业务,从开始的询价到最后交易结束后发票的送达,有五类信息需要在企业和供应商之间交换。在传统的商业活动中,这些信息一般是以纸介质为载体在企业之间进行传送的。这种以纸介质来传送信息的方式不仅速度慢,而且因为其中的数据需要反复录入,因此容易出错。20 世纪 70 年代末 80 年代初,随着计算机网络技术在商业领域应用的发展,一种以计算机网络为媒介来传输商业信息的新型方式出现了,这就是 EDI。

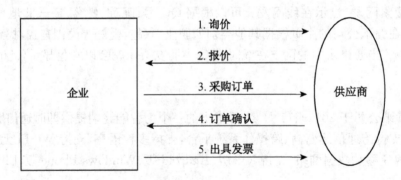

图 2-6 企业与供应商之间的商业信息传送

2) EDI 的特点

同一般的计算机网络在商业领域的应用相比较,EDI 在技术上的特点主要表现在两个方面:一是传输的是结构化的标准数据;二是传输的数据可以被计算机直接识别。

EDI 系统中传输的数据是商业数据,要能为接收方所识别。而企业的商业伙伴有许多家,这就要求这些数据要有标准的结构,从而能为不同的商业伙伴的不同计算机系统所接收并识别。此外,企业与其商业伙伴之间的计算机要以 EDI 方式来进行数据通信,如何发出请求、如何做出响应、如何取消通信等,都要求遵守一定的协议。把 EDI 中对数据格式、通信进程等方面的要求汇集在一起,就形成了 EDI 标准。

EDI 系统在传输数据时的一个基本要求是所传输的数据要能直接为计算机所识别,从而直接进入计算机系统而不需要通过人工的转换。企业之间通过电子邮件方式也可以快速地传输信息,但电子邮件中的数据要通过人工的阅读、判断、处理之后,才能进入计算机系统。也就是说,EDI实现了数据在整个传输处理过程中的"不落地"。

同传统的企业之间传输信息的方式相比较,EDI在商业方面的特点则主要表现在三个方面:一是EDI所传输的一般为企业的业务资料,如发票、订单等,而非一般的信函;二是由于是通过计算机网络来传输,因此大大地提高了效率;三是由于数据在传输处理过程中"不落地",因此避免了人工处理过程中可能出现的差错。

3) EDI系统的构成

EDI系统由硬件系统和软件系统组成。硬件系统包括计算机、通信设备和计算机网络。

在EDI系统中,不同企业之间的计算机可以通过通信线路直接连接,也可以采用第三方机构提供的增值网。由于EDI系统传输的大多是具有一定商业价值的商业资料,因此通过有专门机构管理的增值网络进行传输具有较高的安全性和可靠性。随着互联网的发展,互联网也可以被EDI系统使用来传输数据。

在EDI的软件系统中,需要一个特殊的转换软件。企业需要发送的数据往往是由计算机中其他的应用软件生成的,转换软件的作用就是把不同格式的数据翻译为EDI能接受的标准格式数据。而在接收方,转换软件则把EDI标准格式的数据翻译为其他应用软件所能接受的格式的数据。如图2-7所示是EDI系统的构成示意图。

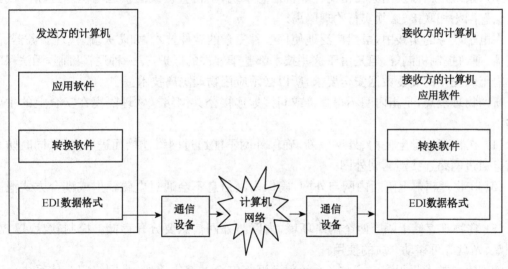

图 2-7　EDI 系统构成

4) EDI在我国的应用案例

中国海关EDI通关系统是指海关与通关对象之间运用EDI技术自动交换和处理通关文件,并利用海关计算机应用系统及时、自动完成整个通关过程的系统。EDI通关系统涉及进出口货物报关、审单、征税、放行等通关环节,还涉及报关行、金融单位、仓储企业、运输企业和国际贸易行政管理等部门。EDI通关系统是海关原有报关自动化系统(H883系统)的延伸、发展和提高。它在H883系统的基础上,进一步简化了通关手续,用户在许多情况下不必再派人到海关办理报关手续。

海关对进出口货物通关的作业流程可表述为,进口:收单→查验→分类估价→征税→放行;出口:收单→抽(查)验→分类销证→放行。报关自动化后,并未减少处理步骤,仅为适应计算机作业合理化的需要,调整或变更了某些流程。

2.5 电子政务中网络与信息安全

电子政务的基础技术之一是网络技术。无论是政府部门内部的办公自动化,还是政府部门之间的信息交换和信息共享,以及政府部门对公众的网上服务及其双向信息交流,都是以网络为技术平台的。网络在给予政务活动丰富的信息、快捷方便的信息交流和共享方式等便利的同时,也对政务网络和政务信息的安全提出了许多新的和更高的要求。解决好信息共享与保密性、完整性的关系,开放性与保护隐私的关系,互联性与局部隔离的关系,是实现安全的电子政务的前提。

政务网络与政务信息安全,主要包括网络服务的可用性(Availability)、网络信息的保密性(Confidentiality)和网络信息的完整性(Integrity)。现行一般采取的技术主要包括物理隔离、防火墙、CA认证、加密、权限控制与鉴别、日志与安全审计等多种技术,并且要有一套完整的管理制度与之相配合,才能达到真正的安全目标。

1) 物理隔离

国家保密局于2000年1月1日颁布实施的《计算机信息系统国际联网保密管理规定》第二章第六条规定:"涉及国家秘密的计算机信息系统,不得直接或间接地与国际互联网或其他公共信息网络相联接,必须实行物理隔离。"

在电子政务的实践中,虽然广泛地使用各种复杂的软件技术,如防火墙、代理服务器、侵袭探测器、通道控制机制等,但是由于这些技术都基于软件的保护,是一种逻辑机制,无法保障某些政府组织提出的高度数据安全要求,所以必须应用物理隔离技术。

所谓物理隔离,是指内网不得直接或间接地连接公共网络。物理隔离在安全上的主要要求如下:

(1) 在物理传导上使内、外网隔断,确保外网不能通过网络连接而进入内网,同时防止内网信息通过网络连接泄露到外网。

(2) 在物理辐射上隔断内网与外网,确保内网信息不会通过电磁辐射或耦合方式泄露到外网。

(3) 在物理存储上隔断两个网络环境,内网与外网信息要分开存储。控制软盘、U盘、移动硬盘、光盘等可移动介质的使用。

物理隔离技术是很多电子政务系统保证网络安全的基本手段,是网络安全体系中必不可少的一个环节。

2) 防火墙和入侵侦测

防火墙是在内网与外网之间设置的屏障,电子政务网络的内网和外网之间必须设置这道屏障。利用防火墙技术,通常能够在内、外网之间提供安全的网络保护,降低了网络安全风险。但是,仅仅使用防火墙,网络安全保障还远远不够,原因如下:

(1) 入侵者可寻找防火墙背后可能敞开的后门。

(2) 入侵者可能就在防火墙后的内网中。

(3) 由于性能的限制,防火墙通常不能提供实时的入侵侦测能力。

因此,将入侵侦测系统与防火墙组合使用,可以提高安全防护能力。

入侵检测(Intrusion Detection)就是对计算机网络和计算机系统的关键节点的信息进行

收集分析，检测其中是否有违反安全策略的事件发生或攻击迹象，并通知系统安全管理员。一般把用于入侵检测的软件、硬件合称为入侵检测系统。概括起来讲，入侵侦测就是对指向计算机和网络资源的恶意行为的识别和响应过程。

具体的入侵检测模式如下：

（1）模式匹配：使用一套静态的模式，在通信节点截获数据包，然后将会话特征与知识库保存的攻击特征进行对比，提供防止包序列和内容攻击的保护。

（2）统计分析：使用统计过程来侦测反常事件，原理是收集报头信息后与已知的攻击特征比较，并且探测异常。

以上两种模式各有优、缺点，模式匹配工具侦测已知攻击的能力很好，但对于新的攻击以及变种的攻击却无能为力。统计分析的 IDS 探测已知攻击的能力相对较差，但能很好地探测未知攻击。

入侵检测还分为基于主机的或基于网络的。网络型入侵检测系统的数据源是网络上的数据包。主机型入侵检测系统往往以系统日志、应用程序日志等作为数据源，从所在的主机收集信息进行分析。防火墙内部的 Web、DNS 和 E-mail 等服务器是大部分非法攻击的目标，这些服务器应该安装基于主机的入侵检测系统以提高整体安全性。

3）认证技术和数字证书

在常规人员交往和信息交流中，双方面对面通过识别对方交流，或依靠一些传统的凭据，如身份证、印信、红头文件及其他法律凭证，确认交往双方的身份，确认交换的信息，确认相关事项。但是，在互联网上进行信息交互时，由于传统的确认身份和确认所交换信息的方式无法使用，怎样保证信息交换双方身份的真实性、信息的真实性和承诺事项的不可抵赖性，就成为人们迫切关心的一个问题。因此，必须在技术上保证信息的交互过程能够实现身份认证、安全传输、不可否认性、数据一致性。由于数字证书认证技术采用了加密传输和数字签名技术，能够实现上述要求，因此在电子政务中广泛采用数字证书认证，以保证网络上的信息交互过程得以正常进行。

网络认证技术是网络安全技术的重要组成部分之一。认证指的是证实被认证对象是否属实和是否有效的一个过程。基本思想是：通过验证被认证对象的属性来达到确认被认证对象是否真实有效的目的。被认证对象的属性可以是口令，数字签名或指纹、声音、视网膜这样的生理特征。认证常常被用于通信双方相互确认身份，以保证通信的安全。

数字证书是在网上进行信息交流及各种活动的各个参与者的身份证明。在电子信息交换的过程中，参与交换的各方都需验证对方数字证书的有效性，从而解决相互间的信任问题。数字证书一般是一些包含用户身份信息、用户公钥信息以及身份验证机构的数字签名的数据。身份验证机构的数字签名可以确保证书信息的真实性，用户公钥信息可以保证数字信息传输的完整性，用户的数字签名可以保证数字信息的不可否认性。

数字证书建立在目前广泛采用的公钥基础设施（Public Key Infrastructure，PKI）技术的基础上。PKI 技术采用证书管理公钥，通过第三方的可信任机构——认证中心（Certificate Authority，CA），把用户的公钥和用户的其他标志信息（如名称、E-mail、身份证号等）捆绑在一起，在 Internet 上验证用户的身份。目前，通用的办法是采用建立在 PKI 基础之上的数字证书，通过对传输的数字信息进行加密和签名，保证信息传输的机密性、真实性、完整性和不可否认性，从而保证信息的安全传输。

思考题
1. 简述计算机网络的功能和组成。
2. 简述 TCP/IP 参考模型及协议。
3. 简述互联网的组成及主要功能。
4. 简述互联网的主要接入方式。
5. 简述 EDI 的特点及构成。
6. 电子政务中的信息安全技术有哪些?

3 电子政务系统总体架构

3.1 电子政务系统概念

电子政务是现代公共行政管理与公共服务学、信息与通信科学、计算机科学、软件工程学与系统工程学等的结合,是一门新兴的边缘交叉学科。从科学史上看,每一门学科的成长过程大致经历三个阶段:第一阶段是描述性阶段,第二阶段是分析性阶段,第三阶段是工程化阶段。如将力学应用到机械制造和桥梁建筑时,就形成了机械工程和桥梁工程。这一规律在经济、社会与思维科学领域也同样存在,如金融学与金融工程、管理学与管理工程、认知科学与知识工程等。学科间的交叉、融合、工程化已成为学科发展和学术创新的重要途径之一,这些创新成果又将应用于新型公共行政服务体系的建立与运行,直接体现其经济与社会效益。

任何一门科学,包括电子政务在内,只有进入工程化阶段后,才能规模化、集约化地创造出经济效益与社会效益。因此,综合国内外电子政务实践和信息与计算机技术发展的经验,引入电子政务工程理念,对于设计、指导和分析各种电子政务系统建设,具有重要的理论意义和现实意义。

3.2 电子政务系统的特点

3.2.1 电子政务系统简述

系统是由相互作用、相互依赖的若干组成要素结合而成的,是具有特定功能、结构和环境适应性的有机整体;系统大于各部分的叠加之和,系统存在于一定的环境之中并与其相互作用。电子政务系统属于信息系统,故其既具有一般信息系统的普遍特征,又具有其专业领域的特征。了解电子政务系统的一般与特殊性质,是设计、构建与管理电子政务系统的前提。

(1) 电子政务系统要素 从技术角度,电子政务系统由网络基础设施、数据基础设施、计算机、存储基础设施、各种传感与监测设施以及各类软件系统等实体要素组成;从管理角度,它又由各种流程、模式、规范、制度等无形要素组成;从资源角度,它又包含各种对象数据,无论是人工输入,还是自动传感与识别装置等通过感知、采集、处理、分析、应用、呈现与响应而成的信息要素;从应用角度,又可视其为由许多不同行业与领域的服务与监管子过程要素等构成;从规模上看,它又由横跨经济、政治、产业、社会与公众服务等多领域的知识要素组成。

同时,电子政务的实施主体是政府机构,它们也由一系列的子系统组成。如以发改委系统为例,其职能可分为办公系统、文档管理系统、规划系统、投资管理系统、财经系统、服务系统、工业管理系统、交通管理系统、金融管理系统、后勤支持系统、决策系统等。这些子系统既可独立运行,也可以整体运行。

政府机构在履行行政职能时,这些职能的构成要素既可以是单个部门,也可以是几个部门集合的横向交叉与纵向垂直的系统。如服务业管理系统既可以是从国家到省、市、县对口的服务业主管机构;也可以是行业中的具体职能部门,如由金融、高技术、物流、信息化、外经贸等主管机构的行政职能与信息资源等要素综合而成。

电子政务的系统与构成要素是一组相对概念,取决于具体研究对象、管控领域与范围等,一定场合中的要素在另一场合下就可能被视为子系统甚至独立系统。

(2) 电子政务系统的环境　任何系统均存在于特定的环境之中并与之相互作用。电子政务系统也处于一定的区域、经济、社会与文化环境中,与之相互作用,并保持密切的输入、响应与输出关系。如各城市的城管执法系统,就与该城市的地理位置、自然环境、城市规模、经济总量、人口数量、教育水平、产业结构、交通情况、人文历史等密不可分。城市管理与行政执法就必须在与这些环境的相互作用中实施,其效能也需通过交互作用体现。

再以政府采购为例,它通过政府采购系统与机关后勤系统产生信息交换,又与社会上各供应厂商的供货系统产生信息交换;而部门系统更与各类社会机构的信息系统保持多渠道、多层面的资源交换关系,这些机构既可视为采购监管系统的一部分,又可视为其运行的管理与制度环境。

(3) 电子政务系统的结构　结构即组成系统的诸要素之间相互关联的方式。构成政务系统的诸要素之间存在着密切联系,从而在其内部形成一定的结构与规约。如各级政府的门户网站,需要各职能机构提供动态信息,社会各界与公众反馈的信息还要以此为窗口进入,分发到各相关机构中,产生答应与在线作业。而阳光政务、行政审批等还要在业务层面将各相关职能机构协同整合起来,构建一体化的跨机构作业流程等。这种结构既可表现为软件内部的控制流程,也可表现为软件与软件之间的关系,还可表现为人与软件、人与数据、数据与作业规程之间等的相互作用。政务应用特别需要关注系统结构的构建与维护。

(4) 电子系统功能　任何政务系统的存在都有其作用与价值,可以实现特定的内外服务功能。如构成我国电子政务总体架构的"二网一站六库十二金工程",每一项都有清晰的功能与目标。可以说,功能是决定任何要素、子系统或系统是否存在的必要条件。在政务系统设计时,人们主要考虑的就是其各项功能是否需要,是否能实现,实现的技术途径,成本与效益权衡等。

(5) 电子系统资源　电子政务以各类资源为基础。政务活动需要多种资源要素,信息资源作为一种要素起着特殊的作用,它既是系统管理的对象,又是政府机构中各类业务与数据的载体。在当今知识社会中,政务系统对各类信息资源的采集与跟踪能力、加工深度和使用的方便性与共享性等,将直接影响到政府决策的科学性、质量与风险程度。

根据信息资源的不同形态与作用,可分为数据、信息与知识三个层次。数据资源是一切政务作业的根本,是基础性与原始性资源;第二层是信息资源,它们是经过加工、外部获取或组合而成的数据,是各类机构存在、认识与了解外界动态、行使其职能的手段与环境;最上层是知识,它是对数据、信息加工后产生的飞跃,是对行政对象与行政过程中规律性与必然性的认识。在企业中,知识是核心资产,在知识型机构中,知识是竞争力之本。

已故管理大师德鲁克在 20 世纪 90 年代就指出:"知识的生产率将日益成为一个国家、一个行业、一家公司竞争力的决定因素。"该结论对于政府机构也是成立的,在日益复杂的现代社会中,政府必须成为知识型组织,才具有领导与管理的资格,因为科学、正确的行政决策,都必须以及时、全面的知识为依据。

从前述电子政务"金字工程"建设内容可看出,知识性是其最显著的特征。无论从宏观经济决策支持的金宏工程,涉及金融系统的金财、金税、金卡、金审和金关工程,关系到国家稳定和社会稳定的金盾工程、金保工程,还是具有专业性质但对国家民生具有重要意义的金农、金水、金质工程等,都要求从全局性、动态性、实时性角度掌握其对应专业领域的知识。故从技术角度看,电子政务系统优劣的评估标准也体现在两方面:一是其开发利用和共享政务信息资源的能力,特别是其从原始数据提升到信息,再从信息提升到知识的能力;二是其是否能不断地引进最新的信息与通信技术,将其融入各项业务和决策支持上。

3.2.2 电子政务系统的特征

1) 电子政务系统的一般特征

电子政务系统是一类信息系统,它与其他信息系统如企业与社会部门等的信息系统一样,具有一些普遍性的特征。如统一性、高技术性、安全性、开放性与扩展性、互动性、稳定性与可维护性等基本特征,具体说明如下:

(1) 统一性 电子政务系统包含了大量的软硬件、信息资源、诸多应用子系统,可向不同类型与级别的用户提供服务。因此,统一性是其基本特性,在此基础上,才能提供系统接入、Web门户、Web服务、信息交换及安全支撑平台,通过对系统间接口的统一规范,可供第三方技术与信息服务商将服务部署在政务平台上,实现多元化用户服务。

标准化设计是统一性的前提,不同的政务应用通过数据、子系统与作业的标准化实现互联互通和互操作,整合各类信息,为不同业务的加载和运行提供支持。

(2) 高技术性 近年来,IT技术的迅猛发展,大数据、云计算、移动通信、物联网、人工智能、虚拟现实与深度学习等新技术正快速进入社会各领域,引发了电子政务的一系列变革,导致各种创新型的政务系统与政务应用的产生,促进其朝着智慧政务发展。

(3) 安全性 电子政务系统承载着关系到国计民生的各种信息与社会服务,其安全性至关重要。在其业务流程处理过程中涉及大量公民与机构信息、各种敏感数据等,这些都对政务系统建设、共享与运行的安全性提出了极高要求。

(4) 开放性与扩展性 电子政务系统的开放性与扩展性特征包括:①系统可与其他系统与应用之间互联互通和资源共享。开放性是在资源与应用共享融合的基础上,消除信息孤岛、实现无缝式电子服务的必要途径,它还包括如虚拟现实、人工智能、深度学习等各类新技术的导入。②基于系统开放性,日益增加的业务和信息的聚集与系统功能拓展,使政务系统能随着社会发展持续创新与拓宽服务领域。

(5) 互动性 互动性是从不同政府部门之间、机构与公众之间通过电子政务平台来实现民众的网上办事、移动服务、信息反馈、在线服务和应急指挥等。这一特征是电子政务深入社会,实现"互联网+政务"的动态服务所不可或缺的。

(6) 稳定性与可维护性 政务系统的稳定性是保障政府行政管理和办公事务持续、正常运行的前提条件;可维护性是指系统具备良好的自我管理、升级、性能与功能扩展的机制,能对系统正常运行进行监控与异常预警等。

2) 电子政务系统的特殊特征

能将电子政务系统与其他信息系统相区分的,是其一些特殊的特征,可归纳为"开放的复杂巨系统"具备的特征。

所谓"开放的复杂巨系统"至少包括三个特征：第一，电子政务系统本身由各类硬件、软件、信息资源、内外部用户、流程与制度等组成；运行中它又与其他自然系统、人工系统、社会系统、公众和各类实体之间产生物质、资金、能量、信息、规则等的动态交换，所以是"开放的"。第二，电子政务系统内部横向分为多个层级、纵向分为许多行业领域，结构庞杂，子系统种类繁多，与其他经济和社会系统等构成纵横交错的关系，所以是"复杂的"。第三，系统涵盖范围极广，不仅国内从中央到地方，覆盖全国，一些经济、外交、国防等方面还涉及全球，所以是"巨系统"。

"开放的复杂巨系统"理论用于描述内含大量结构复杂、功能多样、彼此间目标矛盾、问题冲突子系统的系统。这类系统广泛地存在于政务领域，如经济系统、社会系统、金融系统、环境生态系统等。这类系统的设计、分析和描述与传统信息系统有许多的不同，需要采用定量与定性、精确与模糊、计算机辅助建模与场景仿真等技术进行。

近年来蓬勃兴起的大数据、人工智能、虚拟实现、动态感测、计算机深度学习等新技术，为描述和处理这类系统提供了一系列可用的工具与方法。

3）政务系统的复杂性

对电子政务系统的分析，除采用一般系统工程方法外，还要从其复杂性分析与描述入手。复杂性虽是现实世界中许多系统皆具备的共性特征，但电子政务系统的这一特征格外明显，分析时需要参考复杂适应系统(Complex Adaptive System，CAS)理论。

复杂适应系统理论强调了系统在复杂环境中的适应性、主动性，强调其具有自己的目标、内部结构和发展能力等，它除分析上述信息系统的一般特征之外，还要描述系统在适应和演化过程中涉及的 7 个概念：聚集、非线性、流变、多样性、标识、模式、构件等。

（1）聚集　通过个体系统集聚形成更大、多体聚集的系统。个体系统在一定条件下，在各方互相接受时，组成聚集体，使其形如一个主体。如电子政务赖以存在的互联网就是计算、通信与信息资源的聚集体。在知识领域，个人与团队、团队与机构、机构与系统间通过知识共享形成聚集体，常常是知识创新的关键。聚集属性对电子政务有重要作用，如财政部既是"金宏工程"等的参建单位，又是"金财工程"的主建单位，国家发改委、审计署等也是"金宏工程""金审工程"的主建单位，通过聚集实现它们间的融合，构成功能更强大、覆盖领域更广的服务项目。

许多政务活动中，不同系统要按业务进程、特定的时间与流程节点进行数据资源、功能与作业间的聚集，组成不同政务系统间的新业务。显然，聚集是比共享在技术与管理上有更高的要求，也是提升和扩展政务应用最需的一种特性。

（2）非线性　指个体单元或系统在其属性或关系变化时，不呈简单的线性输入-输出形态。电子政务在"人—机""人—机—人"与"机—人—机"等系统环境中，此特点更明显。复杂适应系统理论认为，个体系统间的影响已非简单、被动、单向的因果关系，而是一种主动的"探求-适配"关系。此时，线性、简单、一对一式的因果关系已不复存在，实际中常呈现各种反馈、矛盾影响、相互纠缠、交替作用与振荡进展的复杂关系。

非线性在如经济调控、产业调整、生态与环境控制等宏观政务层面上已为常态；在微观政务层面，如公众与机构的业务办理中，除自动化、规程化较高的作业呈现线性输入与输出之外，略具个性化的服务就呈现非线性关系：良好的服务就以个案化、协商与调解化等方式进行。政务知识的发现与积累也在复杂的交互过程中呈现非线性特征，在聚集特性支持下，一些良性互动往往会产生倍乘效应。

在政务系统分析与运行中,大数据、人工智能和计算机深度学习等新技术是处理非线性特征的主要工具,它们能从数据挖掘、深度分析、对策效果、场景比对与行为分析等方面提供处理方案。

(3) 流变　在个体机构、系统与环境之间,以及不同系统之间往往存在着物质流、能量流、信息流和规则流等,且系统交互中这些流的内容、数量和规则会发生变化,故称此特征为流变,它影响并反映系统运行的状态与质量。通过对流变的分析和描述,人们可动态了解政务系统的运行效率与服务质量。如近年各地都建立了行政审批中心,工商、税务、质监、卫生、海关等机构均在此设立窗口,通过并行作业提供"一站式"服务。当然,行政审批中心并非只将各机构简单地拉到一个屋顶之下,各机构间的数据依然分离,企业与公众要到每个窗口再重复填报一系列繁杂的表格等,而是一次输入,各机构按作业流程共享共用。这就要改变以前的数据流、作业流和规则流,并在不同机构的节点设置相应的作业标准,而这些标准往往依据数据的流变需求特征来判定。

当然,上述场景只是简单的政务活动实例。复杂情况是在当作业与规则流变时,对系统中资源流变的动态控制与调优问题。

(4) 多样性　随着信息技术、社会需求和政府改革的发展,机构或系统间的差别会发展与扩大,最终分化,这是复杂适应系统理论的一种典型情况。正是各系统间的作用与不断变革,造成了政务向不同的方向发展与功能的变化,形成了电子政务的多样性。这实际上是系统功能细化与演进的过程,如电子政务从最初的"三金工程"发展到"十二金工程",再到"不见面审批""最多跑一次""一网通办"等,就体现了这一演进变革过程。

多样性还体现在因系统功能的扩展而表现出的多种状态,这对于提升政务系统服务质量的作用是显著的。例如,早期人们只能通过电子邮件与职能机构建立偶发性联系;其后则通过即时通讯工具如QQ等与机构建立可经常发生的弱联系;再后来则通过公众微信号加入政府机构的虚拟社区,建立全天候在线的强联系,实现随时关注、动态反馈与响应等。

(5) 标识　为识别对象,标识在系统内部及其与环境的作用中是基础性的。无论在系统建模、资源规划与设计中,还是在其运行中,标识的功能与效率均是必须认真考虑的。标识在计算机的对象识别、特征描述、检索、管理与交互中起关键作用。电子政务中将对象及其信息的标识、描述、交流和处理作为建立系统功能,跟踪作业进程、资源变化等的主要参照,从而将标识类资源从原先的对象附属物,演化为一套相对独立的基准数据子系统。

电子政务系统中,标识描述或定位的对象,可以是实体、抽象对象、数据甚至其他来源的标识等,可以是子系统,也可以是个人、概念、过程与行为元素等。经验表明,越是明晰、描述细致的标识系统,越适用于计算机处理,其服务功能就越强大。

(6) 模式　系统各组成部分都有其内外部机制,从单元构件、组件、子系统乃至系统的各层级,用于描述其结构、功能与流程的逻辑概念称为模式。模式表示一类具有共性特征的抽象概念,一种新模式的生成常表示一组具有共性特征的事物、结构或过程的组合。

模式常用来代表结构、过程、方案构造中的基本单元或架构。一些经筛选与优化的模式往往固化为规范形态,成为稳定模型。在电子政务领域,通过模式能将事物、过程与作用等映射到设定的资源加工与处理范畴中,通过信息提炼,应用前期的政务经验与知识积累来解决当下问题,形成一种规程与模式。

模式的作用为:通过模式找出规律,优化升级为某种模型。复杂对象与过程经模式分析与处理,可找出其中的规律,有助于系统功能的构建;在收集和表达已有经验、信息与知识等方面,模式能有助于规范、系统地描述对象,捕获那些已被证实的解决方案,便于人们理解、构建实际应用等。

在各国电子政务建设中,人们探索一般的系统建立与运维的规范模式,其中最具代表性的是美国的"联邦政府企业架构"(Federal Enterprise Architecture,简称FEA),国内相关电子政务标准中称其为"联邦政府架构"。

"企业架构"概念由IBM资深架构师Zachman(扎科曼)提出,鉴于建筑业中规划和架构在工程实施中的核心作用,他建议参照企业对象的功能和资源进行整体性描述和建模,对信息系统的开发提供工程化的规范性指导。目前,Zachman理论模型已成为系统建模与架构描述的标准。例如,美国政府在实施电子政务中采用Zachman理论构建"联邦政府架构"规范,使得联邦、州政府的电子政务项目都实现了数据标准化、流程标准化、架构规范化,系统架构以服务为导向,易于整合,可构建更灵活、投资更有效、回报率更高的政务系统。

国内专家也据此提出"中国企业架构"(China Enterprise Architecture,CEA),可用于电子政务项目的指导,它包括如下9项参考模型:

① 战略参考模型(Strategy Reference Model):建立电子政务战略,梳理政务事项运行模型,明确关键的运行模式和流程标准的依据;

② 考核参考模型(Performance Reference Model):制定政务工作和信息服务的考核指标体系的依据;

③ 业务参考模型(Business Reference Model):建立文档结构和流程模型,梳理政府部门的职能和作业流程,为业务流程管理和创新搭建平台提供依据;

④ 数据参考模型(Data Reference Model):建立政府业务数据模型,为政务信息资源管理、共享和决策支持搭建基础平台的依据;

⑤ 技术参考模型(Technical Reference Model):建立电子政务技术模型,明确各应用系统架构、信息技术基础设施架构及技术标准和流程的依据;

⑥ 服务参考模型(Service Reference Model):建立政府服务组件模型,实现政府服务功能集约化管理、建立政府运行服务支持中心的依据;

⑦ 实施参考模型(Implementation Reference Model):建立项目工程管理办公室(Program Management Office,简称PMO)和电子政务信息技术治理及项目管理体系的依据;

⑧ 培训和营运参考模型(Training & Operation Reference Model):是建立业务人员和技术人员培训体系及信息技术服务支持和营运维护体系的依据;

⑨ 沟通参考模型(Communication Reference Model):根据沟通参考模型,制定各相关利益者的沟通机制,阐明沟通目标、内容和方法,是全面提升电子政务工程参与者沟通能力的依据。

上述内容提出了电子政务系统的一般内容与总体框架,具体的架构分析与设计则因不同的政务系统而异,它是系统顶层设计的规范化模式,具有普遍指导意义。

(7) 构件 复杂系统通常是在一些相对简单的构件、组件及子系统基础上,通过建立接口与功能、资源间配置形成的。采用构件的目的是简化系统设计与建设的工作量,提高规范模块与资源的重用度,提升可靠性,减少成本,缩短系统建设周期等。许多构件都具有成熟性、可靠性,且经过优化后形成,具有较高的标准性与通用性。

随着信息技术的发展,构件不仅体现为硬件,也包括日益增多的软件,以及各类数据资源。

构件的多样性、组合方式的多样性等构成了系统的复杂性。

3.4 电子政务系统的概念框架

3.4.1 系统概念框架简介

系统概念框架是一种描述工具,它通过以下的特征分析,提出系统的逻辑架构。

(1) 某项政务活动是怎样产生的,包括其基本需求、技术条件、运行环境、策略与管理实践等。

(2) 实现该项政务活动的信息化、网络化与开放化服务的途径。

(3) 确定实施该项活动或业务所要进行的资源分析、行政规则、机构运作、业务流程等的变化。

(4) 在分析整个政务系统中将各种功能、结构与关系概念化。

(5) 给出概念性流程框架。

概念框架的构建是运用系统理论对问题进行分析,相关理论包括信息理论、复杂适应系统理论、公共管理理论及其他学科的理论。概念框架关注关系描述,可以是功能关系、结构关系、流程关系,乃至复杂关系体系间综合关系的逻辑描述。

从操作层面,可将概念框架定义为研究问题的关系分析图,以使现实问题更容易讨论、分析,从而进行抽象描述。它通过选择特定对象、功能、结构和数据资源,提出它们之间的特定关系与流程。

3.4.2 电子政务系统的技术架构

电子政务系统技术总体架构由基础设施层、数据资源层、应用支撑层、业务应用层、用户及服务层5个层次组成,如图3-1所示。各层功能说明如下:

1) 基础设施层

如图3-1所示,基础设施层包括电子政务网络、互联网、服务器、计算及存储设施、信息安全等硬件与机制类基础设施。基础设施应优先依托政务云平台进行集约化部署建设。在网络方面,政务服务的预审、受理、审批、决定等原则上依托统一的电子政务网络,政务服务的咨询、预约、申报、反馈等依托互联网。政务服务数据共享平台依托电子政务网络建设。

基础设施层为政务系统的运行提供硬件、软件、网络和数据资源,对系统运行的质量、安全性、可靠性、可持续性提供技术保障,具体如操作系统、计算机程序语言编译与解释、数据库与文件管理、网络(政务内网、政务外网、互联网及移动通信网络等)管理、安全管理、性能管理、能力管理、可用性与故障监测、备份与恢复、配置管理、各类智能设备管理、网络运行与维护等服务。同时,电子政务系统还建立在政务内网、政务外网与各种数据中心中。

此层的管理还涉及对基础设施、共性支撑、信息资源、各类政务应用等各层面的技术和运行管理。

2) 数据资源层

数据资源层基于政务服务资源目录和数据交换,汇聚政务服务事项库、办件信息过程库、

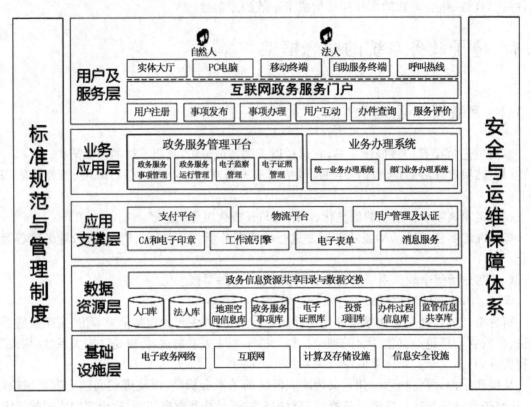

图 3-1 电子政务系统技术架构图

监管信息共享库、信用信息库等政务服务业务信息库,共享人口库、法人库、地理空间信息库、电子证照库、投资项目库、办件过程与监管信息等基础信息资源库,通过多种政务数据资源共建与共享,构成政务服务数据共享平台,为政务服务提供统一的数据支撑。

数据资源层是政务活动的基础,其数据采集、处理、管理与存储,包括共享公用信息库、决策信息库、元数据库、基础信息资源库,以及政务信息资源目录体系、政务信息资源交换体系等,均通过本层实现。各类政务信息资源及其目录体系、交换体系的建立、管理、维护与升级维护,是该层的基本任务。政务系统应结合业务的开展,建立维护、共享与更新机制,保证政务信息资源的准确、完整和动态更新。

3) 应用支撑层

应用支撑层包括基础政务数据、主题数据、元数据、共享交换、服务管理、应用集成、过程管理、工作流管理、目录服务、交换服务、构件服务、消息服务、应用数据服务等,CA 和电子印章、工作流引擎、电子表单等各种通用组件等,以及用户管理及认证、支付平台和物流平台等中间支撑系统。此层提供面向用户的通用信息处理与服务功能,为保障应用系统的可用性、安全性、互操作性、可维护性和可扩展性提供各类信息处理与服务。

本层软件具有通用性,运行在技术基础设施和业务应用系统之间,由多种中间件、工具套件、通用软件及服务组件等组成,构成如工作流引擎、搜索引擎、决策支持工具、办公套件、用户接口服务、身份识别与认证服务、访问控制服务、加密服务、远程过程调用服务、消息服务、对象请求代理服务、Web 服务平台等,为政务系统提供技术支持。

4) 业务应用层

业务应用层逻辑上由政务服务管理平台和各级业务办理系统组成,前者主要实现政务服务事项管理、政务服务运行管理、电子监察管理、电子证照管理等功能,后者在前者的支持下实现统一业务办理系统、部门业务办理系统的功能。同时该层可以实现部门内应用、跨部门应用、跨层级应用、综合应用与移动应用等。

本层是电子政务功能的主要体现,各类办公自动化、宏观经济、财政、税务、金融、海关、公共安全、医保社保、农业、产品质监、检验检疫、防汛指挥、国土资源、人力资源、新闻出版、环境保护、城市管理、国有资产监管、企业与公众信用监管、药品食品监管等系统,均将在此层汇聚。本层的任务是围绕服务,以政务信息资源开发利用为主线,以信息资源目录体系与交换体系为支撑,兼顾各级机构与用户的信息需求,统筹规划应用系统建设,完善已建应用系统,强化已建系统的应用,推动跨机构、跨系统间互联互通和信息共享,支持部门间的业务协同。

本层将信息技术融合到各项公共服务活动中,通过各应用系统,提供面向公众和企事业单位的综合服务、社会监管、内部办公、决策支持、各业务部门的业务运作以及政府间的政务协同。主要包括机构内部或跨地区、跨部门、跨层级的业务应用系统,如公文处理系统、社会管理系统、科学决策系统、公共服务系统等履行各种行政职能的政务应用系统等。

5) 用户及服务层

此层即互联网政务服务门户层,包括用户注册、事项发布、事项申请、事项办理、用户互动、办件查询、服务评价等,构成统一的政务服务界面。自然人和法人可通过政务门户网站、信息亭/信息机、市民卡、呼叫中心、微信/微博、社区与论坛等访问政务系统,与之业务交互。

上述5层技术架构体系可归纳为:1个平台(IT基础设施平台),4个层面(信息资源服务层、应用服务支持层、业务应用层和表现层),2个体系即安全保障体系(包括物理安全、网络安全、应用安全、信息安全与安全管理)与电子政务法律法规、标准与规范体系。该架构已成为国内设计电子政务系统时必须要参照的规范。

3.5 电子政务系统接口

接口(Interface)又称界面,图3-1中第5层为用户及服务层,此层是政务系统与公众间的接口,其功能的健全性、服务界面的友好性、可操作性和便捷性等,均直接影响公众与政府间的交互,以及公众对政府服务的体验。目前,面向公众的电子政务系统主要构建在互联网(含移动互联网)上,用户通过电脑、手机等智能终端访问所需业务。当然,政府与公众的联系还包括其他电子设备,一些专网(如金融网)也提供公众服务,亦应考虑公众接口。

3.5.1 政务系统公众接口的特征

1) 互联网政务服务门户

网站门户是电子政务系统的出入关口,也是应用框架,其将各种应用系统、数据资源和网络资源等集成一体,以统一的界面和多种信息通道提供给用户。政务门户可跨越地域和部门限制,通过相关的授权与认证机制,使各类服务对象都可通过对政府门户的一次登录进行相应权限范围内的登录访问,获得所需信息,开展交流,申请与办理业务,同时也支持机构间的协同工作。

不同政府机构通过政务门户向其他机构、公务员及社会公众发布信息,进行联系、协商、服务、宣传与业务受理等,也可通过信息门户利用相关检索工具如搜索引擎收集信息。

2) 市民卡

市民卡是利用集成电路(IC)卡实现信息收集、识别、共享和交换的一种工具,也是持卡人的个人与电子政务系统的交互接口。市民卡具备一卡多用的功能,涉及教育、医疗、人事、民政、社保、出行等政府公共服务,以及水、电、燃气、通信、公共交通、共享单车、旅游、小额支付等个人消费服务等。

3) 信息亭

信息亭或信息机是指投放在城市中心地区的公共服务设施,形如公共报刊亭,其中放置了ATM机、触摸式自助终端、LED显示屏等设备。市民可通过此类设备进行政务信息查询、市政服务、金融服务、费用缴纳、自助式购买、个人健康数据检测、应急求助等。

4) 呼叫中心

呼叫中心(Cell Center)是以电话语音、短信、专业论坛与公用微信平台等为媒介,应用计算机电话集成(CTI)技术,为密切政府与公众联系而建立的服务设施,主要发挥咨询、服务、民众沟通、意见反馈和应急事务处理等作用。呼叫中心的接入方式可以是电话特服号、传真、计算机连接、网页访问及移动设备连接等。用户接入呼叫中心后,就能收到程序化的语音提示音,按其提示选择就能接入政务服务数据库,获取信息服务,并进行存储、转发、查询、交换等处理。在人工智能与自动学习技术的支持下,呼叫中心还能针对用户提问,更为主动、深入与关联地回复用户问题。

5) 机器人

政务机器人是一种比信息亭更先进的设备,除了具有信息亭的功能外,还可在政务大厅等场所中移动,增加了其服务的主动性与便捷性,更主要的特点是其能通过训练与学习储备相关知识,通过语音回答用户提出的问询,现场引导客户去相应的服务窗口,甚至代为办理一些事务等。随着人工智能技术的发展,机器人在电子政务领域将发挥越来越大的作用。

6) 其他技术

随着移动通信、物联网及大数据等技术的普及,诸如射频识别(RFID)、近域无线传感(NFC)、紫蜂(ZigBee)、红外感应、指纹与刷脸识别、北斗导航、遥感、室内外定位、智能传感器、摄像头、多种感知设备等技术导入电子政务领域,将使政务系统的感知与接入手段等更为多样化、智能化、自动化与敏捷化,也将使政务服务的内容更为丰富与便捷。

7) 安全与运维保障

政务系统由标准规范与管理制度和安全与运维保障体系支持。信息安全在各层面为电子政务提供机密性、完整性、身份与权限可用性、鉴别、抗抵赖、反病毒等安全管理与服务,主要涉及安全管理、安全协议、边界防护、安全隔离、信息加密、密钥管理、数字签名与认证、安全评测、公钥基础设施等方面的保障。

3.5.2 业务应用层的关联模型

图 3-1 中第 4 层为业务应用层。为实现公共服务,机构间必须进行业务协同与聚集,构建

新服务项目,从单项政务服务向综合政务服务发展。机构间一系列技术工具与应用子系统间的关联与协同模式,如图3-2所示。

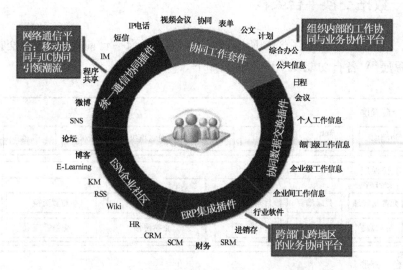

图3-2 电子政务系统的外部特征示意

图3-2以社会公众、企事业单位和政府机构等用户为中心,借助统一通信协同插件、协同工作套件、协同数据交换插件、ERP集成插件、ESN企业社区等,与图3-1所示的各类政务系统结合。这些工具或子系统的功能如下:

1)组织内部的工作与业务协作平台

此类功能主要以协同工作套件为体现,具体如公共信息发布、综合办公、协同计划、公文协办、表单协同、作业流协同、视频会议等。

2)协同数据交换插件

此类工具主要面向机构内部及系统后台,具体如日程管理、会议管理、个人工作信息管理、部门级工作信息管理、企业间工作信息管理。

3)跨部门、跨地区的业务协同平台

此类子系统主要体现为政府与社会机构、企业等开展G2B与B2B等协同,具体如客户关系管理(CRM)、供应链管理(SCM)、财务协同、行业协同类,可统称为ERP(企业资源规划)集成插件类。

4)ESN社区交流平台

此类特征主要包括在线论坛、博客、企业微信、电子学习、知识管理、维基百科、交流社区等,用于政务知识交流与决策咨询。

5)以移动协同与统一通信(UC)协同为主要内容的网络信息平台

此类功能主要如IP电话、短信、微信、在线即时通信、社区交流系统与程序共享等。

3.6 政务系统信息资源架构

图3-1中第2层为数据资源层。在"互联网+政务服务"及大数据普及的趋势下,政务数据资源朝多功能数据交换与服务方向发展,为政府各部门提供跨层级、跨部门的数据共享交换

支撑。故对政务系统的分析,除技术角度外,还需从数据资源角度进行分析。

3.6.1 统一数据交换平台架构

统一数据交换平台架构如图 3-3 所示,它从逻辑上分为平台前置层、共享交换层、平台支撑层、基础资源层等,各自功能从下而上简介如下。

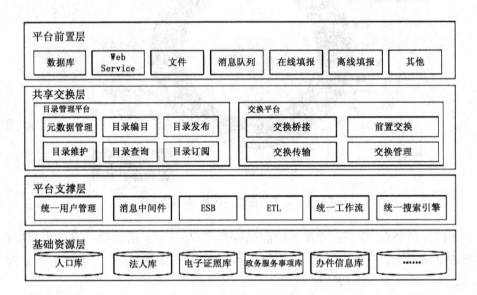

图 3-3 统一数据交换平台架构图

1) 基础资源层

此层是位于政务系统底层的基础数据资源层,汇聚了各级各类的政务服务事项库、办件信息库,共享利用的人口库、法人库、电子证照库、信用信息库、空间位置信息库、宏观经济信息库等基础资源库。

2) 平台支撑层

此层主要提供统一用户管理、消息中间件、企业服务总线(ESB)、数据抽取转换与加载(ETL)、统一工作流、统一搜索引擎、调换调度等工具,实现接口封装、数据清洗、数据转换、数据关联、数据比对等功能。

3) 共享交换层

此层从逻辑上由资源目录管理平台和交换平台构成。目录管理平台提供元数据管理、目录编目、目录注册、目录发布、目录维护、目录订阅等功能;交换平台提供交换桥接、前置交换、交换传输、交换管理等功能,为信息定向交换传输和形成基础信息资源库提供支撑。

4) 平台前置层

平台前置层是指跨地区、跨部门、跨层级交换共享的政务信息数据前置区域,承担着平台对外服务功能,包括数据库、文件、消息队列、在线填报、离线填报、Web Service、Web 浏览等交换方式。

3.6.2 政务数据资源的共享与集成

1) 政务数据资源架构

机构间业务协同的前提是信息资源共享。政务信息资源分散在各级各层机构中,资源种类繁多、数据量大。因此,信息构架采用"多种来源、分布构建、集中协调、统一服务"的建设原则,"多种来源、分布构建"就是充分利用现有的政府管理信息资源,在不改变信息资源隶属格局的情况下,通过相应层级平台的"集中协调"功能实现"统一服务",这就形成了逻辑集中、物理分散的共享信息资源体系。

信息共享可以解决两方面问题:一是实现对分布式政府信息资源的集中管理;二是提供方便灵活、安全可靠的信息资源访问手段,实现各类不同用户对信息资源的访问控制。

当前,各地蓬勃建设的各种"政务云",就能较好地体现这一原则,实现政务大数据资源的集中协调与统一服务;同时,也将各地分散的政务数据逐渐集中,实现集约化管理、加工与增值。

2) 业务流程管理系统(BPMS)

以行政审批业务为例,在不同作业节点与界面,都有对应的业务目标、审批内容、相关限制等,且同类业务中不同对象所需信息、需要关联的业务流程等都有一些变化。如同样注册企业,开设餐饮店与开设文印社所需的审批材料与审批机构就不完全一样。

业务流程管理系统(BPMS)为管理者提供了一种有效的决策辅助方法,能为管理者和业务办理人员提供定义、变更、实施业务流程的方法,并保证业务系统的灵活性和一致性,而不必考虑更多的细节问题。BPMS为管理整个自动审批业务流程和业务活动提供帮助:①能迅速使业务调整,通过业务概念和业务目标等形式付诸实施,且这些实施几乎是实时进行的;②能从审批业务角度对任意业务流程的调整进行分析和评价;③能按制定好的业务规则目标,保证具体审批业务顺利实施,进而通过优化、降低成本,提高效率;④将审批业务目标与资源管理分离,知识流程的引用是按审批任务目标来统筹安排的。

3.7 政务服务的相关技术

3.7.1 门户(Portal)技术

图 3-1 的第 5 层表示互联网门户,它是政府与公众间的主要接口。门户(Portal)是一种 Web 应用,其后端聚集着各个信息源的内容,实现用户单次登录就能访问,并作为信息系统表现层的宿主,向用户提供单一网关来访问信息和应用。

门户通过聚集将来自各信息源的内容集成到一个 Web 页中,门户可对未组织的信息进行编目和跟踪、互联网访问,并根据业务需要和用户之需来过滤内容。门户在企业和政府部门信息发布的高效性和简易性上具有明显优势。它能将存储在企业和各个政府部门内的各种数据源转换为可用的信息,通过新型的信息传递方式传递,提高效率。

3.7.2 Web 服务(Web Services)

Web 服务让地理上分布在不同区域的计算机和设备一起工作,以便为用户提供各种信息,用户可控制要获取的内容、时间、方式,而不必在大量的独立信息系统中往返访问、浏览、查询。利用 Web 服务,机构和个人能迅速地通过互联网建立全球性联系与服务。

3.7.3 目录服务

目录服务是在分布式计算机环境中,定位和标识用户及可用的各种网络元素和网络资源,并提供检索功能和权限管理功能的服务机制。政府部门为了使各个分立的信息孤岛实现连通与融合,一方面政务系统需要将其职能和业务协作要求公布出去;另一方面,也希望能检索并获取其他政务信息和公共信息资源。这些需求采用目录服务都能满足。

3.8 电子政务系统服务模型

3.8.1 电子政务系统服务流程

图 3-1 给出了电子政务系统的静态架构模型,其运行则通过第 5 层"用户及服务层"再经第 4 层"业务应用层"实现与社会公众和机构的交互服务。这部分主要由互联网政务服务门户、政务服务管理平台、业务办理系统和政务服务数据共享平台 4 部分构成,4 部分间需要实现数据互联互通,各组成部分间的业务流、信息流实现获取申请所需信息,验证、比对、补充信息,获取完整信息,直至获取过程和结果信息及意见反馈等 11 个步骤流程,如图 3-4 所示。

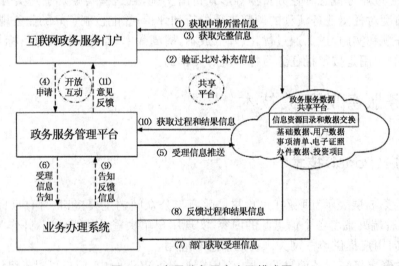

图 3-4 电子政务平台交互模式图

图 3-4 中"互联网政务服务门户"统一展示、发布政务服务信息,接受自然人、法人的政务服务申请信息,经与政务服务数据共享平台进行数据验证、比对和处理后,发至政务服务管理平台进行处理,将受理、办理和结果信息反馈给申请人。

图 3-4 中"政务服务管理平台"首先把来自互联网政务服务门户的申请信息推送至政务服务数据共享平台,同步告知业务办理系统,然后从政务服务数据共享平台获取并向互联网政务服务门户推送过程和结果信息,最后考核部门办理情况。

业务办理系统在政务服务数据共享平台取得申请信息和相关信息后进行业务办理,将办理过程和结果信息推送至政务服务数据共享平台,同步告知政务服务管理平台。

政务服务数据共享平台汇聚政务服务事项、电子证照等数据,以及来自互联网政务服务门户的信息、政务服务管理平台受理信息、业务办理系统办理过程和结果,实现与人口、法人等的基础信息资源库共享利用,信息资源目录和数据交换在其中起核心作用。

3.8.2 电子政务行政层级模型

1) 三层政务机构运行模型

为满足公众日益增长的对政府服务异地申请与办理的需求,图3-4的流程可能涉及不同层级的政府机构,电子政务可分为国家级平台、省级平台、地市级平台三层级,区、县及以下机构均归入地市级政务服务平台。各层间通过政务服务数据共享平台进行资源目录注册、信息共享、业务协同、监督考核、统计分析等,实现政务服务事项就近办、同城办、异地办等。

三层政务机构模型如图3-5所示,它反映了政务系统的纵向流程。

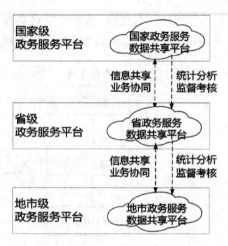

图3-5 电子政务行政层级体系图

(1) 国家级平台 国家级平台包括国家政务服务平台和国务院部门政务服务平台。国家政务服务平台依托国家电子政务外网建设,主要实现各地区各部门间政务服务汇聚、跨地区跨部门数据交换、跨地区统一认证、共性基础服务支撑。该平台汇集各地区、各部门政务服务资源,形成统一事项目录库、证照目录库,实现了人口、法人、地理空间信息、社会信用信息等基础信息资源库和业务信息库共享利用,发挥着政务服务访问的公共入口,地方部门数据交换的公共通道,身份认证、证照互认、安全保障等公用支撑作用。该平台充分利用国家数据共享交换平台,实现了国家投资项目在线审批监管平台、国家公共资源交易平台、全国信用信息共享平台、国家企业信用信息公示系统等平台的衔接与整合。

国务院部门政务服务平台(业务办理系统),实现了部门相关政务服务的办理,并与国家政务服务平台实现了对接和办理结果汇聚。

(2) 省级平台 省级平台利用现有电子政务网络资源(原则上依托国家电子政务外网),提供省级部门政务服务事项受理、办理和反馈。该级平台建立了省(区、市)政务服务数据共享平台,依托统一信息资源目录,通过与国家级平台和地市级平台的数据交换,实现自然人、法人基础信息共享、用户认证信息交互、证照信息共享、办件信息交换、统计分析和监督考核。

(3) 地市级平台 地市级平台利用各地区统一电子政务网络(原则上依托国家电子政务外网),提供地市级、县级、乡级乃至村级政务服务事项受理、办理和反馈。该级平台依托地市(州)政务服务数据共享平台,实现了与国家级平台、省级平台的数据交换,提供地市级范围内基础数据共享共用,同时实现了地市级平台与本级部门纵向系统的衔接与整合。

2) 三层政务机构监管模型

图3-5还给出了电子政务行政层级监管体系,它表明信息共享与业务协同可在国家级、省

级和地市级平台间双向进行,但统计分析、监督考核则由国家监管省级、省级监管地市级的模式进行。

3.8.3 政务平台的构建模式

图 3-1 中第 4 层"业务应用层"中,面向社会的主要模块是"业务办理系统"(如图 3-4),此模块由"统建业务办理系统"与"部门业务办理系统"组成,代表了电子政务平台的几种建设方式,以及省(区、市)、地市(州)电子政务系统的不同建设模式。

1) 分建方式

此模式中,省级、地市级平台各组成部分为分级独立建设,通过省、市两级政务服务数据共享平台,实现省、市两级平台数据交换、基础数据共享,其结构如图 3-6 所示。

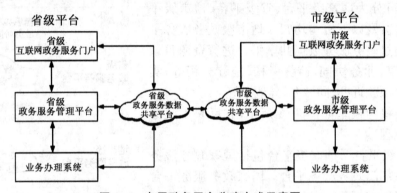

图 3-6 电子政务平台分建方式示意图

2) 统分方式

省级、地市级平台中互联网政务服务门户统建,基础性及对外核心业务统建,政务服务管理平台(可依托实体大厅或网上大厅)、业务办理系统分建,通过省、市两级政务服务数据共享平台,实现省、市两级平台的数据交换,如图 3-7 所示。

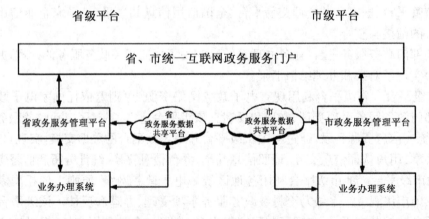

图 3-7 电子政务平台统分方式示意图

3) 统建方式

省级、地市级平台中各组成部分由省级整体统建,即全省(区、市)一个平台,地市及区县级不再建设。政务服务数据省级大集中,在平台内部共享,如图3-8所示。

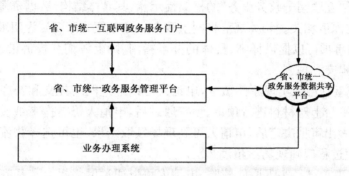

图3-8 电子政务平台统建方式示意图

3.9 "互联网+政务服务"技术体系总体架构

1) "互联网+政务服务"系统总体架构

"互联网+政务服务"概念的提出,推动了电子政务向更高与更深的层次、更丰富的内容、更具弹性的服务方向发展,其总体层级架构和信息流模型如图3-9所示。

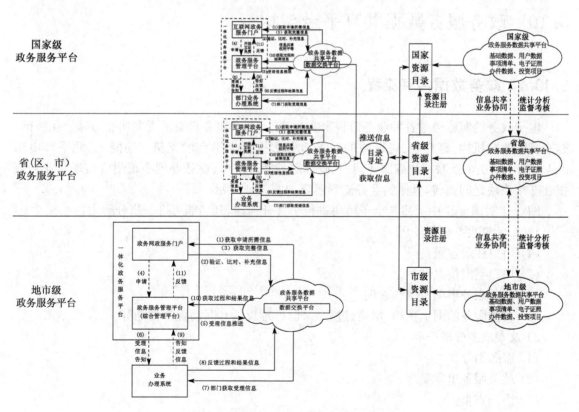

图3-9 "互联网+政务服务"系统总体架构

2）政务服务的办理深度分级

图 3-9 给出了"互联网＋政务服务"的框架性示意，其具体结构、数据资源需求和处理流程等还与政务服务的深度相关。相关规范将网上政务服务办理的深度分为四级，各级标准如下。

一级标准：该事项可以提供详细、具体的办事指南、网上咨询和投诉渠道，但无法提供网上办理，需到现场提交办理。

二级标准：该事项已经实现原件预审，申请人可以通过网络提交和补齐相关申请信息和材料，审核机构在平台上对材料进行预审，预审通过后，申请人仍需携带纸质材料和相关证件到现场提交办理，做出审批决定后，申请人可到现场领取结果，也可选择物流递送形式递送证书结果。整个办理过程应到现场不超过 2 次。

三级标准：该事项已经实现原件核验，申请人可以通过网络提交和补齐相关申请信息和材料，材料符合办理条件直接进入办理程序，申请人可网上查询办理状态、咨询问题，做出审批决定后，申请人需到现场核验原件材料，缴费后领取证书结果。整个办理过程应到大厅现场不超过 1 次。

四级标准：该事项已经实现全程网办，申请人可以通过网络提交和补齐相关申请信息和材料，提交的材料全部为已验证信息，受理通过后直接进入办理程序，申请人可网上查询办理状态、咨询问题，做出审批决定后，申请人可以通过网上缴费后通过物流递送证书结果。整个办理过程无需到现场办理。

3.10 政务服务数据共享平台架构

3.10.1 政务数据共享流程

电子政务的实施通过各种业务流程来实现，随着公共服务日益呈现多功能与综合化特征，越来越需要跨机构、跨行业、跨区域的政务服务数据共享平台的支持。功能上，此平台由图 3-1 中第 4、5 层的互联网政务服务门户、政务服务管理平台、业务办理系统集成实现。业务数据在 3 个模块之间流转，具体的业务流程示意如图 3-4 所示。

图 3-4 对图 3-1 中上述 3 个子模块进行了展开描述，其功能可进一步分解为：

1）互联网政务服务门户
（1）用户注册登录。
（2）用户空间信息维护。
（3）政务服务事项定位和查询。
（4）政务服务的网上预约、申请、过程管理、办理反馈和互动咨询功能等。

2）政务服务管理平台
（1）服务引导。
（2）政务服务事项受理。
（3）协同审批。
（4）事项办结和互动反馈。

3）业务办理系统
（1）申请表。

(2) 附件材料。
(3) 受理信息的获取。
(4) 过程信息、审批结果和电子证照的发送等。

以上功能集成均通过政务服务数据共享平台完成,详细的框架与流程如图3-10所示。

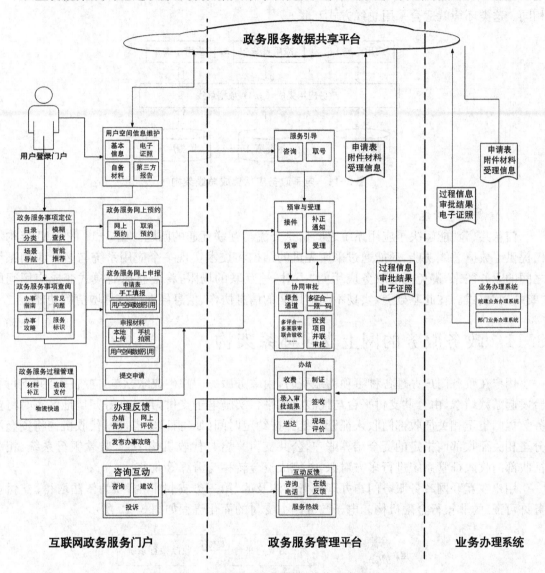

图 3-10 "互联网+政务服务"平台业务流程图

3.10.2 电子政务应用集成模式

电子政务应用集成为行政业务及相关应用提供了一种系统融合架构,使其即便在增加新应用时,也会以更有效的方式利用原有系统,使各应用系统之间有效对接、信息共享与互动。其功能主要体现在以下两个方面。

1)信息总线功能

政府应用集成(Government Application Integration,GAI)提供一种信息总线模式,其功能表现为实现异构应用系统的互联,如图3-11所示。异构系统中使用不同的操作系统、数据定义、数据结构、通信协议,且数据与应用分布在不同地点,与各政府数据中心的连接方式也不相同。这类环境就适合采用总线方式互联。

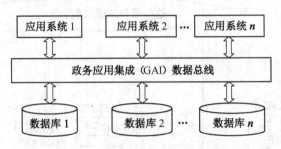

图3-11 电子政务应用集成总线架构

2)信息共享功能

信息共享功能解决了应用系统之间信息交流与互联互通的问题。图3-11的GAI架构不仅提供了数据总线功能,还能通过采用先进的结构和技术实现一个应用系统与多个应用系统之间的业务往来,避免两个政务应用间"一对一"互联的局限,将信息孤岛模式变成应用间的"蜘蛛网"模式。在此基础上,实现不同应用间的信息协作、信息导向与信息增值等功能。

3.11 政务服务的网上支付体系架构

用户在政务门户办理各种事项需缴费时,由政务服务门户生成缴款单,向统一公共支付平台发起缴款请求,由公共支付平台与代收机构平台实施电子支付,并按业务归属地区实时将业务数据归集至相关征收部门收入征管系统。按约定时间(如每日24点前),代收机构将资金清分至相关征收部门指定的资金结算账户,公共支付平台与代收机构平台、收款银行系统、相关征收部门收入征管系统进行多方对账,并完成资金转移与清算等业务。

用户在互联网政务服务门户办理缴费时涉及的"第三方支付平台"须为依法取得《支付业务许可证》的非银行金融机构。电子政务网上支付的简化流程如图3-12所示。

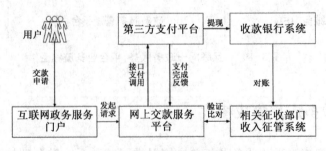

图3-12 网上支付流程

电子政务的公共支付平台建设主要包括政务金融信息系统开发、标准规范制定和系统接入实施三部分。政务金融信息系统开发包括政府收入征管信息系统的升级改造、统一公共支付平台的建设。标准规范制定包括相关征收部门接入标准规范、执收单位接入标准规范、代收机构接入标准规范、收款银行接入标准规范的制定。在配套机制上，建立以相关征收部门为主导的工作体制机制，出台有利于推动网上缴纳税费的配套政策。系统接入实施包括相关征收部门接入实施、执收单位接入实施、代收机构接入实施、收款银行接入实施。

同时，由于我国电子商务的发展水平和普及程度已居世界前列，一些第三方支付平台（如支付宝、微信）等早已融入公众的日常生活，故目前许多政府的公共服务项目的费用收缴，均通过与第三方支付平台建立接口的方式来实现，这样可节省平台建设与维护费用，提升服务质量，实现电子政务与电子商务的融合。

3.12 电子政务系统架构设计的一般要求

以上各节给出的是电子政务系统的一般性功能与技术架构，只反映业务逻辑的总体框架。在实际设计具体的电子政务系统时，应考虑以下这些基本要求。

1）资源模式设计

政务系统本质上仍是一种管理信息系统，故在政务应用设计时，首先要考虑业务数据的来源、生成、处理、加工与流转模式，并由此决定在每个数据采集、汇集与加工节点处的数据形态与内容的演变。

2）技术服务设计

建立任何形态与规模的政务应用，技术上都应尽量采用一些成熟、普及的技术与平台，促进其建设、运行与维护走市场化、专业化道路，提升技术服务能力，降低政务系统建设和运维成本。例如，许多政务服务的虚拟社区，都选择建立在大众化的第三方平台（如 QQ、微信、支付宝等）上。

3）服务制度设计

任何一项政务应用，都涉及对传统的政府机构作业流程与管理方式的变革。此时，应从系统流程上建立统一的工作机制和制度规范，对于涉及多部门、多层级的稍大或稍复杂的应用场景，就应从系统架构设计中反映分级实施、逐步构建、互联互通、层级衔接的实施体系。

4）应用接口设计

明确政务系统的框架和服务功能，确保其能在满足各政务部门运转的基础上向公众服务的可行性。再从系统接口出发，对机构间与公众、前端与后台，所需的对象、数据、作业和管理等的接口与呈现进行页面设计，直到能构成完整、流畅的作业流。

思考题

1. 什么是电子政务系统，其特点是什么？
2. 电子政务系统的复杂性体现在哪些方面？
3. 什么是电子政务系统的概念框架？
4. 请分析电子政务系统的技术架构及各层的主要功能。
5. 简述电子政务系统的接口。
6. 简述电子政务的统一数据交换平台架构及各部分作用。
7. 简述电子政务平台交互模式与流程。

4 电子政务标准体系

4.1 电子政务标准体系概述

我国电子政务系统建设初期就提出"统筹规划、统一标准"的方针,运用标准化的统一、协调和优化等功能,来保证电子政务建设少走弯路,提高效率,确保安全与可靠性。电子政务标准体系主要涉及以下领域。

(1) 电子政务标准体系　是支撑电子政务的重要手段,涉及电子政务系统中的技术、管理和制度建设等各个方面,是一套相对独立的资源与管理体系。

(2) 电子政务标准化工作服务平台　能实现不同层级与领域间电子政务系统的互联互通、信息共享与业务协同。

(3) 电子政务标准化指南　如何才能有目标、有计划、有步骤地建立联系紧密、相互协调、层次分明、构成合理、相互支持的标准体系。

(4) 相关电子政务标准　重点了解《信息技术　服务管理》(ISO/IEC 20000),它是实施电子政务标准化的重要参考依据。

4.2 电子政务标准化概述

4.2.1 标准化的定义

标准化是指在产品质量、品种规格、零部件通用等方面,规定统一的技术标准并加以贯彻实施的过程。《标准化工作指南　第 1 部分:标准化和相关活动的通用词汇》(GB/T 20000.1—2002)对标准化的定义是:"为了在一定范围内获得最佳秩序,对现实问题或潜在问题制定共同使用和重复使用的条款的活动。"在国民经济的各领域中,凡有重复使用和需要制定标准的产品,各种定额、规划、要求、方法、概念等,都可成为标准化对象。

标准化对象分两类:一类是标准化具体对象,即需要制定标准的具体事物;另一类是标准化总体对象,即对象总和所构成的整体,它研究各种具体对象的共同属性、本质和普遍规律等。显然,电子政务既涉及大量的标准化具体事物,如术语、数据、业务、流程、作业与技术要求等,也有对政务对象总体的属性、功能、架构、方法与概念等领域的标准化。

4.2.2 标准化的原理与方法

标准化的基本原理通常指简化原理、统一原理、协调原理和最优化原理;标准化的主要方法为简化、统一化、系列化、通用化、组合化、模块化等。标准化原理是实施目标,标准化方法是实施手段,两者相辅相成。显然标准化原理和方法均适用于电子政务领域,无论对于具体对象如身份识别、在线作业、反馈受理、页面布局等,还是如大数据分析系统、虚拟场景模拟系统、应急处置推演系统等领域,上述标准化原理与方法都起着重要作用,只是其涉及的技术手段与工具更加抽象和复杂。

4.2.3 标准化的层级范围

按适用范围的不同,标准可分为以下几类:

1) 国际标准

国际标准是指国际标准化组织(International Organization for Standardization,ISO)和国际电工委员会(International Electrotechnical Commission,IEC),以及与本领域密切相关的如国际电信联盟(International Telecommunication Union,ITU)等公认的具有国际先进水平的国际组织制定的标准。

2) 国家标准

国家标准是指对全国经济、技术与管理等发展有重大意义,需要在全国范围统一制定、并由国家标准化主管机构批准发布的标准。国家标准在全国范围内适用,其他各级标准不得与之相抵触。

3) 行业标准

行业标准是指在没有国家标准而又需要在全国某个行业范围内统一的技术与管理要求所制定的标准。行业标准是对国家标准的必要补充,是专业性、技术性较强的标准。

4) 地方标准

地方标准是指在没有国家和行业标准而又需要在省、自治区、直辖市等范围内统一的有关特色产品以及安全、卫生等管理所需的标准,地方标准在本行政区划内适用,不得与国家和行业标准相抵触。

5) 企业标准

企业标准是指因企业需要协调、统一与规范的技术要求、工作管理和具体产品等而制定和实施的标准。企业标准是其组织生产、产品检验与经营活动等的依据。

4.2.4 开展电子政务标准化的目的

电子政务标准化对电子政务系统的建设与运行将提供健康、规范、稳定、有序和一致性保障,制定相关标准并推广实施的目的主要表现在以下几方面。

1) 满足电子政务系统的规范性需求

电子政务系统的规范性需求表现在多个方面,主要包括以下几点:

(1) 减少资源异构性　电子政务系统的全面推进,导致各级各类系统在结构、功能、模块与资源等方面存在异构性,这给系统整合与资源共享带来巨大难度。不同机构与部门间的系统与应用按照标准来开发与建设,就能减少异构性,提升一致性。

(2) 提升通用性　电子政务系统的全面推进,会导致大量应用系统、子系统与构件的重复设计与开发,而电子政务的标准化,能将大量具有共性与相同业务的软件、工作流和资源提升为标准件与通用件,可大大减少重复开发与资源浪费。

（3）提高兼容性　不同机构间政务资源的共享与交换,以各参与方的业务与资源的兼容性为前提,电子政务标准化能通过资源规范化或统一化来提升其兼容性,由此提升电子政务的价值。

（4）增加可扩展性　扩展性包括电子政务的技术扩展、应用扩展、平台扩展与资源扩展等,只有在标准化的前提下才能实现。

（5）提升稳定性　标准化既是一些技术与管理要求,也是一种结构化设计思路,它要求系统设计尽可能采用模块化与积木化方式。这样既可使各类功能或业务模块通过专业化设计与开发获得坚固性与性能优化,又能在维护、升级与更新中,部分模块与构件的替换不会引发系统级振荡,从而保证系统的稳定可靠。

（6）保证可维护性　电子政务系统必须满足日常维护升级与长期运行中业务维护的需要,并通过增加系统的伸缩性和可复用性来实现。而标准化可通过业务与功能的模块化、序列化与积木化等手段,提升系统的可维护性。

（7）提高安全性　安全性是电子政务系统建设与运行的前提,由于标准化采用模块化与积木化的系统设计与开发思路,可在减少模块外部耦合度的同时提升模块的内聚度与封装性,提升其抵挡各种自然与人为因素的干扰与破坏等的性能。

2) 更好地开发和利用政府信息资源

传统政务中各级各地政府机构因在信息资源开发方面各自为战、条块分割而造成了一大批信息孤岛,这既不能实现必要的信息资源共享,也无法提供更有效与深入的服务。推行电子政务标准的重要原因之一,就是要对分散开发和运行的政府信息资源进行有效集成与融合,使其成为标准化的资源,能在必要的社会机构与公共服务中充分共享与整合,构建内容更丰富的政务应用。

3) 促进电子政务健康有序地发展

标准化的主要作用,是促进实施领域中各类对象的统一、协调、通用、互换与序列化发展。当前电子政务正在全国如火如荼地建设中,采用标准化理论、手段和各种相应成果,就能使标准的先行性、规范性、科学性和系统性等在电子政务领域发挥作用,促进其健康有序地发展。

4) 提升电子政务服务水平

电子政务的发展,使得公共服务的个性化、精准化与敏捷化需求快速增长,同时,许多新型政务服务模式、新型交互模式与新型项目大量涌现。而系统前端的信息与服务流程越丰富多彩,就越需要后台的支持功能与业务模块的灵活组配,就越需要多种标准化资源、技术手段与管理模式的支持。

4.2.5　电子政务标准化的实施

电子政务标准体系的建立是一项复杂的系统工程,它具有系统性、高技术性、动态性、前导性、社会性、经济性和全局性等特点,其实施涉及复杂的管理体制,覆盖政务系统的全生命周期。在实施方法上,要从电子政务系统的业务角度,结合生命周期法与结构化法导入 PDCA（计划、执行、检查、调整）管理模式,建立文档化的标准管理体系,坚持预防为主、全过程控制、持续改进的思想,使标准化工作在循环往复中螺旋上升,实现政务系统价值与业务改进的目的。

在推行电子政务标准化时,我们要优先采用国际标准和国家标准,结合我国国情,引进发达国家的一些行之有效的技术标准、业务标准和管理标准。

4.3 电子政务标准化体系框架

电子政务标准化由标准体系框架和实施框架组成,前者主要定义电子政务领域的各类标准的系统性需求,其功能与规范性约束;后者主要提出对各类标准在政务系统中贯彻实施的要求。

4.3.1 电子政务标准体系的概念与作用

1)电子政务标准体系的概念

根据《标准体系表编制原则和要求》(GB/T 13016),标准体系是指"一定范围的标准按其内在联系形成的科学的有机整体"。其中,"一定范围"既指国际、国家、行业、地区或机构(企业)范围,也指产品、各类实体与对象,以及项目、过程、概念、技术、业务范围等;"有机整体"是指标准体系是一个整体,标准体系内的各项标准之间具有内在联系。因此,电子政务标准体系具有如下特征:

(1)结构性 标准体系内的标准按政务活动的内在联系及其功能与作用分类排列,形成标准体系的结构形式。电子政务标准体系的基本结构形式有层次结构、过程结构与网状结构。

(2)协调性 协调性是比相关性更深一层的关系。它不仅表明标准化对象在电子政务中的内在联系所决定的标准体系内各项标准的相关性,以及制定或修改其中的任何一个标准,都必须考虑其对其他相关标准的影响,还表明要在此基础上对关联标准的技术、管理和实施等方面进行协调,使之能相互配合,避免冲突与矛盾。

(3)系统性 按电子政务标准对象的内在联系形成的标准体系不是个体标准的简单叠加,而是形成一个系统。对孤立的单一标准,人们往往只关注其提出的具体要求是否合理,而当把该标准置于如电子政务系统这样的标准体系中时,人们就能看出,要实现该标准规定的要求,往往需要其他一系列的标准相配合。如果标准体系不完善,各标准规定的要求皆难以实现。

(4)目标性 任何标准体系都有其明确的目标。产品标准体系是为保证产品质量服务的,项目标准体系是为保证项目成功服务的,活动标准体系是为保证各项进程按规定流程进行的。电子政务标准体系的目标性决定了系统中各项标准应具备的功能和应达到的综合水平。

2)电子政务标准体系的作用

电子政务标准体系的主要作用如下:

(1)展现一定范围内电子政务标准化的活动构架,以利于系统顶层设计。

(2)系统地反映全局流程,可梳理电子政务标准化工作的重点、难点与发展方向。

(3)为相关标准的采用、制定、修订和规划提供依据,避免无效与重复工作。

(4)加快标准化的工作进度,提高效率。

4.3.2 电子政务标准化内容

1) 电子政务标准体系的内容构成

根据《电子政务标准化指南》(GB/T 30850—2014),电子政务标准体系框架的建设,应与第3章的电子政务系统总体架构(参见图 3-1)相契合,结合系统建设与工程实践的需求,电子政务标准体系的主要内容包括总体、业务应用、应用支撑、信息安全、网络与管理等方面的标准。具体如下:

(1) 总体标准 电子政务总体标准是关于电子政务发展的宏观、顶层与轮廓性标准,包括电子政务总体性、框架性、基础性规范,如系统架构标准、功能模块标准、信息处理规范、系统运行标准、管理规范标准等。这类标准在电子政务系统中具有全局性、基准性与指导性的作用,其特点是层次高、概括性强,且一旦确定后具有较高的稳定性,也是各级各类电子政务系统均需遵守的通用性规范。

(2) 应用标准 应用标准是为规范各类政务应用开发设计等方面制定的标准,如基础信息、元数据、业务模型、数据模型、流程模型、服务规范、界面规范和作业控制等标准。这类标准既对承建电子政务系统开发的软件厂商、系统集成商等的系统开发,提升系统的通用性、兼容性等起指导作用,也对政府机构内部设计业务流程、机构间数据资源跨系统共享、整合升值直至对前端服务提供支持起关键性作用。

(3) 应用支撑标准 主要为对各类政务应用提供支撑和服务的标准,如共享交换平台、电子公文交换、电子记录管理、日志管理、数据访问、目录体系、数据映射、消息服务、互操作、协议、接口和服务定义等方面的标准。这类标准属技术性标准,在规范政务应用方面起支撑性作用。

(4) 网络基础设施标准 主要为电子政务提供计算、通信、数据采集、对象感知与探测平台等领域的标准,如电子计算机网络运行、移动政务网络、网络互联、通信协议、传感数据采集、智能终端接入、对象自动识别、数据载体等方面的标准。这类标准主要为移动通信、物联网环境下,传统电子政务向智慧政务发展提供相关规范。

(5) 信息安全标准 主要包括为电子政务提供安全服务所需的各类标准,如安全级别管理、身份鉴别、访问控制、加密算法、数字签名、数字评书格式和公钥基础设施等方面的标准。

(6) 管理标准 主要包括为确保电子政务工程与系统质量保证所需的标准,如电子政务软件工程、电子政务项目监理与验收、项目测试与评估、系统运行管理,以及电子政务信息资源评价与共享管理、信息安全监测等方面的标准。电子政务管理标准为实施电子政务监管、评估、融合与质量保证等提供了基本依据。

电子政务标准体系的内容架构如图 4-1 所示。

2) 电子政务标准体系的作用

电子政务标准体系的主要作用如下:

(1) 指导电子政务系统的建设,特别是跨机构间的政务数据共享与交换中心/区域交换节点、各类政务应用中心和政务通用软件的开发与评估等。

(2) 某一领域的电子政务标准体系可为其他领域的电子政务系统设计、建设与运行提供参考。

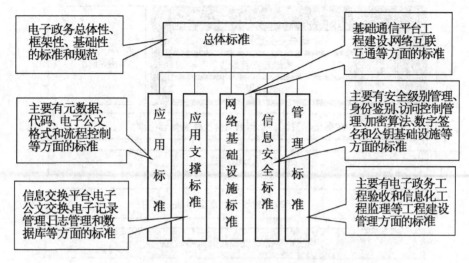

图 4-1 电子政务标准体系架构示意图

（3）为具体的政务应用开发和建设提供规范依据，对相关的业务流程、数据处理、数据接口、共享与交换模式等提出规范要求。

（4）对已开发和部署的不同电子政务系统，可依据这套标准体系进行数据与接口的规范化改造，通过资源共享与交换实现跨机构间的应用整合，用于构建功能更新、服务范围更广的电子政务应用。

4.4 电子政务数据资源标准

4.4.1 电子政务数据资源的特殊性

电子政务系统建成后，其硬件、软件与平台通常处于稳定状况，不会持续变化。但政务系统中的数据资源，则随其运行而在持续增长、变化与融合中。

随着不同政务系统间跨行业、跨区域、跨层级的业务集成需求的增长，不断推出的新型便民利民服务项目也对不同政务数据资源标准化提出更高要求，使其标准化深度、广度与难度等大为增加。尤其在推进不同领域间的政务数据资源共享、交换与互操作中，对其技术与管理的标准化更打破了传统机构、行业、地区与体制等方面的限制，使这一领域的标准化的重要性日益突显，实施要求也越来越高。

4.4.2 电子政务数据资源标准化体系

电子政务数据资源标准化体系如图 4-2 所示，其各层功能如下：
1）电子政务标准发展相关策略研究

此层针对具体的电子政务资源应用，首先研究决定采用哪些现行的相关国际、国家、行业与地方标准；然后决定如何结合实际采用一些国际和发达国家相关标准；最后研究如何制定一

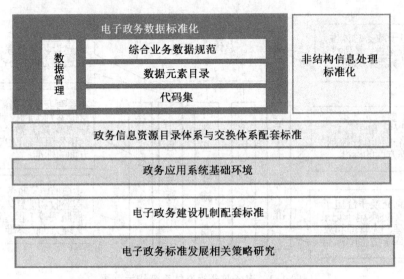

图 4-2 电子政务数据资源标准化体系示意图

些国际、国家、行业与地方尚不存在,但本系统又必须在政务应用范围内统一的有关数据资源方面的技术、业务与管理等方面的规范,以及拟制定企业标准的策略等。

2)电子政务建设机制配套标准

目前的政务系统均已不能独立建设与运行,必须和其他相关的政务系统融合,如信用数据就可能来自信用、工商、税务、房产、交通、司法等机构。如某机构建设相关政务应用项目时,就要研究机构间数据融合、业务集成与发布管理等的配套机制,以及相关数据资源的技术与管理标准的衔接、采用与制定等方面的需求。

3)政务应用系统基础环境

本层涉及具体政务系统建设的硬件、软件、系统、通信平台、应用场景、参与者角色等,这些要素构成系统的基础环境。数据资源要在此基础上,依据业务与流程构建标准化需求,以决定要采用的相关资源标准、运行、共享、处理与管理作业方式等。

4)政务信息资源目录体系与交换体系配套标准

资源目录体系是一个机构拥有的数据资源的全局性架构,有元数据、数据元素、业务数据、过程数据、用户数据、服务数据、标识数据、管理数据等多种目录。不同机构间的数据资源共享,先要根据各自的资源目录体系来确定可供共享的对象,再由此商定共享数据的种类、数据项、共享条件等。不同机构在数据共享的同时,也就开展了数据资源的交换,对应的可以有元数据、业务数据、用户数据、标识数据、管理数据等资源目录体系的交换以及和目录体系与交换体系配套的数据资源标准,涉及数据资源注册、用户认证、提交发布、目录浏览、规范性审核、一致性检查、代码对照、目录体系映射以及资源维度分析、共享资源目录层级分析、交换数据项抽取、共享与交换节点管理等。

5)电子政务数据标准化

图 4-2 上部分表明,电子政务数据标准化涉及结构化与非结构化数据,数据管理类标准化,代码集、数据元素目录和综合业务数据规范等的标准化等,还涉及部分资源基础与环境的标准化。

4.5 电子政务标准化的实施

4.5.1 电子政务标准化过程的特点

电子政务标准化,是以政务应用为目的,将简化、统一、协调和最优化原理等运用到电子政务系统的规划、设计、建设、运行,以及与其他政务系统实现资源共享与互操作中,这是一个复杂的系统实施与管理过程,也需要严格、缜密的标准化管理才能保证其成功。

4.5.2 电子政务标准化过程体系

电子政务标准化过程的实施,既需要一套过程体系,也需要一套架构体系,在每个实施步骤都涉及相应的资源、工具、要求与内容架构,如图4-3所示。

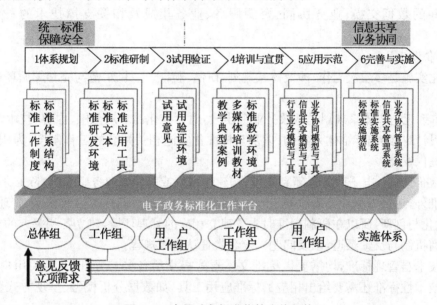

图4-3 电子政务标准化的实施架构

1) 实施团队

实施电子政务系统标准化的特点,并非是单项标准针对孤立对象进行,而要从认识上、技术上、管理上、体制与机制上系统配套地开展。故要成立团队,组成系统总体组、工作组、模块与业务环节组,负责跟踪不同实施阶段采用标准的意见反馈,制定标准的立项需求。团队由政务专业人员、信息化专业人员、标准化人员、管理与协调人员等组成,对各项标准的选择引进、采用场合、补充需求、制定企业标准等过程进行管理。由此构成一个贯穿标准化全过程、统领全局的电子政务标准化工作平台。

当标准化涉及跨领域、跨机构的集成性应用项目时,要求做好以下三项关键工作:

(1) 达成共识 当电子政务涉及跨系统、跨机构间的数据、业务和系统整合时,最重要的是要在各单位领导层之间达成共识,使各相关单位能参与到数据资源共享和交换中。在技术层面上,工作平台重点需要解决多重、多源的数据集成问题。例如,面对各种不同来源的文件、数据库和文档,如何经过标准化处理提供通用的数据表示和数据转换模式,以实现跨边界业务的衔接、数据共享和互操作等。

(2) 建立跨系统的应用服务支持能力　传统政务环境下,每个单位对其系统与数据资源拥有主导的支配权限,但在跨系统场合下,有关的资源归属、权宜划分、管理主体、业务职责、接口划分等,都会出现非一个单位能独立解决的问题。此时,电子政务标准化工作平台中的人员就应在形成团队共识的基础上,以构建跨系统的应用服务支持能力为目标,打破边界桎梏,建立集成化的应用基础设施,重点解决政务信息资源、目录服务平台、公共应用支撑平台等的标准化问题。

(3) 建立技术与管理标准化的层次目标　无论对单一系统还是跨系统间实施系统标准化,都要确立相应的阶段目标。例如,不同机构间的政务系统互通,主要是通信问题;它们间的互联,则是进一步的数据交换与整合问题;它们间的互操作,则是更进一步的应用业务的交互与融合问题。显然,这三个层级的标准化深度有所不同。如在第二阶段,标准化的主要目标是通过系统间资源目录体系的共享与交换来实现,而第三阶段的标准化目标则要通过系统间的数据交换、业务协同、资源服务、业务集成及相关支撑技术的一致性才能实现。

2) 标准化实施

标准化实施是多层次工作,涉及体系规划、研制、验证、宣贯、示范与完善等循环过程,具体如下:

(1) 体系规划　体系规划是从政务业务出发,对标准化需求从范围、内容、技术、管理等方面做顶层设计,描绘出标准体系结构,以及与标准化实施相关配套的工作制度,为构建跨系统政务工作提供支持。

(2) 标准研制　电子政务是新兴领域,构建新系统或跨领域业务整合时,除必须采用多种相应的标准外,还要根据业务需求制定一些新标准。由于这些新标准涉及技术、管理与业务间的协调、优化与创新,所以在研制标准时先要建立相应的管理环境,建立各相关方的共识、跨机构间的协商机制与反馈渠道,以及问题判定和责任认定等规程。

无论技术与管理标准,均需要以标准文本形式提交给各参与方,以及相关用户与监管方等。一些技术性标准还需要给出相应的标准应用工具,如数据分析模型、呈现方式、问题研判流程等。

(3) 试用验证　新标准制定后,要对其进行验证,此为试用验证期。通过对标准的试用验证,可收集系统实施者、管理者与用户的意见,可对标准进行修改,也可对其应用环境进行验证。验证的目的是确定业务流程的合理性、各方共享资源的充分性、管理规程职责划分的适当性等。试用验证会在标准制定与修改后多次进行。

(4) 培训与宣贯　电子政务领域正越来越多地采用各种高新技术,而跨机构的业务整合也需要各类参与者和系统用户了解新技术、新业务与新流程,这就需要对新标准进行宣贯。具体为建立标准教学环境,采用典型案例教学,对复杂的技术与管理活动还要编写相应的培训教材等。

(5) 应用示范　电子政务应用的推进多采用以点代面,从试点取得实效后再普遍推广。这涉及政务业务模式与工具的开发与推广,如身份与指纹认证、"刷脸"认证技术等。同样,各类信息共享模型和工具、业务协同模型与工具等也都采用应用示范推广模式。

(6) 完善与实施 电子政务系统标准化是个不断改进、螺旋式提升的过程。随着政务业务的深入与扩展,不仅标准的技术与管理部分内容要修订,整个电子政务系统标准化实施环境的相关因素都要改进,具体涉及标准实施规范、标准实施系统、信息共享管理系统、业务协同管理系统等不同层面标准的改进等。

4.6 ISO/IEC 20000 在电子政务标准化中的应用

4.6.1 ISO/IEC 20000 简介

国际标准《信息技术 服务管理》(ISO/IEC 20000,简称 ISO 20000)由"IT 服务管理标准"和"IT 服务实践指导"两部分组成,第一部分是信息技术服务管理的要求,对系统设计、实施与维持的信息技术服务人员提出要求;第二部分是实施准则,对信息技术服务实施提出指导,也为系统管理与测试人员提供指南。

这套标准用于信息系统的开发与运行规范,因此可将其用于电子政务领域。目前,全球电子政务日益专业化与信息化,越来越多的政务机构将系统建设、运营与服务外包给专业 IT 服务提供商,自己专注于政府内外部服务与业务重组与改造,以确保提高服务质量,降低成本和风险。由此如何控制 IT 服务的整体风险(无论内外部)、提高 IT 整体服务水平就成为日益重要的问题,ISO 20000 就提供了一套系统化的指南。

ISO 20000 出现后便迅速被推广,在全球范围内获得广泛应用,成为业界广泛采用的信息服务规范化认证管理工具。

4.6.2 ISO/IEC 20000 的作用

电子政务系统采用 ISO 20000 框架,能为业务提供高质量的信息技术服务,起到如下作用:

(1) 保持政府服务目标与业务目标一致,有效支持公共服务的业务战略。
(2) 帮助建立规范的服务流程,提高政府信息技术服务和运营效率。
(3) 能高效地整合和利用政务信息资源、基础设施、业务应用及人员等 IT 资源。
(4) 帮助机构建立持续改进的服务管理机制,快速应对市场需求,提升公共服务满意度。
(5) 向国际先进的信息系统标准看齐,增强竞争力,提高公众声誉,体现社会效益。
(6) 控制信息技术风险及相关成本,提高与控制信息技术服务质量、降低长期服务成本。
(7) 灵活应对来自公众与社会机构客户、认证机构、内部机构等不同的合规性审核要求。

对参与政务系统建设的信息技术服务提供商,ISO 20000 除了为信息技术服务符合服务标准和服务质量提高方面提供指南外,还对跨机构系统建设、业务融合、服务量化、绩效考核、衡量信息技术业绩等方面有规范性要求。

4.6.3 ISO/IEC 20000 的内容

1) ISO 20000 的内容框架

ISO 20000 针对一般信息系统,也适用于电子政务系统,可对电子政务管理体系、服务管理规划和实施、新服务或变更服务规划、服务交付流程,以及关系流程、解决流程、控制流程和发布流程等领域的标准化提供框架性指南。各主要流程间的关系构成如图 4-4 所示的电子政务系统的 ISO 20000 标准体系架构。

图 4-4 ISO 20000 的标准体系架构

从图 4-4 可以看出,ISO 20000 针对电子政务系统标准化的实施,给出以下八个方面的要求。

(1) 管理体系 包括各项管理职责,管理文档的控制,服务管理能力的构建,管理意识的建树,管理理论、方法与工具等的培训。

(2) 服务管理计划与实施 即服务管理的计划、执行、检查、调整(PDCA)方法,它要求在系统建设与运行中使用"计划、执行、检查、调整"即质量管理的 PDCA 循环,以期增强服务提供方对公众与机构的持续性服务的改进,保证系统流程管理水平的持续提升,以更好地满足客户需求。

(3) 信息技术服务或服务变更的计划与实施 针对新建电子政务项目或者既有项目的提升改造,均可参考图 4-5 的 3 步骤引用此标准体系。

(4) 服务交付流程 针对不同的电子政务应用,开展相关的服务级别管理,建立服务报告,开展服务能力管理、服务持续性及可用性管理、信息安全管理以及信息服务的预算和财务管理等。

(5) 控制流程组 包括配置管理和变更管理。

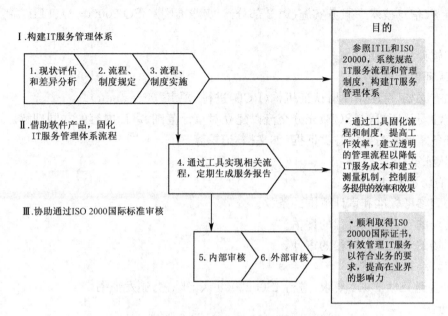

图 4-5 信息技术服务管理体系构建流程

(6) 关系流程组 包括政务业务关系管理和供应商管理。
(7) 解决流程组 包括事件管理和问题管理。
(8) 发布流程 包括政务待发布信息的审核与发布流程等。

2) ISO 20000 在电子政务领域的实施

ISO 20000 信息技术服务管理体系的实施是个复杂过程,其针对的电子政务也是复杂系统,因此,其实施有严格的步骤与方法。

(1) 准备阶段

① 明确实施的意义。
② 确定信息技术服务管理认证范围。
③ 确立目标,决定服务管理改进的内容与改进的顺序。
④ 明确其采用活动的参与方,各方所期望的收益。
⑤ 全面理解认证的内容,明确认证活动对个人和对组织的影响。
⑥ 与相似规模、职能的组织交流经验,向咨询或培训机构、相关论坛和行业用户咨询。
⑦ 获得高层管理者的支持。
⑧ 获得 ITIL[IT 基础架构库(Information Technology Infrastructure Library)]、ISO 20000 的知识和文档。
⑨ 可选择第三方注册认证机构(RCB)来协助进行审计与改进。

(2) 初步评估与计划制定

① 进行初步的评估、掌握现状。
② 明确需要改进的方面,管理认证过程中的风险。
③ 制订整体的计划,获得相关方面的支持与承诺。

(3) 体系建设

① 建立、管理服务改进计划(PDCA 环)。
② 根据《信息技术 服务管理(第 1 部分):规范》(ISO 20000-1)进行详细的评估。

③ 借鉴《信息技术 服务实施(第 2 部分)：实践准则》(ISO 20000-2)、ITIL,制订具体的改进计划。

④ 实施计划、定期检查。

(4) 认证审计准备

① 如有必要,可联系注册认证机构(RCB)进行"预审"(Pre-audit)。

② 与注册认证机构(RCB)充分交流以建立对审计范围、审计内容的共同理解。

③ 准备审计所需要的各类证据,如文档、记录等。

(5) 认证审计

典型的认证审计包括：

① 协定参考标准和审计范围的条款。

② 离场的对文档和流程的评估。

③ 现场的对员工和流程的审计。

④ 审计结果的陈述。

⑤ 如达到 ISO 20000 要求,进行 ISO 20000 认证陈述,颁发证书。

(6) 维护

政务系统的维护主要围绕审计进行,并以此来发现问题。审计有以下三种：

① 认证的有效期为 3 年,故每 3 年要进行一次系统的全面认证审计。

② 每年都须由注册的认证机构进行监督审计,以确保认证质量,确保服务管理的持续改进。

③ 机构内部要根据 ISO 20000 要求进行内部审计。

4.6.4 ISO/IEC 20000 的实施

1) 实施流程

与 ISO 9000 系列标准相似,ISO 20000 也是实施导向型标准,它提出上述标准框架,对政务机构中系统的构建、运行与服务质量进行逐条对比,对发现的不达标的对象与流程等提出整改建议。ISO 20000 与 ISO 9000 系列一样,需要第三方认证机构来独立审核,合规后颁发证书。

2) 实施方法

此标准的实施属于 IT 治理领域,需要一批信息专家参与咨询,采用协调式咨询法。为保证整个咨询成果的可用性,顾问们要先对政务系统的主建方和业务战略、信息技术服务战略、组织、资源有完整透彻的理解。

3) 实施过程

整个体系构建过程分为五个阶段。

(1) 前期调研 主要是对政务系统的现状进行了解和分析,确定项目实施范围和详细计划,对现有的体系结构进行梳理,通过差异分析评估目前的服务管理水平和业务对 IT 服务的需求。

(2) 体系建设 体系建设包括三方面重点：第一是整体规划管理体系框架;第二是通过对服务项目和服务目录的梳理,细化服务指标;第三是按 ISO 20000 定义的各领域分别建立管理流程和文档体系,包括要求的 4 级文档结构。在体系建设阶段,应参照 ISO 20000 标准要求和管理现状需求,分先后顺序开展相关工作。

(3) 推广和试运行　在管理流程和体系建立完成后,通过培训和宣传方式在政务机构内部推广新的管理制度,并在运行过程中收集数据和事件;对试运行阶段的体系流程进行两阶段的内部审计,修正审计中发现的问题。

(4) 评审认证　通过内部审计后,项目进入外部评审和认证阶段,项目组成员配合认证机构先后进行书面评审(第一阶段评审)和正式评审(第二阶段评审),在评审过程中针对发现的问题和缺失进行改善,最终获颁证书。

(5) 改进　评审通过后,专家顾问组在获颁证书后的两年中,分两次对项目实施情况进行再评估和持续改善,并进行追踪评审。

4) 实施工具

ISO/IEC 20000 系列的实施是一个对标找差距的过程,差异分析是核心,由此将产生一系列的现状分析文档、流程改进图示等。部分示例如下。

(1) 差异分析示例(图 4-6)

事件管理

国际标准	现状	国际标准比较	改进机会	改进方向
如果不能达到承诺的服务级别,应提前提示并采取相应的措施	由于之前无服务级别管理流程,故现状不满足		在流程手册中"监控事件"部分有明确说明,此外,最好在IT服务工具中自动设置服务级别的告警参数,能够主动告警	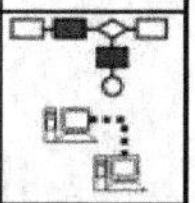
与事件管理有关的所有员工应有权访问相关信息,例如,已知错误、问题解决方案和配置管理数据库(CMDB)	流程手册中进行了说明,并在Remedy工具中给出相应纠正措施		应确保工具最终能够实现此功能	
重大事件应分类并按流程执行	说明了事件的分类中含"1级故障",但未详细说明哪些事件属于1级严重故障		应详细列出重大故障列表,此外对列表中的重大故障,制定"重大故障应急预案"	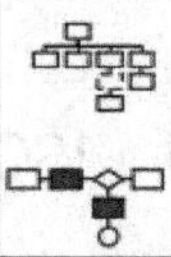
事件报告	有事件的统计报告		应增加趋势分析信息以及与服务级别承诺的对比分析	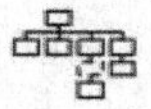

图 4-6　差异分析工具与界面示例

(2) 文档体系示例(图 4-7)

模块	一级		二级		三级	
	编码	名称	编码	名称	编码	名称
质量管理(QM)	ITSM-1-QM-001	IT服务管理指南				
通用流程或规范(GP)			ITSM-2-GP-001	IT服务管理体系文件及纪录管理规范		
			ITSM-2-GP-002	IT服务管理体系管理评审规范		
			ITSM-2-GP-003	IT服务管理体系内部审核规范		
			ITSM-2-GP-004	IT服务管理角色和职责		
事件管理(IM)			ITSM-2-IM-001	事件管理流程	ITSM-3-IM-001	事件管理流程操作手册
			ITSM-2-IM-002	事件管理流程详细设计	ITSM-3-IM-002	事件分类
					ITSM-3-IM-003	事件故障分类
					ITSM-3-IM-004	事件流程和通知规则
					ITSM-3-IM-005	F5负载均衡设备重大故障预案
					ITSM-3-IM-006	存储设备重大故障预案
					ITSM-3-IM-007	数据库服务器重大故障预案
					ITSM-3-IM-008	核心网络设备重大故障预案
					ITSM-3-IM-009	互联网出口和灾备骨干线路重大故障预案
					ITSM-3-IM-010	外部客户操作手册

图 4-7　对标检查的文档体系示例

（3）流程文档（图4-8）

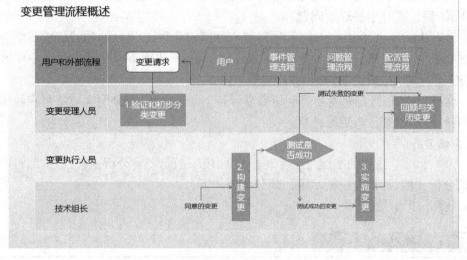

图4-8 变更管理流程文档示例

4.7 其他相关政务标准体系

除了ISO/IEC 20000体系之外，可用于电子政务领域的管理性和专业性标准体系还有以下几种。

4.7.1 ISO 9000质量管理体系

ISO 9000是国际标准化组织（ISO）提出的一组质量管理体系标准，由以下标准组成：

（1）ISO 9000《质量管理体系——基础和术语》 阐述ISO 9000系列标准中质量管理体系的基础知识、质量管理八项原则及相关术语。

（2）ISO 9001《质量管理体系——要求》 规定了一个组织若要推行ISO 9000应取得的相应认证，所要满足的质量管理体系要求。组织通过有效实施和推行一套符合ISO 9001：2000标准的文件化的质量管理体系，包括对过程的持续改进和预防不合格，使顾客满意。

（3）ISO 9004《质量管理体系——业绩改进指南》 以八项质量管理原则为基础，帮助组织有效识别与满足客户及其相关方的需求和期望，从而改进组织业绩，协助组织获得成功。

（4）ISO 19011《质量和（或）环境管理体系审核指南》 提供质量及环境审核的基本原则、审核方案的管理、质量及环境管理体系审核的实施、对质量及环境管理体系审核员的资格等要求。

政府机构和组织建立ISO 9000质量保证体系可在以下方面受益：

（1）政府机构内建立结构完善、合规的质量管理体系，能使其运行产生更大的效益及更高的效率。

（2）以更好的质量培训提升全体员工的质量意识，产生更高的生产力。

（3）减少顾客投诉，节省开支，享有更大的市场份额。

(4) 增进顾客对企业和机构的产品、服务的信任感。
(5) 能在需要通过 ISO 9000 认证的市场中畅行,等等。

随着服务型政府建设的深入,公众对政府公共服务的品种、范围、深度、响应速度、态度和主动性等方面的要求日益提高。在电子政务领域导入符合 ISO 9000 的质量保证体系将成为一大趋势。

4.7.2 ISO/IEC 27001 信息安全管理体系

ISO/IEC 27001(简称 ISO 27001)是信息安全管理体系标准,包含信息安全管理实施规则和信息安全管理体系两部分。随着全世界信息化水平的不断提高,信息安全日益成为全球关注的焦点,各类机构、组织和个人都在探寻信息安全问题。许多国家制定了信息安全标准,ISO 27001 是在融合英国标准《信息安全管理实施规则》(BS 7799-1)与《信息安全管理体系规范》(BS 7799-2)的基础上,成为世界上应用最广泛与最典型的信息安全管理标准。

ISO 27001 包含信息安全管理体系的总体要求与信息安全控制要求,以及一系列由信息安全最佳惯例组成的实施规则。它既可作为各类信息系统在一般情况下所需安全控制的唯一参考基准,也构成一个组织的全面或部分信息安全管理体系评估的基础架构。它还可作为第三方信息安全认证方案的根据,这也就使其成为国际上最具代表性的信息安全管理体系标准。许多政府机构、银行、证券公司、保险公司、电信运营商、网络公司及跨国公司已采用此标准对自己的信息安全进行系统性的建设与管理。

ISO 27001 可有效保护信息资源,保障信息化进程健康、有序、可持续地发展。取得 ISO 27001 认证的机构,代表其信息安全管理已建立了一套科学有效的管理体系,由此可增进机构间数据与业务往来的信任度,通过严密完整的信息安全管理的记录可明确信息安全管理职责,为广大用户、机构和服务提供商之间提供一套安全信任机制。而获得 ISO 27001 系列认证的软件公司、信息服务机构和政府单位等,代表其信息安全管理已得到国际性承认,从而能在政府间、政府与企业、企业与行业主管机构间证明组织对相关安全法律法规的符合性。

思考题
1. 电子政务标准体系主要涉及哪些方面?
2. 电子政务标准的体系架构、特征是什么?
3. 简述电子政务标准化的内容与目标。
4. 简述电子政务标准化的实施过程与特点。
5. ISO 20000 是什么标准,其体系架构层级与功能有哪些?如何应用于电子政务?
6. ISO 27001 涉及什么领域,对电子政务有何作用?

5 政务信息资源的形态、加工和语义处理

5.1 概述

政务信息资源(Government Information)是指政务部门为履行管理国家行政事务和社会公共事务的职责而采集、加工、使用的信息资源,政务部门在业务过程中产生和生成的信息资源,由政务部门投资建设的信息资源以及由政务部门采集、管理和使用的信息资源。

政务信息资源通常分为数据、信息与知识,代表三个不同层次与形态的资源;每一层上都有不同的加工、使用与管理上的要求。构建政务应用,要在三个层面上对三种资源进行加工处理,一是满足具体的政务作业、常规性分析与报告需求;二是将数据加工为信息,再提升为知识,以满足从常规作业、信息服务到宏观决策等不同层面的资源需求。

5.2 数据、信息与知识

5.2.1 政务系统中的资源形态

电子政务系统设计者在需求分析时会碰到两个问题:一是如何区分政务系统中的数据、信息和知识;二是弄清三者间的关系及政务应用所需的管理工具和特点等。在此基础上,分清哪些是常规作业,哪些是面向知识的决策支持性和创新作业,以及哪些面向信息层的资源加工与增值作业。当然,对数据、信息与知识的划分,在不同用户、不同作业与不同场景中会有不同的认知。三者间也可相互转化,如基层工作者从数据操作中得出的信息,对中层管理者可能仍是数据,需进一步处理成为信息;高层决策者所需的知识,需通过一些分析、关联、比对等处理才能被揭示出来。

在大数据、虚拟现实、人工智能与深度学习等新技术的支持下,高层决策者会得到一些全新的知识视角和一些领域的知识图谱的呈现。

5.2.2 数据、信息与知识模型

1) 政务信息资源概念模型

数据、信息与知识三者的内涵不同,但又彼此衔接且在一定条件下可互相转化,如图 5-1 所示。图 5-1 模型中,"数据"为特定意义的文字、数字或声音图像,为原始资源,对其的加工主要体现在输入、转换、编码、格式化、存储等方面;数据经各种工具与模型的处理、展示后,可转化成信息。因此,"信息"可视为各种数据经过分类、组织、加工和归整的结果,它通过人们的分

析、解读等处理,就可转化为知识。"知识"是有价值的信息,它通过对结构化数据的挖掘、内容分析,非结构化信息的抽提、关联等处理,使人们发现其中蕴涵的知识,揭示其深层价值。

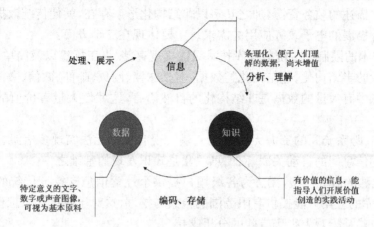

图 5-1　数据、信息与知识基本模型

图 5-1 表明数据、信息与知识之间并无绝对区别,而是一个彼此间可互相转化、周而复始的循环升级过程,这符合人类认识论的过程特性。即模型中的知识通过编码、存储后可再产生新的数据,这些数据再通过加工生成新的信息,新信息再提升为更高阶的知识,由此周而复始,循环上升。

2) 政务信息资源的实际模型

图 5-2 显示了实际的政务信息资源模型,它是大量复杂资源体的混合物,它们在不同机构、不同系统与不同应用中呈杂乱关联状态。该模型反映了实际政务资源的几大特点:

(1) 资源的多源性　同一领域的信息来自多个信息源。

(2) 资源的海量性　内外网信息量庞大浩繁。

(3) 渠道的广泛性　同一事件有来自系统内外的消息,有正面与负面的冲突报道,决策者需要综合参考各方面信息。

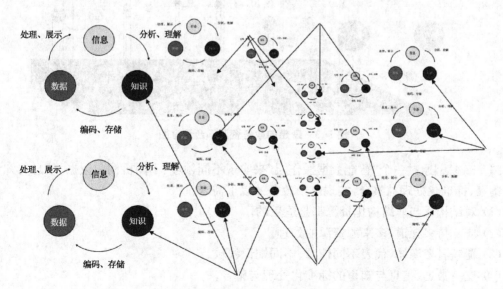

图 5-2　多源、多态、多层面的电子政务资源聚集体示意图

(4) 资源的相关性　许多事件之间是密切相关的。

(5) 资源的多态性　资源可以有多种记录格式。

针对图 5-2 描述的政务资源，加之其多以非结构化形态存在，就使传统数据处理技术越来越难以支持日益扩展的电子政务应用的需求。主要体现在三个方面：

(1) 传统技术的限制　传统数据库技术只能实现存储、人工标签以及简单的关系查询，无法统一处理海量的半结构化、非结构化类数据（包括文档、网页、邮件、微信、微博、短信、音视频等），而政务信息中有大量的数据是非结构化的自然语言，这就使大量有价值的信息无法有效利用。

(2) 多形态、跨系统间的资源无法建立关联　现有技术无法实现多信源、多形态、多语种的自然语言表述信息间的自动关联，而信息关联是知识发现的基础之一。

(3) 缺乏成熟的服务模型，无法为各级用户提供个性化信息支持　传统的资源服务手段单一，基于数据库的应用只能提供有限范围的检索与挖掘，这对于政务知识工作的支持显然不够，同时，领导也难从宏观上得到有效的分析支持。

所以，解决上述问题应采用新技术支持的资源加工平台。

3) 理想的政务资源模型及实现途径

理想的政务资源架构模型如图 5-3 所示，它要求在一个平台上，实现各领域、各层面、各种来源、各类形态的资源的有序集聚与整合。

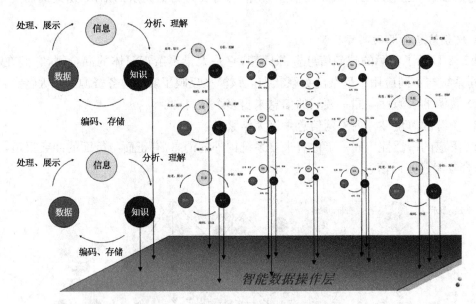

图 5-3　理想的政务资源平台示意图

图 5-3 模型通过一个"智能数据操作层"来实现不同领域、不同机构中数据、信息与知识的有序集聚、标准化处理与整合，实现电子政务的以下需求：

(1) 对结构化与非结构化资源都是适用的。

(2) 应支持多渠道、多来源资源的处理。

(3) 覆盖各资源体，代表不同信源、不同知识领域。

(4) 支持数据、信息与知识的标准化处理与整合。

(5) 整合的结果将生成新知识。

(6) 应能被方便地集成到各类政务应用系统中。
(7) 应能支持一系列的信息加工与服务功能。

5.3 电子政务基础数据资源与标准化

要实现图5-3的政务资源模式,关键是对三类资源的标准化处理。如对不同系统如空间、人口、法人、经济、交通、社会等领域的数据集成,要从底层实施数据标准化,提升其可用性、可再加工性与共享性。

政务数据资源标准化的主要内容为:基础层面上有各领域政务术语/概念的标准化、数据元素的标准化、元数据及其组成的标准化等;处理层面有数据加工模式、规则与质量要求的标准化等;应用层面上则有附加资源(如标识与描述数据)、组合与关联资源等的标准化。

5.3.1 政务术语与概念标准化

基础术语和概念的标准化是指如人口、空间、机构实体、经济、社会等各类政务应用均需要进行数据的标准化,涉及对象概念定义、描述方法和工具的规范化开发与管理,具体为:

(1) 术语概念标准化

政务术语概念标准化涉及对象定义和命名的原则与方法、概念表述及对应代码等,工作成果是政务数据字典,包括对象的规范化命名原则、表达方式、俗称与简称和学名的对照、标识体系、编码设计、异构字典间的映射与转换表等,以建立术语间的"用-代"关系,即其规范名称或学名与各种俗称、俚称,简称间的对应关系。同时,每个术语与概念都有相应的概念语义类属,故需要定义其上位与下位类属关系,即"属-分"关系;有一些术语与概念,虽然无法明确定义其与主体术语间的上下位"属-分"关系,但它们之间存在较紧密的关联,故为"参照"关系;还有一些术语,其概念位于语义层的顶端,称为族首词,简称"族"关系。这些术语与概念间的上述关系均应列入字典中。

(2) 术语描述标准化

在政务领域,术语标准化应作为开发项目。在术语命名后,对其特性属性进行描述,描述对象有实体、过程、业务、事件与关联等,内容为其各项特征属性。这些描述对相应的政务活动应是充分与规范的。描述涉及特征的名称、特征项、取值类型、值域范围、代码等。因为一个对象通常有多项特征属性,故在数据字典中,这部分将占据较大内容,同时还有特征属性描述的管理规则,术语部件库、属性与描述库的建立规范等。

政务术语与概念有表述、属性和关联描述三项主要内容,互不分离,共同构成政务数据字典的内容。其中,术语命名与概念定义给出了数据实体,特征属性是对实体共有特性的描述,术语概念间存在"用-代、属-分、参、族"等类属关系,用于定义概念间或一个概念与几个概念间的关联。政务对象较为复杂,有的概念内涵明确且边界清晰,可直接用定义进行完整的描述;有的概念内涵较广,需要在直接定义的基础上,再补充相应的特征属性才能形成完整的描述;而一些政务概念的外延广泛,除直接定义加上特征属性外,还要给出其一系列关联概念,才能较全面地进行描述。

(3) 术语库管理标准化

电子政务系统中,术语与概念及其特征属性的载体是术语库,形态为数据字典,加上各类专业字典的开发指南、编制与集成规则、辅助构建方法、评价指南及用户界面等,构成电子政务术语库管理系统。电子政务术语库除收录、定义与规范化处理各领域的专业术语及其间关系外,还以计算机辅助管理方式,实现对术语增加、删除、更改、迁移、描述、对照与提供等功能,同时还对跨机构间术语的提供、清洗、认定与集成等提供支持,能规范不同系统间对术语库的共同建设、维护与管理作业,并能对术语和概念中的冲突、不一致及新增含义与用途等进行管理。

5.3.2 基础数据标准化

在政务信息资源中位于更底层、更基础的一些特殊数据,主要为元数据、数据元素、代码等,这些数据的标准化将对政务信息资源的整体质量、可用性、可共享性等都起到重要作用。有关内容参见第 8 章。

5.3.3 基于概念的资源描述

1) Dublin Core 实例简介

非结构化文档一般以文本文档为代表,其描述有一些国际公认的模型,如著名的 Dublin Core(都柏林核心数据集)就是代表性的文档描述规范,用于管理文档类资源,它由以下 15 种元数据组成:

(1) 标题名称(Title)　由创建者或出版者赋予资源的名称。

(2) 主题词和关键词(Subject)　即用关键词或词组描述资源主题,许多场合下(如数字图书馆或各类专用文献库中)许多系统鼓励采用受控词表和正式分类法来选定主题词,以增加描述的准确性。

(3) 资源描述(Description)　对资源内容的描述,包括文本对象的文摘和流媒体资源的内容描述。

(4) 资源类型(Resource Type)　资源的类别,如网页、工作文件、内容报告、专题研究、数据库等。

(5) 来源(Source)　一个字符串或数字,用来唯一描述资源的出处。

(6) 与其他资源的关系(Relation)　一个资源与其他资源有正式关系但作为独立的资源存在,如文档中的图像、图书中的章节,需要用该元素来表征资源之间的关系。

(7) 覆盖范围(Coverage)　资源涵盖的空间和时间特征。

(8) 作者或创建者(Creator)　指对创建资源负主要责任的个人或团体,如一般文献的作者、影视资源的创作者、制作者。

(9) 资源的发布者(Publisher)　指对以目前形式制作的资源传播负责的实体。

(10) 对资源有贡献的其他人员(Contributors)　指未在创建者元素中列出的个人或团体,他们对资源也做出了重要贡献,但相对于创建者而言,其作用是次要的。

(11) 版权管理(Rights)　对版权的通告、版权管理的声明。

(12) 日期(Date)　指以当前版本形成发布的日期。

(13) 资源格式(Format)　指资源的数据格式,用于软件识别。

(14) 语言(Language)　指记录资源内容所用的语言。

(15) 资源标识(Identifier)　用来唯一标识资源的字符串或数字代码。

显然,这一描述模型的优缺点都十分明显。优点是通过上述元数据标注后,所有文档资源都变得比较规范,非结构化的资源变为半结构化的资源,可用数据库管理系统方便地对其进行管理。缺点是:首先,每篇文档如加上这15个数据项的话,只能通过人工标注,对于行政机构或信息中心而言,面对海量资源进行加工是极不现实的;其次,这些数据项用于描述文章内容的只有1~7项,反映其论述内容的只有前3项,且通常情况下,一篇文献所用的主题词或关键词只有3~5个,无法从更细致的角度去描述其内涵;最后,该架构无法支持在自动化环境下的规模化资源加工与增值。

2) 政务领域的对象描述需求

都柏林核心元数据集仍是一个"文档级"的轮廓性描述架构,没有针对文档中"概念级"的资源进行精细描述,故"颗粒度"较粗,对于图5-3中理想状态的知识管理尚不完善,其他元数据集也有类似问题。原因是:许多元数据集都来源于图书馆管理的需求,最初对图书的描述也只限于对其外部特征的描述,而对内容的说明则一般限制在数个关键词内,附加内容摘要即可。这种管理的目的,并不是要让读者通过了解全文包含的主题词集合来了解书籍内容,而只是为读者们提供对书籍的选择,再引导他们去阅读图书。

电子政务领域往往需要对资源对象细"颗粒度"的内容进行描述,一些专家采用本体来描述。但本体也有一定的问题,一是许多纯粹的本体是极其严格且内容庞大的,实际系统在应用时还要再进行一些剪裁;二是本体仍需和目录体系结合,才能构建某个领域的知识体系;三是本体在应用中,仍需和诸如柏林核心元数据集等相结合,才能在对象的宏观与微观层面描述上发挥作用,使计算机系统既能在图书、文本层面上加工资源,又能从概念层面上理解文件的内容范畴,这些就需要新的算法与技术。

5.4 语义计算

5.4.1 基于自然语言的资源处理技术

电子政务在面对自然语言的海量信息时提升其价值这一方面正面临着日益严峻的挑战。计算机并不"理解"其所记录与传输的文档内容,特别是当它们都是用自然语言表示的信息时。如果计算机能在某种程度上"理解"自然语言,就会使资源加工的质量与使用的便捷性大大提高。

近年来,在语义计算领域出现了突破性进展,该技术使计算机能在统计意义上理解多种信息片段之间存在的关联,并通过复杂计算、自动实时的分析来使非结构化资源在知识层面上增值,由此给许多应用带来真正的业务价值。

人类最熟悉的是以自然语言来处理和理解信息,核心是关注其中的特征概念。人们浏览文章时有时并不会关注细节,而是关注其中的各个主导概念,以及它们之间关联所形成的内容。故从某种角度上看,浏览文章实际是人们在查寻文章中的核心概念群并用其组成知识的过程。语义计算就从模仿人类阅读与理解文章的过程入手,将处理重点放在文中的概念上而非整篇文章上。因此,语义计算对象的"颗粒度"就比传统资源加工要细致得多,因为计算机可同时对一批文章中的数据、信息到知识层进行纵向与横向的扫描与解析,生成无数种视图。这种基于概念找寻、挖掘与比对的内容处理,就是语义计算的主导思想。

5.4.2 汉语分词与专业语料库

要使计算机"理解"并处理文本,分词是第一个环节。与拼音文字相比,汉语在分词处理上还存在着特殊困难,拼音文字可用各词间的空白自然分词,各类短语间的搭配也比较容易判断处理,而现代汉语除有标点符号分割外,其方块字首尾相连,故分词的难度比英语等拼音文字难得多。例如,"中华人民共和国",就可分出"中华、华人、人民、共和、共和国"等词汇,所以汉语分词具有特殊难度。这一方面需要有一般的分词系统,另一方面还要有如经济、金融、信息、产业、卫生防疫等专门领域的语料库,再利用特定算法进行语境分析。如"运动"一词,在生物、物理、地质、天体、社会、政治等不同领域和文献中就有不同含义,好的算法能结合具体上下文分析给出某一特征词最合适的归类。

在分词库方面,国内已有一些公司提供了比较成功与实用的解决方案,但各专用领域的语料库还比较匮乏。建立各领域的本体就是很好的解决方案,本体中的用代词、属分词、相关词等都是体系化的语料。

5.4.3 语义计算的应用

语义计算机是当前计算机技术、人工智能技术等领域的研究前沿,许多国家的研究机构、院校和专业公司都对此开展了研究,取得了一系列重要的成果。其中,比较有名并投入实际运行,在各国政务、商务、产业等都拥有一批知名客户和典型案例的,是 HP 旗下的 Autonomy 公司,它综合运用了贝叶斯-香农算法模型,在语义计算机领域取得了业界公认的领先成就。本节中的算法模型就是以该公司的模型为标杆,结合其他一些研究成果进行阐述。

1) 语义计算的基本过程

语义计算在针对文档中的概念进行时,主要有三个环节:一是对文档进行预处理和词频统计;二是将一些没有实际涵义的词汇、非概念类词汇等滤去;三是将文档中所有的概念词抽取出来进行统计与关联度分析,给出一篇或一批文档的内容特征描述。

(1) 预处理　去掉 html 一些 tag 标记,去除一些禁用词,去除文档中不合适的数据等。

(2) 分词与词频统计　对分析对象进行分词、短语识别,同时进行词频统计。如将文中每个概念作为一个特征,则以 $TF_{(i,j)}$ 代表特征概念 i 在文档 j 中出现的次数,即该词在各篇文章中出现的词频(Term Frequency);$DF_{(i)}$ 代表文档集中所有出现特征 i 的文档数目,此为文档频率(Document Frequency)。

(3) 数据清洗　去掉不合适的噪声文档或文档内无实义的数据。

2) 相关算法与模型简介

经过预处理后,进行概念抽取计算,目前有多种成熟的算法,如 Rocchio 方法、贝叶斯方法、KNN 方法、决策树方法、Decision Rule Classifier、The Widrow-Hoff Classifier、神经网络方法、支持向量机 SVM 法、基于投票法(Voting Method)等。现以贝叶斯法为例进行简介。

贝叶斯概率论——贝叶斯对概率论的研究成为现代统计学建模的核心理论之一,他的研究方向集中在计算多个变量之间的概率关系,以及决定一个变量影响其他变量的范围问题方面。

在信息处理领域,贝叶斯理论可判断文档中各概念间的关联,从而计算出未来的结果分布(相关性判断),可更有效地被"已产生的"已知模型和相似性所利用。

$$P(c_j|d_i) = \frac{P(d_i|c_j)P(c_j)}{P(d_i)} \propto P(d_i|c_j)P(c_j) \tag{5-1}$$

$$P(c_j) = \frac{c_j \text{的文档个数}}{\text{总文档个数}} = \frac{N(c_j)}{\sum_k N(c_k)} \approx \frac{1+N(c_j)}{|c|+\sum_{k=1} N(c_k)} \tag{5-2}$$

$$P(w_i|c_j) = \frac{w_i \text{在} c_j \text{类别文档中出现的次数}}{\text{在} c_j \text{类所有文档中出现的词的次数}} \approx \frac{1+N_{ij}}{\text{不同词个数}+\sum_k N_{kj}} \tag{5-3}$$

式(5-1)~式(5-3)是根据贝叶斯理论建立的文献概念关联的数学模型。

式(5-1)是贝叶斯公式的基本形式,它代表彼此独立的事件之间当某一事件出现后,另一事件出现的概率。语义计算中,它用于计算当某一概念 d_i 出现时,另一概念 c_j 出现的概率,再计算第三概念等出现的概率,由此给出整篇文档在统计意义上的关联模型。

式(5-2)给出当计算机处理一批文档时,总文档数中出现 c_j 的文档数量。

式(5-3)则表示另一个概念与 c_j 在所有出现的文档中的关系,由此对每一个概念进行计算,最后给出这批文档中所有概念的统计意义上的关联特征模型。

从认识论的角度,贝叶斯理论至少给出了两点结论:

(1) 人们所掌握某一领域的信息量越多,他对该领域问题的认知程度就越高。

(2) 人们先前获得的经验可用于推断新的情况。

对于文本类资源而言,该理论的延伸比相关性更加深入,适应性概念模型(APCM)可分析文档中的特性之间的关系,发现新的概念和文档,并确定与文档关联的概念集,从而对新文档进行分类。也就是说,根据该理论,系统在对以往内容进行处理的过程,实际上是一个学习的过程。当它处理了一批资源片段、一篇文章、数十篇甚至更多文章的概念模型之后,就能以越来越完善的方式提供各种查询、自动分类、特征聚类、知识推理等各种服务。

当然,从上述三个计算式并结合分词理论可以看出,对一篇文章进行分词后再计算其间的概念及其关系特征的话,运算量是极其庞大的,再高性能的计算机也将会对海量处理文件无能为力。于是,还需要采用另一种算法来对概念进行筛选与过滤,这就是基于香农信息论的一系列的预处理,以去除文档中的噪声与无关部分。

香农信息论——克劳德·香农提出在通信时可以将信息作为可量化的数值加以处理,该理论已成为现代信息处理系统的数学基础。从香农1949年发表的《通信数学原理》中可看到,"信息"在处理中可被作为一种可计算值。

根据香农的熵(平均信息量)或不确定的测量,一个单元平均传送的信息量可表达成式(5-4),式中各字母含义同前三式。

$$Entropy(t) = -\sum_i P(c_i|t)\log P(c_i|t) \tag{5-4}$$

Entropy 为平均信息量,亦称为熵,既可理解为内容的有序度,又可理解为内容的混乱度。当概率完全相同时式(5-4)达最大值,这意味着对应文本内容应是任意的,倘若不是这样,被文本传送的信息将低于最大值,也就代表其中有冗余。

自然语言中有大量的冗余表述,表现为其中有诸多重复或不重要的内容,香农理论为抽取冗余中的概念提供了一个框架。举例来说,当在一个嘈杂的房间内进行对话时,收听者可能并不能听到所有的词语,但这并不影响其对交谈内容的总体理解。与此类似,若要了解某段新闻的大意,读者只需简单了解文中的核心概念词即可。因此,信息论框架有助于从各种重复和冗余的内容中提取出有用的概念。计算机在处理文档时,首先可将各种连词、介词、修饰词、语气词等去除而不会影响其信息量。越是宏观的信息资源环境中,人们越是只需了解总体内容中的核心概念或信号词以及它们的集聚模式就可以了解概况,而越不会在意文法、修辞等细节。当然,当读者需要详细了解事实时,他可调出原文阅读。

在内容特征描述时,一方面对词频过低或过高的词均可除去,同时还要考虑到某一词的"信息增益"值。

(1) 基于 DF(文档频率) 词的 DF 小于某个阈值则去掉(太少,没有代表性);词的 DF 大于某个阈值也去掉(太多,没有区分度)。

(2) 信息增益(Information Gain, IG) 该词为整个文档所能提供的信息量(不考虑任何特征的熵和考虑该特征后的熵的差值),其计算式如(5-5)所示。

$$\begin{aligned} Gain(t) &= Entropy(S) - Expected\ Entropy(S_i) \\ &= \left[-\sum_{i=1}^{M} P(c_i)\log P(c_i)\right] - \left\{P(t)\left[-\sum_{i=1}^{M} P(c_i|t)\log P(c_i|t)\right]\right. \\ &\quad \left. + P(\bar{t})\left[-\sum_{i=1}^{M} P(c_i|\bar{t})\log P(c_i|\bar{t})\right]\right\} \end{aligned} \tag{5-5}$$

(3) 词汇的特征熵 该值越大,说明分布越均匀,越有可能出现在较多的位置与文档类别中;该值越小,说明分布越倾斜,可能出现在较少部位与类别中,这就是香农理论原型。

$$Entropy(t) = -\sum_i P(c_i|t)\log P(c_i|t) \tag{5-4'}$$

(4) 相对熵 也称为 KL 距离(Kullback-Leibler Divergence),反映了文本类别的概率分布和在出现了某个特定词汇条件下的文本类别的概率分布之间的距离,该值越大,该词对文本类别分布的影响也越大。

$$CE(t) = \sum_i P(c_i|t)\log \frac{P(c_i|t)}{P(c_i)} \tag{5-6}$$

(5) χ^2 统计量 度量两者(词汇和类别)独立性的缺乏程度,χ^2 越大,独立性越小,相关性越大(若 $AD < BC$,则类和词独立,$N = A + B + C + D$)。

$$\chi^2(t, c) = \frac{N(AD - CB)^2}{(A+C)(B+D)(A+B)(C+D)} \tag{5-7}$$

$$\chi^2_{AVG}(t) = \sum_{i=1}^{m} P(c_i)\chi^2(t, c_i) \tag{5-8}$$

$$\chi^2_{MAX}(t) = \max_{i=1}^{m}\{\chi^2(t, c_i)\} \tag{5-9}$$

(6) 互信息(Mutual Information) MI 越大,词汇 t 和 c 的共现程度越大。

$$MI(t, c) = \log \frac{P(t \wedge c)}{P(t)P(c)} = \log \frac{P(t|c)}{P(t)} = \log \frac{A \times N}{(A+C)(A+B)} \tag{5-10}$$

$$MI_{AVG}(t) = \sum_{i=1}^{m} P(c_i)I(t, c_i) \tag{5-11}$$

$$MI_{MAX}(t) = \max_{i=1}^{m} P(c_i)I(t, c_i) \tag{5-12}$$

还有其他一些算法,都是从不同的角度对词汇和文档进行特征描述。

3) 语义的权重

语义计算不仅涉及数量,还涉及内容。内容筛选如完全按词频法处理会有一些的问题,比如以下实例:"那晚我走在一条街上,这条街又长又黑。当我走到街的尽头时,有个抢劫犯跳出来袭击了我。"虽然例句中词频最高的是"街"这一概念,但其内容的核心却是在描述一起犯罪事件。如用关键词或布尔值方法搜索"街"或"街道"时,该段内容就会被显示在搜索结果中,因此,完全按词频法确定内容并不一定准确,绝大多数检索结果往往不是读者想要的信息。对此,关键词搜索法还要结合权重分析来对搜索结果进行排列。当同一关键词出现在不同位置的两篇文档中时,其中一篇关键词出现在文档中的显著位置,例如标题中,另一篇关键词出现在文档末尾,处理时应认为前者的重要性比后者高,系统应赋予其较高的权重值;关键词出现多次的文档得到的权重值也会比较高。

一篇文章中涉及的概念词数量较多,经过分词、词频统计、自动标引、权重计算等后,一批文档产生了一个特征向量空间,称为文档的向量空间模型(Vector Space Model),其组成为:

- M 个标引项 ti(特征概念词),包括词根、词、短语及其他表达形式。
- 每个文档 aj 用标引项向量来表示:$(a1j, a2j, \cdots, aMj)$。
- 权重计算,N 个训练文档:$AM \cdot N = (aij)$。
- 相似度比较:余弦计算、内积计算……

权重计算要通过文档进行实例训练,且文档数量越多,训练的效果越好,系统给各词赋予的权重也越合理。当然,好语义计算系统应允许人工对概念权值进行调整。

4) 文档内容结构建模

贝叶斯概率论提供了描述概念间联系模型的数据方法,香农信息论为提取相关文档中最有意义的概念提供了一种机制。但这两种年代久远的理论只有依靠先进的计算机系统才能在现代互联网海量文献的环境中发挥作用。语义计算软件应能在解析文档所含概念、关键词及大量关联信息的基础上理解上下文,构建其语义模型,即由主题词、词频值、文章数值、参照文档等的集合构成一个文档的语义模型或"指纹"。其后采用如贝叶斯或其他算法,对词间关联进行计算后,得到各篇文章及总体文档的概念模型。

要强调的是,计算机对文档的阅读处理,不是局限于一篇篇单独的文章内容的,而是对一批文章集合进行分析,分析的过程称为"训练",训练后产生的总体概念模型再反过来对每篇独立的文章知识特征描述模型产生贡献。所以,系统既有的群体性知识模型,对于一篇新的文档分析是能起相当大的作用的,特别体现在系统内容的自动分类与内容集聚等处理环节上。

5) 文档资料的处理流程

图 5-4 表示系统对文档集的语义处理流程,它代表从个体语义单元到文章整体语义特征的基本处理流程。

图中流程分为文本表示、训练过程和分类过程三块。首先,左上部分是系统对一批资源(训练文本)进行分词、词频统计分析、统计量暂存;右上部分是对训练文档处理后产生一系列的语义特征表示,它们在与用户的交互过程中,会通过不断的学习进行自我优化,并由一个分类器产生一系列的特征分类,其结果远比人工分类目录要细致得多,这也是系统的中间处理过程,由分类器将产生动态分类中超过一定阈值的稳定类目呈现给用户,然后再进入新一轮的学习与优化过程。

其次,每当有新文本加入时,系统会进行再训练,将新文档中的知识元素作用于既往的资

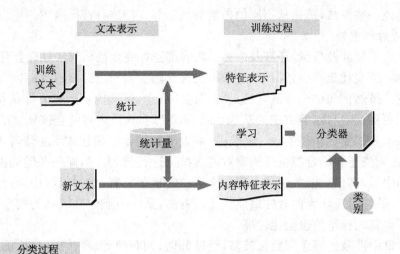

图 5-4 文档自动处理流程示意

源集,又将既往积累的统计知识、特征集等作用于新文档,使其能利用以往系统资源加工的知识进行积累。整个系统将通过不断的资源积累、知识沉淀以及在和用户的交互过程中训练学习,优化其产出。

最后,基于语义计算的知识系统将越来越"聪明",越来越"善解人意",并对以下各类处理提供越来越强的支持,分别是:

(1) 自动信息采集。
(2) 自动分类整理。
(3) 自动网页链接。
(4) 自动全文概括。
(5) 自动相关信息提示。
(6) 全文内容自然语言查询。
(7) 信息多渠道发送,等等。

对于客户端,知识管理系统带来的益处是一系列的新型服务:

(1) 自动建立个性化资料中心。
(2) 建立个性化的窗口设置。
(3) 自动建立信息推送渠道,通过关联性优化选择将信息动态发送至桌面。

系统的处理量级,在当前的一般电子政务主流硬件配置环境下,百万件量级的文章可在2~3小时内按核心内容完成自动分类,并按内容含义实现自动网页链接。

5.5 基于知识管理的电子政务系统架构

5.5.1 传统三层架构系统模型的缺陷

基于知识管理的政务系统将提供与以往 OA、MIS 及其他所有传统政务系统完全不同的资源加工与服务模式,对用户的支持效果也完全不同,故需要不同的信息系统架构来支持。

图 5-5 所示的是传统架构系统的代表模型,底层为各种数据资源服务器,顶层是通过各种标准传输协议支持的结果呈现层,中间是各类应用服务器,各类核心中间件、应用层中间件、系统级服务接口以及面向业务对象的各种逻辑层等。这种体系即标准的三层架构模型(如图 5-5 所示)。但这种架构不能面向概念处理,它没有一个将文档级的内容块加工为词汇级概念集合与分析计算的处理机制。

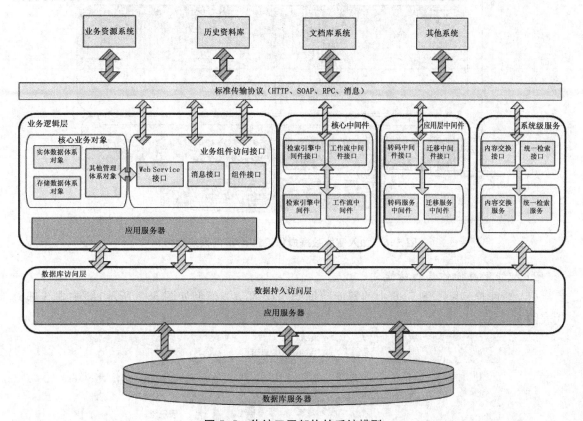

图 5-5 传统三层架构的系统模型

语义计算在底部的一至二层之间增加了一个智能数据操作层(Intelligent Data Operating Layer,IDOL),如图 5-6 所示,使面向文档流转、信息发布、常规作业等的传统信息系统上升为可同时面向知识发现、内容挖掘与决策支持的知识系统。

5.5.2 智能数据操作层架构

1) 智能数据操作层的概念

智能数据操作层(IDOL)既是一个逻辑架构,也是一种功能服务器,作用是收集来自各连接器的数据,并通过快速处理和智能检索的独特方式来储存数据。在处理信息时,IDOL 能联系概念和语境来理解数据库中的内容;支持对大量不同格式的信息、使用者的关注域进行自动分析;可实现对数据资源的多种类型的操作,包括超链接、代理、摘要、分类、聚类、结构化信息抽取、建档、个性化信息定制、内容提醒以及关联检索等。

该服务器还允许人工参与控制,通过人工与自动化互补方式可获得更大的灵活性;它还能与原来遗留的系统进行整合,使用户能传承原系统的资源并与新系统整合。图 5-6 表示

Autonomy 的智能数据操作层,它实现了语义计算,提供了一些新的资源处理功能。

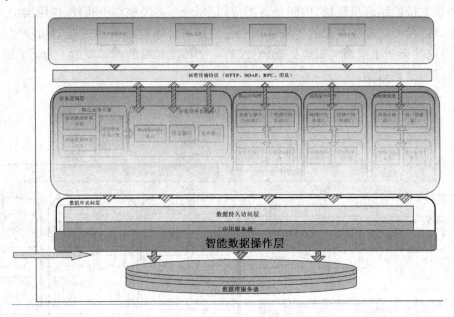

图 5-6 加入智能数据操作层(IDOL)的系统架构

2) 智能数据操作层的功能

(1) 功能模型图 图 5-6 中的智能数据操作层的功能模型如图 5-7 所示,图中虚线部分代表图 5-6。

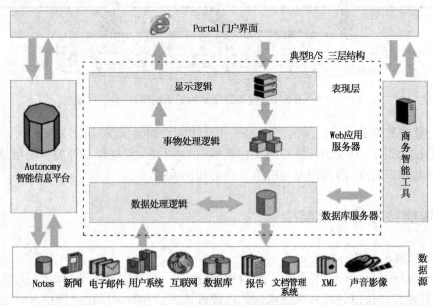

图 5-7 智能数据操作层功能架构

图 5-7 中,智能数据操作层实现了对机构内、外网中各种格式的信息资源的语义处理,再与传统架构系统对接后经门户呈现。而左侧的智能信息平台和右侧的商务智能工具等表示其适用环境及与其他应用的整合。

(2) 体系架构 智能数据操作层(IDOL)的核心模块包括动态推理引擎(DRE)、分类服务器、用户服务器以及其他功能模块，各自功能如下。

① 动态推理引擎（DRE）

动态推理引擎是一个高扩展性的多进程模块，能对目标内容进行分析并提交给用户。动态推理引擎基于概率模式识别技术，实现如下操作。

- 简单检索——关键词、布尔表达式的传统检索方式。
- 概念检索——基于概念匹配的高级检索方式。
- 自动摘要——按照概念、联系上下文等方式自动生成全文摘要。
- 拼写纠错——自动纠正拼写错误。
- 联合搜索——与外部搜索结合，实现联合搜索。
- 组件管理——后台服务的可视化配置与管理。
- 自动超链——自动生成文档超链接。
- 搜索分类导航——对搜索结果进行自动分类，引导用户实现搜索结果的精确化。
- 参数检索——通过参数设置（元数据选择）实现精确搜索及某些统计分析功能。

② 分类服务器

在动态推理引擎能实现统计意义上的理解上下文信息的功能基础上，分类组织实现了高扩展性的自动分类解决方案，具体功能如下。

- 信息频道——由管理员定义分类结构，实现便捷、直观的内容导航。
- 自动分类——将文档按照分类结构进行自动分类。
- 自动聚类——将文档按照相近概念进行自动聚合。
- 目录生成——根据已有文档自动生成分类目录。
- 频道推荐——将文档可能属于的频道推荐给用户，供用户选择。

③ 用户服务器 在前两个模块的基础上实现如下个性化操作。

- 个性聚焦——用户根据自己关注的领域建立个性化信息频道，订阅感兴趣的信息。
- 个性化信息提醒——将用户关注的信息通过邮件、短信等方式发送给他。
- 专家社区——根据显性和隐性档案进行用户匹配，将具有相似特点的用户组成社区。
- 主题订阅——通过邮件实现信息订阅。
- 自动建档——根据用户在系统中的各种操作自动建立用户档案（为用户提供主动信息服务）。
- 协作专家网络——通过对用户兴趣数据特征的聚类，能将同类兴趣者聚合在一个虚拟社区中，发现社区中知识的强项及欠缺；对于论坛来说，可以发现论坛用户所关注的内容，以及论坛发布的内容与用户关注点之间的差异等。
- 专家定位——根据个人档案寻找具有特定知识的专家。

④ 其他

- 备份系统。
- 动态词库——动态管理主题词。
- 系统训练——自动从文档内容中导出元数据，发现数据的上下文含义和相互之间的关联。
- 多语言插件——支持多语种。
- 门户——可组织专用资源门户。

⑤ 连接器模块

- 文件系统——从文件系统采集 Word、PDF 等各种类型的文件。
- HTTP FETCH——Web 页面采集。
- ODBC——基于 ODBC 的通用数据库采集。
- ORACLE——针对 ORACLE 数据库的采集。
- SAP——针对 SAP 的资源链接。

⑥ 参数设置
- 文档数量——系统可处理的文件数量级,如 10 万、50 万、100 万、500 万……
- 用户数量——支持的合法用户总数。

5.6 基于知识管理的电子政务系统功能

采用图 5-7 基于概念分析的知识管理系统,可实现如图 5-8 的各种应用。底层是各类数据源,如来自 OA、新闻、电子邮件、文件系统、互联网、数据库、文档、业务系统、XML、声音影像等形态与格式的信息,通过第二层(连接器层)将各种不规整信息、半规整信息、规整信息、语音、图像等导入第三层即智能数据操作层,该层核心就是上述的含动态推理引擎、分类服务器、用户服务器等,支持分布式架构,再上就是传统系统中的第二、三层,图 5-8 中简单地以其支持的各种应用系统层来代表,如政务门户集群、行政审批、OA、阳光权力、决策支持和其他应用等。

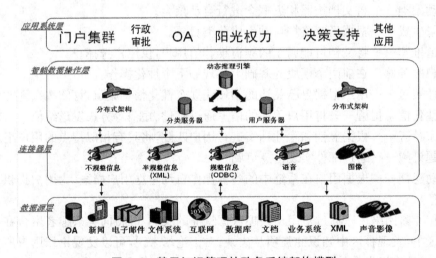

图 5-8 基于知识管理的政务系统架构模型

在效率上,当智能数据操作层(IDOL)集成到电子政务系统中后,会将传统上需要手工操作的大部分过程实现自动化,可以提高政府机构内部的生产力、改善信息的共享与分布状况、降低数据维护成本以及根除因人为因素引起的不准确性。

5.6.1 自动相关链接

通过概念统计分析可识别各文档资料中内容间的主要关系,实现文档内容间的交叉索引对照。此类技术可处理底层代码形态的记录,所以无论什么格式与内容的文档,都可在操作层识别出与其相关联的资料,实时生成超链接,实时更新,无需手工链接。当某篇文档被查阅时,这些链接可自动插入文档中,可将以前处理过的文档中建立起来的内容超链接作为当前文档的参考,并与其内容进行结合。档案资料也可以链接到最新的新闻或其他形态的资料中。

该功能在电子政务系统中可生成如下一些应用。

(1) 与外部信源内容关联　当用户在外网上浏览一篇文章时,系统能将该文章动态链接到与其上下文语境相似的内容材料上,实时推荐相关资料。

(2) 机关内部应用　当公务员在阅读或者起草文件时,借助系统动态链接功能将内外部不同信源的、与其上下文内容相似的材料动态提取给使用者,让其可以立即浏览以往发布的相关政策、报告、多媒体记录和相关往来邮件等。

(3) 提高内外部信息服务质量　通过页面内容关联,可提高政府网站的使用性。当访问者在浏览相关网页目录或内容时,系统能自动提供与其查阅对象相关的内容、政策、动态、处理案例等的链接,提醒访问者关注一些他事先并不知晓的相关事宜等。实践表明,这一特性对于提升政府网站服务水平极其有效且最能获得内外部用户好评。

(4) 对依法行政的支持　法律法规是政府依法办事、依法行政的基础。系统能提供与用户搜索的目标法律条文相关的其他法律法规对应的内容条文与案例。通过动态超链接,能极大地减少使用者获取所需信息的时间,识别相关案例,提升执法者的案例知识,减少行政风险。

(5) 提升语音服务水平　即使在最发达的城市中,也不是任何公民在任何场合下都有条件通过计算机网络与政府对话的。部分弱势群体、贫困人员、外来务工与流动人口等多数只能通过话务网与政府机构交流。而电话交流的最大缺点,是其只能以线性对答方式来获取信息,不能像计算机屏幕那样让访问者一页页地从立体角度获取信息。

通过自动超链功能就能弥补这一不足。当行政机构的接线生收到公众询问时,所有问题的最佳解答和相关事宜都会通过动态超链接呈现在应答台面上,当询问者咨询问题 A 时,可能他并不知道关联问题 B 的存在,或 A 问题的解决还有 C 与 D 等后续环节等。而通过超链接提供的优化答案,接线生不仅可提供当前问题的最佳解答,还能主动提醒问询者其应当知晓或办理的其他事宜。这就可提高其客户服务的水平,降低一线服务生对各类政策知识了解的需求,保证所有的询问和问题都能在最短的时间内得到优化的解答。

所以,自动超链功能对电子政务的改进主要体现在以下几个方面:
- 降低多种应用环境下非结构化信息的维护成本。
- 降低查找相关信息的时间。
- 减少重复劳动。
- 发现新知识点,提升服务质量。
- 让人们了解信息的更迭以及最新信息,等等。

5.6.2　形成自动摘要

系统可对内容中的主要概念进行自动摘要,也可以根据原始查询的上下文环境进行自动摘要,并将最适合的动态摘要提交给指定的需求。

该功能在电子政务系统中可生成如下一些应用。

1) 在移动政务领域的应用

除正式文献与全文本资料外,系统还可为政务微信、微博和短消息及其他设备提供自动摘要服务。动态内容摘要功能可以为每位用户自动做摘要,并且与所查询的上下文环境相匹配。

2) 在政府机构中的应用

在快速发展变化的时代,主管机构需要尽可能快地做出正确决策,以保证以敏捷、能动的态度服务社会公众。动态内容摘要可以帮助各级公务员节省大量评估信息内容所需的时间,特别是高层官员,因时间紧、活动多,更需要先通过摘要来了解各路发来的材料、文件与汇报的概要。

所以,动态内容摘要功能对电子政务的改进主要体现在以下几个方面:

- 当显示能力有限时,动态内容摘要可发送高度精确的信息概要。
- 提高用户处理信息的能力,加速政务运作。
- 让人们能更快地做出适当的决策。
- 与自动链接功能结合,可连续、动态地提供更灵活、更灵巧的内容服务。

5.6.3 内容匹配

尽管公务员和行政事业单位员工每天都可接触范围很广的信息,从内部文档到网站上动态新闻,但他们必须花时间和精力来找到对其有用的信息。互联网内容的增长,使查找信息需要的时间和精力越来越多,"内容匹配"可自动帮他们做这项工作。内容匹配可以将文档或以数据为中心的用户界面转变成以任务为导向的智能界面,主动识别用户当前的问题,确定相关的信息并且积极主动地提示用户,让他们了解到相关内容。

该功能在电子政务系统中可生成如下一些应用。

1) 在公文起草中的应用

当行政机构人员在起草公文时,可将工作台面与后台法律法规连接,在主动匹配功能支持下,将草拟公文的内容与各相关法律法规文档做内容匹配,以提供依法行政的根据,或至少避免与现行法律法规产生冲突。

2) 在机构内部使用中的应用

当使用者在阅读 Web 上的文章或阅读内部文档时,主动匹配功能可自动向其提供一系列有序的链接,将从档案数据库、信息板、电子邮件或其他内外网站中得到相关信息推送到其屏幕,以保证其了解一些他们尚不知道的信息。

所以,主动匹配功能对电子政务的改进主要体现在以下几个方面:

- 可以主动向用户提供其尚未搜索的信息,实现信息订阅功能。
- 减少收集即时信息所需要的时间和精力。
- 最大程度上允许信息的复用。
- 提供依法行政的保障,降低失误发生的可能性。

5.6.4 信息获取和检索

系统可根据任何语言和格式进行内容搜索,都可以自动实时地将内容摘要以及与其类似信息的链接呈现出来。检索方案是可拓展的,通过理解概念,它可保证较高的准确性和全面性。在电子政务应用中,系统应提供概念级的识别能力以保证资源的获取性,包括自然语言、概念搜索、自动摘要、二次概念检索、联合检索、多语言搜索,以及传统的搜索机制,例如关键词、布尔检索等。

与这一功能密切关联的是自动摘要,它允许用户精练其搜索,精确地将焦点定位在其需要的上下文环境中。

5.6.5 自动内容综合与精练

如今,各级政府机构作为社会公用信息资源的最大拥有者,越来越意识到信息资源是一种资产。而从资产管理理念出发,机构需要不断扩大其存量与增量,且要求不论其信息源、格式或媒介如何,都可进行统一操作。如图 5-7、图 5-8 中的底层,机构信息包括非结构化数据(例如 HTML 页面、word 文档、电子表格、电子邮件)、半结构化数据(XML)和结构化数据(例如二维表格、Lotus Notes),以及多媒体内容,如音频、视频和图像等。

内容综合是从不同的信息数据库里收集、抽取和导入内容、元数据及安全设置以供智能数据操作层分析后输出的过程。该系统包括了大量高扩展组件,可自动整合来自多种不同数据源的 200 多种不同格式的内容,这些数据源包括:

- Internet 连接器(HTTP, SSL, POP3, FTP, NNTP 等)。
- 数据库连接器(Oracle, SQL Server, DB2 等)。
- 文件系统连接器(Documentum, FileNet, Notes, Exchange 等)。
- 应用系统连接器(SAP, Peoplesoft 等)。
- 新闻连接器(Reuters, Moreover, Newsedge 等)。

所有的连接器对综合后的文件进行审计,安全授权、记录修改、删除和运行日志,可使系统与数据源之间保持同步。同时,智能数据操作层会将综合后的资源依据其对不同使用者的需求习惯的跟踪学习所得的知识进行个性化精简,使"千人一面"的宏观资源转化精练成"千人千面"的个性化资料源。

所以,自动内容综合与精练功能对电子政务的改进主要体现在以下几个方面:

- 能处理多来源数据,构建统一的政务资源体系。
- 自动整合数据内容,生成满足各机构、部门与公务员个人个性化需求的资源档案。
- 有助于消除信息孤岛,建立协同作业环境。
- 根据广泛的信息,快速地做出适当的决策。
- 降低人力消耗,避免重复劳动和时间浪费。

5.6.6 自动语言探测

系统可识别任何数据的语言特性,并与分类服务器连接,所有内容都能根据语言类型进行自动分类,可以降低对手工控制成倍增长信息的需求。这一特性给电子政务带来的改善主要体现在政务的国际化上。众所周知,国内各级政府均将招商引资、对外经贸、项目引进等作为工作重点之一。而工业化、城镇化、市场化、国际化等都与信息化密切相关,对多语种的支持是电子政务应用系统在国民经济建设与管理中发挥作用的重要需求之一。

所有这些功能,都是在采用了基于概念分析技术之后对传统政务系统做出的改进。新技术的引进,就使传统政务从面向事务处理越来越向面向知识管理、智能化决策支持的方向发展,并由此产生各种新型的应用。

思考题

1. 什么是政务信息资源,其形式与关系如何?
2. 政务信息资源有哪几大特点?
3. 简述政务数据资源标准化的主要内容。
4. 简述语义计算的内容与应用。
5. 简述文档自动处理流程。
6. 试述基于知识管理的电子政务系统功能。

6 政务信息资源分类

6.1 政务信息资源分类概述

6.1.1 分类简述

类,是具有共同属性或特征的事物、对象或概念的集合;分类,是按对象的特征属性进行区分,将具有某种共同属性或特征的对象划分在一起或彼此区别的过程。《大英百科全书》认为分类的关键是:人类在认识和理解世界的过程中需要解决三个问题:①区分对象及其属性;②区分整体对象及其组成部分;③不同对象类的形成及区分。解决这三个命题的过程就是分类过程,其实现就是人类对上述三方面实践与认知的积累。

人类认知始于经验性事实的积累,向实证与理论发展,分类的理论和方法在其间起桥梁的作用。任一领域的分类学(如生物分类学、植物分类学与地矿分类学等)便成为人类认识该领域的基础,一个领域分类体系的完善和详尽与否,是衡量其是否成熟、是否能形成独立学科的标准。随着人类对自然、社会和思维领域的认识越来越深入,分类就越来越细,要求也越来越高,以至于有时光凭经验和专业知识已不能达到准确与精细分类的效果,于是数学、计算机和系统工程等被引入分类学领域,出现了统计分类、系统分类、自动分类和智能分类等一些分类方法。

6.1.2 政务信息资源分类

依据《电子政务术语》(GB/T 25647—2010)的定义,政务信息资源分类是"为了有序管理和开发利用政务信息资源,把具有某种共同属性或特征的政务信息归并在一起,通过其类别的属性或特征来对政务信息进行的归类"。通过分类将实现政务信息资源的有序采集、科学管理、共享使用与交换增值等。

从形态上,政务信息资源分类也是文件档案、资料、公文、作业与服务对象等的资源组织与处理的过程,它涉及文献著录、主题标引、特征描述、内容编目、赋予标识代码等作业,成果是生成相应的政务资源目录。

6.2 政务信息资源的分类原理

6.2.1 信息资源的基本分类原理

信息资源的分类,主要考虑其分类体系架构、分类对象描述、分类节点间的关联等,由此产生相应的分类原理与方法,如线分类、面分类、混合分类、复杂分类与多重分类等。

1) 线分类

线分类又称层次分类、树型分类或体系分类。它将分类对象按选定的若干属性或特征,从上而下逐次分为若干层级,各层级又分为若干类目。同一分支的同层级类目之间构成并列关系,不同层级类目之间构成隶属关系。

线分类法主要根据概念划分与概念概括原理,将反映对象内容及形式特征的主题与形式概念列举出类目,通过概念的学科范畴属性分层划分,构成类目等级体系。外形上,线分类像一株倒立的树,顶层节点为其根,逐级展开为其枝,末端条目为其叶。

线分类法的主要特征是类目之间存在上下级位属关系。例如,"互联网"的上位类有"计算机网络",再上位类有"网络";下位类则有如"广域网""城域网""局域网"等。上位类是指线分类体系中,一个类目相对于由它直接划分出来的下一级类目而言的类目;下位类则是由上位类划分出来的下一级类目。

2) 面分类

面分类是选定对象的若干属性或特征,将分类对象按每一属性或特征集划分成一组独立的类目,每一类目构成一个"面",再按一定顺序将各个"面"平行排列。使用时根据需要将有关"面"中的相应类目按"面"的指定排列顺序组配在一起,形成一个新的复合类目的分类方法。如服装可按"性别""年龄""款式""布料""颜色"等分类,各组之间可按任何有实际意义的概念进行组合。

这种分类以二维表格形式出现,故称面分类。面分类的特征是类目间不存在上下级位属关系,而代之以并列的组配关系,故又称组配分类法。

3) 混合分类

混合分类是线分类与面分类结合的分类方式。现实世界中,许多事物或概念间既具有层次性特征,又显示出多面并列的属性关系。如信息系统中,树型分类目录下挂接数据表的现象比比皆是,这就是这种混合结构的具体体现。许多应用系统中,人们往往采用线分类为主导分类,以显示资源的体系化组织的层级脉络;又对其末端条目采用一系列特征面来描述,面越多,对象描述就越丰富与细致。

4) 复杂分类

面分类中"对象-属性"为二维关系,可用表格描述;线分类中"层级-对象"也可用表格描述;二者混合后的"层级-对象-属性"关系,也能用关系型数据库来定义。但现实中有许多对象间呈现复杂的网状关联,一些不同来源的信息资源在融合时也呈现多维的树-网复合型关联,节点间层级关系不清,上下位属彼此纠缠,不能用简单的关系规则与刚性路径来定义。

复杂分类体系结构复杂,不易定义与描述,且应用环境越大,体系结构就越复杂,有时新增分类对象会导致全体系振荡甚至崩溃,因此应尽量避免使用。

5) 多重分类

对象可按不同的属性、特征、应用等划分为不同的分类体系。同一对象可能在一个系统中被多重分类,如"太阳能"可能出现在能源类中,又可能出现在环保类下,还可能出现在高新技术类中。同一对象在不同系统中会有不同分类与代码标识。例如,一个人有身份证及身份证号,在单位或学校中,又有工作证或学生证及对应证号,在图书馆中,又会有借书证及证号,使用公用设施如公共汽车时,还会有月票卡及卡号,在医院中还有病历及病历号等。

严格意义上说,多重分类不是一种分类法,只是一种分类现象。线分类、面分类与复杂分类都有对应的方法论基础,多重分类只是人们为方便解决实际问题而采用的一种权宜性措施,且实际使用中应尽量避免采用。

上述几种分类模式构成了政务信息资源分类的多样性和复杂性,它是客观世界多重性和复杂性在信息领域的反映。在政务资源领域,线分类能反映某个领域的知识轮廓、层级架构与总体容量,各节点概念在分类体系中有稳定的位置和次序,适于做资源架构的总体描述。面分类适于对末端条目的属性进行描述,描述面越多,对象特征呈现就越详细。而在多系统融合、跨领域交互的综合系统中,信息资源分类就可能呈现网状嵌套的复杂结构。

6.2.2 政务信息资源的分类原则

电子政务具有跨部门、跨区域、跨行业等特点,其信息资源分类应遵循如下原则。

1)科学性

政务信息资源的分类应在对分类对象特征的详细而全面的抽取与描述的基础上进行,应具有准确性、客观性与实用性。应选择对象最科学、合理、稳定的本质属性集合为分类的基础。

2)系统性

资源分类要能全面涵盖政务业务的资源范围,反映资源的系统性架构,类目要按合理的形态与分类体系排序。

3)兼容性

不同政务资源分类体系之间的协调性要求分类体系的结构定义、层级设置、类目编排、内容表达等都能通过相关技术处理,实现分类体系及节点内容间的资源交换。为确保分类的兼容性,应尽量采用相关的分类编码标准进行分类。

4)规范性

政务信息资源的分类应尽量采用相关标准,以确保其规范性。原则上,当有国际信息分类标准时,应尽量采用;在无相应的国际标准时,应采用国家信息分类标准;然后是行业信息分类标准,以及地方信息分类标准。只有在上述标准都没有的场合下,机构才可建立自己的分类规范。当然,这样做的规范性与兼容性最差。

5)可扩展性

信息资源在分类体系结构上,代码表示空间上均应留有足够余地,以便挂接新出现的资源类目、安置新的资源条目并赋予恰当的位置与属性代码。

6)实用性

资源分类法是经实践检验过的有效方法,应能从总体上满足机构对信息的组织、管理和共享的要求,还要能满足不同用户在不同场合下的具体应用等。

6.3 政务信息分类系统

6.3.1 政务信息分类技术架构

政务系统中,信息资源分类是相对独立的子系统,其技术架构与功能如图6-1所示。

图6-1从内容、特征与外表特征等角度提供了政务信息资源的四重分类。资源形态分类

从外表特征或载体方面来区分其形式，是唯一与内容无关的分类，而主题分类、行业分类和服务分类均与内容相关。其中，主题分类是基础，它从对象最客观、稳定、与应用无关的本质属性出发对资源进行分类，当其他分类不便或不详时，当以主题分类为依据。图 6-1 也表明了主题分类对行业分类与服务分类的支持。行业分类是从行业角度对资源进行的分类，此分类便于行业应用，但对跨行业、多领域的场合就显不足。服务分类是对政府公共服务的划分，便于公众检索，但较为粗放。

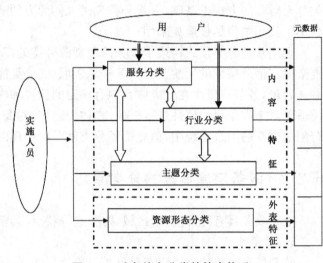

图 6-1　政务信息分类的技术体系

电子政务系统可根据上述 4 种分类，对信息资源进行采集、注册与归集，产生相应的分类元数据项。使用时，机构可根据所需服务对信息资源进行识别、导航和定位；也可根据提供服务的职能部门的所属行业或领域，或根据其资源主题内容等，对政务信息资源进行识别、导航与定位。

6.3.2　四种政务资源分类和编码结构

国家标准《政务信息资源目录体系　第 4 部分：政务信息资源分类》(GB/T 21063.4—2007)(简称《政务信息资源分类》)给出了主题分类、行业分类、服务分类与形态分类 4 种应用分类法。

6.3.2.1　主题分类法

主题分类是政务资源的基础性分类，《政务信息资源分类》规定了政务信息资源目录体系中政务信息资源的分类原则和方法，明确以主题分类为基础，为各机构在建立政务信息资源目录时提供分类依据。该标准将政务信息资源的主题分为 21 个一级类和 133 个二、三级类。表 6-1 为该标准中政务资源的主题分类示例。

表 6-1　《政务信息资源分类》中政务资源的主题分类示例

代码	名称	描述和说明
01	综合政务	关于政治领域的当前状况和发展规划
01A	方针政策	政府制定的、宏观的、指导各个领域发展的方针政策
01AA	专题政策	指由国家政府机构为了实现一定的战略目标所制定的有关科技、军事、经济、人口、外交、政治等专题领域的方针和政策
01AB	政策理论研究	包括国家政府机构和组织围绕专题政策所展开的理论研究与计划
01AC	组织机构	包括参与制定、贯彻各专题政策的政府机构和政策研究组织
01B	中共党务	关于中国共产党的规章制度、组织机构建设和发展，以及工作职责等相关信息
……	……	……

表 6-1 采用线性分类法,三级四位编码,第一级用两位数字,二级和三级类目各用一位大写英文字符(A~Z 中除 I、O)表示,结构如图 6-2 所示。

6.3.2.2 行业分类法

政务信息资源的行业分类是在参照《国民经济行业分类与代码》(GB/T 4754)的基础

图 6-2 政务主题分类代码结构示意图

上,做了部分增减形成的。《政务信息资源分类》中的行业分类示例如表 6-2 所示。

表 6-2 《政务信息资源分类》中政务资源的行业分类示例

代码	名称	描述和说明
A	农、林、牧、渔业	
A01	农业	
A011	谷物及其他作物的种植	包括谷物、薯类、油粒、豆类、棉花、麻类、糖料、烟草及其他作物的种植
A012	蔬菜、园艺作物的种植	包括蔬菜、花卉及其他园艺作物的种植
A013	水果、坚果、饮料和香料作物的种植	包括水果、坚果的种植,茶及其他饮料作物的种植,香料作物的种植
……	……	……

其编码方法采用三层四位的线分类结构,如图 6-3 所示。

一级类目由一位大写英文字符(A~Z 中除 I、O)表示,代表国民经济"产业门类";二级类目由两位数字代表"行业分类";三级类目由一位数字组成,代表行业"细目"。

6.3.2.3 服务分类法

图 6-3 政务行业分类代码结构示意图

此分类描述政府公共服务,用于:①指导构建服务型政府;②体现政府的经济调节、市场监管、社会管理、公共服务等职能;③利于机构间跨部门、跨行业、跨地区的信息共享。

服务分类是近年面向公众需求发展起来的分类体系,在美国获得了成功。它以构建面向公众的政府服务为宗旨,打破机构间的界限,以公众服务为轴心,涉及各相关机构时,均从其履行的职能出发,无缝地组织政府资源,向公众提供服务,使社会公众感觉其是面向"一个政府机构"。为此,美国推出了联邦电子政务体系架构(Federal Enterprise Architecture)来描述服务的业务模型,运用业务分解和分类描述方法,确定政府不同职能的边界和范围,界定、定义各类业务,以形成统一的、满足电子政务总体要求的政务信息资源分类体系。

政务服务逻辑上可分为目标、方式、方式支持环境、资源四个方面,按公众服务属性就相应体现为公众服务、服务方式、服务方式支持环境、服务资源四个领域。表 6-3 为《政务信息资源分类》中的政务服务分类与代码示例。

表 6-3 《政务信息资源分类》中的政务服务分类与代码示例

代码	名称	描述和说明
1	为公众服务	为公众服务领域，描述了……
101	公民基本生活保障	公民基本生活保障，包括……
10101	退休和残疾	包括对退休和残疾人员的退休利益、养老金（退休金）和收益安全的发展和管理计划
……	……	……

编码结构采用线分类表示信息间的层次关系，采用无含义代码。第一层用一位数字代码，表示 4 种服务性质之一；第二、三层各采用两位数字代码，分别表示业务类、服务细目等分类。代码结构如图 6-4 所示。

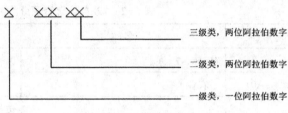

图 6-4 政务服务分类代码结构示意图

6.3.2.4 资源形态分类法

此分类按政务信息资源的不同形态进行。表 6-4 为政务资源的形态分类示例，此分类只反映资源的外在形态与记载形式，与内容无关，主要用于对不同形态的政务资源进行管理。

表 6-4 《政务信息资源分类》中政务资源的形态分类示例

代码	名称	描述和说明
1	电子化资源	
101	数据库	
10101	文档数据库	以文档为处理信息的基本单位，用来管理文档的数据库
10102	关系型数据库	基于关系模型建立的数据库
10103	其他数据库	无法归入以上各类的数据库资源
……	……	……

其代码结构采用三层五位的线分类，具体如图 6-5 所示。

建立政务信息资源目录体系时，应首先采用主题分类，再根据应用情况同时选择其他三种分类，且这些分类均应与主题分类建立映射，这样既能保证系统的完备性、可管理性，又能为用户提供多种检索途径。其中，资源形态分类与内容无关，不需建立内容映射。但任何信息都必须以一定的形态表现，故描述具体政务资源时，应引用表 6-4 来说明其资源形态。

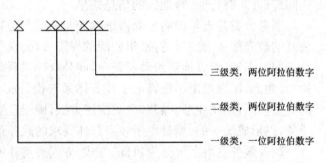

图 6-5 政务资源形态分类代码结构示意图

6.3.3 面向资源共享的政务信息分类体系

面向多机构、跨系统信息资源共享的分类体系,是深化政务资源服务的基础。由于共享资源的内容与属性不同,使得分类具有了多样性与复合性,可按资源属性、层级属性、共享属性和涉密属性等对共享资源进行分类。

6.3.3.1 资源属性分类

资源属性按基础类、主题类、部门类、开放类与需求类划分如下。

(1) 基础信息资源目录 是对国家基础信息资源的编目,如国家人口基础信息资源、法人单位基础信息资源、自然资源和空间地理基础信息资源、社会信用基础信息资源、电子证照基础信息资源等。

(2) 主题信息资源目录 是围绕经济社会发展的同一主题领域,由多部门共建项目形成的政务信息资源目录。主题领域的含义如上所述,包括但不限于公共服务、健康保障、社会保障、食品药品安全、安全生产、价格监管、能源安全、信用体系、城乡建设、社区治理、生态环保、应急维稳等。

(3) 部门信息资源目录 是地方政府各部门信息资源的编目。如省一级部门信息包括省委、省人大党委会、省政府、省政协、省法院、省检察院等政务部门信息资源,以及所辖各市及其以下各级政府部门的信息资源。

(4) 信息资源开放目录 向社会无条件开放、有条件开放及不开放的信息资源目录。

(5) 信息资源需求目录 针对具体政务服务项目所需的信息资源目录。

6.3.3.2 层级属性分类

从国家级开始逐级向下的分层分类,具体如下。

(1) 国家政务信息资源目录 党中央、全国人大常委会、国务院、全国政协、最高人民法院、最高人民检察院等国家机构的信息资源目录。国家政务信息资源目录由国家电子政务信息资源主管机构汇总编制,并给出相应的导则指南。

(2) 国家部委政务信息资源目录 如商务部、公安部、海关总署等部委的信息资源目录。

(3) 省级政务信息资源目录 各省(自治区、直辖市)、计划单列市以及其下各级政务信息资源目录。

(4) 部门政务信息资源目录 地方政府各厅局机构的政务信息资源目录。部门政务信息资源目录在采集、加工与处理政务信息时,应按国家相应的分类目录与编码指南进行,以保证其规范性和共享性。

6.3.3.3 共享属性分类

政务信息资源按共享属性分为无条件共享、有条件共享、不予共享三种。

(1) 无条件共享 可提供给所有政务部门共享使用的政务信息资源,对应目录为无条件共享类。

(2) 有条件共享 可提供给相关政务部门共享使用或仅能够部分提供给所有政务部门共享使用的政务信息资源,对应目录属于有条件共享类。

(3) 不予共享 不宜提供给其他政务部门共享使用的政务信息资源,对应目录属于不予共享类。

6.3.3.4 涉密属性分类

政务信息资源目录按涉密属性,分为涉密和非涉密政务信息资源目录。

涉密政务信息资源目录和非涉密政务信息资源目录的梳理、编制、管理、应用等,应分别依托国家数据共享交换平台(政务内网)、国家数据共享交换平台(政务外网)开展。

涉密政务信息资源目录和非涉密政务信息资源目录,均有相应的资源属性分类、元数据、目录代码等要求,应予分别编制。

6.4 共享政务信息资源分类体系

为确保各地、各级、各领域的电子政务系统能资源共享与交换,必须构建统一的政府信息资源分类体系。

6.4.1 共享政务信息资源分类体系架构

1) 分类结构

共享政务信息资源分类体系架构如图 6-6 所示,它给出了全国政务信息资源的统一分类体系和编码标识架构。图 6-6 将政务信息资源目录划为"类""项""目"和"细目"4 级,对应的标识码也由 1 位、2 位、3 位数字到不定长度位代码组成,整体为线分类架构。

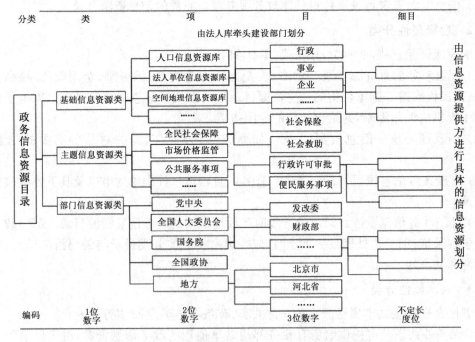

图 6-6 共享政务信息资源分类体系架构示意图

图 6-6 体系架构是从全国出发,宏观统一了政务资源的分类与编码结构,实现了对共享的支持,又允许各类机构按需在其基础上扩展、细化或剪裁,将其内部分类体系与之映射。

2）编码结构

图 6-6 对应的编码体系如图 6-7 所示。从图中可看出，共享政务信息分类体系只对"类""项""目"三级分类给出定长码位，也就限定了各级的对象容量，第四级"细目"采用不定长结构，具有无限容量。编码体系在宏观、中观与微观层面实现了分类与代码的统一，支持此三层以上的资源共享与交换，同时对细目放开，允许各机构或应用系统自行对细目对象进行分类与编码，从而使整个体系具有较大的灵活性与实用性。

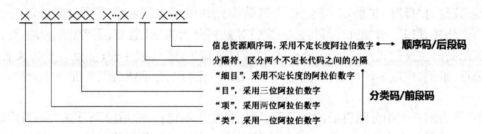

图 6-7 共享政务信息资源编码结构示意图

图 6-7 中分隔符"/"以后是不定长码段，可标识细目下无限量的具体信息资源。

6.4.2 分类层级与结构

6.4.2.1 "类"与"项"

图 6-6 的根节点"政务信息资源目录"下，一级设有基础、主题和部门三个"类"，具体内容在二级"项"下初步展开如下。

1）基础信息资源类

是为构建政务应用提供基础信息的资源层，主要包括：人口基础信息、法人单位基础信息、其他组织基础信息、自然资源和空间地理基础信息、宏观经济数据基础信息、法律法规基础信息、文化基础信息、金融基础信息、信用基础信息、统计基础信息、科技基础信息、电子证照基础信息，等等。

2）主题信息资源类

主题分类将政务服务从顶层分为全民健康保障、全民住房保障、全民社会保障、药品安全监管、食品安全监管、安全生产监督、市场价格监管、金融监管、能源安全保障、信用体系建设、生态环境保护、应急维稳保障、行政执法监督、民主法治建设、执政能力建设、投资审批等主题。

主题分类按政务活动与对象的本质属性分类，不是按机构设置分类。因为政府换届时可能对政府部门设置进行调整，故机构分类的稳定性较差；而且同一业务会有多个机构行使相关职能，如食品药品卫生与安全监管，就涉及工商、质监、卫生防疫、海关等一系列部门，将其划归任一个部门都不妥当，只有按主题职能进行分类，各相关机构才能与之建立映射。

3）部门信息资源类

部门信息资源对从中央到地方的各级职能机构进行分类，用于识别政务资源中各类信息的"源"和"宿"，以及中间各参与单位等。由于不同政府机构行使不同的行政职能，所以这一分类就具有行业分类特征，如金融管理、税务管理、财政管理、医疗卫生管理、经济贸易、公共安全、国民教育、社会保障、国家安全、外交、国防，以及如 6.3.3.1 节所述的地方各部门的信息资源类目。

6.4.2.2 "目""细目"与后段码

"项"以下分类为"目",如图 6-6 中"法人单位信息资源库"项下就分为"行政""事业""企业"等法人单位之"目"。对其再进一步划分就用"细目",如行政类法人单位信息资源下的内部管理,就有公文管理、人事管理、办公管理、财务管理、土地管理、项目管理、房屋管理、资产管理、采购管理、车辆管理等。

"细目"是对"目"的扩展,其不定长代码结构允许使用者视需求可再分类或不分类。如"目"中有"公文管理",则"细目"可将公文管理对象再分为决定、通知、报告、请示、批复、意见、函、会议纪要等主要形式;行政公文有命令、公告、通知、方案议案 4 种;常务行政公文有决议、指示、公报、条例、规定 5 种。这些分类只能在细目中按行业标准或规范再度细化分类,纳入体系中。

细目后为图 6-8 中分隔符后的后段码,因细目代码不定长,故后段码可视为细目内的一种逻辑划分。后段码中也可进一步分类,或直接采用流水号对对象做顺序编码,如机关公文就可按上述各种文件成文顺序编排发布。

6.4.3 主题分类

《政务信息资源目录体系 第 4 部分:政务信息资源分类》(GB/T 21063.4—2007)要求以主题分类为主体,其他形式的分类均要与主题分类建立映射,故主题分类为基础分类。

6.4.3.1 GB/T 21063.4 的主题分类

《政务信息资源目录体系 第 4 部分:政务信息资源分类》(GB/T 21063.4—2007)给出了电子政务主题分类,表 6-5 是其中"经济管理"的部分主题内容示例。

表 6-5 GB/T 21063.4—2007 主题分类中"经济管理"部分内容实例

代码	名称	描述说明
……	……	……
ZB	经济管理	关于经济的管理、规划、发展概况
ZBA00	经济管理综合类	
ZBB00	经济发展计划	关于经济的宏观发展规划
ZBC00	经济管理	关于经济的宏观管理现状
ZBD00	经济体制改革	关于经济体制改革的管理和规划、发展情况
ZBE00	经贸管理	关于经济贸易的宏观管理和发展调查报告、统计资料
ZBF00	统计	关于统计工作的管理和发展情况
ZBG00	物价	关于物价的管理和调查报告、统计资料,以及物价体系规划
ZBH00	工商	关于市场监督管理和维护公平竞争的市场秩序
……	……	……

表 6-5 的代码及领域范围具体如下。

1) 代码结构

第一列类目代码的编制规则从左至右含义如下:

(1) 分类类别用一位大写英文字符表示,"Z"代表主题分类,其他分类还有行业分类(H)、部门分类(B)、服务分类(F)和资源形态分类(X)等,以不同字母表示。

(2) 一级类用一位大写英文字符表示,如"A"代表"综合政务"、"B"代表"经济管理"等。本级代码采用除字符"I、O"以外的字母,代码容量为24。

(3) 二级类用一位大写英文字符及两位阿拉伯数字字符表示,如表中"ZB00"代表"主题分类、经济管理一级类、经济体制改革二级类"。

2) 主题目录

代码对应的主题名称与描述,是定义某个政务信息资源特征的一组信息。这些主题词既代表了政务领域的公共资源核心元数据,又是系统交换时的核心元数据,通过它们可实现其类目下的资源交换。表6-5只给出"名称"和"描述说明",而规范的类目元数据描述应包括对象定义、英文名称、数据类型、值域、短名、注解等。显然,本标准仅提供最简单、必要的元数据描述框架,给各类应用系统的开发留下了空间。

6.4.3.2 GB/T 21063.4—2007 的主题扩展分类

显然,表6-5的主题分类过于粗放,与面向事务的应用需求还有很大距离,故实际应用中还要对其进行拓展。拓展既包括对原标准的类目进行扩充与细化,也包括对元数据描述字段进行扩充。拓展的依据仍应采用国际与国家相关的标准,以及如联合国、世界银行等权威机构实际使用的目录体系及架构模型、一些国际知名的专业机构的成熟的分类体系等,这些分类目录已成为事实上的工业标准。

1) "经济管理"类目扩展架构模型

如表6-6,GB/T 21063.4—2007对"经济管理"的描述是"关于经济的管理、规划、发展概况",这是个庞大而笼统的定义,实际应用中应进行扩展。此处参照世界银行知识管理系统中"宏观经济与经济管理"子系统进行扩充。主题扩展要先建立扩展分类模型,"经济管理"的扩展模型如图6-8所示。

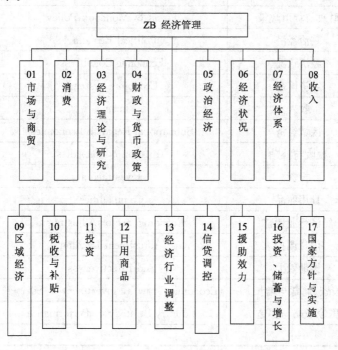

图6-8 "经济管理"二级类目扩展模型

2) 类目扩展原则

无论是此处的初级扩展,还是后续的多级拓展,都应遵循以下原则。

(1) 系统性　模型中每个子类构成相对独立的领域,又与其他领域类目相关,如"04 财政与货币政策"类就与"金融"大类相关联,形成一种树网交叉的知识体系。

(2) 科学性　每个类目词条都按其内涵与外延建立概念描述模型,且与具体应用无关,整个系统独立。

(3) 完整性　模型中的 17 个子类,各自覆盖相应领域,如"01 市场与商贸"类下包括 600 个主题词目,"11 投资"类下包括 1 376 个主题词目,如表 6-6 所示。这些词目容量对于涉及该领域的绝大多数政务应用来说,是完整与充分的。

(4) 规范性　类目的扩充、各子类中词目的收集、词条结构与内容模型的建立,都参照了相关元数据规范与国际标准。

(5) 实用性　上述模型及其后介绍的一系列扩充体系均在世界银行集团和许多国际金融与经济机构内部知识管理领域正发挥着作用,是一种成熟、实用、多功能的分类知识系统。

(6) 可扩展性　无论从类目体系上,还是从末端词条的结构与内容上,该体系都是可再扩展的。

3) 拓展类目与编码

依据图 6-8 的模型,采用 GB/T 21063.4—2007 体系结构,参照世界银行集团对"经济管理"分类拓展的结果如表 6-6 所示。

表 6-6　"经济管理"拓展类目示例

代码	二级类目名称(中文)	二级类目名称(英文)	描述和说明
ZBC01	市场与商贸	Markets & Commerce	600
ZBC02	消费	Consumption	280
ZBC03	经济理论与研究	Economic Theory & Research	650
ZBC04	财政与货币政策	Fiscal & Monetary Policy	1 302
ZBC05	政治经济	Political Economy	39
ZBC06	经济状况	Economic Conditions	311
ZBC07	经济体系	Economic Systems	180
ZBC08	收入	Income	140
ZBC09	区域经济	Subnational Regional Economics	98
ZBC10	税收与补贴	Taxation & Subsidies	534
ZBC11	投资	Investments	1 376
ZBC12	日用商品	Commodities	134
ZBC13	经济行业调整	Economic Sector Adjustment	83
ZBC14	信贷调控	Adjustment Lending	747
ZBC15	援助效力	Aid Effectiveness	392
ZBC16	投资、储蓄与增长	Economic Growth, Investment & Savings	95
ZBC17	国家战略与实施	Country Strategy & Performance	355
ZBC18	……	……	各类下级词目数

表6-6中代码按顺序规则从"ZBC00"起直接延续。在与用户系统资源对接时,可通过代码对照表建立映射。第4列"描述和说明"中的数字代表该类目下目前已扩展的三级词条数,可以看出,世界银行运行的"经济管理"是一个庞大而缜密的分类目录体系。

4) 类目的二级拓展与编目

对于专业应用,表6-6的分类仍显粗放。电子政务对经济监测和管理朝科学化、精细化发展,分类管理也越来越精细,往往需要再度拓展。以表6-6中"ZBC06 经济状况"为例,其三级类目收录了311个词目,其部分拓展示例如表6-7所示。

表6-7 "ZBC06 经济状况"三级目录拓展示例

代码	三级类目名称(中文)	三级类目名称(英文)
ZBC06001	经济状况	Economic Conditions
ZBC06002	边际收入	Marginal Revenue
ZBC06003	财富	Wealth
ZBC06004	财富分配	Wealth Distribution
ZBC06005	财政鸿沟	Fiscal Gap
ZBC06006	财政压力	Fiscal Pressures
ZBC06007	增长率	Growth Rate
ZBC06008	城市经济功能	Economic Functions of Cities
ZBC06009	迟滞	Stagnation
ZBC06010	迟滞经济学	Stagnation Economics
ZBC06011	出口引导经济增长	Export Lead Economic Growth
ZBC06012	地下经济	Underground Economies
ZBC06015	发展障碍	Obstacles to Development
ZBC06016	发展中国家	Developing Countries
ZBC06017	发展中地区	Developing Areas
ZBC06020	国际经济	International Economy
ZBC06194	住屋开支	Housing Expenditures
ZBC06195	……	……

表6-7中"代码"的前三位仍按 GB/T 21063.4—2007 结构编制,低位可采用定长或不定长位码向右拓展,原则是保证其中的前五位代码不被"胀破"。"ZBC06 经济状况"有300多个词目,故增加3位码就可。

以上只是示例性的分类扩展,在资源编目作业中,还需要增加一批数据项如词条定义、内容描述、位属标识、名词来源、版本与日期等说明性与管理性字段。

6.4.4 其他主题政务分类标准

1) 联合国系列标准

针对 GB/T 21063.4—2007,还有一些权威机构的主题分类标准可参照采用,如联合国统计分类署(UNSD)制定的,在各国政务系统中广泛采用的一套综合性管理、统计与信息交换 UNSD 标准。这套标准有 COFOG、COICOP、COPNI 和 COPP 共4件,既可用于政府机构之间、政府对公众、政府对企业与社会机构之间的业务往来，又在分类结构和编码上一致，彼此兼容。

联合国制定 UBSD 分类标准的初衷，是对联合国系统内部及与各国往来的业务进行管理和统计分析。冷战结束后，促进经济、发展贸易、推进产业发展和招商引资等已成各国政务的主题，这套以经济、行政、社会管理、文化促进、环境保护、人类和自然遗产保护、教育援助等为主导内容的分类系统就非常适用于作为各国政府的电子政务资源分类架构。

这4套标准分别是：

(1) 政府职能分类体系(Classification of the Functions of Government，COFOG)。

(2) 个体消费目的分类体系(Classification of Individual Consumption According to Purpose，COICOP)。

(3) 非营利机构家庭服务项目分类体系(Classification of the Purposes of Non-Profit Institutions Serving Households，COPNI)。

(4) 生产经营开支项分类体系(Classification of the Outlays of Producers According to Purpose，COPP)。

这4套分类体系不仅能实现电子政务系统的一致与兼容，还解决了其与电子商务系统的兼容问题，也解决了政府的公共行政、公共管理与公共服务信息资源的共享问题。此套系统与联合国的其他信息分类体系兼容，所以能保证其建立的政务系统具有实用性和稳定性。

2) 联合国《政府职能分类体系(COFOG)》

联合国的《政府职能分类体系(COFOG)》，是在考虑各国政府最普遍、最一般的行政职能基础上，制定出的适用性最广的政府职能分类体系。

(1) 标准结构　COFOG 目录体系采用分层代码结构，三个层级分别如下。

层级1——主题类(两位数)。

层级2——分组类(三位数)。

层级3——细目类(四位数)。

由于层级上可再分且总代码不定长，就使其结构上能无限扩展，直至满足最基层、最细致的业务项描述。所以，这4套标准的扩展空间无限，能支持的资源内容也无限。

(2) 分类本体结构　联合国在综合各国政府的基本职能的基础上，本着分类实用与宽窄适度的原则，将政府的最一般职能分为10个大类，分别为公共服务，国防，公共事务与安全，经济，环境保护，医疗保健，娱乐、文化和宗教，教育，社会保护。这10个大类为政府职能的一级目录，再设立二、三级目录等。

1级目录下有二级分类，示例如下：

01——公共服务

01.1——行政与立法机构，财政和金融，外交

01.2——外国经济帮助

01.3——一般公共服务

01.4——基础研究

01.5——综合公共服务研发

……

以上是一、二级类目示例，往下为三级类目，示例如下：

01.1.1——行政和立法机构（CS）

01.1.2——财政与金融（CS）

01.1.3——外交（CS）

……

COFOG分类体系的特点是其采用了一般编码系统中较少使用的后缀码,来区分同一描述对象所在的不同场合。例如:"06.2 社区发展"和"06.2.0 社区发展(CS)",以及"10.4 家庭和儿童"和"10.4.0 家庭和儿童(IS)",就有不加第三位代码"0"、描述对象名称后加后缀码(CS)与(IS)等三种形态。区别是:不加"0"与后缀码者为一般意义的描述对象,通常表示类;加后缀码(CS)表示"集体服务"项目,(IS)表示"个体服务"项目,由此可识别同一对象在G2G、G2P、G2B与G2C中的应用场景。

6.5 信息资源的自动分类

6.5.1 信息资源自动分类概述

大数据环境下,电子政务领域知识庞大、结构复杂,传统分类方式在内容范围、动态服务的灵活性和方便性等方面,已不能满足政务应用创新和所涉领域迅速扩展的需求。实际上,按图6-8结构的基本分类编码已近30位,扩展编码更可能多至50余位,已接近人工识别与分类编目的极限,将给政务资源应用带来较大的困难。显然,传统分类方式在信息爆炸时代正面临着以下挑战。

1) **分类体系的限制**

传统分类强调分类体系的稳定性和类目的单一性,而实际使用中要面临当今社会中新现象、新知识、新表述的不断出现导致的分类多元性和动态性。例如,传统分类中,对象基本以一种分类归属为主,且不允许经常性类目变动。但在快速发展的社会及其变革中,同一概念分属多个政务类目已是常见情况。如"艾滋病"按科学分类属于传染病学科,而在公共行政领域,它同时从属于卫生防疫、公共安全、社会教育、伦理道德、贫困扶持、民政安置、公益宣传、科普教育等领域,单一分类显然不能满足政务应用之需。

2) **对象颗粒度**

传统分类对象的"颗粒度"较粗,而政务应用涉及的对象颗粒度越来越细。如传统分类对象可能是一册图书、一份文件或一段视频;知识管理对象则要求细化到文章中的各种概念,主题词,数字,与视频段对应帧的一句解说语、一个关键词等。

3) **分类方法**

传统分类采用矩阵法,而知识描述采用矢量法。如传统分类处理一份文件、图书馆资料等多以线分类、面分类等二维表格来描述其外在特征;但知识描述型分类则将文献内容中的数据、概念、主题等的描述形成一组特征矢量,再将所有资源的概念组成矢量集,将一批文献看作多维资源空间中的概念集,映射到不同资源类中,实现对知识的多角度关联与展示、大数据统计、多视角呈现及动态分析等。

4) **分类体系适应性**

传统分类体系结构是刚性的,一旦制定就很难随意增删减改,更不能随意改变其层级架构。信息爆炸导致一些纲目下的内容急剧膨胀,另一些则不断萎缩;社会急剧变革,对刚性分类体系架构形成冲击;各种新知识、新业态的产生与突破,一再打破既定的政务知识结构,产生各种新概念、新知识领域与关系空间以及对原来概念的重新理解。反映到分类体系上,就会产生新类目、新层级、新体系等。

6.5.2 自动分类技术的需求背景

信息爆炸也导致了信息的杂乱与冗余,少量有用信息稀释在大量杂乱、重复与低质量页面中。人们对具有实用价值、能提升资源检索与呈现效率的自动分类技术产生了强烈的需求。同时,非结构化信息的爆炸性增长带来巨大挑战,传统分类需要耗费大量人力从事元数据标记、创建分类、定义词组与概念描述,以及按分类原则划归等工作,但现实中已难以应对这些问题。

自动分类是指系统按特定算法对信息资源进行自动采集、整理与归类的技术,它将关键词搜索、知识管理与目录组织等技术结合,提高用户在海量资源环境下对所需信息的高速搜集、筛选与呈现,根据不同用户的使用习惯进行个性化搜索与组织。自动分类源于"网络蜘蛛"一类的信息资源探测器,它能自动监测其跟踪的信息源中的内容变化,并进行动态采集与分类,代表了网络时代应对海量资源的信息组织与呈现技术的变革。

自动分类技术始于 20 世纪 50 年代,IBM 的 H. P. Luhn 进行了开创性研究。1960 年,Maron 发表了自动分类的首篇论文 *On Relevance, Probabilistic Indexing and Information Retrieval*,许多情报学家其后进行了卓有成效的研究。当前,"互联网+政务"的发展将对信息资源自动分类与多角度描述与组织产生了强劲的需求。

6.5.3 自动分类算法简介

6.5.3.1 自动分类的处理流程

自动分类的处理流程如图 6-9 所示。

图中左上侧为待定义的类别名称 C_1, C_2, C_3, …, C_n,取 S_1, S_2, S_3, …, S_n 为分类训练样本,计算机通过对分类资源的内容特征进行处理、与样本资源做比对和学习,产生分类特征序列,将对应资源通过特定算法在分类器中进行自动划分并呈现结果。

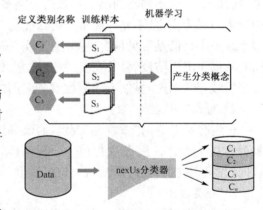

图 6-9 自动分类流程示意图

6.5.3.2 自动分类的几种算法

算法是自动分类的核心,常用的有 KNN 法、SVM 法、VSM 法、贝叶斯法等,简介如下。

1) KNN 法(K-Nearest Neighbor)

(1) KNN 算法简述 即 K 最近邻法,思路简单直观:如一个样本在特征空间中的 k 个最相似样本中的大多数属于某一个类别,则该样本也属于此类别,并具有此类别样本的特性。KNN 算法中,所选择的邻居都是已正确分类的对象,故分类决策就只与少量的相邻样本有关,即其只依据最邻近的一个或者几个样本的类别来决定待分样本所属的类别。

图 6-10 表示图中心点将被决定归于何类,是三角形还是四边形?如 $k=3$,由于三角形占

比为2/3,中心点就将被赋予三角形类;如 $k=5$,由于四边形比例为3/5,它就将被赋予四边形类。

(2) KNN的算法流程

KNN的算法流程如下:

① 准备数据,对其进行预处理。

② 选用合适的数据结构存储训练数据和测试元组。

③ 设定参数,如 k。

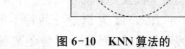

图 6-10　KNN算法的决策过程示意图

④ 维护一个大小为 k 的距离由大到小的优先级队列,存储最邻近的训练元组。随机从训练元组中选取 k 个元组作为初始的最邻近元组,分别计算测试元组到这 k 个元组的距离,将训练元组标号和距离存入优先级队列。

⑤ 遍历训练元组集,计算当前训练元组与测试元组的距离。将所得距离 L 与优先级队列中的最大距离 L_{max} 比较,若 $L \geqslant L_{max}$,则舍弃该元组,遍历下一个元组;若 $L < L_{max}$,删除优先级队列中最大距离的元组,将当前训练元组存入优先级队列。

⑥ 遍历完毕,计算优先级队列中 k 个元组的多数类,并将其作为测试元组的类别。

⑦ 测试元组集测试完毕后计算误差率,继续设定不同的 k 值重新进行训练,最后取误差率最小的 k 值。

(3) KNN法的优缺点

① 优点:该法简单,易理解,易实现,无需估计参数,无需训练;适于对稀有事件进行分类;适于多模分类问题(Multi-model,对象具有多个类别标签),KNN比SVM(支持向量机法)的表现要好。

KNN法主要靠周围有限的邻近样本,而非靠判别类域的方法来确定所属类别,故对类域的交叉或重叠较多的待分样本集,以及样本容量较大的类域,该方法较为适合。

KNN法不仅用于分类,还可用于回归。通过找出一个样本的 k 个最近邻居,将其属性的平均值赋予该样本,就可得到其属性。更好的方法是对不同距离的邻居对该样本产生的影响给予不同的权重值,通过调节不同特征的影响力来使分类更精确、适用。

② 缺点:当样本不平衡时,如一个类的样本容量大而其他类样本容量小时,就可能导致当输入一个新样本时,该样本的 k 个邻居中大容量类的样本占多数,而只计算"最近的"邻居样本就会产生偏差甚至错误。

另一不足之处是计算量较大,因为对每一个待分类的文本都要计算它到全体已知样本的距离,才能求得它的 k 个最近邻点。同时,它的可理解性差,无法给出像决策树那样的规则。

(4) 改进方向　主要从分类效率和分类效果两方面入手。

① 分类效率:先对样本属性做约简处理,删除对分类结果影响小的属性,快速得出待分类样本的类别。该算法适用于对样本容量大的类域的自动分类,而对于样本容量小的类域则比较容易产生误分。

② 分类效果:采用权值法(和该样本距离小的邻居权值大)来改进,可针对分类做可调整权重的 k 最近邻居法 WAkNN (Weighted Adjusted k-Nearest Neighbor),以促进分类效果。另一改进途径是提出由不同分类对象的本身数量的差异,依照训练集合中各种分类的文件数量,选取不同数目的最近邻居来参与分类。

(5) 适用方向　KNN法适用于以下应用场合:①模式识别,特别是光学字符识别

(OCR)；②统计分类；③计算机视觉；④基于内容的图像检索应用，如人脸识别；⑤导航系统；⑥网络营销；⑦DNA 测序；⑧拼写检查，推荐正确拼写；⑨抄袭检查，等等。

2) SVM 法(Support Vector Machine)

(1) SVM 法简述　SVM 即支持向量机法，是一种有监督的学习模型，用于模式识别、自动分类以及回归分析，是一种常见的判别方法。其思路可简单地以图 6-11 表示。

图 6-11 左侧划分两种不同形状对象的线不是直线，而是可视为距离两类点都有相同距离的许多条直线组成的图形。支持向量就是离这些分类最近的点，通过与对象特征的逐个划分形成分类空间。如果是高维的点，SVM 的分界线就是平面或超平面。

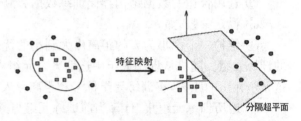

图 6-11　支持向量机法示意图

通过非线性映射 p，把样本空间映射到一个高维乃至无穷维的对象特征空间中，如图 6-11 右侧所示。使得在原来样本空间中非线性可分问题，转化为在特征空间中的线性可分问题。简言之，就是升维和线性化处理。升维将样本向高维空间映射，在对象分类、回归等领域，它可以低维样本空间无法线性处理的样本集，在高维特征空间中通过一个线性超平面实现线性划分。

该方法是建立在统计学习理论上的机器学习法。通过学习算法，SVM 可自动寻找出那些对分类有较好区分能力的支持向量，由此构造的分类器可以最大化类与类之间的间隔，因而有较好的适应能力和较高的分类准确率。该法对小样本的自动分类有较好的效果。

(2) SVM 的主要思想

① 它针对线性可分情况进行分析，对线性不可分的情况，通过使用非线性映射算法将低维输入空间线性不可分的样本转化为高维特征空间使其线性可分，使高维特征空间采用线性算法对样本的非线性特征进行线性分析成为可能。

② 它基于结构风险最小化理论，在特征空间中构建最优超平面，使学习器得到全局最优化，并且在整个样本空间的期望以某个概率满足一定上界。

(3) SVM 的适用领域　SVM 主要适用于：①文本分类(SVM 有助于文本和超文本分类，因其程序可显著减少对标准感应和转换设置中标记的训练实例的需求)。②图像分类(实验表明，支持向量机的搜索精度要比传统的查询优化方案高。图像分割系统也如此，包括使用特定的修改版 SVM 的系统)。③手写字符识别。④生物识别(SVM 法用于对高达 90%正确分类的化合物进行蛋白质分类。一些专用的解释 SVM 模型为识别模型使用特征预测，在生物科学中有特殊意义)。

(4) SVM 的优缺点

① 优点：应用范围较广且理论较成熟。

② 缺点：需要对输入数据进行全面标注，SVM 只适用于两类任务。因此，必须运用将多类任务减少到几个二进制问题的算法，对于多类问题分类的效果不好。同时，其求解模型的参数难以解释。

(5) 改进方向　主要向多类 SVM 分类发展，旨在通过使用支持向量机对实例分配标签，其中标签通过有限的几个元素集中描述，将单个多类问题减少为多个二进制分类问题。

3) VSM 法(Vector Space Model)

(1) VSM 向量空间模型法简介　基本思想是将文档内容表示为加权特征向量,即把文本内容的处理简化为词汇向量空间中的向量运算,通过分词、去除虚词、抽取、计算词频与加权等处理,建立文本在语义空间中的向量模型,如图 6-12 所示。再通过计算各文档间内容相似度的方法来确定待分样本的类别。当文档被表示为空间向量模型时,其间的相似度就可借助特征向量间的特征集来表示,故 VSM 法更用于专业文献的分类。

(2) VSM 法的特点　此法通过先建立文档的内容空间,再用相似度分析比较其内容表达的相似度,直观易懂。比较是通过计算向量间的相似性来度量文档间的相似性,最常用的

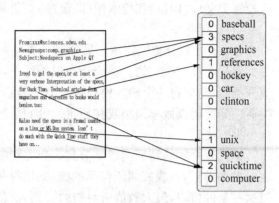

图 6-12　向量空间模型法示意图

相似性度量是余弦距离。根据余弦定理,如三角形的三条边为 a,b 和 c,对应的三个角为 A,B 和 C,则角 A 的余弦为:

$$\cos A = \frac{c^2 + b^2 - a^2}{2bc} \tag{6-1}$$

如将三角形的两边 b、c 看作两个向量,则上式可表示为:

$$\cos A = \frac{\boldsymbol{b} \cdot \boldsymbol{c}}{|\boldsymbol{b}||\boldsymbol{c}|} \tag{6-2}$$

分母表示两向量 $\boldsymbol{b}$ 和 $\boldsymbol{c}$ 的长度,分子表示两向量的积。

VSM 法的实例:如文档 X 和文档 Y 对应的向量分别是 $(x_1, x_2, \cdots, x_{64\,000})$ 和 $(y_1, y_2, \cdots, y_{64\,000})$,那么它们之间夹角的余弦为:

$$\cos\theta = \frac{x_1 y_1 + x_2 y_2 + \cdots + x_{64\,000} y_{64\,000}}{\sqrt{x_1^2 + x_2^2 + \cdots + x_{64\,000}^2} \cdot \sqrt{y_1^2 + y_2^2 + \cdots + y_{64\,000}^2}} \tag{6-3}$$

在文本相似度计算中,向量中的维度 $x_1, x_2, \cdots, x_n$ 是词项的权重,就是词项特征 $tf\text{-}idf$ 值。

文本相似度计算的处理流程是:

① 对所有文档进行分词。

② 分词的同时计算各词的 tf 值。

③ 所有文档分词完毕后计算 idf 值。

④ 生成每篇文档对应的 n 维向量(n 是切分出的词数,向量的项是各词的 $tf\text{-}idf$ 值)。

⑤ 对文章的向量两篇两篇地代入余弦定理公式计算,得到的值就是它们间的相似度。

(3) 选择余弦定理的特点　余弦计算结果为介于 0 到 1 的数,如向量一致就是 1,正交就是 0,符合相似度百分比的特性;余弦为零表示分类词向量垂直于文档向量,即两者内容无重合,该文档不应归入此类目。

词组向量空间模型是一个应用于信息过滤、撷取、索引以及评估相关性的代数模型。通过此模型,文本数据就转换成了计算机可以处理的结构化数据。文档中的语料被视为索引词(关

键词)形成的多元向量空间,索引词的集合通常为文件中至少出现过一次的词组。搜寻时,输入的检索词也被转换成类似于文件的向量,这个模型假设文件和搜寻词的相关程度可以经由比较每个文件(向量)和检索词(向量)的夹角偏差程度而得知。

4) 贝叶斯法

(1) 贝叶斯分类法简述　贝叶斯分类是一种利用概率统计进行自动分类的算法,贝叶斯分类器是在具有模式的完整统计知识条件下,按贝叶斯决策理论设计的一种最优分类器。所谓分类器,是对每一个输入模式赋予一个类别名称的逻辑实体或硬件,贝叶斯分类器是各种分类器中分类错误概率最小或在预定代价的情况下平均风险最小的分类器,其设计法是一种统计分类方法。

把代表样本的特征向量 x 分到 c 个类别(ω_1, ω_2, $\cdots$, ω_c)中,某一类的最基本方法是计算在 x 的条件下,该模式属于各类的概率,用符号 $P(\omega_1 \mid x)$, $P(\omega_2 \mid x)$, $\cdots$, $P(\omega_c \mid x)$ 表示。比较这些条件概率,最大数值所对应的类别 ω_i 就是该模式所属的类。例如,表示某个待查细胞的特征向量 x,属于正常细胞类的概率是 0.2,属于癌变细胞类的概率是 0.8,就把它归类为癌变细胞。这一定义下的条件概率也称为后验概率,在特征向量为一维的情况下,一般有图 6-13 中的变化关系。

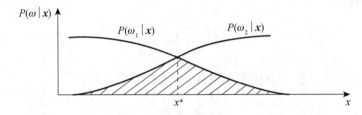

图 6-13　细胞的特征向量 x 分别属于 ω_1 类和 ω_2 类的概率之间的关系

当 $x = x^*$ 时,$P(\omega_1 \mid x) = P(\omega_2 \mid x)$;对于 $x > x^*$ 的区域,由于 $P(\omega_2 \mid x) > P(\omega_1 \mid x)$,因此 x 属 ω_2 类;对于 $x < x^*$ 的区域,由于 $P(\omega_1 \mid x) > P(\omega_2 \mid x)$,$x$ 属 ω_1 类,x^* 就相当于区域的分界点。图中阴影面积反映了这种方法的错误分类概率,对于以任何其他的 x 值作为区域分界点的分类方法都会对应一个更大的阴影面积,因此贝叶斯分类器是一种最小错误概率的分类器。

(2) 算法原理　一般情况下,不能直接得到后验概率而是要通过贝叶斯公式进行计算。

$$P(\omega_i \mid x) = \frac{P(x \mid \omega_i) P(\omega_i)}{P(x)} \quad (i = 1, 2, \cdots, c) \tag{6-4}$$

式中,$P(x \mid \omega_i)$ 为在模式属于 ω_i 类的条件下出现 x 的概率密度,称为 x 的类条件概率密度;$P(\omega_i)$ 为在所识别问题中出现 ω_i 类的概率,又称先验概率;$P(x)$ 是特征向量 x 的概率密度。分类器在比较后验概率时,对于确定的 x,$P(x)$ 是常数,因此在实际应用中,通常不是直接用后验概率作为分类器的判决函数 $g_i(x)$,而采用下面两种形式:

对所有的 c 个类计算 $g_i(x)(i = 1, 2, \cdots, c)$ 与 $g_i(x)$ 中最大值相对应的类就是为 x 所划分的类属。

(3) 朴素贝叶斯算法　朴素贝叶斯(Naïve Bayes)分类算法在许多情况下可以与决策树和神经网络分类算法相媲美,能运用规范的大型数据库,方法简单、分类准确率高、速度快。

设每个数据样本用一个 n 维特征向量来描述 n 个属性的值,即 $X = \{x_1, x_2, \cdots, x_n\}$,假

定有 m 个类,分别用 C_1,C_2,…,C_m 表示。给定一个未知的数据样本 X(即没有类标号),若朴素贝叶斯分类法将未知的样本 X 分配给类 C_i,则一定是

$$P(C_i \mid X) > P(C_j \mid X) \quad 1 \leqslant j \leqslant m, j \neq i \tag{6-5}$$

根据贝叶斯定理,由于 $P(X)$ 对于所有类为常数,最大化后验概率 $P(C_i \mid X)$ 可转化为最大化先验概率 $P(X \mid C_i)P(C_i)$。如果训练数据集有许多属性和元组,计算 $P(X \mid C_i)$ 的系统资源开销可能非常大,为此,通常假设各属性的取值互相独立,这样先验概率 $P(x_1 \mid C_i)$,$P(x_2 \mid C_i)$,…,$P(x_n \mid C_i)$ 就可以从训练数据集中求得。

根据此方法,对一个未知类别的样本 X,可以先分别计算出 X 属于每一个类别 C_i 的概率 $P(X \mid C_i)P(C_i)$,然后选择其中概率最大的类别作为其类别。

朴素贝叶斯算法的前提是各属性间互相独立。当数据集满足这种独立性假设时,分类准确度较高,否则就较低。另外,该算法没有分类规则输出。同时,贝叶斯定理假设一个属性值对给定类的影响独立于其他属性的值,这在实际情况中通常不成立,故其分类准确率可能会下降。为此,就衍生出许多降低独立性假设的贝叶斯分类算法,如 TAN(Tree Augmented Bayes Network)算法等。

6.5.4 自动分类技术的特点

在电子政务领域,自动分类技术的主要特点体现在以下几个方面。

1)多面性

指从不同角度与视角对同一份文档进行考察,以用户提交的关键词为线索对文献中的所有概念进行"细粒度"的特征与关联性计算,在比对不同侧面的信息的同时,再按相关性自动形成一个分级目录。如中共十九大报告,在传统分类法中很难设想将其同时分到十多个乃至更多的类目下,即使分到十多个类目下,也可能仍然不能完全概括该文件的内容特征。而自动分类就完全突破了这些限制,能随需而变地做超维度分类。具体而言,传统分类系统都是按某个特定体系分类的一种"刚性"体系结构;而自动分类可建立一个全面的分类环境,可以按对单一文献或文献集分词后的所有的术语概念、各概念出现的频度及位置、概念间的关联、语境等分类,是一种"柔性"体系的资源展示结构。

2)动态性

指分类可动态地随信息内容概率分布的变化而变化。例如,名为"俄罗斯技术开发正在改变其外交政策"的文档应划分到什么类别?可能的分类方案有:(A)俄罗斯技术,(B)俄罗斯外交政策,(C)俄罗斯经济等,而且单从名称上难以判定。系统在对全文中的所有主题概念、出现的词频、位置等特征计算分析后,就能决定其所属类别,甚至开辟出一个新类来。

另外,信息的增长速度在空间与时间上是不平衡的。特别是语义空间的不平衡,会导致分类体系下某些类别的信息量剧增而某些类别的新信息增长迟缓甚至衰减。这种不平衡的持续会改变信息分布以及快速检索原则,而自动分类技术能自动检测到这样的不平衡性,并随之进行动态调整,从而最大限度地保持类别体系的平衡性,以保证信息的快速检索。

3)自学习性

自学习性是指分类系统能通过不断地自我学习从而具有实时调节的能力。不同用户有不同的分类要求,同一用户在不同场合也可能有不同的分类视角。自动分类系统能跟踪统计各

用户使用分类结果的习惯,建立被动式用户指导机制,从而对分类体系及分类算法做出个性化调整,以满足具体用户的需求。如上述"俄罗斯技术开发正在改变其外交政策"的文献,系统可能同时给出(A)俄罗斯技术,(B)俄罗斯外交政策,(C)俄罗斯经济三个领域,如三位不同用户各自关心这三个不同方面,系统就可能结合各自的需求进行分类。

6.5.5　自动分类法在政务资源分类应用中的特点

自动分类是在数理统计基础上,通过计算机学习以"理解"文档内容。这种通过对文档中各主题词进行统计分析、解构并"理解"其内容后创建的分类,不需或仅需很少的人工干预。

支持这一功能的是模型识别计算技术,以及在语境分析基础上的语义识别与搜索技术。基础是一系列的算法,这些算法用于计算概念之间的关系,以及当出现新信息时这些关系间发生的变化。如贝叶斯方法最初是一种数据模型,但却对认识论产生了深刻的影响。如按传统概率论,当一枚硬币投 100 次时,如每次都正面向上,则投第 101 次时正反面向上的概率依然各为 50%。但贝叶斯理论则可依据连续 100 次皆正面向上这一事实,推断出该硬币质地不均匀,或该硬币是一枚双面均为正面的硬币的结论。

所以从认识论上,贝叶斯理论比传统概率论增加了两个十分重要的观点:
(1) 当人们掌握的信息量越多时,人们对问题的认知程度就越高;
(2) 人们先前获得的经验可用来推断出新的知识。

这些理念将机器学习与人工智能导入电子政务领域。其应用归纳为:首先,政务系统对采集到的所有资源进行特征抽取,通过预处理,去掉一些禁用词、词根还原、除去 html 中的各种 tag,同时进行分词、词性标注、短语识别等。其次,是词频统计,得出各个主题概念 $TF_{i,j}$,即特征 i 在文档 j 中出现的次数,其值就是每个概念词在某文档中的词频,再统计文档频率 DF_i,即所有文档集中出现特征 i 的文档数目;再次,进行数据清洗,去掉不合适的噪声文档、垃圾数据、无实义的虚词或信息量小的词等,生成这批资源的概念向量模型。最后,系统对这些特征向量模型进行相似度比较,根据特定算法对向量维度做降维处理,将一些词频高、关联度大的词或表达方式挑选出来作为类目词,从而实现内容的自动分类。

6.5.6　人工分类与自动分类的比较

人工分类的主要优点是结果易理解,层次逻辑性较强,概念结构清晰。当某一领域的知识结构无重大变化、分类体系较稳定时,人工分类可作为其资源组织基准架构,即高层分类。人工分类的缺点是耗时费力,不同专家可能会给出不同的分类,难以保证一致性和准确性,处理重复分类时较困难等。

自动分类是近年来随着语义计算、人工智能与机器学习等技术发展而产生的动态分类法,其优点是快速、灵活,准确性较高,来源于实际资源,可信度与贴合度高,再现性好,即当资源总量不变、以同样的主题词检索时,生成的目录层级与内容相同。其缺点是分类结果可能不易理解,逻辑性差。但随着资源总量的集聚,系统在与用户交互过程中不断地学习与训练,其分类逻辑性和实用性都将逐步提高。

在呈现方式上,自动分类的信息通过类目,也以频道形式呈现,能动态生成网页频道,既便于用户访问又易于维护。通过一定的跟踪算法,政务系统可为机构内部与外部用户的个人创建和管理个性化的分类频道,这就是近年来电子商务领域风行的基于"客户画像"的个性营销法。在电子政务领域,它也将使政府服务更加精准化、个性化与人性化。

因为系统可以对数据进行直观、有序的分类,因此使得信息更加便于用户访问,在降低对信息进行分类处理的工作量的同时,又提高了信息的管理质量。

通过自动分类和聚类,用户可以:

(1) 实时查看动态更新的信息。
(2) 查看个性化分类结果。
(3) 查看分类运行总结。
(4) 查看被重点标注的内容。
(5) 创建分级管理。
(6) 为分类结果创建代理。
(7) 快速查询到关联的文档,等等。

显然,这些服务都将使政务服务更加智能化、精准化,这是其超出人工分类的地方。在大数据时代,智能政务的实现就依赖于资源的自动分类与服务技术。

思考题

1. 什么是政务信息资源分类?
2. 简述政务信息分类技术体系。
3. 政务信息资源有哪四种主要分类法?各自的内容与特点是什么?
4. 简述信息自动分类的处理流程以及此法在政务信息资源处理中的应用。
5. 什么是KNN法?其内容与优缺点各是什么?
6. 什么是SVM法?其内容与优缺点各是什么?
7. 简述人工分类与自动分类技术的特点。

7 政务信息资源编目与目录体系

7.1 政务信息资源编目

7.1.1 政务信息资源编目概述

信息资源目录编制简称编目,是采用各类元数据对信息特征进行描述,再用代码对其编排加注标识符的过程。具体包括对信息资源进行分类、元数据描述、代码设计和目录编制,相关工作的组织、设计、规程制定等内容,是一项技术性、管理性和操作性较强的工作。

编目的结果是使信息资源能按属性和需求形成目录,实现对信息资源的定位与组织。政务信息资源编目的成果是建立政务信息资源目录,它是记录政务信息资源结构和政务信息资源属性的数据体系,通常以树状目录结构,展现政务信息资源间的相互关系,描述其资源的内涵、关系与管理属性。

7.1.2 政务信息资源编目内容

1) 编目的前期准备

各级政府及所属部门的业务信息需要统一规划与编目,编目通常涉及以下内容。

(1) 编目管理架构　编目涉及机构的业务和技术,要按职能进行业务事项的分解与梳理,记录各项业务涉及的信息资源,对其中的每种数据都进行细化与分解,界定由本部门、同级与上下级机构生成的各个数据项,在此基础上形成信息资源供需目录。这需要跨机构的信息资源梳理,并形成一套编目管理体制与架构。

(2) 规范化处理　编目规范化是指采编的资源应全面、完整、准确、一致,具有实用性、共享性和互操作性。编目形态应以树形与面状等多层级、多栏目呈现,可浏览各层资源目录及挂接的具体资源内容。

(3) 编目分类　政务信息资源目录通常应提供主题分类、部门分类、专业分类、自定义分类等多种目录呈现,以供政府与公众从不同视角浏览与查询。

2) 编目工作内容

(1) 信息资源梳理　编目始于政务信息资源归集,依据是各机构的定岗、定责、定编方案(即"三定方案"),据此梳理其常规业务,并延伸至下级机构乃至基层单位的具体事项。再围绕这些事项做数据需求、产生与加工的全流程跟踪与摸底排查,记录各部门的业务数量、种类、流程及产生与使用的数据项,以及其分布、流转、共享与互操作情况。梳理的结果将形成机构的信息资产清单。

对外部资源,应围绕跨部门业务事项的构建,分析相应的资源供需、数据流程,掌握其中的资源冗余、数据缺失与不一致等情况,设计跨部门资源流转、变换与处理规程等,将其作为管理事项中的编目对象。

(2) 梳理过程　梳理的脉络,一是依据业务需求,二是依据主题分类和部门分类信息资源。梳理始于最基础的事项流程,记录具体数据的范围、内容、所在位置、提供部门、是否开放、是否共享、是否有条件共享和开放等属性,从而编制基本需求目录、开放目录与共享目录等。

7.1.3 政务信息资源编目流程

7.1.3.1 政务信息资源编目流程划分

经归集梳理的资源可进行编目,编目流程可分为图7-1所示的四个步骤及相关流程,即方案制定、资源调查、目录生成、目录审核与管理,具体要求如下。

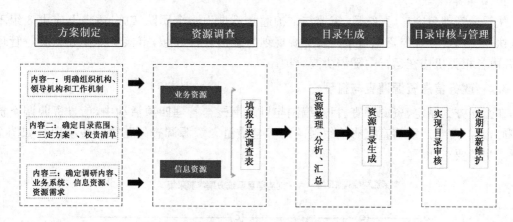

图7-1　政务信息资源编目流程

1) 方案制定

由于政务服务正朝着"最多跑一次""不见面审批""一网通办""异地办理"等模式发展,促使政务信息资源编目日益庞杂且细化,管理难度也不断提高,需建立科学的编目方案,涉及以下四个方面的工作:

(1) 建立组织机构　由跨机构的领导小组、专家小组和工作小组构成。

(2) 确定编目范围　依据机构的"三定方案"确定其职责领域、业务范围。依据权力清单,确定其行政职权。明确设定依据,如资源的属性分类、层级属性分类、涉密属性分类、共享属性分类等。

(3) 划分工作任务　摸清资源脉络、明确作业流程、划分责任归属以支持业务应用。

(4) 相关工作内容　落实组织管理、建立质量控制、负责数据评审以满足业务需求。

2) 资源调查

资源调查主要围绕业务需求与信息资源两大脉络进行,两者应彼此适配,特别是在跨机构环境中的适配。也就是说,当业务内容、流程、主管组织、用户对象等变更时,都会引起信息资源的变化,从而导致编目内容发生变化。

资源调查将生成如下三种清单:

(1) 数据需求清单　从具体业务出发,梳理其需要的数据种类,某项数据可由哪些机构提供,其中哪个数据源是权威可靠、维护更新及时的等,将其列入数据需求清单。

(2) 数据认责清单　为确保政务系统的可靠运行,维护公共服务质量,要对需求清单中数据的提供机构确认其相应的权责。

(3) 数据负面清单　对某些机构拥有相应数据资源但不愿提供或无法提供,以及各机构都没有但业务确有需求的数据项,将其列入负面清单,交由上级主管和政务平台管理方协调与采集。

3) 目录生成编制

资源经整理、汇集与分析,可按业务需求和上述三种清单来编制作业目录。目录内容可以是覆盖所有机构与业务的全量目录,或针对某几个机构、某个领域或某几项业务的专题目录；用于查询服务的事项目录,管理维护目录体系的目录(如反映各机构的局部性私有目录及其与公共目录的关联与条件等),服务中生成的用户目录、机构目录等,均在作业目录的编制范围内,其后将据此编制信息资源目录。

4) 目录审核与管理

从质量管理角度考虑,编目、审核与维护通常不是由一个团队实施,逻辑上应由 3 组不同团队执行。作业目录与资源目录均属资源规划与架构设计领域,审核属于业务与质量管理团队,并由各相关机构在运行中随需协同维护。

7.1.3.2　政务信息资源调查与梳理

在上述方案制定、资源调查、目录编制与目录审核与管理四项活动中,信息资源调查梳理是核心,其深度和广度将直接影响编目的内容与质量。资源调查的路径与各项内容如图 7-2 所示。主要要求如下：

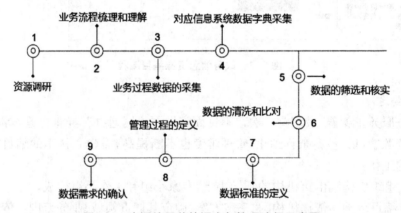

图 7-2　资源编目前的调查与梳理路径示意图

1) 资源调研

资源调研针对具体政务业务进行,应按业务流程描绘各阶段的数据供需框架,框架中逐一列出业务所涉各机构的数据源、各机构间随业务展开的数据供需对接与数据加工情况。这一阶段主要产生一个轮廓性的资源边界与总体架构。

2) 业务流程梳理和理解

业务梳理的主要脉络如图 7-3 所示。不同机构、不同应用与场景中,同一术语可能有不同的表达；相同表达亦可能有不同涵义,应使各机构都在每个运行环节上获得一致的理解,否则就应按不同对象进行编目处理。图 7-3 中的业务流程梳理应注意以下原则。

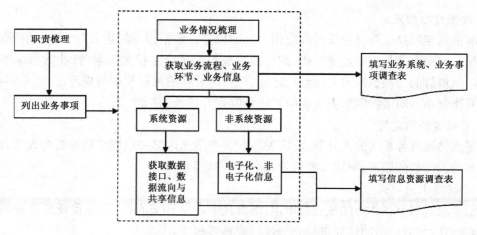

图 7-3 政务业务的流程梳理示意图

(1) 业务梳理应依据部门职能,列出其范围内的各业务事项。再针对每一事项梳理业务基本情况,获取业务流程、业务环节、业务信息,形成业务事项调查表。
(2) 机构存在多项业务时,应从其核心业务的应用系统入手梳理。
(3) 拓展梳理其他业务及与应用关联的系统,注重其中相互结合的业务。
(4) 覆盖各部门的所有业务,保证梳理的全面性。
(5) 对梳理中的信息单元,应以不能再细分为准则,直至最基本数据项。
(6) 调查内容及表述应准确、规范,以使编制的资源目录得到各机构的共同认可。
(7) 梳理的资源一定是结果数据,而不是过程数据,否则无法确定哪个数据是有效的。

3) 业务过程数据的采集

行政业务均涉及相应的数据,对各相关方的数据项,机构间的数据项,业务进程中添加、组合、形态变化的数据项等,均要详细采集记录。采集记录过程应注意如下几点。
(1) 对已建业务系统填写业务系统调查表。
(2) 对各业务系统,按其功能菜单梳理系统业务主线,列出业务事项。再对各事项分析其对应功能模块的业务操作,填写业务操作事项调查表。
(3) 对各业务事项,分析其对应功能模块的输入、输出信息,分析各信息资源的来源与去向、中间数据项、过程数据项等,填写过程信息资源调查表。

4) 对应信息系统数据字典采集

各政务系统均可能有内容不一、规模不等、格式不同的数据字典。应对其数据项(包括其概念内涵、语义表述、数据格式和类型等)进行梳理,补充后归集成一套统一的共享数据字典,注明其中各数据项的来源、流转机构、交换条件、应用语境、形态变换以及变换条目与本源词条间的映射等。

5) 数据的筛选和核实

除内容与格式外,数据字典还涉及机构间数据管理与质量控制体系的衔接,纳入字典的资源要反复核实与优选,充实其内容,补充其运维与管理类数据,加注标签等。

6) 数据的清洗和比对

数据字典主要定义数据的内容、格式、类型、使用条件、环境、流转历程等。数据清洗和比对先要对各异构数据字典中的数据项进行优选与统一处理,然后再对系统运行中的实体数据依据数据标准进行数据的完整性、准确性与规范性处理,修改不合格的数据。

7）数据标准的定义

标准是判定对象是否符合质量或应用目标的依据。数据标准的定义对于政务资源的质量控制目标的实现而言是一项基础工作，此处的标准数据是指除相关国家、行业数据标准外，针对具体应用拟订的一些数据定义、标识、建模、运行和管理的内部规则与规范，尤其是那些对跨机构协同作业中不同系统间数据交互时的质量判别与控制的标准。

8）管理过程的定义

数据流转涉及各机构的内外管理，需要各相关方定义内部的数据管理职责与规程，以及机构间交互中的管理的职责、衔接与要求等，两者间不能留空隙。

9）数据需求的确认

数据需求是对前述作业的核查与审定，如发现其中某环节有误，则应重新开展调研梳理，找出问题所在，并对此前的梳理进行充分性与完整性核实。

7.2 政务信息资源调查内容

7.2.1 政务信息资源调查模板

图 7-2 与图 7-3 中的各环节，以业务流程解析及业务过程数据梳理为核心，往往涉及多种流程与多个机构，宜采用规范化模板，使不同机构的不同人员都能依规填报。图 7-4 为政务数据资源调查模板示例，带"＊"号的为必填项，是核心元数据。

模板中的各表项内容与关系如下：

（1）系统调查表　是使用中、开发中与拟外接的相关业务系统的汇总表。

一、业务系统汇总表　　表格填写部门：XXXXXXXX　　表格填写人：XXX　　填写人办公室电话：XXXX-XXXXXXXX

系统编码*	系统名称*	系统访问地址	系统使用部门/处室*	系统主要功能	系统的数据库位置*	数据库系统*	系统的网络接入情况*	系统使用状况	系统数据量级	管理权限	开发单位名称	开发时间	业务系统负责人联系方式	维护人员联系方式	备注
请填写	请填写	请填写	请填写	请填写	请选择	请选择	请选择	请选择	请填写	请选择	请填写	请填写	请填写	请填写	请填写

二、业务信息调查表　　表格填写部门：XXXXXXXX　　表格填写人：XXX　　填写人办公室电话：XXXX-XXXXXXXX

职责/职能域*	职责事项名称*	职责事项编码*	事项描述	事项类别*	责任处室*	所用信息系统名称	发布日期	是否涉密*	业务办理处室	业务办理方式	业务办理依据	业务办理地点	业务办理联系电话	业务年均办理量	业务办理所需材料	业务办理后存档的材料	业务办理后对外提供材料	备注
请填写	请填写	请填写	请填写	请选择	请填写	请填写	请填写	请选择	请填写	请选择	请填写	请填写	请填写	请填写	请填写	请填写	请填写	请填写

三、信息资源调查表　　表格填写部门：XXXXXXXX　　表格填写人：XXX　　填写人办公室电话：XXXX-XXXXXXXX

信息资源标识符*	信息资源名称*	信息资源摘要	资源提供方单位名称*	资源提供方地址	职责事项名称*	信息资源分类编码*	主题分类*	服务分类*	资源形态分类*	数据结构*	信息资源数据类型*	管理方式	更新频率	所属系统名称	管理主题	共享类型*	授权共享依据	不共享依据	公开范围*	不公开依据	发布日期	数据质量*	使用权限*	口径范围*	备注
请填写	请填写	请填写	请填写	请填写	请填写	请填写	请填写	请选择	请选择	请选择	请选择	请选择	请选择	请填写	请选择	请选择	请填写	请填写	请选择	请填写	请填写	请填写	请填写	请填写	请填写

四、信息资源详细信息表

信息资源名称								
序号*	信息项名称*	信息项说明*	数据类型*	字段长度*	值域	共享类型	公开范围	备注
请填写	请填写	请填写	请选择	请填写	请填写	请选择	请选择	请填写

五、信息资源需求调查表

序号	信息资源名称*	信息项名称*	信息项说明*	信息项所属部门*	需求部门	用途	需求紧急程度*	是否已获取数据	获取数据途径	备注
请填写	请填写	请填写	请填写	请填写	请填写	请填写	请选择	请选择	请填写	请填写

图 7-4　信息资源调查模板示意图

（2）业务信息调查表　是以部门或处室职能域为基础,涉及政府服务主题的业务事项明细表。此表应反映系统调查表中各所用系统的名称、尚需开发系统的名称与功能等。

（3）信息资源调查表　从业务信息调查表中抽取所有的职责事项名称与作业内容,查取其职责业务事项的相关政策文件、规章制度、管理办法等,以及过程表单和输出结果。

（4）信息资源详细表　依据(3)中的资源名称,将其具体的输入、输出项属性,定义与规格等逐项填报。

（5）信息资源需求调查表　以上的完成项为机构与系统的内部资源表,通过填写与其他机构共享与交换数据表,就形成了资源需求调查表。

模板采集的数据,应进行纵向、横向与综合整理。纵向整理指对机构从下到上,逐级整理;横向整理指先整理业务,再整理数据;综合整理指在纵横向整理的基础上,进行跨机构间的数据整理。

7.2.2 政务信息资源编目

在完成图7-4的调查,并对其进行标准化处理后,就可对模板下收纳的具体信息资源进行描述与编目。

1) 模板的基本结构

每一个信息资源项,也将按图7-5所示的规范模板进行描述与编目,表头逐项代表信息资源分类、名称与代码,资源提供方与代码,资源格式,信息项信息,共享属性,开放属性,更新周期与关联类目名称等。带"*"号者即核心元数据项,其余为扩展元数据项,可按需添加。图7-5的第一段"信息资源分类"就与图6-6对应。

信息资源分类			信息资源提供方			资源格式			信息资源大普查					信息项信息		共享属性		共享方式		开放属性		更新周期	发布日期	关联及类目名称
类分类	项分类	细目分类	信息资源名称	信息资源代码	信息资源提供方	提供方内部部门	资源提供方代码	信息资源摘要	信息资源格式分类	信息资源格式类型	其他类型资源格式描述	数据存储总量	结构化信息记录总数	已共享的结构化记录存储量	已共享的数据记录数	已开放的结构化存储量	已开放的数据记录数	数据类型	数据项名称	数据长度	共享类型	共享条件	共享方式类型	共享方式分类	开放类型	是否向社会开放	开放条件			

图7-5　政务信息资源编目模板示意图

图7-5模板生成一组政务信息资源属性描述,可产生多种目录视图,如部门信息资源目录、主题信息资源目录、普查信息资源目录、资源开放目录、共享目录、关联目录与更新目录等。其中,信息资源分类(类、项、目、细目)目录是反映主题内容层级架构的基础目录段,能支持政务信息资源共享和应用系统的建设,支持跨部门的业务协同和业务管理等,如图6-6所示,这些目录形成资源分类体系。

2) 编码实例

为说明上述模板,特采用如下实例进行说明。

信息资源名称:广告发布变更登记申请信息

编码:330003130000C231/00006

编码说明：330003130000C231/00006 为信息资源"广告发布变更登记申请信息"的标识符编码；330003 为前段码；130000C231 为中段码（其中 130000 为信息资源所属部门的行政区划代码，即"省级行政区划代码"，此例为河北省；C 为信息资源所属部门的类别码，即"政府"；231 为信息资源所属部门的编码，即"河北省工商行政管理局"）；"/"为分隔符；00006 为后段码，即信息资源"广告发布变更登记申请信息"的顺序码。

运用模板与辅助编目工具能实现资源调查表的在线填报、填报数据的规范性审查，以及按主题、部门等分类自动生成目录、信息资源查询统计、数据导出等功能。它能有效简化编目流程、降低编目难度、提高编制效率、便于统计和查阅，使信息资源利用更加规范。

7.3 政务信息资源目录体系

7.3.1 政务信息资源目录体系概述

目录是按资源结构、特征属性、业务领域分层级组织的标题与对应内容的集合；目录体系是包括目录在内的，具有能对机构或平台内外提供资源组织与管理服务功能、支撑环境、相关技术、规范标准和安全运行保障等的资源体系。

电子政务信息资源目录体系通常与交换体系融合为一体，故《电子政务术语》（GB/T 25647—2010）称其为政务信息资源目录与交换体系，并定义为"按照统一的标准规范建立，由两个部分组成的电子政务基础设施：一是以目录服务为基础实现部门间信息资源共享的目录体系，为各级政府提供信息查询和共享服务；二是以业务协同需求为导向实现部门间信息资源按需交换与共享的交换体系，围绕部门内信息的纵向汇聚和传递、部门间在线实时信息的横向交换等需求，为各级政府的社会管理、公共服务和辅助决策等提供信息交换和共享服务"。可见，它的设计、建设、运行与维护对于政府机构内部、机构之间以及跨系统间的信息组织、管理、共享与交换至关重要。目录互不一致的资源体系，数据难以实现共享；目录体系互不兼容的资源体系，资源交换亦难以进行。

7.3.2 政务信息资源目录体系的内容

政务信息资源目录体系的内容架构如图7-6的概念模型所示，此概念模型反映政务信息资源目录的基本内容构成，体现为资源目录与服务目录的集成、管理与服务功能的集成。图7-6中可分为4个资源板块，具体功能如下。

（1）标准资源 元数据标准要求从内容与形式上规范资源描述；分类标准从资源的结构、归属、关联角度定义目录各层级中的位属与并列位对象；编码标准赋予对象标识代码，安全及其他标准对目录体系的可靠性、可用性和管理性提出的要求。

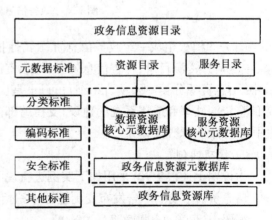

图7-6 政务信息资源目录体系的概念模型

（2）资源库 内容包括元数据库、数据资源与服务资源的核心元数据库，以及它们与政务信息资源库的相互作用等。

（3）目录资源 逻辑上分为资源目录和服务目录，两者均通过元数据来描述。其中基础部分是核心元数据，它们是描述各类政务信息资源均需要的元数据集，并支持业务资源的共享与交换。各类应用可在核心元数据的基础上，按需求扩充，并采用各类扩展元数据。

（4）运行资源 是上述对象的集中载体，具备政务信息资源目录内容的注册、发布、维护、查询等功能。

7.3.3 政务信息资源目录体系的供需构成

7.3.3.1 资源供需构成

电子政务系统运行中，机构间的资源共享与交换，反映到目录体系中构成供需对接关系。将图 7-6 的模型放到资源供需关系中考虑，就形成图 7-7 所示的供需流程图。它涉及三类角色：信息提供者、信息使用者和目录内容管理者，三者围绕图 7-6 的模型运行，形成图 7-7 的流程，其主要概念与关系如下。

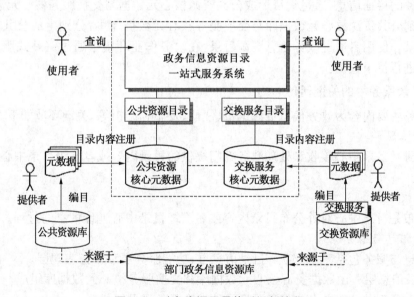

图 7-7 政务资源目录体系运行流程

（1）部门政务信息资源库 代表各政府部门依法采集的、在其履行职能过程中产生和生成的信息资源集，也因各部门的业务具有专属性，故在构建跨部门业务时产生了不同机构的资源交换对接的需求。

（2）公共资源库 即指不同部门均涉及的如人口、法人、空间位置、国土资源、信用等公共信息，也指各部门的政务信息资源系统通过传输、下载或自动感测等获取方式，为各政府部门、企事业单位、社会公众提供的可共享的公用信息资源。

（3）交换资源库 是通过政务信息目录体系建立的源于不同部门的资源。它按业务需要先将不同部门的信息抽取汇集至交换资源库。由于它们来自不同部门，其形态与内容描述项等异构，故需要交换服务提供归整与标准化处理。

(4) 交换服务 为实施政务信息资源交换而提供的一系列数据操作与管理的集合,如根据业务要求确定最小数据需求,形成资源需求清单;再对数据供应方即数据源(简称数源)进行确定,当为多数据源时系统应对其中权威数源进行甄别,确定其质量、完整性、可用性、提供频次等,形成数源供应清单。对比供需清单找出缺失数据项,寻找新数源。当资源充分后还要对业务内容与格式做相应加工处理,以保证信息能在跨机构或跨系统间进行。

(5) 公共资源核心元数据 公共资源核心元数据(有关元数据的内容见 8.3.1)是不同部门中不同政务领域均使用的描述公共资源的基本元数据集,在目录体系中占基础性地位。这类元数据在规范化、统一化、序列化与配套化方面有很高要求。不同目录体系中的公共资源核心元数据必须一致,才能实现统一的资源描述,支持共享与交换。

(6) 交换服务核心元数据 交换服务资源目录是按政务信息资源分类或其他方式对交换服务核心元数据的排列,其中的交换服务核心元数据是描述交换服务的元数据项的基本集合,服务资源核心元数据则支持服务目录。

7.3.3.2 资源供需流程

图 7-7 是在图 7-6 的基础上,通过与上述对象的关联形成资源供需流程。其中,公共资源库和交换资源库依托各部门的政务信息资源库建立,提供者依据业务需求,从中抽取出公共资源和交换服务的特征信息,通过编目形成公共资源核心元数据与交换服务核心元数据;再将它们分别注册到公共资源核心元数据库与交换服务核心元数据库中,分别生成公共资源目录与交换服务目录。使用者通过政务信息资源目录,在政务作业环境中通过一站式服务平台对政务信息资源进行目录查询。

7.3.3.3 目录服务中的关键活动

目录服务主要内容为政务信息资源编目、注册、发布和维护等,关键环节如下。

1) 目录注册

目录注册是目录中心接收和处理政务部门提供的目录内容或者下级目录中心提供的地址信息的过程。

2) 目录发布

目录发布是目录中心对外公布目录内容或者下级目录中心地址信息的过程。

3) 目录信息与服务

目录信息与服务包括三个层次:目录信息层、功能服务层和服务表现层。

(1) 目录信息层 由数据资源核心元数据库和交换服务核心元数据库组成。

(2) 功能服务层 主要由公共资源目录和交换服务目录组成。

(3) 服务表现层 由政务信息资源目录一站式服务系统组成,向使用者提供信息资源的发现、定位和内容呈现服务。

4) 支撑与保障

(1) 标准与管理规范 规范政务信息资源目录体系的相关标准与管理规范。

(2) 安全保障 遵循国家关于信息安全保障的相关标准。

(3) 支撑环境 包括系统的软件、硬件和网络。

7.4 政务信息资源目录体系的功能

随着电子政务朝跨领域、跨系统发展和政务创新的推进,对构建灵活、多样与个性化政务服务的需求日显突出,目录体系的作用也随政务系统的规模、共享单位数量、服务领域的深度和广度而加强,使目录体系成为日益重要的基础设施。目录体系的基本功能如下。

7.4.1 信息资源的组织

目录是对信息资源按内容进行序列化分类、组织、描述与编排处理的结果。资源组织按"相似者相容"的原则逐级分类编排,类目的划分则按各领域分类特征进行。作为分类依据的内容特征,采用核心元数据来描述并形成资源系统。同时,各政府部门可对本部门的政务信息资源进行整体架构的规划,形成本部门的政务信息资源内容和目录,以及可公开与可交换的内容和目录。

7.4.2 信息资源目录的接口

在构建跨领域政务信息资源体系时,要按相应需求对不同机构的资源目录体系进行梳理、抽取与处理,通过建立映射实现不同目录体系间的对接,如此才能进行资源间的共享和交换。

7.4.3 信息资源目录的管理

电子政务的内容在迅速扩展与变化,许多新产品、新技术、新领域、新理念与新服务都不断被添加到政务信息资源中,对它们的分类、定义、编目与发布,相应目录条目的增加、修改、删除等,均是目录管理的内容。

7.4.4 信息资源的发现与定位

政务信息资源的渠道多、行业广、内容杂,不同领域的资源被不同机构拥有、管理与维护,构成纵横交错的资源集。故不仅在管理上,而且在政务信息资源的查找、浏览、定位与呈现等方面,都是其发现与定位的主要内容。

7.4.5 信息资源的集成

各政府机构依照标准建立规范、统一的信息资源目录体系,可对各地各部门信息资源进行横向整合,实现跨领域、跨系统的政务信息资源集成,解决因"条块分割"的体制而形成的信息孤岛,充分发挥电子政务统一性、开放性、交互性和规模性的资源优势,并可构建新型的政务服务项目。

7.4.6 政务协同的实现

面向公众服务的电子政务,需要许多不同系统、不同级别的政府部门间通过联合实现网上协同办理。电子政务系统要实现"统一注册、统一认证、统一申报、统一反馈"的公众服务目标,就必须实现各独立电子政务系统的行政审批流程能一站式无缝集成,这就需要在统一政务资源目录体系的基础上,完成由"集中办公"向"联网办公"、由"串联审批"向"并联审批"、由"分散监管"向"系统监管"的重大转变。

7.4.7 专题化与个性化资源定制

电子政务信息由具体的政府部门或系统产生,针对特定领域拥有特定含义,可为使用者提供某种服务。依据政务信息资源目录体系,可针对用户的一些特定需求提供专题信息服务。同样,针对一些用户在决策时的特殊需求或公众服务的个体化问题,政务系统能通过资源的专题采集或特殊筛选、整理,以专题或个性信息产品形式提供给用户。随着机器学习、人工智能等技术进入这一领域,政府机构将提供更加丰富多彩、更具个性化与精准化的公众服务。

7.5 政务信息资源目录体系的管理

图 7-7 的目录体系要在特定的资源环境中实现一些管理功能,具体如下。

7.5.1 编目管理

编目包括提供公共资源核心元数据、交换服务资源核心元数据和政务资源的类目编辑,管理内容为:
(1) 提取政务信息的相关特征信息,形成公共资源核心元数据。
(2) 提取交换服务资源的相关特征信息,形成交换服务核心元数据。
(3) 对政务信息资源核心元数据中的分类信息赋值。
(4) 提供者可在编目时对政务信息资源进行规范化处理和唯一标识符的赋码。

7.5.2 注册管理

注册是新单位、新资源、新用户等加入系统的首道工序,其功能包括:
(1) 对象提交　系统通过政务信息资源元数据汇集与交换平台,接收不同机构提交的政务信息资源元数据、实体数据以及应用资源等。
(2) 对象审核　通过审核规程,判定提交的元数据是否符合标准,未通过的则发回提供者修改。对接收的资源进行标识、描述内容与编码,审核其规范性、需求性和唯一性等,不符合标准的也返回修改。未赋码的资源应按标准赋码。当多个提供者间的元数据、标识代码、实体数据等互相不一致,且无法修改时,管理者则应建立相应的对照转换表,形成可交换共享的注册资源。
(3) 对象入库　通过审核的元数据与实体数据等,纳入目录服务的元数据库与实体对象库进行管理,形成对应的注册目录。

7.5.3 要素与过程管理

目录体系融合多项目录,可涉及相关机构内部的、垂直与横向跨部门的,以及面向共享与交换等类型的目录等,管理要求较高。面向共享与交换的目录要素管理主要内容如下:
1) 元数据管理

除公共资源核心元数据和交换资源核心元数据外,机构内的资源标识、内容描述、数据流

转、表现形态、数据模式、运行和维护等涉及的元数据,均应规范管理,具体包括:

(1) 元数据定义　包括分类定义、元模型定义、分层定义、主题管理、模型描述等涉及的元数据。

(2) 元数据存储　元数据存储对象及数据源接口、ETL和前端呈现等资源处理需要的元数据,提供对技术元数据及业务元数据的存储。

(3) 元数据查询　对元数据库中的对象进行查询与检索,可查询数据库表、数据项、过程及输入输出信息,其他管理对象的元数据信息等,并将所查的元数据及相关信息按处理的层次及业务主题进行组织。

(4) 元数据维护　机构内的元数据是动态更新的,其维护需对元数据进行增加、删除和修改等操作。这部分内容更新后,才能保证面向公众与其他机构的服务内容的准确性与及时性。

2) 目录管理

目录管理主要有目录分类、编目、审核发布、查询、权限及维护等功能,具体如下:

(1) 目录分类　如一级政务服务信息资源目录分为自然人信息、法人信息、证照信息、投资项目信息、政务服务事项信息、办件信息等大类。每一大类都可按需做进一步的分类。

(2) 编目编制　一级政府资源目录由管理部门维护,用于跨部门、跨层级的部门信息共享的索引,二级部门内部目录由部门自己设定,用于部门内部信息共享的索引。编制完成之后提交审核。

(3) 审核发布　包括对目录类别的审核、对目录项的审核、对目录文字的审核、对目录流程图的审核、资源目录项中标识符编码的查询显示、数据资源目录项中标识符编码的人工修改。

(4) 目录查询　包括多维度目录查询、列表查询、信息资源访问功能。

(5) 目录权限　目录权限管理是对不同用户级别进行授权,满足不同用户对目录浏览、检索的权限要求。

(6) 目录维护　对已发布的目录进行维护,包括删除、停用、更新、重组目录等操作。

3) 资源管理

是对业务抽取的各相关部门的政务信息资源进行的交换管理,主要功能包含:

(1) 编码管理　根据设定的规则,采用统一信息资源编码,对部门内的异构代码通过建立映射实现统一编码。

(2) 版本管理　对资源的任何变更都进行版本记录管理,所有历史版本均保留备查。

(3) 部门分级管理　包括新增资源、未发布资源、已发布资源、历史资源、应用程序管理、资源数据等的展示,目录分级体系与数源单位分级职责管理。

(4) 服务管理　所有人工或者自动添加导入的资源自动生成标准服务,均按规范化服务流程提供内外部共享调用。

(5) 调用管理　对于完全共享的信息资源以及审核备案通过的信息资源,可以查看、调用该资源的服务,实现资源共享使用。

(6) 资源申请管理　对于非完全共享的信息资源,如需要使用其信息资源,需要进行申请,管理员进行审核备案。

(7) 目录关联管理　维护资源分类,实现资源与目录自动关联,将资源显示到目录。

(8) 订阅管理　主要对资源的订阅、收到的资源需求和提出的资源需求进行管理。

4）发布管理

管理者发布的目录内容,包括面向共享与交换的公共资源核心元数据和交换服务资源核心元数据。管理者通过目录服务器,将政务资源核心元数据库的内容发布到一站式系统中,该作业具备的基本功能包括:

(1) 发布服务管理　发布服务的管理对象是目录服务器,控制其运行,并通过其目录管理功能,决定特定部分的元数据是否可对外服务,以及在哪项业务范围内、哪些作业环节上、向哪些相关机构及公众分别发布适用的目录资源等。

(2) 发布网站管理　实现政务信息资源目录一站式网站的基本管理,包括网站运行、网页程序维护与更新等。

5）查询

为应用系统提供调用接口,支持公共资源核心元数据和交换服务资源核心元数据的查询。人机交互的目录内容查询功能包括:

(1) 对社会公众、企事业单位等提供公共资源核心元数据的查询检索功能。

(2) 对机构内外部用户提供交换服务资源核心元数据的查询检索功能等。

6）维护

公共资源核心元数据库和交换服务核心元数据库的建立、更新、备份与恢复等,还包括以下功能:

(1) 服务监控　监控目录服务器、网站的运行。

(2) 日志分析　根据元数据查询日志,统计与分析访问的次数、查询对象分布、查询行为与轨迹分析等。

(3) 用户反馈　管理用户的反馈意见,并和提供者进行协调与改进等。

(4) 辅助系统管理　包括即时通信、微信服务平台、动态消息发布等辅助服务管理。

7.6 政务信息资源目录体系工作流程

7.6.1 常规作业流程

各政务部门围绕公共资源库和交换资源库开展元数据编目和特征提取与描述工作,通过元数据注册系统向管理者注册。管理者发布已注册的元数据到目录服务器中。政务信息资源使用者在政务信息资源目录一站式服务界面,向管理者发送目录查询请求,管理者将查询结果返回给使用者,如图7-8所示。

7.6.2 共享交换作业流程

图7-8流程中的关键流程是数据交换。与常规作业相比,跨机构间共享与交换资源目录体系工作流程的复杂性体现在资源交换适配、前置交换、交换传输、交换管理等功能。具体作业如下。

(1) 交换适配　完成部门业务办理系统与数据交换系统之间的信息资源桥接,与部门系统间建立目录间耦合,在保证部门审批业务信息系统可靠、安全的前提下,实现部门业务数据

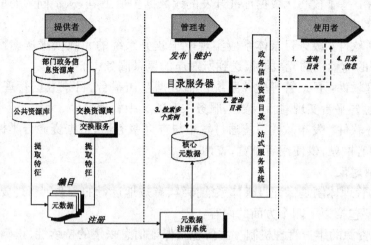

图7-8 政务信息资源目录体系工作流程图

库与前置交换信息库之间的在线实时交换。

（2）前置交换　为确保各部门现有系统在交换过程中的数据安全，以前置交换作为各部门与数据交换平台的过渡交换的接口。一方面从各应用系统提取数据并传输给数据中心；另一方面则从数据中心接收数据，向业务系统传递数据。

（3）交换传输　在前置交换之间构成信息交换通道，根据部署的交换流程，实现交换信息的打包、转换、传递、路由、解包等功能。通过消息总线实现部门前置交换信息库之间的信息处理和稳定可靠的信息传递。

（4）交换管理　作为交换平台的中心管理模块，提供图形化的配置工具，实现对整个信息交换过程的流程配置、部署、执行，以及对交换平台的运行进行监控、管理。具体包括数据交换适配管理、交换节点管理、交换流程管理等。

7.7 政务信息资源目录体系建设

7.7.1 一般政务信息资源目录体系建设

一般政务信息资源目录体系建设分为如下建设内容。

1）目录体系网络建设

以政务网络为载体，在各级政务系统的目录服务系统中心节点配置目录服务器，实现目录体系的分布式部署，使各政务机构配置前置机实现目录服务中心与各政务部门之间共享数据库的连接。

2）标准目录库建设

根据相关元数据标准，在各级目录服务中心节点建设标准目录库，实现对各类元数据、目录库的维护更新和对注册单位的登记管理。

3）软件系统建设

（1）系统软件　政务信息资源目录体系必须以相应的系统软件为支持。

（2）应用软件　主要涉及以下一些软件。

① 编目软件：基于核心元数据标准开发的元数据生成工具，从不同形态的政务信息资源中抽取元数据，生成目录。

② 目录报送软件：政务目录体系应实现电子政务系统的元数据报送。目录报送软件系统主要将各部门的前置机的元数据报送到所对应的目录服务中心。

③ 目录管理软件：目录管理软件系统包括数据互访平台、目录数据管理平台、系统管理平台，该系统通过各平台实现对目录数据服务中心的集中管理。

④ 目录服务软件：发布软件系统通过发布与查询服务器，依据资源分类标准将元数据发布到政务目录中心网站，供使用者浏览、查询。

4) 管理体制建设

目录体系的管理体制是保证目录体系能持续、有效地运行的一系列管理要求、操作规范和评估机制，它主要包括以下四个方面的内容：

（1）对信息资源的维护管理机制　主要包括保证信息采集的持续性、正确性、一致性等的管理规范；对信息传输、信息存储、信息备份、信息使用等方面的管理规范；对信息指标注册登记、信息指标变更方面的管理规范。

（2）对技术平台的运行维护机制　主要包括对平台运行状况的监测、系统维护、设备维修、系统改造等活动的管理规范。

（3）对业务服务的管理规范　主要包括信息服务申请、服务提供、服务配置、服务注销等活动的管理规程。

（4）对岗位职责的管理规范　主要包括岗位的设置、职责、考核等管理规范等。

7.7.2 国家政务信息资源目录体系架构

上述目录体系交换体现为简单的同级机构范畴，实际的政务服务还需要上下级机构间的目录体系互联，于是就有国家、省、市、区/县等层级的全国政务资源编目体系架构和共享交换模式，如图7-9所示。

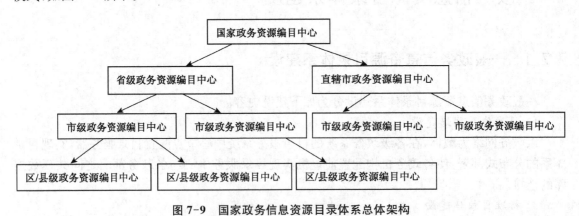

图7-9　国家政务信息资源目录体系总体架构

国家电子政务目录体系体现为中央、省、市、区/县4级，代表宏观、中观与微观的政务管理、调控与服务层面。基层政府面向公众个体，承担庞杂、细致而具体的服务业务；中高层则面向大局，针对国计民生与国际交往的宏观问题。故不同层级的政务系统的内容差异较大，其目录管理的需求也多有不同。因此，电子政务目录体的管理、运行与维护就应分级进行。

图7-9的编目体系架构有如下特点：

(1) 从上至下为树形结构，各地编目中心同时承担本级节点的建设、管理与维护工作。
(2) 省、市、县/区各级政务中心部署目录服务中心节点，汇集其所辖区划内下级机构的资源。
(3) 在各级政务部门部署编目系统和目录报送系统，负责向上级报送目录。
(4) 跨级别与跨区划的资源目录交换，往往通过其上级机构桥接进行。

7.7.3 分级管理内容

图7-9中除国家政务资源编目中心外，其地方编目中心均采用分级管理制。政务信息资源目录体系从技术架构角度划分为4个子系统：编目子系统、目录报送子系统、目录管理子系统与目录服务子系统，各部分功能如下。

1) 编目系统

编目系统是基于核心元数据标准开发的目录数据生成系统。提供者使用编目系统从不同形态的政务信息资源中人工或自动抽取数据，同时生成目录。编目系统部署于资源提供部门，其不但可向目录管理中心提供目录数据，还可作为部门内部管理工具使用。

2) 目录报送系统

目录报送系统主要完成政务部门前置机上的目录数据向上级政务资源目录中心报送的工作。同时，为了实现编目系统与业务系统的松耦合，明确划分系统边界，在编目系统与前置机系统之间，需实现信息交换与桥接功能。

3) 目录管理系统

目录数据通过目录管理系统的整合，构成了一个在逻辑上集中、物理上分散的虚拟系统，解决了在分布式部署下，数据中心之间的互联、互访问题。目录管理系统提供数据中心节点注册、目录数据发现、目录整理管理三大类服务及接口。

4) 目录服务系统

目录服务系统可实现数据发布和查询功能，按照国家标准定义的"交换服务目录接口"来与目录服务系统进行交互，将用户的查询、发现要求提供给目录服务系统，并将其返回的结果以HTTP网页方式发回用户端。

7.7.4 政务资源目录体系技术管理要求

1) 管理技术架构

政务资源目录体系将不同领域、不同机构的资源聚合为一体，同时各机构又并行开展数据的采集、加工和使用，此时应从体制上保证管理架构彼此一致。根据国家标准，政务信息资源目录体系管理架构由政务信息资源目录的提供者、管理者和使用者三种角色，三者为实现图7-8所示的工作流程，应围绕规划、编目、注册、发布、维护、查询六项活动开展技术管理，如图7-10所示。

图7-10中在跨越行政层级环境中的三种角色各自的

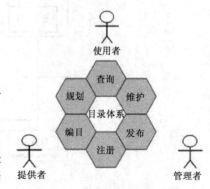

图7-10 政务信息资源目录体系管理的角色与职能架构示意图

职能如下：
（1）提供者
① 负责本级本部门政务信息资源目录的规划和编目。
② 向管理者提交注册目录内容并负责更新。
③ 对本部门的政务信息资源目录内容设置使用与维护权限。
④ 负责提供与目录内容相关的政务信息资源。
（2）管理者
① 按照国家电子政务标准《政务信息资源目录体系　第5部分：政务信息资源标识符编码规则》(GB/T 21063.5—2007)及相关管理办法进行资源标识符的分配、管理和使用等。
② 负责政务信息资源目录内容的注册、发布及系统维护。
③ 提供政务信息资源目录内容的查询服务。
（3）使用者
对获取的目录内容在授权范围内使用。
2）管理过程任务与角色的关系
政务数据资源开放数据管理过程中各项任务涉及的角色如下：
① 规划任务：由提供部门完成，运维部门配合。
② 整理任务：由提供部门完成。
③ 注册登记任务：主要由运维部门完成，提供部门配合。
④ 管理任务：由运维部门完成。
⑤ 服务任务：由服务部门完成。
⑥ 使用：由使用者完成。
3）基层目录上报流程
政务活动的重点和主要内容在基层，从街道与乡镇级政府开始向区/县级政府上报目录，区/县向市级政府上报目录等占据政务目录交换数量的大多数。区/县向市级上报资源目录的二级资源目录归集流程如图7-11所示，必要时再以类似流程向省与国家级上报目录。

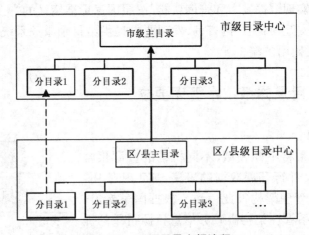

图7-11　下层目录上报流程

图7-11中，市级目录中心收纳了经注册的政务信息资源核心元数据、按行业或跨部门应用的若干分目录中的核心元数据、区/县级目录中心地址信息等。区/县级目录中心包括：在

本级注册的政务信息资源核心元数据、按行业或跨部门应用建立的若干区/县级分目录的核心元数据。区/县级目录中心向市级目录中心注册区/县级目录访问地址和本区/县管理的核心元数据。在市级政府统一建立的政务云平台的场合下,区/县级分目录也可向市级相应分目录直接注册其核心元数据。

目录内容使用者根据政务信息资源目录的使用授权,通过市、区/县两级目录中心进行查询和检索。

根据以上分析可进一步看出,政务信息资源目录体系是一种基础资源设施,此设施还包括国家电子政务网络、政务信息资源目录体系与交换体系、信息安全基础设施。故各级政府应逐步建立跨部门的政务信息资源交换体系,围绕部门内信息的纵向汇聚和传递、部门间在线实时信息的横向交换等需求,为各级政府的社会管理、公共服务和辅助决策等提供信息交换和共享服务。

7.7.5 目录体系的编制与扩充

各地政务实践均表明,政务资源目录投入运行后,其编目结构与内容均会快速扩展。任何机构在对政务资源目录进行纵向的类目扩充,或横向增加条目与属性时,都需要遵循如下一些规则。

7.7.5.1 目录体系的编制原则

(1) 需求导向 资源目录的编制是为了满足实际中各类政务信息资源的查询、检索和定位,故无论是类目扩充,还是二次开发,都必须以需求导向为原则。其中最重要也是难度最大的是对今后需求的预测,如对一批同类概念进行编码时采用间断流水码就能预留出一些空间,以防止新增对象时无法在对应码位处插入新的概念。

(2) 问题导向 资源目录的编制是为了解决政务信息资源在编目、元数据管理、查询时由于各类政府机构自身业务需求所带来的问题。

(3) 系统性 在各类政务应用系统中,资源目录仅是其中的一个子系统,它必须和相关的资源库、加工处理程序、中间件、各类引擎等相互配合,才能实现整个政务系统的建设与运行。

(4) 灵活性 相关标准仅对政务资源目录系统建立时涉及的核心内容进行了规定,对具体应用中的需求实现、内容呈现、检索方式等并未做规定,也不涉及具体机构组织。同样,我们在对政务资源目录体系进行扩充时,也应尽量遵循这一特性,以保证系统的灵活性。

(5) 可行性 目录体系的编制应考虑其具体的技术实现、其在电子政务系统中的相关技术环境、今后的运行与升级维护等。

(6) 兼容性 许多情况下,新建的政务应用要对以往的 OA、MIS 等系统的资源进行传承,同时,随着社会与经济的不断发展,政府的转型、公共服务功能的强化等也要求资源目录系统必须考虑在一定范围内可以与各类信息系统、知识资源等对接,这就要考虑与国际著名的信息分类体系标准及实际中广泛应用的产品标准,如联合国分类标准、ANSI-Z39.50 标准和 UDDI 标准等兼容的问题,同时针对政务资源的具体情况进行动态调整。

7.7.5.2 类目扩充原则

类目扩充需要遵守以下原则:

(1) 依据标准原则 目录体系的拓展必须以标准为依据,扩充的类目应分别符合类目的设置规则,并在结构上与之相符。

(2) 代码相符合原则　扩充后的代码配置应符合 6.4.1 中图 6-6 的规定,在高位上应直接采用标准代码,低位细目参考标准码分段,并充分考虑后续扩充的空间。

(3) 统一模型原则　目录体系的扩充通常是针对某个领域或某项应用展开的,需要按统一的模型进行,以便于今后系统间数据的交换。

(4) 成熟、适用原则　目录体系的拓展应尽量引用成熟的体系架构,这类体系最好拥有一定的用户基础,通过实践检验使系统拓展的风险减小,可用性增加。

(5) 映射原则　政务应用中若采用了主题分类以外的其他分类,如行业分类、部门分类、服务分类、资源形态分类等,这些分类的类目表则应与主题分类建立双向映射关系。

思考题

1. 简述政务信息资源编目的作用与目的。
2. 政务信息资源目录体系的概念模型是什么?
3. 简述政务信息资源的编目流程。
4. 简述政务资源目录体系的运行流程。
5. 面向共享与交换的政务资源目录要素管理的主要内容与功能是什么?
6. 简述政务信息资源目录体系的编制流程。
7. 政务信息资源目录体系的建设涉及哪些内容?
8. 简述政务信息资源编目的管理技术架构。
9. 简述政务信息资源目录体系的编制原则与扩充原则。

8 政务信息系统整合共享

8.1 政务信息系统整合共享概述

国务院《政务信息系统整合共享实施方案》(2017年)提出以人民为中心,围绕政府治理和公共服务改革,以最大程度利企便民,让企业和群众少跑腿、好办事、不添堵为目标,加快推进政务信息系统整合共享,并以"五统一"为保障原则。

(1) 统一工程规划 落实国家政务信息化工程规划,建设"大平台、大数据、大系统",形成覆盖全国、统筹利用、统一接入的数据共享大平台,建立物理分散、逻辑集中、资源共享、政企互联的信息资源大数据,构建深度应用、上下联动、纵横协管的协同治理大系统。

(2) 统一标准规范 注重数据和通用业务标准的统一,开展国家政务信息化总体标准的研制与应用,促进跨地区、跨部门、跨层级数据互认共享。建立动态更新的政务信息资源目录体系,确保政务信息有序开放、共享、使用。

(3) 统一备案管理 实施政务信息系统建设和运维备案制,推动政务信息化建设和运维经费审批在同级政府政务信息共享主管部门的全口径备案。

(4) 统一审计监督 开展常态化的政务信息系统和政务信息共享审计,加强对政务信息系统整合共享成效的监督检查。

(5) 统一评价体系 研究提出政务信息共享评价指标体系,建立政务信息共享评价与行政问责、部门职能、建设经费、运维经费约束联动的管理机制。

因此,政务信息系统整合以资源共享为前提,涉及规划、标准、管理、监督与评价等诸多实施领域。

8.2 政务信息系统整合共享的资源架构

8.2.1 政务信息系统整合共享的基础

政务信息系统整合涉及不同机构、不同层级的多部门,构建的业务又交织于纵横向系统之间,运行结果又与公众和管理者在微观、中观和宏观层面上有参与、体验、分析与互动。

除硬软件之外,整合共享主要指政务数据在应用环境中按业务需求来实现,数据是整合的基本对象,包括了不同类型、不同功能与形态,组成如图 8-1 所示的数据资源模型,通过它们间的对应共享与交换,实现各类政务信息系统的整合共享。

图 8-1 表明,政务信息资源的整合共享与交换,主要在跨系统间的主数据、参考数据和业务数据这三类对象间进行。主数据由标识数据、描述数据、分类与编码体系等组成;描述数据

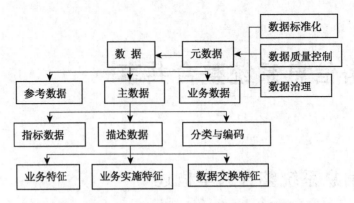

图 8-1　电子政务整合共享的数据架构模型

分为业务对象的特征描述数据、业务运行和管理所需的特征数据等。仅当图 8-1 模型中不同层级、不同功能的数据在语义、形态与结构等成分上一致时,才能进行整合。因此,数据标准化就不仅针对应用数据,还针对构成与描述数据的各种元数据,以及定义元数据的各种数据元素、编目与代码等对象进行系统化实施。

8.2.2　政务信息系统的整合共享条件

按图 8-1 架构,要跨系统实施以下整合前的准备活动。
(1) 数据标准化治理。
(2) 各机构内及机构间对数据的一致理解。
(3) 跨系统间数据(含元数据、主数据、参考数据、业务数据等)的组配。
(4) 各机构内及机构间的数据协同、数据治理与质量管理。
(5) 整合共享系统中不同数据成分的规范化管理和重用。

这些活动均在于提升数据的标准化程度、数据质量和治理水平。图 8-1 架构也表明,政务数据质量由定义数据的若干特征与属性维系,它们由各类元数据描述,同时更基础的数据元素及代码等也均为数据定义、记录、加工、分析、分类、转换等整合内容所必需的。

8.3　参与整合共享的数据类型

图 8-1 说明数据以不同功能在不同层面参与整合共享的对象,具体如下。

8.3.1　元数据

8.3.1.1　元数据概述

元数据是"定义和描述其他数据"的数据。元数据与数据的关系就像数据与客观世界的关系:数据描述客观世界,反映其事件、对象和关系,而元数据描述数据,反映数据内容、数据结构和数据关系等。

信息系统中,元数据是在受控资源环境中的注释体系,用于对数据的内容、形式、来源、背景、使用与管理等进行说明并打上标签,向用户展示在哪里可找到数据,相关数据从何处来,如何到达此处,各环节需要何种作业,相关的转换历程、质量要求等详细的、规格化的信息,以便人们理解其含义并正确操作。

元数据管理是关于元数据创建、组合构成、存储、整合、控制与使用等整套流程的管控,用于支持基于元数据的相关应用。

8.3.1.2 元数据分类

针对数据的不同描述需求有不同类型的元数据,总体分为六类元数据,即对象元数据、业务元数据、技术元数据、操作元数据、流程元数据和数据管理元数据等。

1) 对象元数据

对象元数据是对事物或概念从特征、形态、语义、语境等方面进行描述的数据。示例如:

(1) 数据定义　对对象或概念的内容与格式的描述。
(2) 数据模型　全局性的概念模型和逻辑模型。
(3) 数据血缘　其来龙去脉、转换过程及与其他数据间的整合与关联等。
(4) 数据质量　对象描述的完整性、一致性、规范性、置信度和可校验与追溯性等。
(5) 数据元素　构成元数据的数据元,包括其内容成分、形态与充分性等。

对象元数据实现对对象的客观资源描述,是基本性描述,与具体业务无关。

2) 业务元数据

业务元数据包括业务主题、概念术语、实体与属性、业务环节、定义与功能,属性的数据类型和其他特性,范围与规则,业务项区分与判定等。这类元数据将业务目标和应用关联起来,包括以下内容。

(1) 业务数据　业务内容与性质的定义,包括计算公式。
(2) 业务规则　描述具体活动的业务逻辑、进程、条件与顺序,包括算法、层级等。
(3) 业务管理　包括管理制度,运行条件,各环节的数据需求、来源与归属机构等。
(4) 数据更新　业务数据的更新周期,何种条件与环节上更新,更新标志与呈现等。
(5) 历史数据　用户或机构存留的既往数据的可用性,使用的提示等。利用历史数据可大幅减少作业量,提升系统的便利性。
(6) 替代数据　对业务中选择性进程与选择性数据的描述等。

3) 技术元数据

技术元数据提供数据的技术描述信息。包括物理数据库的表名和字段名称、字段属性,其他数据库对象的属性和数据存储特性,用户的访问模式、访问频率,数据报表的规格和查询执行条件等。通常可通过数据库管理系统来获取技术元数据。

4) 操作元数据

操作元数据是描述系统资源运行的元数据,包括数据迁移信息、数据源和汇、系统信息、任务频率、批处理程序、备份与恢复数据、归档规则和使用、时间戳等信息。部分操作元数据如下:

(1) 数据归档和存储规则。
(2) 代码处理　不同政务系统间的代码识别与转换、参照表变换规则等。
(3) 数据抽取　数据抽取的历史、内容与结果。
(4) 数据源系统　对提供整合与共享的政务系统的相关数据项的记录、处理与标识。
(5) 数据映射　从数据源系统到处理系统如联机事务处理与在线动态分析系统间的映

射、转换规则和统计信息等。

(6) 物理模型　物理数据模型,包括表名、键和索引,以及它们和数据仓库或集市之间的映射关系等。

(7) 相关程序　程序名称和描述、执行任务与调试信息等。

(8) 数据清洗　相关数据质量要求、判定与清洗规则等。

(9) 数据模型　多机构间数据整合模型,彼此间的对照、映射、填充和转换关系与记录等。

(10) 数据使用　用户查询访问模式、报表和相关知识图谱的呈现等。

(11) 资源版本　数据版本记录与维护等。

5) 流程元数据

流程元数据是定义和描述业务流程的数据,包括:

(1) 角色和职责　业务流程或脚本中涉及的各类参与角色及其对应职责。

(2) 流程名称　与作业进程处理阶段相关的名称与作用。

(3) 流程顺序　作业的顺序进程、计时、响应和条件等。

(4) 流程选择　作业进程的路径、选择、判定与分解等。

(5) 流程管理　流程的设置与管理,由于输入差异、权限不同或计时等产生的流程变动与响应信息等。

6) 数据管理元数据

数据管理元数据是关于数据管理员、监管流程和责任分配等方面的数据。数据管理的目标是确保数据、元数据在政务业务范围内是正确且高质量的,为建立数据整合与共享,对相关过程进行的管理与控制。数据管理元数据包括:

(1) 干系人管理　机构内部及参与数据整合与共享的部门、负责人、操作者、管理人及相关角色及其职责等。

(2) 数据作业管理　政务数据的创建、删除、修改、查询的规则(如创建、更新、使用等整合、变换等的记录)与管理体系。

(3) 数据入口管理　业务定义、技术定义及参与业务的数据规范性与完整性要求等,以及参与数据整合共享前的质量符合性审查等。

(4) 数据资产管理　数据拥有者应将数据作为资产管理,建立机构内部、输出共享及输入整合时的资产管理制度。

(5) 数据流转管理　对数据来源、流转去向、整合节点、质量指标与符合性进行管理。

(6) 数据治理　建立数据治理的组织架构、规范与管理职责等。

8.3.1.3　元数据的作用

信息系统中,元数据的作用主要如下。

(1) 内容描述　描述信息资源的内容构成,对其进行定义的各类数据元素。

(2) 结构指示　指示如何从形态与构成上解释数据(如规定格式、编码、权限与加密等)。

(3) 资源定位　资源定位主要借助代码与结构进行。标识用于信息资源的识别与管理,由信息资源的唯一标识符、资源摘要、资源创建目的、资源的组织与状态等信息组成,并对信息的来源、去向、管理、内涵等方面的内容进行代码标示。

(4) 流转指示　如标示数据的创造者、加工者、共享者、存储者、维护者与使用者等。说明信息的来源、去向,使用者如何获得信息资源的信息,包括数据分发格式、分发者信息以及用户获取数据集的途径等。

（5）质量控制　数据质量信息包含数据生成、流转与整合等日志信息,数据质量评估报告等;数据日志说明的是信息资源的产生依据和过程,数据质量评估报告则描述按特定数据生产与使用标准进行评价的结果,提供结构、形态、内容与质量等的评估。

（6）数据表现　确定数据的展现方式,包括图形、影像、文字等方式的说明。

（7）数据模式　此类元数据包含有关应用数据的构成、它们间的层级与组合关系等信息。

（8）限制和维护　此类元数据既包括信息资源本身,也包括元数据的使用、流转发布、运行与维护等方面的信息。

（9）关系与操控作用　说明应用数据间的关系,以及在资源跨系统共享与交换中,先对其元数据进行采集、归集、清洗与处理,通过跨系统间的元数据来实现数据互操作。

（10）演化描述　可说明数据资源的历史,从其原始资源如何生成应用与演化,等等。

8.3.1.4　元数据的重要性

对参与资源整合共享的政务系统,元数据还有如下功能。

（1）帮助跨系统用户理解业务数据的含义,提供共享资源的背景和描述。

（2）提供业务数据的内容、背景、演化历史和起源等完整的记录,提升资源的可用性与可信度。

（3）帮助政务系统发现与定位相关信息,促使其参与整合共享,构建新业务。

（4）整合政务应用组织与管理数据资源,提升业务价值。

（5）帮助分析人员快速查找所需数据,灵活抽取并多角度展现数据,减少对数据的研究时间。

（6）减少数据系统开发的生命周期,提高系统开发与投入运行的速率。

（7）便于不同政务系统间的交互操作。

（8）支持跨系统的数据整合共享。

（9）便于识别并检测出冗余数据与作业流程,减少重复作业和冗余、过期、不正确数据的使用概率。

8.3.1.5　资源整合中元数据的功能

跨系统资源整合中,元数据的主要功能如下。

1) 建立元模型规范

根据业务、管理和应用对元数据的分类,建立面向单一业务与整合共享业务的元模型规范,保证不同来源的元数据能在标准化基础上,达到互通、共享、集成和互操作等要求;对因任何业务变动引起的元数据内容与描述模型的变更进行规范管理。

2) 元数据集成

对不同来源的元数据实施集成,形成跨机构的政务数据资产全景图,实现从业务、技术、操作、管理等不同视角管理和使用数据资产;元数据的变更则遵循规范化流程,并与信息系统开发生命周期实现良好融合。

3) 构建新服务体系

建立相对独立的元数据应用和服务体系,提升各相关方对政务数据资产的理解,辅助数据管理和数据整合,创建全新的政务服务与应用体系。

8.3.1.6　元数据与其他数据的关系

在资源整合与共享环境下,可用图8-2来描述元数据与基础政务数据、应用政务数据和管理数据等资源间的关系。

图 8-2 表明,元数据是构成其他数据的要素,它们的标准化和质量管理是一切数据整合共享、交换与互操作的基础;反之,元数据的缺失或低质量会导致以下后果。

(1) 业务数据定义与描述不完全、不充分或不规范。
(2) 产生重复的数据字典条目、冗余的存储。
(3) 不一致的元数据导致业务数据不一致。
(4) 由于元数据的来源多样,内容、格式与版本冲突。
(5) 难以获得系统内外对数据的一致理解。
(6) 无法提升数据价值,不支持政务知识的抽取与呈现。

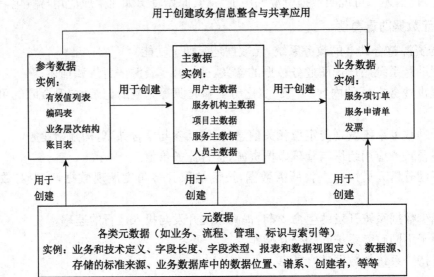

图 8-2 元数据与其他数据间的关系

8.3.1.7 元数据管理战略

元数据的数量与质量决定着信息资源的可用性,实施电子政务的机构应建立元数据管理战略,使它与信息系统、信息技术、业务开发与服务密切结合,故元数据管理战略包括如下内容。

(1) 机构内部与跨机构间的信息源管理。
(2) 面向信息整合与共享的数据治理。
(3) 元数据架构。
(4) 应用数据建模。
(5) 元数据的注册、组合、分类、编目、分发与维护策略。
(6) 元数据对主数据、业务数据等的描述与管理。
(7) 数据质量管理,等等。

8.3.1.8 元数据管理

1) 元数据管理的内容

元数据管理具体涉及以下四个方面:

(1) 元数据对象管理 元数据对象管理内容包括元数据的创建、获取、组合、单一或多源元数据的存储、提供与适配、应用、管理与控制等。为支持跨机构整合共享,应能从多个来源抽取元数据,能通过资源扫描发现元数据,支持多用户对元数据的手工更新、使用请求、检索和查询等。

在受控资源环境中,应向用户屏蔽元数据的位置、类型等方面的差异,提供统一的元数据访问入口,使用户可访问元数据而不必关心其来源。在政务系统中,对元素的规范、统一、一致性的检验与存储,是其标准化管理的基本内容。

(2) 数据元管理　数据元是数据的基本单位,由数据元素组成。数据元素是用一组属性描述定义、标识、表示和允许值的一个数据单元。政务系统中对其管理的主要要求是规范化与一致性。

(3) 元数据的注册管理　从元数据的种类与功能的庞杂性可看出,管理应采用特殊的资源库。ISO/IEC 11179 标准称为"元数据注册系统",用于保存元数据的各元数据项、数据元概念、概念域、值域、类型、特征、表示、来源等,通过注册管理,确保系统中元数据是被清晰定义、记录、分析、分类和管理的等。

(4) 数据模型管理　元数据的使用通常是配套化的,分别从对象特征属性、使用属性、管理属性、共享属性、价值属性等方面成组使用。描述的对象不同,元数据的配套需求也不同,这些配套方式就形成了关于对象的数据模型,对其管理也是资源管理中的重要内容。

2) 元数据管理模式

跨系统电子政务应用中,应建立公共元数据存储与提供方案,通常有三种架构:集中式、分布式和混合式,这三种架构都考虑了元数据存储、更新与提供机制,使用中应根据业务性质、需求和资源规模等选择合适的方案。

(1) 集中式元数据架构　集中式架构包括一个单独的元数据存储库,用来保存来自各元数据来源的历史和最新的元数据记录。对于重视元数据的统一性和一致性,且资源规模有限的政务应用或机构,可考虑采用集中式架构。

集中式元数据管理架构的优缺点是:

① 优点
- 具有高可用性,因其独立于元数据的不同来源系统。
- 可快速查询元数据,因其存储和查询融合于一体。
- 数据库结构经过解析,不受第三方系统影响。
- 抽取过来的元数据可进一步转换,或附加其他元数据,生成来源系统中没有的元数据,易于质量管控。

② 缺点
- 需要复杂流程来确保将元数据来源的变更快速复制到存储库中。
- 对集中式存储库的维护至关重要。
- 元数据抽取可能需要定制相应的模块或中间件。
- 定制化开发代码的验证和维护会增加内部信息技术人员的工作量等。

(2) 分布式元数据架构　分布式架构只维护一个单一访问点,由数据引擎响应用户需求,从元数据来源系统实时获取元数据,而不建立永久的元数据存储库。在此架构中,元数据管理系统维护的元数据来源于各系统资源目录,以及在系统运行中标识各业务流程、用户查询检索作业中的各类元数据。对元数据来源各系统的访问通过一个公共对象请求桥接器或类似的中间件协议来实现。

分布式元数据架构的优缺点如下：
① 优点
- 元数据始终是最新且有效的。
- 分布式请求可缩短响应和处理时间。
- 局部系统的元数据请求只受限于查询，而不需理解私有数据结构，故降低了实施和维护的投入。
- 开发元数据查询与处理系统更简单，人工参与少。
- 减少了批量处理，不需要做元数据复制或同步等。

② 缺点
- 各系统间没有必要的元数据改进或标准化处理环节，故一致性与规范性较差。
- 查询能力受制于相关元数据来源系统的可用性。
- 不支持用户定义的或自行输入的元数据条目，因无这些内容的存储库。

(3) 混合式元数据架构　混合式元数据架构是集中-分布式混合架构。元数据仍从元数据源系统进入存储库，但此库只处理用户增添的元数据、符合标准要求的元数据及人工获取的元数据。混合架构适于有快速变更的元数据，需要其统一和一致且元数据数量与来源数量都显著增长的应用环境。但政务系统中更多的是静态元数据和较小的元数据增长量，其优点就不明显。

① 优点

可实时获取元数据，提供完善的元数据信息，减少信息技术人员的定制开发工作量，并满足使用的及时性与有效性要求。

② 缺点

混合架构不能提升系统的可用性，因后端系统处理查询请求是分布式的，故它受限于元数据源系统的可用性。在响应用户查询前，如在集中库中将初始查询结果与元数据参数进行关联比对，会增加额外的开销。

一种改进方案是"双向元数据架构"，它允许元数据系统的任何部分，如元数据来源，经抽取、转换和加载(Extract Transform Load，ETL)，以及用户接口等变化后，通过存储库反馈到初始的元数据来源，存储库充当了变更的桥接器，以有效跟踪和管理元数据的变化。

8.3.1.9　元数据目录体系

1) 元数据目录体系

电子政务系统中，元数据的形态与功能多样，应在对元数据的对象类、特性、表示、值域、数据元概念等的描述与定义基础上进行分类，建立元数据目录体系，使其具备以下功能。

(1) 能区分与收纳政务系统中的对象类、数据元概念和数据元素。
(2) 支持对政务对象类、特性、表示、数据元及元数据的比对与清洗。
(3) 通过比对减少政务系统间元数据和数据元的冗余与多样性。
(4) 能识别、描述和定义元数据和数据元，并按特定逻辑进行划分与排列。
(5) 支持对政务元数据的分析。
(6) 能对元数据注册系统进行数据元和元数据检索。
(7) 能在不同政务应用中识别元数据和数据元之间的关系。
(8) 政务共享系统中能唯一、明确地标识和引用对象类、数据元和元数据等。

2) 元数据的分类属性管理

政务元数据目录体系应按如下特征属性对元数据的组成进行分类与管理。

(1) 元数据分类组分标识符。

(2) 元数据分类组分名称。

(3) 元数据分类模式。

(4) 元数据分类模式名称。

(5) 元数据分类模式项类型。

(6) 元数据分类模式项值。

8.3.1.10 元数据标准化

1) 元数据标准化的要求

元数据的标准化水平直接影响它们及相关应用数据的可用性、可整合性与共享性。面向资源整合与共享的电子政务元数据应符合以下要求：

(1) 元数据应符合政务系统总体标准化的要求。

(2) 元数据应符合整合共享要求。

(3) 元数据应具有重用性。

(4) 元数据应具有组合并构成复合元数据的性能。

(5) 元数据体系的运行和管理应遵循业界规范。

(6) 元数据应符合注册、管理与标准化规范。

(7) 元数据应有针对政务应用的业务需求框架。

(8) 元数据应建立共享分类体系。

(9) 元数据应建立基本属性管理体系。

(10) 遵守共享政务系统中元数据定义规则与指南。

(11) 遵守共享政务系统中元数据命名、编码标识原则和协调机制，等等。

2) 元数据标准化的依据

国际标准化组织发布了 ISO/IEC 11179 系列，我国引进为国家标准 GB 18391 系列，是元数据标准化的基础标准，共有 6 项：

(1) GB/T 18391.1—2009《信息技术　元数据注册系统(MDR)　第 1 部分：框架》。

(2) GB/T 18391.2—2009《信息技术　元数据注册系统(MDR)　第 2 部分：分类》。

(3) GB/T 18391.3—2009《信息技术　元数据注册系统(MDR)　第 3 部分：注册系统元模型与基本属性》。

(4) GB/T 18391.4—2009《信息技术　元数据注册系统(MDR)　第 4 部分：数据定义的形成》。

(5) GB/T 18391.5—2009《信息技术　元数据注册系统(MDR)　第 5 部分：命名和标识原则》。

(6) GB/T 18391.6—2009《信息技术　元数据注册系统(MDR)　第 6 部分：注册》。

这些标准对信息系统中分散的元数据建立、注册、分类、描述、命名、识别和其语义定义提供了标准化和系统性维护指导，以适应在系统规模越来越大，彼此数据资源间融合日益深入的趋势下，对元数据资源的系统化与规范化管理。

3) 元数据组合

公共服务或机构间的数据整合，均涉及元数据的组合定义与描述。在构建政务业务或数据分析时,也要抽取多项元数据来彼此搭配,对元数据组合的逻辑性、充分性与完备性进行审查,是元数据质量管理的要求。当然,元数据组合均建立在其合规性与标准化的前提之上。

4)元数据应用

政务系统内外用户均随业务进程使用不同的元数据,系统可通过统计、跟踪与溯源等进行元数据应用检测,动态反映系统使用元数据的情况。生成电子政务数据资源的元数据知识图谱,供分析与决策人员研究,并提出修改意见或新服务项目等。

5)元数据管理成熟度

可参照 8.3.3 节的主数据管理(MDM)成熟度模式,建立元数据管理成熟度的评估模型及一系列指标,以提升其管理水平。

8.3.1.11 元数据整合

元数据整合是从业务全局出发,由系统内外抽取并整合元数据的过程,对象包括业务元数据、技术与管理元数据等。其中,抽取是整合的前提。

元数据抽取方式有:使用适配程序、扫描程序、桥接程序及直接访问数据存储中的元数据等,一些软件和元数据整合工具都提供适配程序。但整合的最大挑战是来自内外机构的多源元数据、非电子形式源数据等会出现大量的描述质量与语义问题,只有通过数据治理与人工协调来解决。同时,扫描程序将产生多种类型文件:

(1)控制文件 包含数据模型的数据源结构信息。

(2)重用文件 包含管理装载流程的重用规则信息。

(3)日志文件 在流程的每一阶段、每次扫描或抽取操作时生成的日志。

(4)临时备份文件 在流程中使用或追溯流程所使用的文件。

操作中使用一个元数据暂存区进行临时和备份文件的存储,暂存区应支持回滚(即当数据处理错误时,将其还原到上一次正确状态的行为)和恢复流程,并提供中间审计跟踪信息,以助于管理者追溯元数据来源或描述质量问题。

8.3.2 数据元

8.3.2.1 数据元简介

数据元素(Data Element,DE)亦称数据元,是构成元数据的基本单元,它是用一组属性描述其定义、标识、表示和允许值的数据,是构成各类元数据和应用数据的最小语义、逻辑的成分单元。数据元在元数据实体中应是唯一、一致、标准的。

数据元主要由以下三部分组成:

1)对象类

各类政务应用的构建、运行和管理中的各种数据资源规则、抽象概念、事物与过程的集合,有清楚的边界和含义,且其特性属性或行为、量值等因遵循相应的规则而能够加以标识和区别。

2)特性类

政务对象类中的所有个体共有的各项性质。

3)表示值域、数据类型

包括其组合,必要时也包括度量单位、字符集或范围域等。

8.3.2.2 数据元的功能

数据元是信息资源中最基本的语义或逻辑单元,数据元标准化能保证由其构成的元数据集的规范化,由此实现应用数据的标准化。换言之,如果参照工业领域,也将数据元、元数据、主数据、参考数据和业务数据等视为一系列的零部件、元器件、构件与组件、子系统与产品总成的话,那么,它们间分层级且彼此衔接的标准链与质量环是保证生成合格品的条件,其中最根本的就是基础零部件的标准化。这与数据元的标准化相当,它能使数据的创建者、获取者、整合者与共享者等,都能对数据达成共同一致和无歧义的理解,实现由基本数据元、数据元构件、数据元业务段与作业集等构成的应用。

电子政务中参与共享与交换的数据元,应具备以下要求:

(1) 建立并运行跨机构的数据元管理方法、体系和规范。

(2) 建立并运行跨机构、跨领域的统一数据元目录,将其纳入到数据字典系统中。

1) 元数据元素

元数据元素是构成元数据的基本单元,它使描述各类应用与管理的数据实现了单元化、标准化,即它们以最基本、通用与规范的数据构件来描述数据。元数据元素在元数据实体中应是唯一的,即当它们在构建不同的元数据以描述其他数据时,都是一致的、标准的。

(1) 复合元素 复合元素由多个元数据元素组成,如"名称"是一个复合元素,可由"中文全称""中文简称""英文全称""英文简称""俗称""别名"等数据元组成。

(2) 模块 由不同层次与功能的元数据元素和复合元素等组成的模块。政务系统中,应尽可能采用模块来构建元数据,如对人口、地理空间、组织机构等定义统一的元数据元素,再定义相关的固定组配模块,使之具有普遍适用性和重用性。所以,元数据元素是数据资源标准化的基础,通过它们组成的模块是"数据标准化构件""数据通用件"与"数据互换件"等。模块的重用,可提升各类元数据与应用数据的可用性、共享性与标准性。

2) 元数据元素的功用

元数据元素是构建元数据的特殊数据,通常用于构建以下对象。

(1) 通用元数据类 如元数据名称、计量标识、状态标识、创建与使用机构代码、数据类型、SQL数据类型、职能范围标识,等等。

(2) 定量元数据类。

(3) 数据元素定性元数据类。

(4) 类属划分元数据类,等等。

8.3.3 主数据和参考数据

8.3.3.1 主数据

1) 主数据简介

主数据(Master Data,MD)是描述政务流程涉及的各类组织、人员、地点、事物和业务等实体的数据,用于达成对业务对象与流程的一致、共享、无歧义的理解,对各项作业、状况、进程等的准确、实时的反映与描述。

主数据通常包括以下对象的数据:

(1) 当事人 包括个人、法人组织的数据及其在业务中的角色,如公民、申办人、报案者、病人、雇员、学生、参与单位、协作机构、供应方、行政申请方等。

(2) 服务项 包括机构内部、外部和协同提供的单一与多项政务服务。

(3) 财务项 如工本费、手续费、证照费等费用,以及政府救助、困难补助、专项支持等资金与费用等。

(4) 位置项 如行政区划(省、市、县/区、街道/乡镇、社区/自然村等)或空间地理位置(如定位坐标、经度、纬度与高程)等。

主数据通常包括关联的参考数据。主数据管理的主要内容是主数据的定义、赋值和控制,为实现跨系统中一致、共享地使用主数据,对业务应用进行准确、完整的语义和版本记录与控制。

2) 主数据管理(MDM)目标

在单一与整合共享政务系统中,主数据管理(Master Data Management,MDM)的目标体现为以下三点:

(1) 提供权威数据源并与各业务参与方协调一致的主数据,以其为规范进行共享。

(2) 通过合规主数据的重用来降低系统中数据的复杂度与运维成本,提高数据的可靠性与可信度。

(3) 支持政务信息资源整合与共享。

3) 主数据管理(MDM)架构

主数据管理可面向单一机构和多机构。单一机构主数据管理是基础,其架构如图8-3所示。如果一个机构或系统的主数据管理混乱,参与共享整合后就会导致更大范围的混乱并影响更多的机构与系统。因此,机构内的主数据管理架构主要是依据标准,按数据建模、数据整合、数据维护与数据服务的相应流程,通过数据治理达到规范化要求。

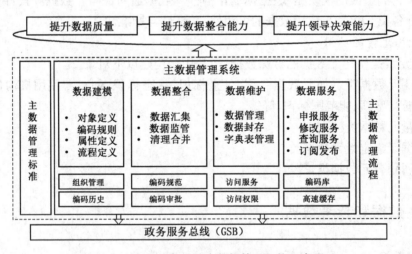

图8-3 电子政务领域主数据管理架构示意图

面向数据整合的主数据管理架构如图8-4所示。它除要求各参与机构按图8-3架构进行内部管理外,还要求从元数据整合入手,实现业务数据各组成部分的整合。相关管理主要有:

(1) 整合系统中任一机构发起变更(如业务、流程或数据项)时,应获得各相关机构的评审、协商与一致认可。

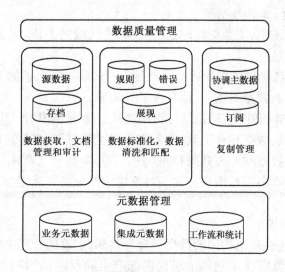

图8-4 数据整合管理架构示意图

(2)对外获取的主数据与参考数据进行质量审查与标准化处理。

(3)按数据质量规则和匹配规则对各机构主数据做相应的一致性检查。

(4)针对业务建立主数据处理统一模式。

(5)对描述主数据与参考数据的各种元数据,以及它们在业务进程中的映射、转换、处理与交换中的一致性进行审核。

(6)采取一致的审计、错误纠正的解决方案监控主数据的流转。

(7)对整合系统内外采取统一的数据记录、跟踪、统计与发布模式。

上述管理中最主要的是协调解决不一致的主数据与参考数据,重点是确定来自哪些数据源的数据元素与元数据表示的不一致或不完整,通过协商处理加以解决。

4)主数据管理内容

管理通常有计划(P)、控制(C)、开发(D)与操作(O)四类活动,故主数据管理涉及如下内容:

(1)理解主数据与相关参考数据的整合需求(P)。

(2)识别主数据与参考数据的权威性来源、贡献者、整合者与使用者(P)。

(3)按业务需求定义和维护主数据整合架构(P)。

(4)建立符合标准的主数据与参考数据记录,以此参与共享与整合(C)。

(5)定义和维护业务进程中的主数据匹配规则(C)。

(6)定义和维护数据层次及关联关系(C)。

(7)实施业务流程中主数据与参考数据的合成方案(D)。

(8)规划和实施业务进程所需的新数据源的需求及整合方案(D)。

(9)备份、分发清洗与加工后达标的主数据与参考数据(O)。

(10)管理与记录主数据和参考数据的形态与内容的变更(O)。

可看出,主数据通常与参考数据一体化管理共同发挥作用。同时,该管理的主要成果是一批符合业务需求的规范主数据与参考数据、其业务数据模型、不同来源的数据质量测评、合规性指标与检测报告以及数据清洗服务等。

5）主数据的管理者、工具与指标

在整合共享政务系统中，主数据管理是跨机构、跨区域的工作，需多方专业人员采用不同工具按相应的要求指标进行。

（1）管理参与者　各参与机构的数据管理员、业务领域专家、数据架构师、数据分析师、应用架构师、数据治理机构、数据提供方、信息技术人员等。

（2）管理工具　主数据管理应用工具、数据建模工具、流程建模工具、元数据存储库、数据分析工具、数据清洗工具、数据整合工具、业务流程与规则引擎、变更管理工具等。

（3）测量指标　主数据与参考数据质量，需求、成本、数量与范围，数据变更活动，使用与重用性，有效性，数据管理覆盖范围等。这些对象均应按业务需求建立管理测量指标，以具体测评管理实效。

6）主数据管理的重点

无论是单一机构，还是多机构间的数据整合与共享，主数据管理主要有以下三个作用。

（1）主数据管理系统应能识别各个机构内部产生的及跨机构间业务导入的重复数据记录，通过标准化处理来建立和维护主数据的全局唯一标识 ID，还要识别它们间的相互交叉引用及业务处理关系，为数据整合提供可能。

（2）针对跨机构间多源数据的整合，应在各方比对后提供完整的事实记录版本。这些整合记录应给出跨系统的信息合并视图，以寻找不同机构或系统间的名称、地址及描述的不一致。

（3）整合后的主数据，应能使政务在线业务处理和智能应用系统等都可以访问到最完善版本的主数据资源。

7）主数据匹配

主数据管理的难点是在跨系统中对同类对象（如个人、机构、业务和事物等）的数据进行识别、匹配、组合与关联。由于不同系统中可能存在不同的对象名称、标识、分类与描述，故难点在于统一命名与标识，建立对照表，匹配时消除冗余，提供对象完整的主数据。

必要时采用推理模型进行数据匹配，如数据清洗工具和主数据应用程序通常包括数据匹配的推理引擎，这些工具依赖于数据逻辑与匹配规则，包括不同置信水平的匹配接受度。有些匹配需要较高的信任度，可基于跨多个字段的准确数据匹配来实现，一旦发现不正确匹配时还应能撤销匹配关联。

可用匹配率来监控匹配推理规则的效果，同时采用不同的关联流程来建立匹配规则：

（1）重复识别匹配原则　系统比对各组特定的、用于确定实体和识别可组配机会的字段，但不合并，而是将其提取出来供业务数据管理员判别，决定其是否组合，或加工补充所需数据项后再合并。

（2）匹配合并规则　系统比对不同应用的记录匹配情况，将其合并为综合记录。如跨数据源应用该规则，则需在每个数据库中创建一个唯一且全面的记录，或采用权威资源库中受信任的数据，关联到其他机构资源库并获取相应的补充数据，替代缺失的值或不准确的值。

（3）匹配链接规则　确定与主数据相关的记录，只建立交叉引用关系而不更新被交叉引用的数据记录的内容。匹配链接规则易于实现，也易于恢复。

匹配合并规则的实施比较复杂，难度是：①业务流程要整合的数据操作复杂，整合度较深；②还原错误合并的操作复杂且成本较高。

同时，主数据的置信水平会随时间与使用频率的变化而变化，如一项主数据经过一定量的业务应用而未显示出错,则可提升其置信水平。通过系统定期或动态评估匹配合并与匹配链接的规则,数据匹配引擎会提供数据值的统计相关性来建立与维护新的置信水平。

为保证主数据的一致性,建立参与整合的各源系统均能接受的全局标识ID,实现同一对象的匹配合并或链接。许多对象具有法定意义或权威机构发布的标识代码,如公民身份证号与企业等机构的统一社会信用代码就属此类代码,但许多其他对象就无此权威标识,此时就需建立全局标识ID分配给跨系统的记录,以实现交叉引用,实现在不同系统中交叉匹配同一对象的数据。

8)主数据管理成熟度

主数据是重要资源,称为基准数据。主数据管理也形成了规范体系,业界认同以下由Jill Dyche和Evan Levy提出的主数据管理成熟度的6级评估规范,从低到高反映了主数据管理的不同成熟度,如图8-5所示。

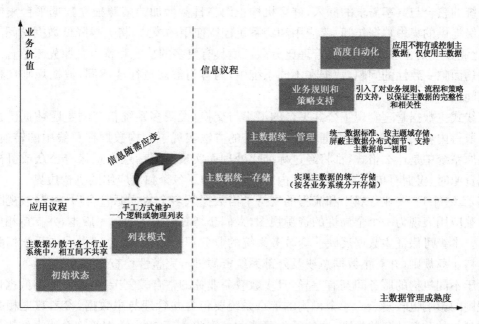

图8-5 主数据管理成熟度示意图

(1) Level 0——未实施任何主数据管理(MDM)　此状况意味着机构的各应用之间没有任何数据共享,政务系统没有规范数据定义元素。比如,一个机关提供多项服务,但均由多个孤立的系统来独自处理业务数据,拥有独立的服务事项,各个系统间不共享数据,每个应用单独管理和维护其数据,各系统间数据不连通。

(2) Level 1——提供主数据列表　机构内部手工维护主数据表,当跨系统的应用产生数据需求时,可检索此列表。主数据列表的维护包括数据添加、删除、更新及冲突处理,由各部门的员工通过讨论协调进行。

由于列表是面向应用的,故多按具体的业务规则来构建和保证其一致性;但当业务规则改变或出现多机构数据整合需求时,这种手工管理列表的内容与流程就容易发生错误,且列表维护的质量常取决于是谁参加了变更管理流程,故易受人为因素影响。

(3) Level 2——同等访问(通过接口,各系统与主数据主机之间直接互联)　与Level 1相比,本级引入了主数据自动管理系统。通过建立标准,定义对存储在政务数据中心中详细数据的访问和共享,为各系统间共享使用数据提供支持。数据中心称为"主数据主机(Master Data Host)",是个主数据应用系统,在线支持数据的访问和共享。

主数据的创建、读取、更新和删除(CRUD)是其基本功能,本级还实现了"对等访问"(Peer-based Access),即一个应用可调用另一应用来更新数据。当 CRUD 处理规则定义完成后,本级需要客户"同等"应用规范化数据,以便和主数据系统库相一致。数据中心提供集中数据存储和供应,以及规则管理、数据质量管理和变更管理等,均须在政务业务范围内作为必要功能来定制和实现。

(4) Level 3——集中数据总线处理　本级管理打破了各独立应用的边界,使用各系统都能接受的数据标准建立并维护主数据;而 Level 2 的主数据主机上存储的数据还是按各系统分开存储的,没有整合在一起。

数据总线的集中处理模式,为主数据管理构建了一个通用的、基于业务适配的平台。随着政务系统的整合与共享需求的深入,许多机构正面临日益增加的多源独立数据平台集成的压力。本级提供的集中数据访问、跨应用和跨系统控制使用的模式,将大幅降低数据访问的复杂性,简化业务规则管理,使主数据管理比分散环境具有更多的功能和特点。原先未整合的政务主数据均面临一致性的问题,数据在不同系统中,内容与形态也往往不同,数据规则在各政务系统之间也不一样。

总线式主数据管理实现了公共平台的汇集与交换,说明多系统整合的主题数据已在不同机构中取得内容共识,也意味着通过集中、标准的方法实现了异构数据在总线中的转换,而不论其在原系统中是什么格式,都将经过标准化处理而实现整合。这也意味着公众或机构在使用数据资源时,仅拥有单一的主题数据内容映像,打破了各个独立应用的机构边界。

(5) Level 4——业务规则和流程的支持　当数据从多个数据源整合后,主题域视图就超越了单独应用表现为一个全局性的资源视图,人们获得对象描述的单一版本,并支持相应的共享业务。本级可保证主数据反映一套政务系统的业务规则和流程,通过引入与适配相关主数据来支持业务规则,并对主数据总线及外部系统资源进行完整性检查。

由于不同机构的服务间互有差异,且多数政务业务的整合较复杂,因此对业务数据访问和操作规则的影响也较复杂。一个机构的单一系统要包含并管理与主数据、参考数据相关的多个机构参与的政务业务的规则,往往是不可能的。因此,满足对主数据管理总线提供业务全局的数据精确性、合规性与一致性等要求,工作流和流程整合的支持是必不可少的。

(6) Level 5——政务数据大集中　在本阶段中,数据总线和主数据被再集成到各独立的政务应用中。主数据和应用数据间动态关联,当主数据记录资料被修改后,所有业务应用的相关数据元都将被更新。这意味着所有的公共个体、应用和机构的源系统访问的是相同的数据实例。这需要主数据管理形成闭环体系:所有政务应用系统通过统一管理的主数据集成一体;所有对象、过程与事件等的描述在系统看来都是对象的同一版本。操作业务系统和主数据管理的内容同步,当数据总线更新时,所有政务系统都将体现这一更新,并形成新的操作视图。

在注册环境中,当主数据更新时,总线通过 Web 服务连接相关系统应用事务更新。因此,本级提供一个面向业务的数据整合与共享同步的架构。当一个系统更新数据时,政务系统内所有的应用将反映这一变更。

从 Level 4 到 Level 5 意味着主数据管理不是在某个政务应用内被特殊设计或编码,还意味着主数据传播和供应不需要各个源系统专门开发或支持。所有的政务应用都不拥有或控制整合共享的主数据,但可直接用其来实现自己的业务和流程。

主数据管理总线支持政务系统的基础架构,所有应用都可访问主数据与参考数据。一个政府系统在达到 Level 5 后将使其所有应用连在一起:既包括操作的,也包括分析和呈现的。例如,当一个系统更新时,数据变更将被发布到所有的应用平台,以保证所有服务项的一致性。因此,Level 5 是把数据作为服务来实现的,它保证一个一致的主数据主题域在各项应用与业务中的映像。它将定义对象和其他政务应用接受对象的主数据业务规则变化视为是一回事,这就消除了主数据管理的最后一个障碍:统一采用数据定义、授权使用和变更传播。

8.3.3.2 参考数据

1) 参考数据简介

参考数据是供系统、应用、流程及主数据等用来参考的数值的集合或分类表,也是对数据分类编目的数据。参考数据管理是对定义的数据域值进行控制,包括对术语、代码值、标识符、取值的业务定义,对数据域值列表内部和跨机构列表之间的业务关系的控制;并对参考数据值的一致性与共享交换进行控制。表 8-1 就是一则针对服务项状态描述的参考数据示例,若无此类代码反映服务项的状态,系统就不能跟踪具体的服务进程。

表 8-1 服务项状态描述的部分参考数据示例

代码	描述	定义
1	新服务项	指示新创服务项,不指定其来源
2	指定项	指示一个具有来源名称的服务项
3	处理中	指示一个进程中的服务项
4	关联项	指示从每个指定来源待完成的需求项
5	取消项	指示已从作业中取消的项目
6	待处理项	指示尚需补充条件才能处理的项目
7	完成项	指示需求已被满足且经确认的任务项

由表 8-1 可看出,参考数据常用于对象分类、数据导航和智能业务等,也对业务数据的完整性、整合性、互操作性等起标识作用,能区分数据在处理进程中的状态与传输,不同的记录及其来源等。政务机构通过内部参考数据,描述自己的信息特性并对其做标准化处理;外部机构也定义参考数据集,如其他政府或社会服务机构,生成的参考数据集供多个组织使用。

参考数据也用元数据定义,可描述的特征有:

(1) 各参考数据值域、含义和目的。

(2) 参考数据的参照表和数据库。

(3) 数据表中的数据来源。

(4) 当前可用的版本。

(5) 业务数据的更新历程。

(6) 如何维护每个表中的业务数据。

(7) 负责业务数据和元数据质量的机构与干系人,等等。

2) 参考数据的功能

参考数据在许多场合下是对主数据的限定、描述、指代与数值化,故它们在业务中互不分

离。政务系统中整合共享和交换的参考数据和主数据,应符合以下要求:

(1) 各应用均有记录主数据和参考数据的子系统,建立其规范化记录。
(2) 标识并建立主数据和参考数据的管理规则与处理流程。
(3) 建立主数据和参考数据管理的质量要求。
(4) 建立主数据和参考数据管理的审计与考核规则。

3) 参考数据和主数据操作架构

参考数据与主数据存储也有集中、分布与混合式架构。但在多源政务系统共享中,多记录的数据源整合颇为复杂,合适的模型是一种改进型的集中操作式架构,如图 8-6。图 8-6 的流程是:将数据库中每条记录的权威主数据和参考数据提供给一个操作型数据存储(ODS)系统,向所有事务处理应用提供主数据和参考数据。一些应用可将 ODS 作为自己的数据库,其他应用程序可用"订阅-发布"模式从 ODS 数据中心复制数据到其专用的应用程序数据库。

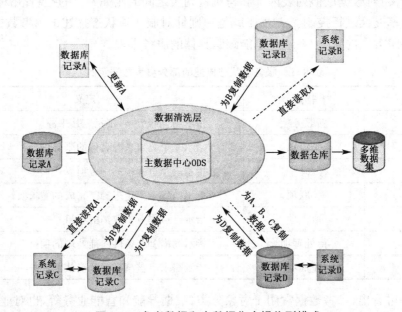

图 8-6 参考数据和主数据集中操作型模式

图 8-6 中,记录系统 A、B、C、D 提供了 4 种不同域的主数据。系统 A 不需要 B、C、D 的数据,故无自身数据库而直接更新 A 主数据;系统 B、C、D 各有其应用数据库。系统 B 直接从 ODS 中读取 A 主数据,并向 ODS 提供 B 主数据;系统 C 向 ODS 提供 C 主数据,也从 ODS 中直接读取 A 主数据,但订阅了从 ODS 中复制 B 主数据;系统 D 在向 ODS 提供 D 主数据时,也从 ODS 接收主题域 A、B、C 的主数据。这些相异的流程都能在集中操作型架构中实现。

图 8-6 架构的优点是不同系统与 ODS 间采用了标准的通用接口而非点对点接口,此架构简化了变更维护的过程与复杂度。因为,来自一个系统的新数据或其更新可能要与其他系统已经提供的数据进行核对,ODS 成为数据仓库的主数据源,从而降低了数据抽取的复杂性,减少了数据转换、清洗和核对的时间。同时,数据中心必须保存 ODS 的数据历史变更,而 ODS 只需保存数据和当前状况。

8.3.4 业务数据

8.3.4.1 业务数据简介

业务数据是对被批准、受管控、能具体实现政务活动的业务需求的定义与描述的数据。政务系统通过规范流程来创建、定义、审批、修改和发布统一的业务数据，既实现了跨机构间数据的整合共享，也满足了各组织内部的独立应用。本质上，业务数据是主数据和参考数据按特定需求组织成的数据集。在整合共享系统中，需要考虑业务数据的以下特征：

(1) 被多个机构或系统反复引用的对象、角色、地点、事物的特征数据是哪些？

(2) 描述同一个实体、机构、地点或对象的是哪些数据？

(3) 哪些数据更准确？更具法定意义、更可靠与可信的数据源是哪些？动态数据是哪些？

(4) 数据存储于何机构？数据源是什么？哪些要现场输入？非现场输入的数据有哪些？

(5) 与具体政务活动或服务相关的数据有哪些？机构间的哪些需求是重叠或冲突的？

(6) 哪些来自多数据源的数据能被整合建立成更完整的业务数据视图，能帮助决策者更全面地了解人员、机构、位置、对象、事件过程与性质？

(7) 可建立哪些处理规则用于跨系统匹配和合并属于同一个人、组织、地方或对象的数据，从而简化作业、提高数据资源质量与自动处理程度？

(8) 如何识别与恢复那些被不恰当地匹配与合并的数据？

(9) 如何向跨机构应用提供优质可靠的业务数据？

显然，业务数据管理与需求对不同的政务应用是不同的，这取决于业务类型和服务之需。不同部门的数据结构和业务驱动等要实施不同的整合解决方案，即8.3.3节所述的主数据总线应支持业务数据所关联的具体作业领域。

8.3.4.2 业务数据的基本要求

面向政务整合共享的业务数据应符合以下基本要求：

(1) 业务数据应清晰表达政务服务中具体业务项的含义。

(2) 发起整合共享与交换的机构或平台已建立了全面、完善、规范且经审核的业务数据字典，字典的内容与格式等均需经各干系方一致确认。

(3) 参与整合共享和交换的机构应遵循相关标准定义所需的元数据规范等业务描述数据，这些描述应获得参与共享各方机构的认可并写入数据字典。

(4) 业务数据在整合共享与交换中，各干系方均应在认同数据字典定义的基础上对其含义获得一致的理解。

(5) 发起整合共享与交换的机构或平台，应能通过数据治理开展对业务数据的标准化检查、内容与格式的审批和统一应用。

(6) 当政务应用中有新数据需求或新项目构建时，应有相应流程来梳理与检查其所需的业务数据，保证符合要求的业务数据尽可能重用。

(7) 参与系统整合共享的机构内部应建立渠道和流程来获取相关数据，对字典中尚不存在的新业务数据，主建者应和其他利益相关者建立业务数据的沟通、反馈与字典维护机制。

8.3.5 指标数据

8.3.5.1 指标数据简介

指标数据是系统运行与管理中,衡量某个目标、对象或事态的数据,一般由指标名称、时间、状态指标与指标数值等组成,多在决策与分析型政务系统中被大量采用。

指标数据管理是指对政务系统内及系统间运行所需要的指标数据进行适用性定义、指标建模、数值加工、跟踪统计、数据展现等。同时,不同层级与领域的机构,会有宏观调控、中观管理和微观操作等性质各异的指标需求,有的是定性指标,有的是定量指标。

8.3.5.2 指标数据要求

电子政务中对共享与交换的指标数据有以下要求:
(1) 指标数据定义应清晰描述指标含义、指标体系和指标口径等。
(2) 建立机构内部统一且审批过的指标数据字典。
(3) 建立指标数据分类规范、定义规范、交互规范和参照规范等。
(4) 建立统一的跨机构间指标数据管理流程。

8.4 共享政府数据词典

8.4.1 电子政务数据字典

数据字典是对构成某领域数据资源的数据项、数据结构、数据流、数据存储、处理逻辑、外部实体等进行定义和描述的数据集。数据字典可分两类:一类是各机构内的数据定义与规定,通常不参与外部共享与交换;另一类是对外部共享与交换的数据做出统一、规范且对涉及业务运行的数据进行定义。这两类字典在政务应用中是一种交互设计、共同建设、协同维护与运行的多源与多向的数据资源集,能为各类应用提供标准数据资源支持,也是数据质量管理与评估的依据。电子政务数据字典的最大特点是开放性与共享性。

8.4.2 数据字典的内容

电子政务数据字典应收录各类参与共享与交换的数据、各类实体与业务的术语以及其他类型数据。

1) 电子政务术语

(1) 术语字典 术语是对象语义定义与使用场景注释的工具,也是字典的核心内容。各类政府业务与实体、过程、作业和管理等的概念体系先要收录在政务术语字典中,各词条均应以权威部门的表述、定义和解释为标准,以科学性为基础,并对各类简称、俚称、别称和俗称等与对象学名建立参照与映射等。

(2) 术语字典数据库 术语字典以数据库为载体,包含各类术语部件库,以对象信息描述、代码与标识符为主。还包括共享环境下相应的建库原则与方法、相关概念体系、术语部件库的描述规范等,这些对象的标准化,对于参与共享与交换的数据载体的各方都有重要作用。

2）其他字典项

除业务术语外,还有一些对象也被纳入字典,包括分类数据、编码数据、存储指示数据、交换条件数据、整合数据、辅助处理数据等,用于对各类应用进行数据采集、监控、分析等处理。在存储形式上,政务应用涉及的人口、法人单位、空间与机构等公共服务基础数据以分布式、数据报文或信息链等形态存放于各应用系统中。可采用数据挖掘和知识发现等技术和资源需求策略,提供各种业务的集成应用。

管理上,各数据中心是政务数据资源的存储主体。字典也对政务应用数据提出统一的描述机制、语义表达、图形符号、分类体系、标识符、交换格式和管理等方面的技术要求。

3）字典的开放性

政务应用涉及各领域数据的整合共享,需要一个开放式政务数据字典（OGD）作为其资源存储、管理与支持载体。开放式政务数据字典功能主要为：

(1) 在政务应用中定义各类公共服务与对象的属性及其记录规范。
(2) 在多个政务合作伙伴中通过语义桥接来实现业务数据交换。
(3) 支持政务共享系统间最低数据映射的需求与数据库同步。
(4) 提供政府、社会机构和应用系统中多种信息格式间的透明信息传输。
(5) 提供准确、实时、可计算和处理的数据。
(6) 支持政府机构、企业、社会系统与公民间实现 G2G、G2B 与 G2C。
(7) 提供跨系统业务术语、人员、机构、地点、物品和服务数据的资源集合。

4）电子政务数据字典的构建规范

不同机构或系统都可建立数据字典,并对各类参与共享融合的业务数据产生影响。为保证各字典的规范性,减少异构性,应为电子政务数据字典构建提供如下规范性指导准则：

(1) 开放性字典的技术架构设计。
(2) 公用与专业领域语料库、术语库的构建导则。
(3) 对象识别导则与识别模型。
(4) 跨机构分布式开放技术字典接口。
(5) 对象概念标识框架。
(6) 对象特征数据序列。
(7) 对象主数据表与呈现规则。
(8) 开放性技术字典的维护规程。
(9) 开放性技术字典的信息序列接口：包括描述概念的术语。
(10) 开放性技术字典的登录与注册。

综上所述,这些原则可归结为电子政务术语库的开发指南,参与共享与交换的术语库的编制规则,术语库的构建、运行与维护方法,以及对共享融合术语数据库的评价指南等。

8.4.3 电子政务数据字典的分类

电子政务数据字典通常分为以下三类：

1）功能型字典

用于规范某功能域和同一功能域内应用数据元素的句法和语义的数据字典。内容包含从特定的专业数据字典中提取或合成的内容,主要是数据元素的应用逻辑与形式。

2) 应用数据字典

用于规范电子政务业务应用(如经济、政务、能源、环保、文化等领域)的数据字典。

3) 外来数据字典

不同政务系统(如公安、社保、交通、民政等机构间)彼此融合的数据字典,通过跨系统间政务数据字典的融合语义桥等支持跨系统应用的构建与业务融合。

8.5 共享数据分类与编码

8.5.1 共享编码的数据分类

分类是编码的基础。数据还可按形态属性及组合划分,结合编码生成相应的分类体系。主要有元数据/数据元分类、业务数据分类、主数据与参考数据分类、标识与代码分类等依据数据性质的分类。一致的编码资源是实现跨系统构建基于数据共享的政务应用的前提,这类资源即共享编码资源。

从共享编码的应用与管理角度,可进行以下分类:①数据内容;②数据性质;③数据标识与代码;④数据质量;⑤数据管理功能;⑥元数据/数据元;⑦数据交换与整合要求;⑧数据采集渠道与途径;⑨数据统计与呈现等。

这些对象连同其标识代码等应从术语字典的构建开始,根据具体应用将分类、编目、编码方案与对之进行标注的特殊代码等收录在数据字典中,成为数据资源组织与呈现的主要形式。

8.5.2 数据编码

1) 代码的功能

代码是数字、字符、符号等用于标注与区分对象的有限形态的组合,具有指代性、唯一性、格式统一性、形态规整性、内容无歧义性、表达单一性、理解一致性和超越语种等特征,是最适于计算机自动处理的数据形式与信息载体。

编码是代码的生成方式、编排规则和形成过程。代码可按结构、编码元素与应用范围进行如下划分:

(1) 按代码结构划分 共享政务多为复杂系统,代码在一个应用中为单一结构,但整合后往往形成复合结构。如对象名称代码、生产企业标识、空间位置代码、分类目录代码、提供机构标识、处理机构标识,等等。

(2) 按编码元素划分 编码元素分为单一元素与复合元素。如代码由纯数字或纯字母组成,则为单一元素代码;如数字与字母混合编码,则为复合元素代码。

(3) 按应用范围划分 如仅在机构内部使用,则为内部码;如各参与方共同使用,则为公用码。共享与融合政务系统中的多为公用码。公用码应纳入电子政务数据标准化战略,统筹规划,集中开发,统一编制,共同维护。

2) 编码的特性

政务系统要求代码具有唯一性、系统性、一致性和识读与呈现的合理性等。这些要求随系统范围和应用领域不同,在实现上会有很大的不同。如代码的唯一性,在一个机构、一个行业中尚容易实现,但在跨领域、跨区域的异构政务应用中就较难实现。此时,需对不同系统中的代码建立对照表与标识资源转换接口设计,几种情况与解决方案如下:

(1) 如不同系统间同类对象的代码形态与内容一致,就可直接共享与融合。
(2) 如系统间代码不一致,则可建立对照表。
(3) 如多个应用系统中的代码不一致,则应考虑建立独立的中央代码接口池。
(4) 建立独立的政务代码标识服务中心,为更多的机构,更大范围的跨机构,跨层级、跨领域的政务应用与管理机构提供第三方标准编码资源服务。

3) 数据项编码规范

数据项有元数据、数据元素、业务数据、主数据、标识数据、描述数据、分类数据、物理特征数据、运行数据、数据交换特征数据等,还有管理类数据,如关联类数据、验证类数据等,这些数据项均需编码,而共享环境中,还需要另外的标识代码体系来彼此区分。在编码型制上则应采用符合国际、国家和行业等标准的代码来规范化表达。

8.6 政务信息资源目录与共享交换

8.6.1 面向共享交换的政务信息资源目录概念

目录是政务数据资源的组织性与关联性呈现,共享交换环境需要以开放技术字典库为核心,包括政务资源目录、共享编码目录、字典识别方案、共享系统标识索引等。

面向共享与交换的资源目录体系的建立与维护所涉及的内容与逻辑关系有:①政务对象的分类原则;②政务对象属性描述数据分类目录;③共享代码体系(指政务对象及其在共享交换应用中各类共享属性的唯一代码);④业务过程与管理的特征项目录;⑤政务对象、过程与管理项的测量值目录;⑥对象、过程与管理的术语,不同称谓与表述的对照表;⑦相关对象,如资产、服务、空间、组织、人员等的目录构建导则,等等。

8.6.2 政务信息资源目录交换体系

目前,国家和地方多已建立了数据共享交换平台,构建政务应用时应充分利用这些信息基础设施资源,构建从全国到地方的政务服务数据共享平台体系,支持统一数据的整合共享与交换,构建各类政务应用。

1) 公共信息资源目录体系

如前所述,应根据业务需求,按统一信息资源目录体系标准,对相关政务服务信息资源进行编目,生成政务服务公共信息资源目录,记录政务服务信息资源结构和政务服务信息资源属性。政务服务信息资源结构通过树状的目录结构,展示政务服务信息资源之间的相互关系;政务服务信息资源属性则描述信息资源的管理属性。

政务服务公共信息资源目录信息包含六类信息:自然人基本信息、法人信息、证照信息、投资项目信息、政务服务事项信息、办件信息等。这六类信息在政务应用中是共享交换频率最高、使用最广的资源,每项具体应用均涉及相应的目录体系间的交换。

2）交换体系

交换体系是为消除部门间、地域间、层级间政务服务信息共享困难、信息不一致、信息实时性不强而建设的信息服务体系。应按照政务服务信息资源交换标准，根据各地区各部门应用系统的需求，科学规划共享信息，为部门内的业务应用系统和跨部门的综合应用系统提供信息定向交换服务和信息授权共享服务。

3）相互关系

目录体系和交换体系既相对独立，可独立建设，又相互依赖，可互相提供服务。一方面，通过目录体系建立起的政务信息资源目录及接口，可对政务信息资源进行查询和检索，从而为政务信息交换奠定基础；另一方面，通过交换体系，可对政务信息资源编目进行传送和对信息资源进行访问、获取。应用系统根据需要可以选择目录体系提供的目录服务或交换体系提供的交换和共享服务，也可选择两个体系提供的所有服务。

4）层次结构

可采用集中与分布相结合的方式进行信息资源目录服务和数据交换服务，其体系主要分为国家、省、地市三级节点，实现国家、省、市、县级数据的交换。在国家级节点存储和提供政务信息资源总目录和国家级政务数据交换服务；在省级节点存储和提供相关省级政务信息资源分目录和省级政务数据交换服务；在地市级节点存储和提供地市级及以下政务信息资源分目录和地市级及以下政务数据交换服务。下级节点应当利用上级节点进行本级政务信息资源的注册和跨区域的数据交换。如图8-7所示。

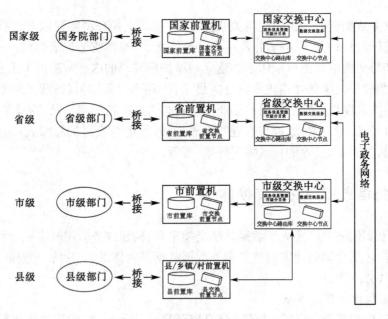

图 8-7　数据交换体系层级结构图

采用统建模式、分建模式的地区可根据实际情况组织各层级数据交换平台的建设。

5）交换方式

国家级、省级、地市级节点内部采用集中交换和分布交换相组合的形式。

集中交换模式将信息资源集中存储于共享信息库中，信息资源提供者或使用者通过访问共享信息库实现信息资源交换。对于信息共享程度较高的信息资源，可采用集中交换模式。

在集中交换的基础上进行数据清洗、加工、整合,并为其他部门提供服务,便于各类主题信息的统计分析和提高信息查询效率。分布交换模式将信息资源分别存储于各业务信息库中,以目录的方式进行数据共享,信息资源提供者和使用者通过交换节点提供的交换服务实现信息资源的跨部门共享,实现一数一源、一源多用、跨部门共享。集中与分布相结合,从而支持多种服务模式。国家级、省级、地市级节点之间通过国家级政务服务平台和省级政务服务平台实现数据跨域交换。

统一数据交换平台均可根据不同的场景提供数据库表、Web Service、文件等数据交换方式。具体如下:

(1) 数据库表方式　在统一数据交换平台能直接访问前置机数据库的情况下,数据交换双方均将数据推送至前置机数据库表中,并从前置机数据库表读取交换给本方的数据。

(2) Web Service 方式　数据交换双方通过 Web Service 发布数据读写接口,并通过调用该接口完成数据的双向交换。

(3) 文件方式　对于非结构化的信息资源,统一数据交换平台可以读取非结构化信息资源,通过消息中间件实现非结构信息资源的数据交换。

思考题

1. 为什么要开展政务信息系统整合共享?
2. 什么是元数据?元数据如何分类,其各自功能如何?
3. 简述元数据管理的要点。
4. 什么是主数据,其管理内容与模式有哪些?
5. 什么是参考数据,其管理内容有哪些?
6. 电子政务的业务数据特征有哪些?
7. 什么是电子政务数据字典?试述其构建规范内容。
8. 简述共享数据分类与编码的基本内容。
9. 简述我国的政务信息资源目录交换层级体系。

9 政务数据质量管理

9.1 政务数据质量管理概述

数据质量对于政务服务至关重要,在跨系统整合共享需求下,它是不同机构能否成功构建应用的前提。它由政府系统内部与外部数据质量需求、质量控制、质量验证与质量改进等内容组成,涵盖政务数据的创建、采集、加工、转换、传输与发布等整个生命周期。

劣质数据会给电子政务造成诸多不良影响,如:①系统资源无法共享交换;②系统数据维护,特别是跨系统数据追溯与维护困难;③政务服务出现差错;④公众服务体验不佳,满意度下降;⑤用户投诉增加,出现较多负面评论;⑥政务业务与管理数据失真;⑦机构间资源共享与交互出现问题;⑧高层决策依据的数据错误或缺失;⑨政务系统运行效率下降,等等。

政务数据质量管理是系统性问题,它在"人类-网络-社会"环境中,包括确立各项政务活动的数据质量需求、构建数据监测流程、定义数据质量指标及反映其变化与波动的监控措施。可再将其转换成五种控制需求:①针对政务业务构建数据质量指标体系;②依据指标体系建立相应的单项与关联控制规则;③确立各指标可接受的阈值;④动态记录业务运行中的数据质量情况;⑤记录中检测到的各种冲突、不一致与错误等报警,供管理人员处理,并将其加入控制规则等。

9.2 政务数据质量管理概念

9.2.1 政务数据质量管理的定义与内涵

1) 政务数据质量管理的定义

政务数据质量管理的定义是:通过计划、实施、控制与改进活动,运用系统化、网络化质量管理技术来测量、评估、改进政务数据以保证政务系统中各类数据的正确使用。

此定义表明数据质量管理与传统产业质量管理的异同:一是对象的差异,传统产业中工业品为实体对象而数据为虚拟对象,各项实体对象的测量及形位公差与公差配合控制等方法均无法使用,而代之以一系列无法用理化方式测量的抽象指标等,导致数据质量管理的方法论与工具论都发生了变革。二是环境差异,传统产业中质量管理针对一种可大量生产的产品,边界明确;政务数据则与各虚拟业务相关,各业务流程执行机构制定的内外质量策略,内部如数据加工、流动、整合等,外部如政务规则、标准与跨机构交换的数据格式等,数据质量需求隐含其中,不同业务各异。三是部分传统质量管理理论与方法,如统计质量管理理论及PDCA循环理念,在数据领域依然有效,但其实施工具大不相同。

2) 定义的内涵

政务数据质量管理的内涵是,根据政务业务需求定义合适的数据质量水平与管理体系,包括:

(1) 制订数据质量现状的评估计划与衡量指标。
(2) 实施数据质量测量与改进的流程。
(3) 动态测量与监控按业务需求规定的数据质量水平。
(4) 执行解决数据质量问题的方案,达到改进与提升质量的效果等。

9.2.2 政务数据质量管理方法

传统产业的质量管理有许多成功经验与方法可用于电子政务领域,其中最具代表性的是数据质量管理 PDMA 循环。

数据质量管理 PDMA 循环源于传统产业质量管理的 PDCA(计划-Plan,执行-Do,检查-Check,调整-Action)循环,如图 9-1 左侧;改进后为数据领域的 PDMA(计划-Plan,实施-Deploy,监控-Monitor,行动-Act)循环,如图 9-1 右侧。两者皆通过循环比对质量目标与现况来改进质量,差异是数据质量强调在计算机与网络环境下开展实时性系统监控。

PDMA 循环包括以下内容:

(1) 计划阶段 由政务数据质量管理团队设定质量需求,评估已知和潜在的质量问题,包括其发现与改进流程、影响和处理措施等。

(2) 实施阶段 剖析各项数据,识别问题,执行检查和监控,查找并修复作业流程中导致的数据错误或缺陷,采取措施纠正关联错误。尽量从源头发现错误,在数据流中尽早校正与补救。

(3) 监控阶段 根据政务业务规则对数据质量水平进行动态监控。当其处于可接受范围时,系统提示数据质量为受控,其水平满足业务需求;但如数据质量问题超出可接受范围,就需采取相应行动。

(4) 行动阶段 针对检测出的数据质量问题采取相应纠正措施,直至质量得到提升。

(5) 循环变更 当业务流程变化,出现新业务、新需求与新数据源时或针对质量问题进行整改后,就开启了一轮新的内容有所变更的政务数据质量 PDMA 循环周期。

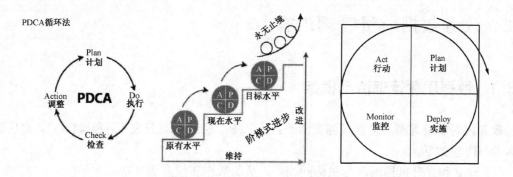

图 9-1 传统质量管理的 PDCA 循环(左)与数据质量管理的 PDMA 循环(右)示意图

9.2.3 政务数据质量意识与质量管理目标

1) 建立政务数据质量意识

数据质量虽然涉及技术、体制与管理,但更多的是质量意识问题。政务数据质量意识包括能将数据质量问题与其实质影响联系起来,向监管者保证系统化的数据质量管理方法对机构内外的数据质量进行全面考察,还应向所有人员传递"政务数据质量问题不能仅靠技术手段解决","政务数据质量贯穿政务系统生命周期全过程,直接影响社会服务、公众体验"等理念。

电子政务是人-机-人系统,数据质量的主导因素在人,关键是建立人的数据质量意识,核心是建立相应的考核与奖惩机制。

2) 政务数据质量管理的一般目标

政务数据质量针对系统各级管理阶层有不同的要求,一般目标如下:

(1) 在机构内与机构间建立质量意识,让业务合作者、用户与上下游关联机构参与,同时,系统开发与运行者等都应强化数据质量意识。

(2) 针对业务需求,建立具体的、针对各作业环节的数据质量评估标准与保证措施。

(3) 根据业务流程,建立跨系统的数据质量意识与管理体系传导模式,构成政务数据质量保证链。

(4) 改进数据质量,在满足政务系统内外业务要求的质量水平上,随用户检验的提升要求改进数据质量与管理模式。

(5) 为动态测量和保证政务数据质量水平提供一致的监测衡量与管理程序。

3) 政务数据质量管理的具体目标

政务应用中,数据质量有一些技术性目标,具体如下:

(1) 数据丢失:包含应填写数据项却未填写,或填写字段不完整。

(2) 数据错误或不准确:信息未被正确输入或未得到正常维护。

(3) 数据不对应:数据被错误地输入到了其他栏目。

(4) 格式不符:数据未依照记录系统需要的格式规范录入。

(5) 数据重复:同一账户、联系人、业务线索等在数据库中记录了不止一次,但可能其形式与称谓不同。

(6) 数据输入失误:字词、名称或特征描述方面的错误、打字错误、顺序错误和歧义。

9.3 政务数据质量管理内容

9.3.1 数据质量管理活动框架

政务数据质量管理一般涉及四类活动:计划(P)、控制(C)、开发(D)和操作(O),对应的管理活动与内容如下。

(1) 建立和提升机构内部与机构间相关人员的数据质量意识(O)。

(2) 围绕政务业务定义数据质量需求(D)。

(3) 跟踪分析和评估各项业务进程中的数据质量(D)。

(4) 定义政务数据质量的测评指标(P)。
(5) 依据政务业务项与流程定义数据质量的管理规则(P)。
(6) 在关键业务节点测试和验证数据质量需求满足程度(D)。
(7) 确定与评估总体数据质量水平(P)。
(8) 跨机构持续测量并监控数据质量(C)。
(9) 设计与管理数据质量体系,特别是跨机构、跨系统间的数据质量与接口(C)。
(10) 清洗并纠正数据质量缺陷(O)。
(11) 设计并实施数据质量管理作业程序(D)。
(12) 监测政务数据质量管理的作业程序与绩效(C)。
这些内容构成了政务数据质量管理的一般活动框架。

9.3.2 政务数据质量管理的对象、参与者、工具与测量体系

1) 管理对象
数据质量的管理对象包括数据元素、元数据、主数据、参考数据、各类业务与管理数据等,以及与数据相关的各级工作者。

2) 参与者
数据质量管理涉及所有业务相关机构的以下人员:
(1) 数据质量分析师。
(2) 数据分析师。
(3) 数据与数据库管理员。
(4) 数据资源管理员。
(5) 数据管理体系委员会成员。

3) 管理工具
数据质量管理主要采用以下工具:
(1) 数据分析工具。
(2) 统计分析工具。
(3) 数据清洗工具。
(4) 数据整合工具。
(5) 事件和问题管理工具。
(6) 大数分析工具与知识图谱等。

4) 测量体系
数据质量测量体系包括以下内容:
(1) 数据资源架构/模型质量分析。
(2) 数据内容比对。
(3) 数据值分析。
(4) 错误/不合规对象的检出。
(5) 质量查验与校正。
(6) 质量水平的达成。
(7) 跨机构间数据质量管理的接口契合度。

9.3.3 数据质量的供给、输入与成果

数据质量管理的主要目标,是保证各项服务业务的正确运行,不断提升数据质量以支持新服务项。故数据质量的供给包括质量标准、资源架构、管理技术、测评方法、控制机制、体制衔接等方面的输入,其成果也包括了能在机构内部与机构间切实实施的多种规章制度、关键点检测、系统日志、作业台账、异常报告、处理记录等。

9.4 政务数据质量体系

9.4.1 质量体系概述

质量体系是指为保证产品、过程或服务满足规定(或潜在)的质量要求,是由机构主体,包含相关职责、程序、活动、能力和资源等构成的有机整体,即为实现质量目标而建立的综合体。传统企业为实施质量管理,生产出满足规定和潜在要求的产品,提供满意的服务,达到既定的质量目标,必须建立和健全质量体系。

质量体系分为质量管理体系和质量保证体系,在非合同环境下,企业只建立内部质量管理体系;在合同环境下,企业还须建立质量保证体系,以保证上下游质量控制链的完善。

显然,这些针对传统产业的质量体系概念,对于电子政务数据质量领域,其基本理念与方法也适用。但电子政务属虚拟产业,数字领域中的质量体系、质量管理与控制理论等仍在完善中,各领域的实践也在数据治理的框架下进行。

9.4.2 政务数据质量指标

9.4.2.1 政务数据质量指标体系要求

政务数据质量具有系统化特征,涉及多维度的综合数据质量指标,具体要求如下。

1)规范性

数据规范性是指数据符合数据标准、数据模型、业务规则、元数据或关键参考数据的程度。数据规范性是对数据的内容与形式、数据模型、业务规则、元数据、主数据和参考数据等提出的要求。它针对数据质量评估结果提出相应的数据标准,为数据录入、数据加载程序设计、数据集成、政务数据资源更新与开发等提供操作准则。

2)完整性

数据完整性是按照数据规划要求,数据元素被赋予数值的程度,也是数据的有效性、结构、内容、形态对业务满足性等基本数据特征的测量标准。它包括对政务数据内容的测量,如完善性、填报率、有效性、数值与频率分布、范围、约束性限制,以及参考完整性等。完整性的要求之一是数据集的特定属性都被赋予相应内容,且数据集的全部记录都存在。要对数据集的不同约束类型属性应用完整性规则,如:有取值的必填值域范围与属性,条件选项的选用规则,特定场合下的禁用规则等。某种情况下,完整性包涵了数据的可用性和适用性。

3）准确性

数据准确性是测量数据内容的标准，它是数据反映其所描述的真实实体的正确与精准程度。它将所获数据与描述对象按权威参考源做比较，使用时，有时无法与对象直接比对，要选择能用作准确性判定的参照物或指标。而大数据为数据准确性比对提供了可行性，如某公民填写的记录是否包括正确的编码等关联数据，不仅可只依据标准进行判定，还可通过与相关的数据比对判定其正确性。

4）一致性

数据一致性既指数据与其他特定应用环境中使用的数据无矛盾，也指公众或机构数据在不同应用、不同系统中存储和使用时的同一性或等价性，即同一数据应代表同一事实。等价性是指存储在不同机构中不同地方的数据概念相等，表示数据拥有相等值和相同含义，或其事实上相同。数据一致性又与数据同步相关，数据同步指在各种数据仓库、应用系统中存储与使用的数据等价的过程，结果体现为数据一致性。一致性是在同一条记录中一个属性值集合与另一个属性值集合之间的记录一致；或不同记录中的一个属性值集合与另一个属性值集合之间的跨记录的一致性，还可定义为同一条记录在不同时间点的同一属性值集合之间的时间一致性等。

5）及时性与可用性

数据及时性与可用性是政务数据在预期时段内对特定应用的及时程度和可用程度的衡量标准。由于一些业务数据随时间和事态发展而变，且相对于数据描述对象变化的时间，数据库中的数据记录更新的时间可能会有些滞后。而在预定时段内，对数据链或流程完成情况的测量标准，如果数据是最新的，且是一个及时信息链的正常结果，则数据就是及时的。因此，及时性可体现为需要数据的时间点与数据就绪可用的时间点之差。

6）有效性

数据有效性是指衡量数据实体的存储、交换或展现的格式是否正确，是否与数据值域一致，是否与其他相似属性值一致。有效性确保数据值遵从于数据元的多个属性：数据类型、精度、格式、预定义枚举值、值域范围及存储格式等。为确定数据的可能取值而进行的有效性验证不等同于为确定其准确取值而进行的真实性验证。

7）易用性和可维护性

数据易用性和可维护性是指政务数据能被访问和使用的程度，以及能被更新、维护和管理的程度的测量标准。这两种特性都受数据模型的影响，合适的数据逻辑与结构可以确保数据的易用性和可维护性。

8）全面性

数据全面性亦称数据覆盖性，是指相对于某政务领域的数据总体集合，其可用性和全面性的衡量标准。对于如经济、生产、社会或文化等领域的政务业务需求，应在其项目应用中涵盖数据的总体和百分比。

9）表达性

数据表达性是指如何进行有效信息的表达，以及如何从用户中收集信息的测量标准，如数据格式和呈现支持数据的适当应用等。对一些数值型数据，可有若干精确数位，此即表达的精确度要求。

10）可理解性

数据可理解性是指对数据内容的解读性和数据置信度的测量标准，也指数据对业务需求的重要性、实用性等。该指标有助于了解哪些数据对业务有价值,哪些数据在管理和维护时具有优先级;了解影响政务数据质量的因素,以便对重点数据项划分为优先级;了解劣质数据对政务系统运行的影响;了解实际数据与规范数据间的差别等。

11) 效用性

数据效用性是对数据产生期望的业务或结果的程度的测量标准。其适用环境是:即便合适的政务作业已定义了相应的业务需求,且已采集了满足这些需求的数据资源,但实际数据是否能产生预期的结果对使用者很重要。如对于管理决策,所提供的数据及其处理结果能否具有价值,就是其效用性的体现。故效用性指标往往随使用者和实用场景而异。

12) 唯一性

数据唯一性是指记录、对象或业务数据在一个数据集中存在一个唯一版本,无重复。唯一性说明没有实体出现多余一次,每个唯一实体有一个键值且该键值只指向该实体。在政务活动中,许多场合都会产生重复数据,而重复数据造成的不一致会导致数据混乱。因此,用户、机构或实体如在政务系统中产生多条记录,就既难以判定其价值,又难以判定其正误。因此,政务系统应将可控的数据冗余作为重要的质量目标。

重复性检验是确定数据唯一性的过程,也可通过数据清洗发现不同系统与应用中各数据库内或数据库间是否存在重复记录或字段。清洗工具的另一功能是通过匹配来消除重复,识别两个或多个表示同一实际对象的记录。例如,多条记录表示同一客户、机构、服务或项目等,可通过相关逻辑与算法筛选并消除重复记录。

消除重复数据要通过匹配算法来识别唯一性记录的字段组合,需要时,可为每个字段设置相应权重,表明哪些字段更重要。如字段中数据的质量越高,一旦系统中的重复被识别,就需要决定哪些重复是真的重复,哪条记录应保留,哪些记录内容应带入新合并的记录,称为保留或"匹配-合并"作业。

13) 参照完整性

数据参照完整性是指满足如下条件:一张表的一个字段对同一张表或另一张表的另一字段引用全部有效。参照完整性规则还可作为约束规则,防止出现数据重复,从而保证每个实体出现且仅出现一次。

14) 合理性

数据合理性表明数据的一些值与具体业务场景或客观规律的一致性。例如,人的年龄为负数或大于一定数值(如300)就应判为不合理。

15) 时效性

数据时效性是指数据反映其所建模的当前对象的正确程度与价值性,用于测量数据的"新鲜度"以及在时间变化中的正确程度。可根据数据元刷新频率来度量数据的时效性,从而验证数据是适用的还是失效的。故时效性应按静态或动态规则定义一个数据的效用寿命。

以上指标构成了数据质量管理维度,可据此对质量规则进行分类。根据实施之需,对度量的颗粒度进行细化,如数据值、数据元、数据记录和数据表等。

9.4.2.2 数据质量指标的选择与定义

上一节给出了常规数据质量要求,具体政务系统中,指标选择有两个要点:一是指标定义的过程不能在数据质量管理的最后阶段进行,而要在数据质量战略制定、设计和规划阶段开始,其后在实施中不断增减与改进指标;二是指标选择、构建数据质量管理维度时,要考虑以下一些指标特性。

1) 可度量性

上述任何一指标的选择,均应在政务系统运行中可度量,能在离散值域范围内量化,能以相应方式显示出来。

2) 业务相关性

指标选择应与具体业务绩效相关。电子政务由各具体的业务项组成,并非所有数据质量指标均与具体业务相关,每项数据质量指标的选取,都应能说明其可接受度的阈值与业务预期的关联性。

3) 可接受度

指标选项在系统中构成质量评估维度,应为每项指标设定相应的阈值,以判断其是否满足业务预期。此类阈值就是在一定的经济代价前提下数据质量的可接受度,超出该阈值就要提示数据管理员采取措施。

4) 可控性

任何作为指标的可度量的特性,都应反映业务数据质量在某方面是可控制的。即当数据质量指标值的测评显示出不良的质量特性,就应对所监测的数据采取相应的纠正措施,并能起到纠偏实效。

5) 可跟踪性

在业务进程中对数据质量的跟踪与追溯,帮助系统将数据质量服务水平限制在规定范围内,并能证明其有效性。随着电子政务服务的普及,跨机构业务整合日益深入,运作流程日趋复杂,判定质量问题的源头也日趋困难。良好的可跟踪性对于界定质量问题的性质、来源与责任方等是很重要的。一旦某项业务流程稳定后,持续的质量跟踪会使统计控制流程固化,以确保对数据质量持续可预测。

9.4.2.3 定义数据质量业务规则

应动态检查政务数据质量是否满足业务规则,并监控质量对业务规则的符合度,为此需要采取以下措施。

(1) 将不满足业务需求的数据值、记录和记录集与有效的数据值、记录和记录集做比对。

(2) 生成通知事件,向数据管理员提示出现的质量问题。

(3) 建立自动或事件驱动的缺陷数据纠正机制,使其能满足业务要求。

流程(1)使用数据期望值,判断运行中的数据集是否在允许特性与值域范围内。复杂规则可将其与(2)及(3)流程结合运用,包括当实际数值不符合质量时的报警与对数值的纠正提示。

这些业务规则可用模板定义,具体如下。

1) 值域模板

说明数据项的指定值是从某个定义域中选用的数据值,如我国行政区划代码中的前两位代表省(直辖市、自治区)。

2) 一致性模板

以跨机构间一致理解与认可的数据内容与表示为前提,建立质量控制模板,控制以下四种一致性:

(1) 内容一致性 包括概念定义,要计算字段的算法,相应时间或本地的限制条件,精度规则等。

(2) 值域一致性 数据项的取值必须满足事先约定的数值、字典或时域范围,如大于 0 且小于 100 的数值范围等。

(3) 格式一致性　特定数据项的一种或多种格式数据项,如用 4 数字段＋间隔格式来显示银行账号、电话号码等。

(4) 映射一致性　将一数据项的值映射到相应的其他等值域的不同表达,如 IP 地址通过 DNS 映射为相应域名。

3) 记录完整性模板

通常在系统界面上,依据相应规则给出哪些输入数据项可省略、哪些不可缺失,以保证关键字段的完整性。

4) 正确性模板

模板将数据值与系统后台的相应标准值进行比对,以验证其正确性。

5) 唯一性模板

此规则要求实体具有唯一性,要求仅有一条记录与对象相对应。

6) 关联性模板

当输入某项数据时,与其关联的一条或多条数据项也显示并参与检验。

还有其他类型的规则模板等。规则模板的优点是将质量控制规则设计到业务进程中,通过内嵌规则引擎、数据分析组件、数据描述工具、标识代码比对库等来辅助数据质量管理。

9.4.2.4　数据质量监控模式

对于政务数据质量是否符合业务规则,有针对数据流与数据批的两种测量监控模式;相应对象也有 3 种颗粒度:数据值、数据实例或记录及数据集;这就组成了 6 种可能的质量监测方案。如对数据创建时进行数据流测量,对长期存储的数据记录集进行数据批测量。

将数据质量控制和测量流程嵌入政务业务处理流中,可实现持续性监控。但因此要测量整个数据集,故在数据量较大的情况下,测量不太可能以数据流方式实现,较为可行的是在不同处理阶段间隙进行数据集分批交互测量。

表 9-1 给出了适合的监测技术用于相应的数据质量业务规则。

表 9-1　适合的数据质量监测技术与对象

数据颗粒度	数据流	数据批
数据项:完整性、结构一致性、合理性	在应用中编辑检查规则、数据项验证、专用检测程序等	数据查验、数据分析、数据校验与冲突检验工具等
数据记录:完整性、结构一致性、语义一致性、合理性	在应用中编辑检查规则、数据记录的验证、专用检测程序等	数据查验、数据分析、数据校验与不一致检验模板和工具等
数据集:总体测量指标,如记录数、统计值、唯一性、映射一致性等	在处理阶段间隙进行检测	数据查验,数据分析,数据校验与不一致、不唯一、不对应、值域差错等查验

9.4.2.5　确定政务数据质量控制水平

数据质量控制水平用于定义政务系统,特别是跨机构业务整合系统中,数据质量的标准符合程度。由于数据质量控制的水平、规模、范围、业务性质等均与成本相关,故确定合适的控制水平对系统的建设与运行成本颇为重要。虽然数据质量检查有助于隔离缺陷数据,分析其根源,提供在预定时间与范围内纠正错误根源的机制,但从表 9-1 也能看出,过高的控制水平会使系统在检索、运算、检测、比对、统计与校验等方面有较大的开销与负担,导致成本增加和服务效能下降。

因此,系统的数据质量控制水平与相应的业务相适合即可。确定的常规数据质量控制包括以下内容:

(1) 控制涉及的政务数据项的范围。
(2) 数据缺陷形态及其对业务的影响。
(3) 与各数据项对应的适用数据质量维度,即指标体系的选择。
(4) 业务进程中各应用、源系统对数据项的质量需求,整合与共享时的需求。
(5) 针对数据质量需求采用的相应度量方法。
(6) 各项测量的可接受阈值范围。
(7) 当检测值超出可接受阈值时应通知的相关人员,期望解决问题的时间与限制。
(8) 建立质量问题的发现、报告、解决与学习机制等。

9.4.2.6 处理数据质量问题

数据质量控制的设定与实施,需要建立质量事件与问题的发现、报告、解决与跟踪机制。数据质量事件报告是政务系统应当具备的能力,它能记录数据质量事件的评估、初步诊断和后续行动等信息,对问题纠正的跟踪还可提供结果报告,包括问题解决的平均时间、问题发生频率、问题类型、问题来源、纠正与消除问题的措施等。跟踪系统应支持查看当前与历史数据质量问题、问题状态和相关人员参与解决问题的条件等。

许多政务系统已建立了跟踪软件、硬件及网络等问题的事件报告机制,应扩展到数据质量事件报告领域。为此,要将数据质量问题归类、纳入到事件目录中。还应能培训相关人员识别出现的问题,能够分类、记录并依据数据质量控制水平进行跟踪。这些步骤涉及以下环节:

1) 将质量问题描述标准化

各政务系统中描述数据问题的术语可能随本地业务、跨机构业务与整合业务的不同而有所差异,将相关概念标准化,可使各机构对数据质量问题与现象取得一致的理解,简化对质量问题的认知、事件模式的统计、参与方之间的识别、质量改进措施的效果报告等。对问题的分类会随着事件跟踪和溯源而深入。

2) 指定质量问题的处理过程

操作程序应引导分析人员进行数据质量事件的诊断,制定解决方案等。该流程应在质量事件跟踪系统中驱动,并能向分析人员进行提示与建议等。

3) 管理问题报告程序

数据质量问题处理取决于事件的影响、持续时间、问题紧迫性以及问题上报体制。上报顺序应在数据质量控制水平中定义,由事件跟踪系统执行,以助于数据问题的判定与处理。

4) 管理数据质量解决流程

数据质量控制水平确定了监测、控制和解决问题的目标,定义了业务流程。事件跟踪系统支持工作流管理,从而跟踪质量问题的诊断和解决的进展情况。

建立数据质量问题跟踪识别与管理机制,训练作业与管理人员及早在业务流中发现问题。原始数据有助于生成质量控制水平与问题指标,可供数据治理进行统计分析并构建事件发现与解决模型。对一些普遍性问题,可通过跨机构的人员建立共识,开发出针对性程序与解决方案。

9.4.2.7 清洗与纠正数据质量缺陷

数据质量控制有两项活动:一是确定并消除质量问题发生的原因;二是分离不正确的数

据,采用适当纠正措施。错误发现后通常采用以下三种方法进行数据校正。

1) 自动校正

参照数据质量要求,运用基于规则的标准化、模式化的纠正措施对数据进行处理。可无需人工干预进行修正,如地址数据的自动补全与校正,这需要事先将完整且标准的地址与代码放入数据库中,使用规则、解析、参照表、范式化等处理方式对输入的地址进行比对与补全。在良好定义的标准资源库、普遍接受的规则和已知的错误模式识别环境中,最适于进行自动清洗与校正。

2) 人工指导校正

在1)的基础上,校正结果提交前先经人工审核。这需要设置一定的置信水平来判定。对超过特定置信度的自动校正结果可不做评审,但对低于置信度水平的校正,就需提交数据管理员进行审核和批准。结果可能是认可校正,或对未认可的校正进行调整,再决定是否将其纳入纠正规则中。敏感数据则需人工指导校正。

3) 人工校正

数据管理员检查各种无效记录,确定正确取值,校正后更新记录。

9.4.2.8 数据质量的持续性要求

数据质量管理是持续过程,为满足政务业务需求,应采用相关标准,制订内部规范,以保证数据质量能满足业务之需。它包括数据质量分析,数据异常识别,合规的业务需求与质量规则定义,根据已定义的数据质量规则检查和监控相关的作业流程,以及数据解析、查验、清洗和整合等。数据质量管理还包括对问题的持续跟踪,对已定义的数据质量服务水平协议的合规性持续监控。

政务数据质量管理的持续性还体现在实施 PDMA 质量环上,凡控制规则、质量缺陷纠正等之后均进入下一阶段循环中,周而复始地运行。

9.4.3 元数据质量管理

元数据是构建、定义与描述其他数据的功能性数据,本质上也是数据;故它们除应遵守9.3.1节的数据质量指标管理要求外,还因低质量元数据会影响其描述数据的质量与功能,故应对其质量要求予以特别关注。

9.4.3.1 元数据的完整性与一致性

元数据也是数据,故上述数据质量控制要求与管理原则对元数据也基本适用。在电子政务大数据与云计算环境中,采用集中式或混合式元数据系统架构可建立覆盖全局,符合一致性、完整性与参照约束性等的元数据资源系统。在单一系统或多系统整合环境中,查询各元数据的来源,对其所含数据元的内容与格式的完整性、一致性进行比对,对梳理出的不合规对象进行处理。所以,对于元数据,完整性与一致性是其核心质量指标,能通过管理软件进行质量检验与控制。

9.4.3.2 元数据质量管理内容

在政务系统整合共享环境中,元数据作业涉及抽取、迁移、暂存、清洗、更新、发布、使用与维护等,故其质量管理就有多种内容与复杂的过程。除应遵守数据质量管理的 PDMA 环外,还涉及以下技术、工具、制度与人员等。

(1) 元数据和存储库的备份、恢复、归档与清洗。

(2) 业务调试、监视、变更数据配置等。

(3) 元数据的抽取与装载统计分析。

(4) 元数据源的映射与迁移。

(5) 元数据变换与跟踪,其中又涉及:

① 元数据管理指标的生成与分析,相关性能的调优。

② 元数据查询结果的生成与呈现。

③ 用户界面管理。

④ 响应报告、冲突告警。

⑤ 版本记录与任务日志。

⑥ 对用户和数据管理员的培训等。

9.4.3.3 元数据质量管理体系

与传统的全面质量管理(TQC)体系类似,元数据质量也需要一套管理体系来维护,并通过人工与系统比对方法来维护与控制。元数据质量管理体系可参照 GB/T 18391(ISO 11179)系列,结合具体业务数据需求,对元数据在语义、语境、语用、语域等方面的描述,分类与标识代码,元数据注册的完整性,格式符合性,一致性,及时性等方面建立完整的质量管理体系,并覆盖元数据的生成、组合、注册、存储、发布、使用与完善等环节。

质量体系始终应关注人的因素。在政务系统,尤其是面向整合与共享的跨机构政务应用中,就应通过任命数据管理负责人负责元数据管理,通过他们建立跨机构管理协调机制,针对业务需求设立元数据管理岗位,赋予相应职责等。

还应注意,在多机构信息资源整合的环境中,因不同机构分属不同领域,各自的行政文化与管理理念等都存在差异,这些皆可能影响元数据管理。

9.5 政务数据质量治理

9.5.1 数据质量治理概述

传统质量管理源于制造,主要针对拥有实体边界的对象、实物流程与服务等。尽管其主要理念、方法和工具等也适用于数字领域,但毕竟数字领域具有对象的虚拟性、边界的无形性、业务的流变性和环境的智能性等特点,导致传统质量管理理论与方法在许多方面力有不及,因此数字领域提出数据治理的概念,将其应用于数据质量管理,就成为数据质量治理理念。

数据治理是对数据资产管理行使权力和控制的活动集合(规划、监控、执行和提升),重点是指导机构从使用局部数据变为跨系统使用统一的数据资源,从具有较少或无组织的流程治理到全局范围的综合数据治理,从处理分散数据资源到将其整合成一个全局整合数据资产的过程。数据质量治理就是将上述理念具体应用于数据质量管理的过程,由国际数据管理协会(DAMA International)编写的权威著作《DAMA 数据管理知识体系指南》中,就将数据质量管理视为与数据治理职能交互并受其影响的数据管理职能[①]。

---

① DAMA International. DAMA 数据管理知识体系指南[M]. 马欢,刘晨,等译. 北京:清华大学出版社,2012:213.

因此，政务数据质量治理就是从政务系统应用全局的数据质量需求出发，在前述各节的内容基础上，开展跨机构、跨领域和跨边界的治理活动。

9.5.2 政务数据质量治理的流程

政务数据质量治理流程框架如图9-2所示，它需要针对具体政务应用，构建跨机构的治理流程。

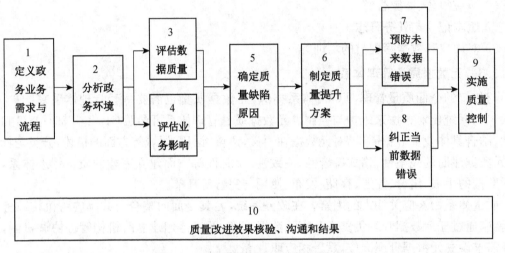

图9-2 政务数据质量治理流程框架

图9-2流程框架有10个步骤，围绕政务数据质量改进与提升的有5个阶段，具体如下：

（1）从全局定义电子政务业务数据的质量需求，分析与描述其运行环境与作业模式，将质量需求具体分解到不同机构的不同作业岗位，并提出明确的要求。

（2）评估各阶段的数据质量，特别是当有外部源数据进入、参与整合共享时的质量要求，质量波动对政务业务的影响，及其穿过边界对各机构作业与资源的影响等。

（3）确定不合格数据的状态，特别是那些局部作业合格但不满足总体业务质量的状态，了解具体数据缺陷的起源及其对全局业务的影响。

（4）从数据管理规程、整合共享、监测控制等方面提出数据质量比对、缺陷发现、问题判定、提示、多源协商、处理与纠正机制、机构边界内外转换等一系列的质量改进流程。

（5）通过对政务流程、跨机构人员和整合预处理等的前置控制，以及程序的必要修正，将纠正质量问题的措施规程化，使系统能自动识别同类数据缺陷，开展预防性处理。而这些行之有效的前置处理、事中处理与事后纠正措施等将分发到各数据源机构，植入其数据质量体系中。在数据整合共享中各相关机构共同对数据质量的改进效果进行交流、沟通与核验。

图9-2是PDCA循环用于政务数据质量治理的具体化流程。

9.5.3 政务系统内外部的数据质量治理

9.5.3.1 系统内部数据质量治理

数据质量管理向来是一项艰苦细致的工作。无论是单一机构的政务系统，还是跨机构整合的政务系统,都应开展内部数据质量管理与体系验证。既要保证合规数据在内部运行,又要能将其贡献给关联业务机构。而低质数据在系统整合时传输到关联系统中,将会引起更大范围的低质数据。同时,即便适于单一机构质量标准的数据与管理体系,对于多机构整合系统未必是充分与完善的,于是,就有了跨系统的政务数据治理要求。

各机构内的数据质量保证体系与全局性数据治理结合,是多机构业务整合的基础。单一机构内部的数据质量治理与前述质量管理的内容基本相同,主要为:①定义机构内部数据质量标准;②开展内部数据质量管理;③定义不合格数据;④数据质量分析;⑤数据质量测试;⑥缺陷数据形态与根源分析;⑦制定数据质量检测方案;⑧开展内部数据质量管控;⑨机构内部质量意识的建立与强化;⑩机构内部的数据质量风险评估;⑪机构内部数据质量提升方案;⑫改进数据质量测试方案;⑬实施数据质量改进方案,等等。

9.5.3.2 机构内部数据质量体系验证

为确保各机构向全局提供的数据是优质合格的,还需要一套质量体系来保证上述管理项的落实,并能向伙伴机构提供验证。相关工作具体如下:①建立数据质量验证目标;②提升本机构对参与共享与交换的数据规范化水平、质量可测性与可控性的贡献;③建立纠正机制,改进共享数据的质量测评能力,促进机构间数据质量管理方法和体系化的提升;④增进共享与交换型业务对数据质量需求、质量模型的理解,认识到本系统、本资源在共享前的局限性及质量完善与提升的必要性;⑤确定质量验证范围和方法,相关阶段的验证体统与支持体系;⑥明确本机构的数据主管部门中,数据管理人员、系统运管团队、数据主管、高层管理等对数据质量的职责;⑦明确数据审计部门、各验证职能部门与人员等在数据标准化与质量管理工作中的职责;⑧明确数据标准化与质量管理的方法与验证范围、方法和阶段;⑨明确数据标准化与质量验证的结果与动态报告模式。

9.5.3.3 跨机构数据质量控制

跨机构数据质量主要是其整合、共享与交换中的数据质量,它不是各来源机构资源的简单汇集,而是在第三方跨系统数据整合平台中再度加工处理,产生资源价值转移与提升中的质量。故其数据质量也不仅仅是各来源机构数据质量的一般叠加,还包括针对资源进行再加工与组合后的质量。这些新增的数据质量要求主要如下。

1) 跨机构定义不合格数据

(1) 确定资源加工与再加工中不合格数据的标准。

(2) 确定整合共享与交换前的数据抽样检测方案。

2) 定义数据采集模型

(1) 定义待整合的数据模型。

(2) 定义跨系统元数据的采集与比对模型。

(3) 定义跨系统数据元的收集与比对模板。

3) 跨机构定义数据规范化处理

(1) 分析共享系统中的元数据采集程序。

(2) 梳理待整合系统的数据标准,考察各机构的内部标准是否满足全局整合的需求。

(3) 对非标准元数据、数据进行比对、补充、转换等。

4) 数据清洗

(1) 定义面向整合共享与交换的全局数据质量标准。

（2）对非标准数据实施结构与格式转换。
（3）对按质量标准、各机构业务需求整合而成的新业务标准进行清洗、重构、增补，纠正错误的数据表达、内容、格式与编码错误等。

5）数据质量分析

（1）查询并解决机构间数据重复、不一致、元数据项缺失、不符合业务逻辑、异常数据、极端数据、孤立数据等问题。

（2）对参与整合共享的数据多机构分布情况，各机构的数据贡献度、共享度、集成度、加工度、标准化程度、质量控制水平等进行定量与定性分析。

6）建立针对数据共享与交换的质量验证

（1）将整合共享数据（包含元数据、数据元素、代码、标识等）划分为子样本集，建立提取、测试、验证三套机制。

（2）检查数据样本质量的代表性、充分性等。

（3）针对数据准确性、完整性、规范性等质量指标进行单因子或多因子分析评估，评价数据是否达到整合共享、交换与互操作的水平。

9.5.3.4 跨机构共享交换的数据质量验证

参与跨机构数据整合的各机构中任何一方的数据如有质量缺陷，它们不可能随共享与交换而消失，反而会随共享将缺陷传导到整合后的系统以及关联业务中。因此，建立数据共享与交换后的跨系统质量验证就显得十分必要，它们涉及如下内容。

（1）跨系统间数据质量需求确认、管理体制与过程验证。

（2）共享与交换中质量模型验证。

（3）参与各方的数据质量特性、测量参数与管理架构验证。

（4）交换建模中的质量水平验证。

（5）跨机构数据质量交互验证，核心内容为：
  ① 数据准确性验证；
  ② 数据一致性验证；
  ③ 数据完整性验证；
  ④ 数据格式验证；
  ⑤ 数据缺陷处理验证等。

（6）验证与交叉验证间的相互确认与处理。

9.6 政务大数据质量管理简述

大数据在电子政务领域的应用是极其广泛且深入的。政府均拥有全社会数量最大、门类最多且权威可信的信息资源，这也使政务数据质量管理面临大数据应用的挑战。它将对数据质量管理理念、方法和手段等都产生一系列影响。

9.6.1 传统环境与大数据环境的需求差异

传统环境中，数据质量管理的模式与环境特点主要为：
（1）绝大多数数据资源均来自各机构内部。

(2) 管理者重点关注结构化数据。
(3) 用户访问与处理的数据多形成于过去。
(4) 数据质量管理的目标是寻求每条数据记录的正确无误。
(5) 良好的数据资源需要长年积累的建设。
(6) 各机构主要关注其现存数据资源。
(7) 业务用户需要借助信息技术来分析数据。
(8) 每个业务过程均有明确的信息或数据需求,等等。

显然这些特征主要是面向事务处理,支持具体业务的运行。大数据时代,这些常规数据处理方法与模式虽然仍将在具体政务业务和各类事务处理中采用,前述数据质量管理的理论和方法也依然有效。但是,大数据的运行模式和环境与上述传统模式有很大不同,对比上述八点的具体差异为:

(1) 大部分数据来源于机构外部。
(2) 用户既关注结构化数据,也关注非结构化数据。
(3) 用户注重查询观察当前事件进行中的动态数据。
(4) 实时分析更注重数据动态分析结果的质量。
(5) 数据应动态跟踪变化中的目标,支持快速循环分析。
(6) 管理层注意力更集中在数据流上。
(7) 业务用户以自导方式进行多层面、多视角分析。
(8) 针对业务场景,系统要动用一切内部与外部数据资源来生成最好的洞察视图。

9.6.2 大数据导致的数据质量管理变化

上述八点差异,导致大数据质量管理产生了八点变化,具体如下:

1) 大部分数据来源于机构外部

这导致数据质量管理的难度大幅提升,因为单一政务系统往往不能加载并清洗所有的外部相关数据,只能对所导入的数据进行质量管理,导致总体数据质量的分裂,该结果可能给高层决策判断带来一定的风险。这种超范围、超领域的数据质量风险是传统质量控制方法和工具无法企及的。

2) 用户既关注结构化数据,也关注非结构化数据

互联网中反映经济、产业、社会、文化等各领域的大量信息均为非结构化数据,在相关应用中要将其变换为结构化或半结构化数据,才能运用分析与计算工具等对其进行处理,也才能运用前述质量控制工具与手段对其实施质量管理,其重点和难点在于动态建立与调整数据质量管理模式与方法。

3) 实时分析,注重结果质量

大数据应用面向对象的实时、动态分析,与面向具体事务处理的模式不同,它既注重既往数据的积累,也注重当前数据的动态质量。这导致数据质量管理的实时执行、流向与演变分析将用于数据质量的动态分析与干预,其要求更高,难度更大。

4) 注重数据分析结果的质量

大数据质量管理的重点体现在分析结果的质量上,故在方法上应探索新途径以确保分析精度与输出质量,它包含传统的数据质量校验、大数据质量分析比对和预测算法等。

5)动态跟踪变化的目标,支持快速循环分析

大数据应用往往是多应用、多目标的,数据的质量目标也随需求的变化而不断变化,这需要数据管理者和应用设计师及时做出反应,采用更敏捷与柔性的数据质量管理方法与手段,构建柔性化的数据质量治理体系。

6)用户注意力集中在数据流上

大数据质量管理使政府机构用户更加关注对信息服务的管理,而非对信息产品的管理。信息产品可以在规格化的基础上定型,在较长时间内处于稳定形态,而信息服务则要求随需而变。这将使数据质量的管理重点从对数据资产的关注提升到产生正确的、符合需求的数据流的能力上。

7)用户自导式分析

大数据质量管理应能辅助用户关注可信的原始数据内容及分析应用,可按其个性需求自行设定分析模式与推导过程。管理员的角色与责任也将变化,除掌握前述各种质量管理理论与方法外,数据质量管理员还要精通分析工具、需求建模、场景对策以及其他相关的服务技能。

8)针对业务场景,生成数据分析视图

大数据环境下,用户不再仅局限于数据记录的数量与正确性,而更关注由数据生成的业务场景,及针对其变化而生成的场景对策及其后果。因此,数据质量管理要求打破各种数据烟囱,帮助业务用户在分析时能无障碍地使用所需数据,从技术和体制上提供其能访问分析的数据。

9.6.3 大数据分析的质量管理需求

在大数据分析领域,有四个主要阶段需要质量管理:

(1)数据获取 大数据应能从不同数据源获取数据。

(2)数据整合 大数据应能对外部资源(不论是结构化数据还是非结构化数据)进行整合。

(3)数据分析 可用统计、数据挖掘、数据聚合与其他分析手段进行分析。

(4)数据呈现 大数据分析的结果应以可视化方式呈现给决策者。

这四个阶段均需采用不同途径与方法来主动管控数据质量。虽然"数据质量以满足需求为目标"的定义仍适用于大数据环境,但大数据主要用于决策分析而非办理具体事务,故现实中确实存在因系统无法对巨量数据做全量分析而忽略了一条甚至部分记录,由此将带来一定置信度风险。

换言之,政务大数据分析产出的多是宏观性结论、轮廓式架构,得出的亦是建议性对策等。出于时间、运算量和成本等因素,往往不可能产生大数据全量全领域分析。因此,大数据分析针对同一领域的不同范围可向用户推荐不同的数据质量置信度,其排列顺序是:外部数据＜内部扩充与支持数据＜内部数据＜操作数据,即现时操作中的数据置信度最高,外部数据的置信度最低。从数据来源与比例的角度,大致可得出其结论的质量。当然,在有关联与参照数据的条件下,置信度可以提升。因此,大数据的算法与模型对结论的质量是至关重要的。

思考题

1. 简述数据质量对于电子政务的重要性。
2. 如何理解"政务数据质量管理是系统性问题"?

3. 政务数据质量指标有哪些?
4. 简述政务数据质量体系。
5. 元数据质量管理的内容是什么?
6. 什么是数据治理与数据质量治理?
7. 简述政务数据质量治理的基本流程。
8. 试述政务系统内部与外部数据质量管理的要求。
9. 试述大数据给数据质量管理带来的变化与影响。

10 聚类分析

10.1 聚类分析概述

聚类分析(Cluster Analysis)简称聚类,是将数据对象集依其内容与特征属性按"相似者相容"原则划分为不同的类或簇,使同簇内数据对象有较大的相似性,不同簇对象之间有较大的差异性。

聚类分析的过程是：根据数据对象的多个观测指标,找出一些能够测量对象或变量间相似程度的统计值,以其为分类依据,将一些特征相似程度较大的对象(或指标)聚合为一类,将另一些特征相似程度较大的对象(或指标)聚合为另一类,直至将所有对象(或指标)都聚合完毕,形成一个分类系统。

测量对象或变量间相似度的指标有两种：一种为相似系数,即性质越接近的对象或变量间的相似系数就越接近于 1,而彼此无关的对象或变量间的相似系数就接近于 0;另一种为距离,它将每个对象看作 p 维空间的一个点,用某种模式测量点与点之间的距离,距离较近者归为一类,距离较远者属于其他类。

聚类分析与自动分类在方法上有些相似,区别在于：自动分类是按一系列既定的类目划分标准,通过对象间的特征比对,将比对结果标注相应的类属标签,再按标签集将其划归于具体类目下;而聚类分析则是在没有先验知识的情况下,即无既定的分类模式为依据,要求系统在对对象特征属性做多元统计比对后,自动生成一系列的类目体系。

由于对象待划分的类目事前未知,聚类分析也称为无指导或无监督学习。在实际应用中,通过对数据集的聚类分析,得出数据簇中的对象并逐步形成一个类目体系的过程,就系统学习与判断的过程。从机器学习角度,簇相当于隐藏模式。聚类分析不依赖预先定义的类或带类标记的实例训练,要由聚类学习算法来自行确定标记,而分类学习的实例是有确定类别的标记。故聚类是观察式学习,分类是示例式学习。聚类是一种探索性分析过程,不必依据事先给出的分类标准,它能从样本数据出发自动运算分类。同时,聚类分析使用方法的不同常会得出不同的结论;不同研究者对于同一组数据进行聚类分析时,所得到的聚类结果也未必一致。

聚类分析可生成形态多样的可视化图谱,称为聚类分析谱系图,有星状结构图、树状结构图等形式,可通过二维或三维图形展现,增加了其直观性与实用性。

聚类分析在许多领域中都得到广泛应用,包括机器学习、数据挖掘、模式识别、图像分析、人工智能、用户体验、客户行为分析等。聚类分析在电子政务领域有重要的应用价值,它能发现并揭示许多非定式、非常规、动态变化的问题。如在服务层面上,它可知道何时、何地、何类公众经常求助于职能机构,要求何种服务,解决何种问题;并可按公众与政务系统接触的次数、方式、频次及所反映的问题,分析许多看似不同的问题间有无关联度;公众对政府机构服务的意见反馈、满意度等均能通过聚类分析识别偶发性问题与经常性问题,提示潜在与隐含的问题,并由此刻画不同需求与行为的社会群体,针对不同服务对象提供更具针对性的政务服务,改善公众体验等。

宏观上,政务系统在聚类分析功能的支持下,可对大量内外部文档、个体事件信息等采用一定的算法,分析其内容间的关系及可能出现的热点,以及热点事件演化的生命周期等;可自动探测到当前国内外经济、政治、产业等大局,或某个专业领域、内部资源系统中热点的生成与变迁,以提示决策者,帮助其对各类热点进行梳理分析,提升综合管理与行政决策能力。

目前,聚类分析已应用于许多前沿领域,取得了丰硕成果。但目前的聚类分析方法仍有较大的改进空间,在伸缩性、容错性、处理多属性高维度数据等方面有待改进和提高。大数据时代,聚类分析备受关注,它被应用于越来越多的领域,解决许多其他方法不能处理的难题。

10.2 政务数据聚类分析

10.2.1 政务领域的聚类分析需求

在电子政务领域,聚类分析主要用于多源数据分析与决策辅助。在网络环境中,政务外网信息形成数据海洋,内网信息也随社会信息和机构业务的发展而呈指数级增长,内外网信息叠加后常给各级领导层造成"数据爆炸而信息稀缺"的感觉。

造成这一现象的技术背景是:各类政务数据库在规模、体量和范围上不断扩大,但激增的数据后面隐藏着许多重要的信息,传统的数据处理方式虽可高效、方便地实现数据录入、查询、统计等功能,但无法发现数据中存在的各种关系和隐性规则,更无法预测未来的发展趋势。聚类分析则能发现数据库中的未知对象类,找出各种隐性关系为数据挖掘提供支持。聚类分析既可作为其他一些算法(如自动分类和定性归纳算法等)的预处理步骤,也可作为独立工具来获知数据的特征分布,使之聚合成簇,再用相关算法对其进行分析处理,还可将这些分析结果用于进一步的动态关联与推演分析。

迄今,人们提出了许多聚类算法试图解决大数据特征归集问题。聚类分析还应用于模式识别、图像处理、计算机视觉、模糊控制等领域,并取得了长足的发展。这些技术都是传统的面向具体作业的电子政务向新型的面向分析预测与决策支持型的电子政务发展所不可或缺的。

目前,先进国家的电子政务系统已大量采用聚类分析技术,不仅能对海量信息进行合乎逻辑的归纳梳理,还能批量判定各项既定主题、新增主题、热点主题及其演变。大数据环境下,各领域热点事件成因的不确定性、人工判定的差异性以及人工资料审阅能力的有限性等,加之面对海量数据及飞速增长的信息源,人工遴选与判断分类的做法早已无能为力,也不科学,聚集分析却能依靠网络与计算机的强大能力及时、动态、合理地进行政务热点的扫描、判定、跟踪、描述与可视化呈现等。

10.2.2 聚类分析的优点

聚类分析有许多优点,对电子政务领域,其主要适用优点如下。

(1) 帮助用户从海量数据中"淘取"有用的资源信号,将其提升为知识资源。

(2) 从总体上而不是从孤立信源、单一渠道、零星报道角度建立供决策分析的知识资源,这有助于决策者洞察全局,形成大局观与纵深观。

(3) 自动识别与跟踪各类事件的起始、发展、走势和各类主题此消彼长或与其他因素汇聚、演化的历程。

(4) 帮助决策者在各类看似孤立的事件间建立关联,消除知识断层。

(5) 优化政府机构资源供给与发布的信息流。

(6) 及时发现并统计一些关键信号词、主题语等,响应各类宏观资源集聚变化,等等。

在当前社会经济、产业与科技迅猛发展的环境中,新事物、新现象、新产品与新业态等层出不穷,传统的刚性政务信息资源分类目录体系已不能适应政务大数据的管理与应用需求。聚类分析的信息挖掘、动态资源解析与个性目录生成等就能较好地适应这一发展需求。

10.2.3 聚类分析的一般方法

从统计学观点看,聚类分析是通过数据建模来归集对象的一种方法。传统的统计聚类分析法包括系统聚类或层次聚类(Hierarchical Cluster)法、分解法、加入法、动态聚类法、有序样品聚类法、有重叠聚类法和模糊聚类法等。采用 K 均值、K 中心点等算法的聚类分析工具已被加入到许多著名的统计分析软件包中,如 SPSS、SAS 等。

电子政务中,大量信息是非结构型文本,聚类分析通过跟踪各信息源的文本信息,将经扫描检测出的大量核心或主题词划分成若干组类,统计其特征系列后再进行计算处理。

几种主要聚类方法有:划分法、层次法、密度法、网格法与基于模型法等,简介如下。

1) 划分法(Partitioning Methods)

给定具有 n 个对象的数据集,采用划分法对数据集进行 k 个划分,每项划分(每组)代表一个簇 $k \leqslant n$,每个簇至少包含一个对象,且每个对象一般只能属于一个组。对给定的 k 值,划分法一般要做初始划分,然后采取迭代重新定位技术,通过让对象在不同组间移动来改进划分的准确度和精度。好的划分原则是同簇中对象间的相似性很高(或距离很近),异簇对象间的相异度很高(或距离很远)。几种算法如下:

(1) K-Means 算法 又叫 K 均值算法,是目前最著名、使用最广泛的聚类算法。在给定一个数据集和需要划分的数目 k 后,该算法可根据某个距离函数反复将数据划分到 k 个簇中,直到收敛为止。大致步骤是:先将随机抽取的 K 个数据点作为初始的聚类中心(种子中心),再计算各数据点到各种子中心的距离,把每个数据点分配到距离它最近的种子中心;当所有数据点被分配完后,每个种子中心再按本聚类(本簇)的现有数据点重新计算;此过程不断重复,直到收敛,即满足某个终止条件为止,常见的终止条件是误差平方和 SSE(指令集的简称)局部最小。K 均值算法示意如图 10-1 所示。

(2) K-Medoids 算法 又称 K 中心点算法,它用最接近簇中心的一个对象来表示划分的每个簇。其算法与 K-Means 算法的划分过程相似,最大的区别是 K-Medoids 算法是用簇中最靠近中心点的一个真实数据对象来代表该簇,而 K-Means 算法用计算出来的簇中对象的平均值来代表该簇,此平均值是虚拟的,并无真实的数据对象。K 中心点算法示意如图 10-2

所示。

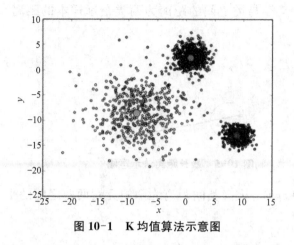

图 10-1　K 均值算法示意图

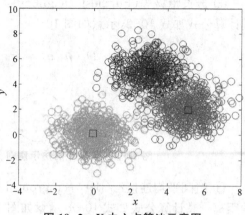

图 10-2　K 中心点算法示意图

2）层次法

层次法（Hierarchical Methods）的思路是：开始时每个样本（或变量）自成一类，聚类分析按某种方法度量所有样本间的亲疏程度，将最相似的样本先聚成一小类；再度量剩余样本和小类间的亲疏程度，将当前最接近的样本和小类聚成一类；接下来，再度量剩余样本与小类间的亲疏程度，并将这时最接近的样本与小类聚成一类；如此反复，直到所有样本各成其类为止。层次聚类法如图 10-3 所示。

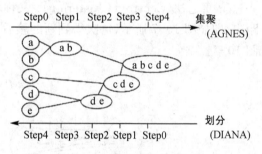

图 10-3　层次聚类法示意图

具体做法可描述为：在给定 n 个对象的数据集后，用层次法对数据集进行层次分解，直到满足某种收敛条件为止。按层次分解的形式不同，层次法又可分为凝聚层次聚类和分裂层次聚类。

（1）凝聚层次聚类　又叫自底向上法，开始时将每个对象作为单独的一类，然后相继合并与其相近的对象或类，直到所有小的类别合并成一个类，达到层次的最上面，或达到一个收敛，即终止条件为止。

（2）分裂层次聚类　又叫自顶向下法，一开始将所有对象置于一个簇中，在迭代的每一步中，大类被分裂成更小的类，直到最终每个对象在一个单独的类中，或者满足一个收敛，即终止条件为止。

层次法的缺点是：合并或分裂点的选择较困难，对局部来说，好的合并或分裂点的选择往往不能保证会得到高质量的全局聚类结果，且一旦一个步骤（合并或分裂）完成，它就不能被撤销了。其代表算法有：BIRCH 算法、CURE 算法、CHAMELEON 算法等。

层次法不仅需要度量个体与个体间的距离，还要度量类与类之间的距离。类间距被度量出来后，距离最小的两个小类将首先被合并为一类。类间距离的不同定义产生了不同的系统聚类法。类间距离的一些度量方法如下：

① 最短距离法（Nearest Neighbor）：定义类与类之间的距离为两类最近样本的距离。其计算公式如式 10-1，示意如图 10-4。

$$D_k(p, q) = \min\{d_{ij} | i \in G_p, j \in G_q\} \tag{10-1}$$

② 最长距离法(Furthest Neighbor)：定义类与类之间的距离为两类最远样本的距离。其计算公式如式 10-2,示意如图 10-5。

$$D_k(p, q) = \max\{d_{ij} | i \in G_p, j \in G_q\} \tag{10-2}$$

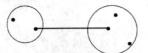 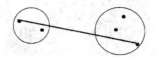

图 10-4　最短距离法示意图　　　　图 10-5　最长距离法示意图

③ 组间平均连接法(Between-group Linkage)：定义类间距离为两组元素两两之间的平均距离。其计算公式如式 10-3,示意如图 10-6。

$$D_G(p, q) = \frac{1}{n_p n_q} \sum_{i \in G_p} \sum_{j \in G_j} d_{ij} \tag{10-3}$$

④ 重心法(Centroid Clustering)：又称均值法,定义类间距离为两类重心(各类的均值)的距离,即如图 10-7 所示,每次得到新的簇后,重新计算重心值。其计算公式如式 10-4,示意如图 10-7。

$$D_c(p, q) = d_{x_p x_q} \tag{10-4}$$

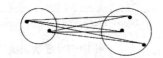 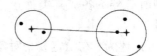

图 10-6　组间平均连接法示意图　　　　图 10-7　重心法示意图

其他还有组内平均连接法(Within-group Linkage)、中位数法(Median Clustering)、离差平方和法(Ward's Method)等,均各有优缺点。

3) 密度法

以距离作为相似性的描述指标进行聚类,只能发现球状类型的数据,对非球状类型的数据集,只根据距离来描述和判断是不够的,这就有了基于密度的方法(Density-Based Methods),其原理是：只要邻近区域内的密度(对象数量)超过了某个阈值,就继续聚类。换言之,给定某个簇中的每个数据点(数据对象),在一定范围内必须包含一定数量的其他对象。该算法从数据对象的分布密度出发,把密度足够大的区域连接在一起,因此可以发现任意形状的类。该算法还可以过滤噪声数据(异常值)。

密度法的典型算法包括 DBSCAN(Density-Based Spatial Clustering of Application with Noise)、扩展算法 OPTICS(Ordering Points to Identify the Clustering Structure)及 DENCLUE 算法等。其中,DBSCAN 算法会根据一个密度阈值来控制簇的增长,将具有足够高密度的区域划分为类,并可在带有噪声的空间数据库里发现任意形状的聚类。尽管此算法优势明显,但其缺点是该算法需要用户确定输入参数,对参数十分敏感。DBSCAN 聚类算法结果示意如图 10-8。

4）网格法

即基于网格的方法（Grid-Based Methods），是将对象空间量化为有限数目单元，这些单元形成网格结构，聚类操作在此网格结构中进行。此算法的优点是处理速度快，与目标数据库中记录的个数无关，只与把数据空间分为多少个单元有关，即其处理时间常独立于数据对象的数目，只与量化空间中每一维的单元数目有关。

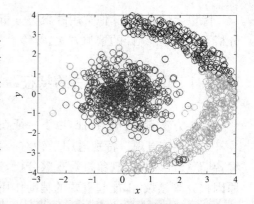

图 10-8　DBSCAN 聚类法示意图

网格法有 STING 算法、CLIQUE 算法、WAVE-CLUSTER 算法等，典型的是 STING（统计信息网格 Statistical Information Grid）算法。该算法是一种基于网格的多分辨率聚类技术，将空间区域划分为不同分辨率级别的矩形单元，并形成一个层次结构，且高层次的低分辨率单元会被划分为多个低一层次的较高分辨率单元。这种算法从最底层的网格开始逐渐向上计算网格内数据的统计信息并储存。网格建完后，则用类似 DB-SCAN 的方法对网格进行聚类。其基本思路如图 10-9 所示。

0	0	0	0	0	0	0
0	0	0	0	0	0	0
4	17	18	6	0	0	0
14	14	13	13	0	18	27
11	18	10	21	0	24	31
3	20	14	4	0	0	0
0	0	0	0	0	0	0

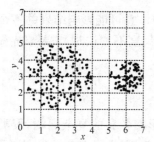

图 10-9　左侧为基于网络的密度聚类示意图，右侧为对各单元的统计

很多空间数据挖掘问题，使用网格法通常较为有效。网格法还可以和其他聚类方法集成。

5）基于模型法（Model-based Methods）

基于模型法是给每一个聚类假定一个模型，然后寻找能很好地满足该模型的数据集。这样的模型可能是数据点在空间中的密度分布函数或者其他分布，其潜在的假定是：目标数据集是由一系列的概率分布所决定的。通常有两种尝试方向：统计方案和神经网络方案。图 10-10是一则运用高斯混合分布模型进行聚类分析的结果示意。

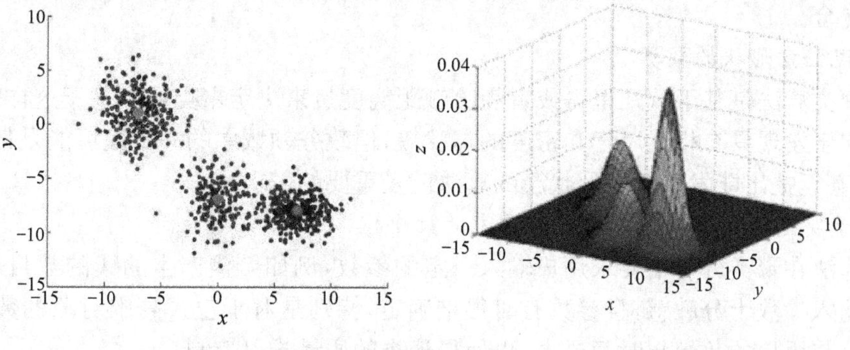

图 10-10　左侧为基于模型的聚类结果示意图，右侧为在其基础上进行的热点与等高比较

除以上几种外,其他常用的聚类分析法还有传递闭包法、布尔矩阵法、直接聚类法、相关性分析聚类、基于统计的聚类方法,等等。

10.2.4 聚类分析方法的特征

聚类方法具有许多特征,以下特征在电子政务领域具有特殊的应用价值。

(1) 简单直观　特别适用于针对一些事态不清、起因不明、因素众多、现象纷繁、关联纠缠,甚至彼此矛盾的现象进行观察分析,这对于宏观决策、趋势分析、进程跟踪、演化历程研判、原因根究等领域,都能起重要的辅助作用。

(2) 可用于探索性研究　聚类结果可提供多个可能的解,既有主干型现象与问题,也有分枝型问题,甚至有极易被忽略的奇点型问题等,关注点的选择和最终求解还需要研究者的主观判断和后续的跟踪分析。

(3) 多态性　不管实际数据中是否真正存在不同的类别,利用聚类分析都能得到分成若干类别的现象或可能的求解方向。

(4) 主观性影响　聚类分析的解在相当程度上取决于研究者所选择的聚类变量,增加或删除一些变量对最终解都可能产生实质性的影响。

(5) 结果差异性　研究者在使用聚类分析时应注意可能影响结果的各个因素。异常值和特殊变量对聚类有较大影响,故当分类变量的测量尺度不一致时,需要事先做标准化处理。

10.2.5 聚类分析的性能

电子政务涉及科技、生产、人文与社会等大量形态各异的复杂问题,聚类分析对此有广阔的应用空间。同时,也因政务领域所涉问题纷繁复杂,需要聚类分析具有以下性能。

1) 可伸缩性

许多聚类算法对小于 200 个数据对象的小数据集工作的效果很好,但一个普通的政务数据库就可能包含数以百万计的对象,对这样的数据集合样本进行聚类可能会导致结论偏差。故政务应用往往需要有高度可伸缩性的聚类算法,这样既能保证聚类质量,又能拓展数据处理量的弹性范围,且具有较好的聚类效果等。

2) 具有处理不同类型数据的能力

许多传统算法被设计用来聚类数值型数据,但电子政务领域需要聚类其他类型的数据,如二元类型(Binary)、分类/标称类型(Categorical/Nominal)、序数型(Ordinal)、文字型或这些数据类型的混合。

3) 发现任意形状的聚类

许多聚类算法是基于欧几里得或者曼哈顿距离度量来决定聚类的。基于这样的距离度量的算法趋向于发现具有相近尺度和密度的球状簇,但政务领域中的一个簇可能是任意形状的。因此,采用甚至提出能发现任意形状簇的算法就是重要的需求。

4) 用于决定输入参数的领域知识需求的最小值

一些算法在聚类分析中要求用户输入一定的参数,例如希望产生的簇的数目等。但聚类结果对于输入参数十分敏感,且参数有时很难确定,特别是对于包含高维对象的数据集,不仅加重了系统与用户的负担与时间成本,也使得聚类的质量难以控制。

5）处理"噪声"数据的能力

绝大多数实际数据集都包含了孤立点、缺失或者错误数据。一些聚类算法对于这样的数据比较敏感，就可能导致低质量的聚类结果。

6）对输入顺序敏感的去除

一些聚类算法对输入数据的顺序比较敏感，例如，同一个数据集合，当以不同的顺序交给同一个算法时，可能生成差别较大的聚类结果。开发对数据输入顺序不敏感的算法对大数据环境下的政务分析具有一定的意义。

7）高维度（High Dimensionality）

一个涉及政务应用的数据库可能包含若干维度或对象属性。许多聚类算法擅长处理低维数据，如只涉及两到三维。人眼在三维情况下能很好地判断聚类的质量，而高维空间中聚类数据常具有挑战性，特别是这样的数据可能分布非常稀疏，且高度偏斜，但却能发现通常被人忽视的奇点知识。

8）基于约束的聚类

政务应用往往要在各种约束条件下进行聚类。假设一座城市的主管机构对如何为城市中给定数目的大型环保设施选择最优的安放位置，为做出合理决策，系统需要对全市住宅区进行聚类，但又要同时考虑城市的河流、公路网、每个区域的功能及住户要求等。要找到既满足特定约束，又具有良好聚类特性的数据分组常是一项有难度的任务。

9）可解释性和可用性

用户希望聚类分析的结果是可解释的、可理解的和可使用的。即聚类分析要和特定的语义解释和应用相联系，应用目标如何影响聚类方法的选择也是一个重要课题。目前在政务领域广泛采用的知识图谱是聚类分析结果的可视化呈现，它以直观、动态、多因素、平面与立体等形式将结果形象化展示出来，往往可以取得较好结果。

10.2.6　聚类分析的形式

电子政务聚类分析既需要有信息的空间序列，又需要有时间序列。信息空间聚类用于对资源引擎采集的所有内容进行热点聚类，或某个领域、某个垂直系统、综合部门内部等的热点聚类。在许多民生决策中，热点事件、热点问题通常是直接策动因素。因此，发现并分析热点的成因，跟踪其发展性态，对于科学决策、制定政策、采取措施、化解矛盾于初期、促进社会稳定等具有重要意义。

从时间序列上看，许多社会事件、产业与经济现象的萌生、初始发展、壮大到消亡等都具有完整的生命周期，既符合一般的周期规律，又有其特点。一些重要事件的发生、演化与消亡过程会在各种公众传媒中反映出来，并通过资源引擎进入政务系统。通过信息聚类，决策者就能根据热点信息的走势研判其发展趋势，在恰当的时间环节上采取恰当的措施。

同时，决策者往往还要对历史上相似事件的处理和应对措施的正确性、适合性等进行回顾与参考，以总结经验教训，使当前的决策更加科学、及时、合理。如各国应对非典、疯牛病、高致病禽流感、多种区域性流感等重大疫情的历程、采取的各种措施等都有相互借鉴性。因此，政府决策时往往要对历史上类似事件发生时段的信息流进行切片、聚类，找出其演化脉络，评估当时的各项应对策略、措施与绩效，以降低当前的决策风险。

10.3 聚类可视化

10.3.1 聚类可视化的需求

聚类技术多与可视化技术结合，如大型政务系统的数据引擎每天从数以百计的网站中采集上千个频道的动态信息，各级领导往往都想了解今天的热点有哪些？媒体集聚的事件是什么？各大网站热论的议题何在？梳理后的信息如不以直观形象化方式呈现，往往起不到提示预警作用。

可视化、形象化的图形，会直观地呈现当前的热点与其动态演化。系统对监测的不同信源自动采集的信息处理后生成聚类图；社会热点往往萌发于某些信源，随后被各门户转载，社会浏览量提升并被一再转载后而升温，也会反映到热岛图中。

图 10-11 示例为一个网络舆情聚成分析系统，当其将时间回溯到 2005 年 11 月 24 日时，可看到大批传媒与渠道将热点聚焦在同一事件上，系统在左侧以聚类分析图形显示了热点分布，右侧标题栏"聚类名"出现了"松花江、水污染、停水、水源"4 个内涵关联的核心词，表示是对 25 个不同信息源聚类分析后得出各源中词频最高、权重值最大的 4 个中心概念。从图中可以看出，这些热点数量众多、大小均匀、彼此相连，表示系统扫描到不同渠道的信息源都在报道或热议某一主题，故其明显具有突发性事件的特点，自然引起各级领导的关注。

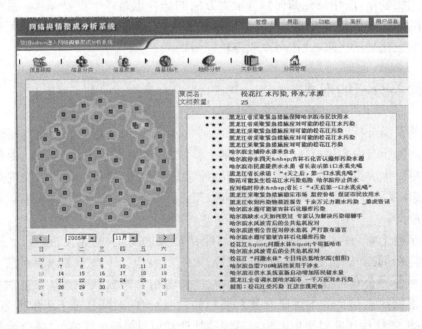

图 10-11 热点事件聚类分析呈现示例

此例说明，政务中心通过自动化、规模化的信息采集与聚类分析及可视化处理，在宏观管理、热点跟踪、产经动态、舆情监控、社情民意分析等方面，都能提供广泛的应用。

10.3.2 二维政务信息聚类分析

聚类分析结果可通过平面与立体化图形、空间与时间分布等多种形式呈现,以从不同视角、不同领域来观测事件的演化过程。

1) 二维信息空间聚类分析实例

二维聚类分析的可视化呈现实例如图 10-12,是以某聚类系统对 2008 年 7 月 10 日汶川地震后的两个月中,来自不同渠道的报道做回溯聚类分析的结果。

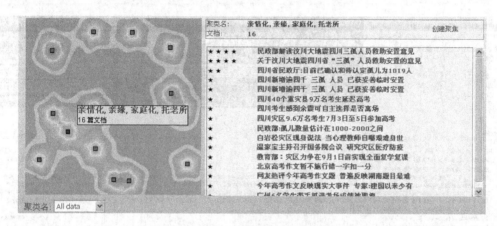

图 10-12 信息空间聚类分析二维图示例

图 10-12 表示系统对不同行业与领域来源的 16 篇文档聚类分析后,生成的二维图形。所谓"信息空间聚类分析",是指对同一时域中分布于不同渠道中的信息进行分析。图中下部"聚类名"选择框显示"All data",即对所有采集文档做全数据分词后聚类。聚类后按计算出的概念群排序,生成等高图形式呈现,形如"岛屿"。从图 10-12 中可看出,诸岛屿又有"孤岛"与"联岛"之分。孤岛表示独立热点,每个岛反映一类事件,岛的颜色越丰富,表明其下聚集的关联主题词越多。联岛表示一批事件的某些主题特征相似,但主要行为特征又彼此分离,反映被分析资源中的主要概念间既关联又差异的情况。从距离上看,联岛中分隔较远的峰值点间的关联度较低,较近者的关联度较高。如系统将聚类分析的相似度阈值提升后,"联岛"间将断裂成为"孤岛",表示在一定的阈值下,两文献间主要概念类集失去关联;反之,如下调相似度阈值,则"孤岛"就可能合并为"联岛"。同样,如在主题概念模型中增加/删除信号词或调整这些信息词的权重值,则聚合图也有相应的形态改变。

当将鼠标放在图中各"岛"峰时,出现浮动标题框,显示该"岛"所涵盖的资源中抽取的代表性核心主题词和对应的文档数,如本例的关键词"亲情化、亲缘、家庭化、托老所"就为此聚类的名称,对应 16 篇相关文章。

对于信息空间聚类图,用户每天只需先查看热岛图形,就可从宏观上知道当下大事及其受各类媒体的关注程度。当用户从聚类名称确定其感兴趣的消息时,点击对应的"岛"就出现与标题对应的文档目录。这些文档都在限定的阈值内被命中,并按贴合度排列,越靠前者越具代表性,标注的星号也越多。用户只需查阅最前几篇就可了解此热点概况,这对节省用户时间,提供与其业务贴合度最高的信息具有重要意义。

2) 趋势聚类图

图 12-12 的聚类只反映了某天信息空间的分布,只是一个时域片断,不能反映事件发展过程。聚类分析可加上时间坐标做时域聚类分析并生成图像,此时的聚类图就可以反映热点事件的生命周期。时序聚类分析对于监测特定事件走势、宏观调整结果分析等更为有用,故称为"趋势聚类图"或"趋势图"。这类图又可分为单一事件趋势图与多事件趋势图等。

(1) 单一事件/主题趋势图　图 12-13 就是某系统对 2004 年 10 月 1 日到 12 月 14 日,对 Web_China 连续报道的以美国为首的多国部队在伊拉克作战进程生成的单一事件(或主题)的趋势聚类图示例。

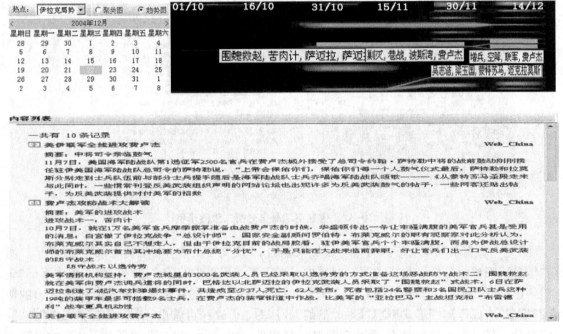

图 10-13　时域聚类生成单一主题趋势图示例

技术上,时域聚类是将空间聚类加上时间坐标后旋转 90 度而成。因此,空间聚类可看成是时序聚类按日期形成的"切片"。加上时间坐标后,使用者可纵观全局地把握整个事件的演化历程。如图 10-13 中,从 10 月中旬到 11 月初,对媒体报道聚类的关键词是"围魏救赵、苦肉计、萨迈拉、萨迈拉城"这几条粗线上;11 月中旬到月底前,一条主粗线中止,报道集中在"剿灭、巷战、波斯湾、费卢杰"等关键词上;到 11 月 30 号,图中陡然增加了许多孤立热点,关键词散乱,表示各观察员对联军的战术动向猜测纷纭,莫衷一是;12 月初热点又集中在"增兵、空降、联军、费卢杰"等关键词上,到中旬诸线终止,表示这段时间联军采取了一系列有效战术,费卢杰战役于中旬结束。

(2) 多主题趋势聚类图　多主题趋势聚类在政务领域有广泛应用,图 10-14 是某政务系统对 2004 年 9 月 15 日到 21 日期间一批网络媒体和报刊等对民生问题的回溯聚类。

图中聚类结果分 7 个线段,代表 7 天的热点。从 15 号到 16 号的热点之一是"鲜蛋、鲜菜、CPI、肉禽",两天中热点总数在减少,但某几个热点变粗,表示其开始聚集,其中有两个热点信号从 17 号开始走强,其一到 19 号中止,另一个曾在 20 号走弱一天,21 号又成为主要热点。

图 10-14 中有几个分岔图,表示某一热点事件从某一天分解成为两个甚至更多的热点。

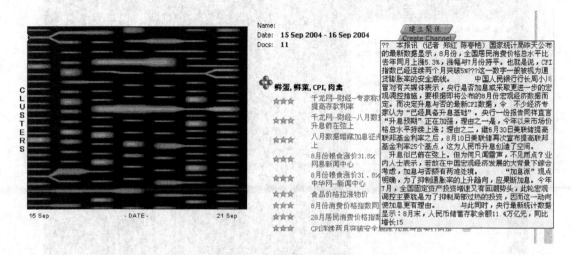

图 10-14　多主题趋势聚类示例

在内容结构上，左侧聚类图与右侧目录存在联动关系，当鼠标光标放置在某条热线上时，右侧显示该聚类下的文档目录；同样，当将鼠标放在某条目录上时，右侧出现浮框并给出该条文档的摘要供用户选择。

多主题趋势聚类图的主要功能是从全局了解各信息渠道中的热点，不同用户可选择跟踪其感兴趣的领域，可以其中的信息为样本来建立单一主题聚类，即创建一个频道，设定一个评估阈值。这样，系统就会为其自动定制信息，一旦发现满足条件的文档，便会主动推送到他的桌面上来。这就是聚类分析的专题信息服务的个性化定制功能。

10.3.3　三维政务信息聚类分析

三维图像的信息量比二维图像更大，在三维聚类分析中，可根据聚集的文档或信息源数量来做第三维坐标。这样，任一热点受媒体关注的程度以及各热点间的相对热度比较就一目了然。

图 10-15 为三维聚类图示例。右上侧四个系统开关按钮为"重置（reset）、网格（grid）、线程（lines）、帮助（help）"，选择"网格"时，底部出现二维网格线，系统将抽取的资源空间划分为一批有限网格单元，该网格单元能显示各热点间的距离；选择"线程"时，系统根据各信源中相关资源或文档数量生成垂直高程线，以反映各热点域的相对热度，高程线越长代表其为各家媒体、网络舆论的关注度越高。

当将鼠标光标置于某高程线上时，其顶部会出现 6 个旋转的小三角锥，以及该聚类域中频率与权值综合值最高的主题词，同时，左侧浮现动态分类文献目录框，点击就可阅读原文。图中是一个中等程度热点，关键词显示"乳制品、呼归、文娱、肉禽"，尽管自动分词结果中"呼归"一词不甚确切，但左侧目录可看出所聚集的文档绝大部分均与消费者价格指数 CPI 相关，故主题脉络仍然十分清晰。

聚类出"呼归"这一不规范表达，是因其在一批报道中的出现频率超过设定阈值，并在文档中占据了相当的位置所致。因此，分析者可将其视为一种舆情信号词加以收录和关注，也可将其加入禁用词表，使其不再出现。

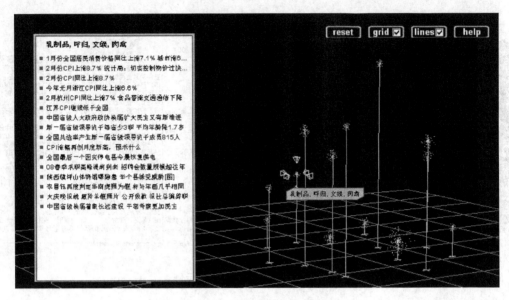

图 10-15 三维聚类图示例

10.4 聚类分析的综合应用

10.4.1 聚类分析嵌入个人作业平台

以上实例皆是从后台资源库生成聚类后,供用户观察。先进的政务系统可将聚类功能嵌入常规作业流程中,整合一体并将结果动态推送到桌面,由此可生成许多新应用,尤其是在专题化、个性化信息分析与服务领域,可用图 10-16 实例说明。

图 10-16 显示了一个政务系统中"分析工具"面板,它将聚类分析系统嵌入作业平台,面板分为分析工具区、标题区与内容区三部分。

1)分析工具区

右侧为竖直工具条,其中有"聚类操作"块,点击后进入本页面。"分析工具"区上部为各项设置,有聚类的起始与终止日期、相关度阈值设置等,其下为"保存标题"。用户利用本平台来做定题聚类,即设定一个内容标题,系统检测到各信源内容变化后,就能将符合内容特征的资源不断抓取汇入,本例设定的标题为"性别平等与发展"。

"聚类内容"中的主题特征词为"性别、平等、移风易俗、优生、结扎、一胎、引产、胎儿、流产、婴儿、男女、儿童、人口、性健康"等,这些词可由使用者设定,供系统在资源抽取时做种子概念比对;也可通过典型文章训练后,由系统生成。显然,对专业研究者而言,前一种方式更为合适,毕竟用户自己设定的主题表达更具针对性,更能满足其对资源的概念结构需求,这往往不能通过词汇统计分析算出。

其下是"聚类分析"与"趋势分析"选择框,当选前者时,后面与时间序列相关的属性栏呈灰色,即不提供选择。如选择"趋势分析"时,则需要再设置周期、步长、相容或相斥等选项。

2)标题区

此处供用户设置其需要做聚集分析的资源目录,本例中设了 6 个专题,前 4 个是聚类分

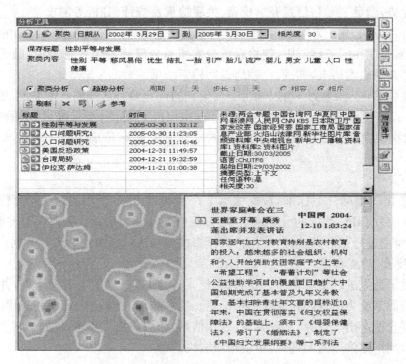

图 10-16 政务系统嵌入分析工具实例

析,后 2 个是趋势分析,最左侧小标志有所不同。然后是聚类或趋势分析的时间,本例为终止时间。第 3 列是各专题所对应的信息来源,本例"性别平等与发展"是当年的两会专题之一,同时也是一个全球性话题,故信息源有国内外网站、中外媒体、国内外政府机构,资料形式有文字与图片等。其他的设定项目有起始与截止日期、语言、摘要类型、语种和相关度值等。

3) 内容区

内容区即前面一系列实例所用的左图右目形式,点击左侧任一热点峰区,右侧出现对应资源目录;点击目录出现原文。

10.4.2 聚类与分类结合

10.1 节指出聚类分析与传统的自动分类的不同之处,而当聚类分析与传统分类技术相结合时,系统就会在刚性的信息目录体系上,动态与柔性地生成一些新目录,并以关联检索方式给使用者带来诸多便利。这在国家知识产权局的高效专利检索系统中得以充分体现。

1) 需求背景

国家知识产权局采用先进的分类-聚类系统,建成了优质高效的专利检索系统。中国专利信息中心提供的中国专利数据库检索给广大公众提供了方便,日访问量几万人次以上。随着知识产权意识的增强,各地对专利的重视程度空前高涨,要求建立涵盖全球专利资源的先进数据系统以满足统计、决策、查询、分析的需要;各类企业也意识到专利分析、专利战略的重要性,要建立自己领域的专利数据库,以供公司开展战略决策研究、行业分析、市场预测、核心专利分析等业务。

2) 解决方案

中国专利库检索应用系统采用了智能数据操作层(IDOL)服务器,充分结合了传统检索与聚类分析的优势,满足了专利信息专题检索、关联检索及统计、分析等需求。

针对几百万中文、几千万英文专利信息的海量信息环境,系统采用 IDOL 的服务集群模式,部署多个索引库在服务器群中,使检索负载均衡地分配到每个服务器中,保证在亚秒级内高效地完成复杂的检索请求,准确、完整地返回检索结果。

采用关键词的自定义模块,可以满足专利信息的行业专有名词的检索需求,更加符合检索要求;采用 Parametric Indexes 方便完成专利信息中 IPC(国际分类标准)数据的分类索引,为 IPC 分类检索提供数据。而在 IDOL 的特殊的检索语法支持下,能快速构建出专家检索的复杂应用。

3) 分类统计

专利信息 IPC(国际分类标准)数据多达 8 个大类,2 万多个小类,5 个层级。采用 Parametric Indexes 完成 IPC 数据的分类索引,可方便地进行分类统计。同时还对专利的国别、省市地区、注册年度进行了分类统计,使用户可以多维度地统计所关注的专利数据。

4) 概念搜索,相关推荐

系统提供了最先进的搜索功能,包括概念检索,以理解信息的上下文语境,并当用户的查询结果不在资源系统中时返回相应的提示信息。这一技术在专利检索中的应用,使系统可以通过摘要的概念搜索出与目标相近的一些专利信息,为用户提供参考,同时通过关键词的相关推荐可以提示用户搜索新的关键词,更快地检索出结果。

5) 应用效果

通过核心搜索引擎构建的专利检索应用真正地满足了查全、查准、查快的需求。其特有的检索模块发挥了专利检索应用的行业特色,大幅提高了检索的易用性和搜索功能的扩充。某些功能还优于国外专利检索系统,获得内部用户和外部用户的一致认可。

综上,资源聚类是一种重要的知识汲取或挖掘手段,其主要功能在很大程度上解决了从海量信息源中自动筛选用户所需信息的难题。从理论上讲,只要前端的资源引擎一次性地挂接了正确且足够的信息源,系统就会在特定算法的支持下规模化地将资源抽取并发送到用户桌面。当用户要求主动筛选信息时,只要设定相关的主题,选取对应的信源,对其所需的内容从主题概念上给出架构性描述,就能源源不断地获取比较精确、全面的动态消息。显然,这一技术的发展解决了信息爆炸时代产生的新型信息不对称,它与信息稀缺时代的信息不对称给决策者带来困扰的性质是相同的。

思考题

1. 什么是聚类分析,聚类与分类有何异同?
2. 试述聚类分析的特点及其在电子政务领域的作用。
3. 简述划分法的基本思路与种类。
4. 简述密度法的基本思路与优点。
5. 聚类分析的主要性能要求有哪些?
6. 简述聚类分析的形式与用途。
7. 聚类可视化对政务决策有何作用?
8. 热点聚类图与趋势聚类图各自的特点是什么?

11 政务信息代理服务

11.1 政务信息代理概述

大型政务系统中,资源引擎能与成百上千个网站和各类数据库、数据中心互连,构起庞杂的信息管道。例如"9·11"事件后,美国国土安全部(DHS)就与美国国防部、商务部、能源部、交通部、司法部、海关、食品与药品安全局以及卫生与社会服务管理局等21个联邦政府机构组成了协同互联的超大型信息系统,任务是防止国内恐怖袭击,降低恐怖主义对美国的威胁;同时通过利用联邦、各州及地方政府及私人资源渠道广建信息通道,以保证一旦发生恐怖袭击就能迅速通知各部门与公众,将损害降至最低并能尽快恢复。

这一国家安全与反恐信息系统,与20余万名政府机构员工联系,为其在各自岗位上提供情报自动匹配、分析、推送及动态检索等。对各类可疑人物、危险品及危险行为做实时动态监控,快速整合各机构专业人员的知识与资源,协同响应与联动。

显然,各政府机构履行的职能互不相同,所需信息也不一样;同一机构中不同部门、不同岗位人员所需的信息也不一样。于是从信息管理角度就出现了矛盾:一是从宏观需求角度,希望相关资源聚集越多、越全面、越详细越好;而对于具体人员,则希望信息越精准、越齐备、越方便越好。在信息爆炸,全球每个个人、每件物品、每个事件和每个过程全都数码化的今天,这一矛盾就日益尖锐。于是,信息代理技术就应运而生。它的一端面对海量信息资源,另一端面对数以千计的不同业务领域中需要专业化、精准化资源服务的用户,中间通过一套智能识别、加工与聚类机制,将资源的抓取、识别、分析、检索和推送等功能交由计算机自动实现,体现出其信息代理枢纽的功能。

11.2 政务信息代理功能

11.2.1 信息代理概述

信息代理又称智能代理(Intelligent Agent),简称代理(Agent)或代理机,是一种智能化、可进行复杂的自动数据处理的软件,用于自动搜索与各类特定主题相关的信息,是近年来人工智能领域研究的热点。它是一种综合多种技术,是融合了智能化、个性化、规模化信息检索与推送式服务的核心技术,目前已成为大量电商系统、社交和自媒体平台等的后台,是为其用户提供个性化服务与提升客户体验不可缺少的工具。

技术上,信息代理是一套数据自动扫描、识别与抓取、聚类筛选、匹配推送并观测用户响应等的程序,具有自学习性,可按相关规则分析用户行为,通过代理机从信源中淘取其感兴趣的信息,再按模型把达到适配阈值以上的信息按时或按相应的触发机制推送给用户。好的代理机能根据用户提供的信息样本或分析信息行为推测出其检索意图,改善规则制定,调整和执行后续服务计划。

信息代理的服务质量主要取决于代理机的程序、设定信息源的数量与质量、代理程序的功能与自分析自学习性能。互联网中,简单的代理机可根据用户提供的资源样本、给定的匹配度阈值等,在全网漫游抓取信息;也可根据用户提供的信源网站目录跟踪抓取信息;还可按主题或地域范围等扫描抓取信息。因此,这类程序又称网络爬虫,它与聚类分析等程序结合就构成代理机。

11.2.2 信息代理的框架与流程

1) 信息代理框架

代理可有多种框架,图 11-1 是一种典型的三层代理结构框架,各层功能如下。

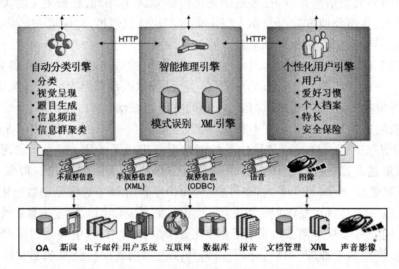

图 11-1 信息代理系统框架示意

(1) 资源层 框架底部代表政务系统包含的各种不同形态、不同来源、不同格式与内容资源,可以包含内部与外部信息以及业务信息等。

(2) 归整层 中间代表系统对从资源层抽取的各类信息进行的归集整理处理,主要处理对象有各种非结构化信息、半结构化信息与结构化信息,以及语音和图像等信息。

(3) 引擎层 引擎又可分为自动分类引擎,实现自动分类与聚类处理等功能;智能推理引擎,针对资源特征、类型、分类与用户资源需求及使用行为等画像与建模;个性化用户引擎,实现用户专题服务,跟踪反馈其使用习惯与兴趣等,提供针对性的服务。

由于代理只负责资源处理,功能上属于中间件,并不直接呈现结果。故在此三层之上,应通过各种协议与接口等,呈现在不同的终端上或传输给其他应用。

2) 信息代理作业流程

根据图 11-1 框架,代理机被视为知识处理实体,运行时一般需要遵守知识库、规则库、推理机、各引擎间的通信协议等;功能上要能实现知识发现代理、通信协作代理、规则库应用代理、监督代理、知识库管理代理、推送代理等。这些功能可按图 11-2 所示流程运行。

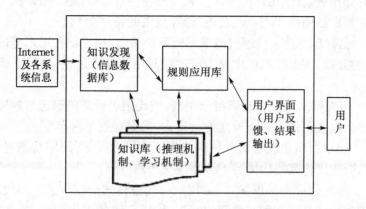

图 11-2　智能代理机工作原理示意图

图 11-2 中,各代理机逻辑上都有自己的知识库,各用户的信息需求传给相应的知识库。系统按用户库中对其设定的需求特征、兴趣、检索行为、工作内容等为样本来筛选信息。系统通过知识发现系统检查知识库中是否有用户既往的信息需求,若有就将其记录提取出来,通过与近期搜索的增量信息比对,将其中达到要求者推送给用户界面。若库中没有其信息需求,经规则应用库代理生成一定的搜索匹配规则,传给知识发现代理进行搜索,结果经过滤后存于信息数据库,再经知识库的推理机制推断用户的潜在需求,并作为用户需求历史记录,将结果推送给用户。

代理机还根据一定规则,实时动态地跟踪信息数据库中历史记录在内部系统或 Internet 网上的变化,一旦知识发现代理收集到相关的更新内容,就通知规则应用库生成新的检索规则或应用,并通知用户有新的信息内容,将更新内容以推送方式提交给用户。

检索完成后允许用户对结果进行满意度和相关度的评价并反馈给知识库,系统可一方面了解用户的新需求,另一方面完善用户所需信息相关度的匹配规则,为其未来的信息检索提供内容。

11.2.3　信息代理的特点

目前有许多代理软件具备程度不等的智能性,智能代理技术是人工智能在网络信息技术领域的运用,具有显著特性和相应功能。

1) 信息代理的主要特点

(1) 智能性　体现为对信息特征做自动识别与比对,有一定的运算推理和经验学习能力,能接受用户的资源目录、数据或文献样本、给定阈值等条件,以建立资源搜取目标;在运行中它能对用户的使用行为(如网页驻留时间、跟踪访问层级与退出行为等)分析其意图,再从信息路径、选择过程等兴趣特征上建立用户特征记录。

智能代理能在解决问题中不断积累知识、调整处理策略和跟踪数据,能进行推理和计算,可在用户没有给出十分明确的需求时推测其意图、兴趣或需求,并按从优原理提供自动代理。能对用户需求进行分析,能自动淘汰一些不合理及明显不适合的要求;通过跟踪用户使用行为来学习其需求特征,还能根据资源与应用环境调整代理行为,提高代理能力。

(2) 替代性　替代用户进行某些操作,反馈其结果。典型的如代替用户进行信息查询、跟踪选择、下载比对等作业,管理用户的个人资料及其专用目录下的知识库等。管理员可为用户创建代理,或允许其自己创建代理,"代理机"称呼也由此特性而来。

(3) 学习性　也称自主性。代理机能根据资源环境、应用环境和用户等的变化,动态调整去完成各项任务的规则、模型与知识库。能通过观测用户使用过程,持续修改与优化其运算、聚类与代理策略等。

(4) 自动性　可在网络中漫游搜索目标主机,按规则进行资源筛选与抽取,将结果返回用户界面,能随用户兴趣主题的改变而改变搜索模式、采集对象与内容等。

(5) 主动性　能根据用户设定的具体信息源或主题领域等,跟踪检测对象的变化。当其发现新增信息时,会主动将其适用内容下载并提交用户。

(6) 合作性　智能代理有标准接口,采用统一通信格式交流信息。多代理系统由代理组合成,通过各代理的搜索系统和相互之间的交互,构成系统的群体活动,相互之间分工合作共同完成复杂任务,从而实现系统整体的功能或目的。同时,每个代理也在这种交互的过程中实现了自己的功能与目的。

(7) 媒介性　能通过知识匹配、领域匹配、使用习惯匹配等方式使本代理的用户与其他智能主体进行信息交流,建立联络,相互协调共同完成复杂的任务,等等。

(8) 持续性　各代理机对应不同的任务,如在互联网搜索访问,或针对特定政务信源的访问。这种活动是多点并行的,具有可跨地域、时空持续运行的功能特点。

2) 信息代理的核心技术

代理的特点都建立在计算机"理解"信息内容的基础上。"理解"是计算机通过对大量文章中的词语要素等的划分,对其语义、语境、语法、语用和领域等的记录分析的积累性实验、学习、反馈、验证与改进等,并形成统计意义上的知识库、规则库、模型库与过程库等。

技术上要求系统具有自动信息采集、自动分类整理、自动网页链接、自动全文概括、自动关联信息提要、全文自然语言查询与信息多渠道发送等。能为用户自动建立个性化资料中心,并以个性窗口呈现;能为用户自动建立信息渠道,通过关联性优化选择信息至桌面。

性能上要求的处理量级为 2～3 小时内,能对百万量级的文章完成核心内容自动分类与运算,完成依据用户的兴趣模型或种子样本的聚类,将阈值以上的资源推送到桌面。

3) 信息代理的分类

目前,代理可分为 4 种基本类型:①一般信息代理;②检测和监视代理;③数据挖掘代理;④用户或个人代理。

代理技术最初应用于商业领域,随着技术和应用的发展,其特性和功能也不断地扩展,应用在智能搜索代理、数字图书馆、电子商务、远程教育和版权检查与保护等领域。随着电子政务的深入化、精准化与个性化服务的发展,代理技术在政务领域开始了许多新应用。

11.3　代理机制的建立

11.3.1　电子政务的代理需求

随着电子政务朝深度与广度的整合发展,由政务数据的 4 项基本特性带来的 3 个关联性矛盾就在资源处理上日显困难。4项基本特性是：①政务数据的多源性；②政务数据的海量性；③政务数据的相关性；④政务数据的多态性。3个关联性矛盾是：①传统的结构化技术无法处理大量非结构化政务数据的矛盾；②不同应用间的数据难以形成跨系统的内容关联的矛盾；③缺乏成熟的智能服务模型，无法为各级管理者与公众提供个性化、专题化的关联信息支持等。

电子政务领域的代理机，不仅要解决单纯的数据的浩瀚、作业的繁复以及人工处理无法解决上述4项数据基本特性的问题，更重要的是能针对结构与非结构化数据，在跨系统整合中经内容关联处理实现政务资源的巨大增值，实现更全面、高质量、多功能地提供政务服务之目标。从本质上看，谷歌、百度等搜索引擎就是信息代理机，具有从海量信息源中抽取专题信息的功能，但电子政务还有其他代理需求，它们之间主要有以下四点区别。

1）代理机的性质与体量不同

谷歌、Yahoo、百度等是互联网级搜索引擎，而政务应用往往需要企业级搜索引擎，前三者对资源采用无差别采集策略，以求"多多益善"，后者以"精准定向"为搜索策略。互联引擎搜索在接受任务后，动辄输出数十万至百万量级的线索，远超出常人的阅读能力，多数结果重复且针对性差。政务应用则要求检索结果的质量优先于数量，故对信源有一定的要求。

2）针对的信源不同

互联网搜索引擎针对公网，并无边界。而政务应用则"内外兼修"，即内部代理机针对机构（包括垂直或横向系统）中的数据资源，外部代理针对经设定与筛选的部分公网资源进行代理服务。

3）拥有主体不同

政务系统的资源引擎只能为各机构主体所拥有，且代理机能灵活地嵌入到用户系统中，与其作业关联，提供实时检索比对服务，还能通过用户的训练，不断地修改代理结果。而互联网搜索引擎只能为相应的互联网公司所拥有。

4）服务方式不同

互联网引擎是"拉"式服务，即用户输入关键词后才能将搜索结果"拉"到其桌面上；而代理机则可由用户一次设定一批关键词为目标样本后，就不断地将比对后满足条件的资源"推"送到其桌面上，让用户与其可能接触到的信息保持同步。

11.3.2 代理机功能实例

以HP旗下Autonomy公司为例，它为全球一万多个政府机构及跨国公司提供信息代理服务，其产品采用基于语义计算模型的代理机可在资源筛选端让机构配置互联网和内部网中的资源站点，能根据业务需要设立公众反馈、讨论室、内部业务数据流和各资源库列表等。用户端允许不同使用者自行创建个性化的资源栏目、信息频道，并与其业务平台整合，随时通知各用户与其特定角色和兴趣相关的发展状况，实时跟踪外部领域新闻和系统内部的各类动态。其具体功能如下：

(1) 运用自然语言实例（关键词、样本文档或部分片段）创建兴趣聚焦代理。

(2) 重新训练兴趣聚焦代理。

(3) 自动建立超链接与文档摘要。

(4) 可定义结果数量与质量特征。
(5) 可选信息源。
(6) 可设置时间段、语种、搜索方式等。
(7) 个性化显示,等等。

用户在这些功能支持下,通过设置兴趣领域来定制代理机。代理机将持续识别所有相关内容,然后在简洁的个性化页面中以完整的 URL 链接显示所有筛选内容;还会在出现新信息时及时监测到并提交给用户。用户职能或岗位变化,引起其关注领域改变时,就可重新训练代理机,以切换到新领域。

在"推"式服务中,当用户关注的主题出现了一个消息,或公众反馈栏目中,甚至跟踪的某些公网网站开始出现一些能反映舆情民意的话题时,用户会通过邮件、短信、屏幕窗口或其媒介收到提示。通过代理实时反馈新闻,持续搜索与增加各用户兴趣目录的匹配资源,能使政务机构具有更高的服务效率、洞察能力与决策水平。

11.4 代理服务简介

1) 作业界面

图 11-3 是一个采用 Autonomy Agents 构建的政务知识管理与决策支持系统的用户界面示例。图中有小三角标志的"专题",就是系统中的代理机界面。

图 11-3 中的"专题"指用户要求代理的具体领域,代理机由此建立资源泵,对后台资源进行筛选、抽取、阈值计算与匹配,将结果推送到用户桌面。此界面可看出,创建代理就是建立多渠道聚类,以用户自定主题的方式来进行。但与一般聚类不同的是,聚类是针对所有信息,按特定算法经统计分析后自行分类;代理则由人工指定主题域、其他样本词,甚至一个文献片断后提交系统,经代理机搜索梳理后建立定向聚焦。用户均可指定专题,选择信源,建立专题域,开展个性化信息服务。

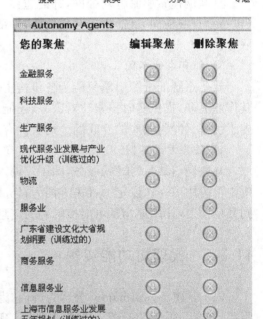

图 11-3 代理服务界面示例

示例中建立了"金融服务、科技服务、生产服务、现代服务业发展与产业优化升级、物流、服务业、广东省建设文化大省规划纲要、商务服务、信息服务业、上海市信息服务业发展五年规划"等主题域代理,显然,以这些种子片语作为标题可为使用者提供专题代理,由后台进行聚类后输出。当然,用户可通过增加与删除任何样本来调整聚集结果。

2) 专题代理示例一

现以图 11-4 所示"金融服务"为例,说明建立代理的具体过程。

(1) 聚集名 在"聚焦名"框中输入"金融服务"作为一个专题的聚焦名。

(2) 初始训练　对代理机进行初始训练。"训练"是以系列主题词、整篇文档或文章片段输入系统作为其所需专题的代表性概念框架。所选主题词可以是一个或一批,如本例"金融服务"的训练词为"银行、债券、股票、纽约证交所、伦敦证交所、纳斯达克、期货、上证指数、深圳股市、上海股市、投资、融资、基金、风险投资、投资环境、保险、银监会、保监会、证监会"等。输入这些词并提交后,系统就以此为概念模型对资源进行内容挖掘,将符合度阈值以上的文档全部发送到用户桌面上来。

(3) 结果数量　当查询到的资源数量较多时,设定每个页面一次显示的结果文档数。

(4) 最低相关度　文档内容与样本概念群比对后的统计符合度阈值,其值为 10,20,30,…,90,代表百分比。

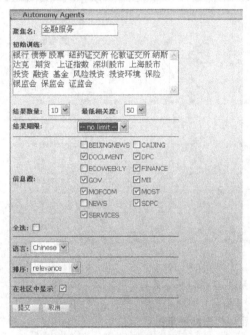

图 11-4　代理设置面板示例一　　　图 11-5　代理设置面板示例二

(5) 结果期限　表示代理机挖掘的资源时间期限,可设定"当天、一天、二天、…、一周、二周…"。

(6) 信息源　表示代理机挖掘的信息源目录,可按需在各信道前的小框中打勾,也可在"全选"框中打勾,表示对所有信息源按上述概念群进行资源挖掘比对。

(7) 语言　默认为中文。

(8) 排序　与前述分类部分面板相同。

(9) 在社区中显示　表示本用户所建立的代理是否要在社区中显示,打勾则显示在社区中。该功能用于通过专题聚焦与其他用户或专家建立联系,是电子政务领域中一项新颖而重要的功能。

3) 专题代理示例二

对代理的训练,除用主题词集外,还可用整篇文章或其部分片段输入"初始训练"窗,如图 11-5 所示:聚焦名为"上海市信息服务业发展五年规划",训练文章采用"上海市信息服务业发展五年规划",提交后,初始训练窗口下就显示该文章名,并在前面的小框内打上勾。这时,在专题主页"您的聚焦"目录中,本文标题后出现"(训练过的)"字样。

以文章作为训练样本交给系统进行挖掘比对时,其结果数量可能不多,特别在高阈值情况下,但资源相似度较高,如本例检索时就可以将其他各省市的类似五年规划全部检出。

代理结果的质量取决于两点:一是系统跟踪的信息源数量与专业程度;二是描述专题对象的主题是否准确、周全,或者说取决于资源架构与概念模型的质量。

4) 结果显示

用户建好聚焦主题提交系统后,代理将其"淘取"的符合条件的资源推送到桌面,如前述"金融服务"经代理抽取出的部分结果就如图 11-6 所示,并显示"Matching documents for agents金融服务"。

图 11-6 "金融服务"专题的代理结果示例

图中每篇文章有四部分描述:相关度百分比值及小框、文档标题及右侧五个小标志、摘要、相关文档等。百分比值是代理机将从资源引擎中抽取的所有文档经比对后相关度值大于图 11-5中设定"最低相关度"的文章目录列出,按从大到小排序。右侧有五个小标志按钮,从左至右功能分别为:

(1) Contents (内容)。
(2) Highlighted Contents (重点内容)。
(3) Summary (提要)。
(4) Create Agent Based on this Story (按此文章创建代理)。
(5) Email this Link (邮件发送此链接)。

标题下是文章摘要,下面列出该文章的资料来源以及相关文档。

以图 11-6 中最下方一篇文章"北京正式发布《关于促进首都金融业发展的意见》"为例,点击后出现图 11-7 所示内容。因该文已被网络爬虫自动采集到本地服务器,系统列出"自动推荐相关链接"文档,如相似度值为 59%的《中共北京市委北京市人民政府关于进一步促进服务业发展的意见》,以及用数据库标志表示的系统跟踪的信息源目录。

图 11-7 是系统后台,客户端此类信息源及其标志可不显示。

图 11-7 显示原文内容及相关文章摘要示例

11.5 专家聚集

1) 专题社区的建立

信息代理适于构建个性化资源服务,多由使用者自行建立。在电子政务中,同一领域会受到不同部门领导、专家和专业人士的关注,如通货膨胀问题,经济主管部门、金融机构、统计部门、财政系统等的专家和公众都可能要求建立代理,添加并跟踪其关注的信源与分析报导等。此时,系统不仅应将信息资源聚类,同时还会将建立专题代理的专家或信息使用者们也聚集起来,组成虚拟社区,为不同部门、不同机构、不同地区的专家提供一个相互认识与在线交流的空间,发挥知识交流与倍增作用。

可见,代理机不仅能在政务资源层面建立,还能在人与人之间建立选择与聚集机制,动态组成涵盖众多领域、有众多人员参与的专题社区。特别是能随某项研究的进展,在理解内容之时,找出相应领域的专家。这一功能对于公众与社会机构参政议政、民主决策、行使监督权、跟踪了解某个领域的进展、协同研究等起到良好的作用。

同时,这一功能还能使系统在不断了解各执行人员的经验基础与积累上,由代理机在人员之间建立起能提升团队整体竞争力的联系。

2) 专家聚集的主要服务形式

采用信息代理的专家聚集,主要能产生如下一些形式的政务服务:

(1) 内容交叉推送 代理机将针对各用户所关心的主题自动对所触及的内外资源建立自动超链,以跟踪用户查询使用的内容,不断更新相关的文字和富媒体形式资源,交叉推送给同一领域不同的用户。交叉推送不仅可发现显式资源如文献资料等,还能从一些用户的资源使用行为中发现隐式资源。如专业社区成员均可彼此建立关注,当某位专业人士开始查询一些新领域或发布评论时,可推送至其他成员,其他成员由此可发现隐式知识域中的某信息点。

(2) 完善资源频道　许多资源需求都不是偶发或随机的,要求公务员建立其常规信息查阅机制,随时查询系统推送来的新动态,此需求可视为"资源频道"的建立与维护。图11-3左侧的主题领域,就可由用户设定为一批"频道按钮",可定义内容更新时间与监控周期。代理机可按此定义自行指向相关信息源,按领域、来源、使用频率等建立智能标签并排序。通过聚类来识别搜索结果中的主题对象的演化趋势、公众关注度排序等,按特定序列推荐给用户。

(3) 优化检索功能　直接的检索引擎是通过用户输入的关键词进行比对查询的,基于代理的检索引擎除具有此功能外,还应包括基于概念的检索,即能通过理解信息含义来返回相关内容,即便用户输入的关键词未包含在所返回的结果中。同时,还应包括词干提取、同义词管理及排序等功能。例如,一般引擎在检索"艾滋病"时不会将其学名"获得性免疫缺陷综合征"下的文献比对检出,而智能引擎就可将其各种俗称、学名连同英文相关表述如"AIDS""HIV"等都检索出来。

(4) 结果可扩展　许多政务研判活动,要求代理具备资源推理与结果漫游等功能。如当一批检索结果推送至用户时,用户在选择阅览某篇文献时,代理应动态将与其达到一定关联度的文献检索出并呈现给用户;如用户在其中选用某个文档时,代理会再筛选推荐出另一批文献。尽管此时的结果已超出用户最初的关键词概念范围,但却有助于用户发现未知的知识点或关联信息,实现政务资源漫游的功能。

同样,这些漫游既可针对资源文档进行,也可针对专题组内的专家进行,使得在政务研判活动中,能针对具体问题,找到最适合的专家与见解等。

11.6　信息代理的发展

1) 智能代理简介

信息代理正朝机器学习与智能代理方面发展。美国斯坦福大学的 Hayers Roth 认为"智能代理"应具有三项功能:①能在感知环境中的动态条件下运行并影响环境,进行推理以解释感知信息;②能求解问题;③产生推理和决定动作。

Roth 定义的智能代理是在物联网环境中运行的,代理应在选择执行过程中进行识别、推理和规划。这样的智能代理就包括人类与社会中具有感知或观察能力的智能设备的联网与动态分析和处理能力,使智能代理能自动收集信息并提供相关服务,不需要人工干预即可执行一些任务。

在电子政务领域,开展智能代理的一些基础设施业已具备。如各城市的一些单位、机关、商店、街区与道路上,均已安装了摄像装置;公安、城管等执法人员也已配备了行政执法记录仪等。这些装置对于动态记录感知范围的对象与过程、各类事件的追溯等起到重要作用。但目前,这些装置只是一种记录设备,尚不具备对所摄取的影像资料进行自动分析、研判与报警等能力。进一步的发展,就需要后台强大的影像模式识别与分析软件,对一些可能涉及违法和影响安全的动作与场景等进行动态分析比对,对符合报警条件阈值的一些行为场景等自动报警,引起监控观察者的注意,对于辅助人工干预与自动提示相关人员注意防范等将起重要作用。

2) 智能代理的基本特性

智能代理应至少具备自主性、机动性与个性化服务能力等,具体如下:

(1) 自主性　智能代理具有自主与协调工作能力,表现为运行的自动化程度,即其操作行为可无需人工干预。但代理在系统中仍需通过人工加以控制,当代理提出请求时,只有人工可决定是接受还是拒绝。于是,自主性就与代理的推理和学习能力相关。当其自动描述了代理接受的目标指令、目标模式与目标场景,并能进行自动比对时,所提供的执行申请或许被采纳,或许被拒绝。被采纳的代表代理识别与选择正确命中一定的阈值,系统其后就将强化对此类对象的识别、判定与提示;当被拒绝时代表其识别与选择并未成功,系统就将记住这一失败场景特征,通过修改模式或修正阈值等进行学习,改进辨识处理等能力。

同时,智能代理还体现为理解用户用自然语言表达的对信息资源、计算资源与通信资源等的需求,帮助用户在一定程度、一定场景与紧急环境中克服其语言表达,无法建立通信等困难,通过其一些关键动作、周边人员行为、特殊地点及场景(如银行 ATM 机附近)等,捕捉用户行为信息,推测用户的人身与财产安全等,并为其自动发出提示甚至报警信号等。

(2) 机动性　机动性是指智能代理在网络间的感知迁移能力。观测任务和处理能从一台智能设备运行到另一台设备上,必要时,智能代理能同其他代理和人员进行交流,建立起某种特殊的连线观测渠道,使得后续感知代理能延续前者的数据,并从事自己的操作以及帮助其他的代理和人员。这对于城市机动车辆、行进人员、移动物体等的观察与研判具有重要作用。

(3) 个性化　智能代理拥有个性化处理能力,能针对某个用户的个性化感知需求与场景和对象设置,使政务用户能在浏览信息、获取某类场景、开展产业与环境分析等的过程中,获取其所需信息,大幅拓宽公用信息设施的应用领域。如将道路交通违规监测的摄像装置,同时用作城市物流动态规划与流量智能控制等,以满足不同政府部门的个性化管理与分析需求。

3) 未来趋势

伴随着大数据、人工智能、机器人、虚拟现实与深度学习等技术的不断进步并投入使用,具有智能性、代理性、适应性、学习性等特征的代理技术将逐步进入电子政务领域,从试验室走向实用。目前,智能搜索代理已成为网络信息检索的核心技术,它是目前具有前瞻性、先进性的网络信息检索手段,能为政务用户提供迅速、准确、方便、个性化的网络信息检索与推送服务。

在政务大数据环境中,智能代理将满足分布式面向对象的信息感知、模式分析与自动提示等需要。它将以政务外网和互联网为环境,采用人工智能、信息海量存取、多媒体影像传输比对、自动标引、专家库支持、知识挖掘等信息技术成果,形成超大规模、分布式的政务智慧云,将在国计民生中发挥日益重要的作用。

思考题

1. 什么是信息代理技术,其主要特点有哪些?
2. 简述电子政务领域的代理需求。
3. 试述信息代理的核心技术。
4. 信息代理主要形式有哪几种?
5. 信息代理服务的质量与哪些因素相关?
6. 专家聚集能产生哪些形式的政务服务?
7. 简述智能代理的基本特征,其发展趋势如何?

12 电子政务网站建设

12.1 电子政务网站概述

政府网站指各级政府及其部门、派出机构和承担行政职能的事业单位在互联网上开办的，具备信息发布、解读回应、办事服务、互动交流等功能的网站，包括政府门户网站和政府部门网站。政府门户网站是指集成诸多机构的网站入口，综合多种政务信息资源并提供政务服务的应用系统；政府部门网站是专业主管机构（如商务部、工信部等）的网站。

12.2 政府网站的一般要求

政府网站的总体要求是面向社会与公众公开政务，与公众互动并让其参与政务。政府网站应按建设法治政府、创新政府、廉洁政府和服务型政府的要求，适应公众期待和需求，打通信息壁垒，推动政务信息资源共享，提升政府网上履职能力和服务水平，推进国家治理体系和治理能力现代化，让社会公众在电子政务中有更多的获得感。

政府网站的发展，是建成多功能的政务公开平台、权威的政策发布解读和舆论引导平台、能及时回应公众响应及便民服务的平台，建设整体联动、高效惠民的网上政府服务体系。

政府网站是公众参与政务的渠道入口，公众由此实现与政府的互动交流，引导公众参与公共事务管理，及时了解社情民意。政府网站公众参与的方式可包括网上信箱、网上调查、留言论坛、在线访谈和意见反馈等。

12.3 政府网站建设要点

12.3.1 设计原则

为实现上述功能，政府网站的建设应体现分级分类、问题导向、利企便民、开放共享创新等原则，具体如下。

1) 分级分类

政府网站的设计者应根据经济社会发展水平和公众需求，科学划定网站类别，分类指导，规范建设。统筹考虑各级各类政府网站的功能定位，突出特色，明确建设模式和发展方向。

2) 问题导向

政府网站应克服诸如内容更新不及时、信息不准确、资源不共享、互动不回应、服务不实用等问题,构建"互联网+政务"型网站,完善公众与社会服务的体制机制,深化分工协作,加强政府网站内容与服务项目建设。

3) 利企便民

政府网站设计应围绕企业与公众需求,推进政务公开,优化政务服务,提升用户体验,提供多种实用、易用的互联网政务信息数据服务和便民服务。

4) 开放共享

网站设计应坚持信息开放融合原则,利用大数据、云计算、人工智能等技术,探索构建可灵活扩展的网站架构,创新服务模式,打造智慧型政府网站。

5) 集约节约

政府网站设计应基于统筹规划和顶层设计,优化技术、资金、人员等要素配置,避免重复建设,以集中共享的资源库为基础、安全可控的云平台为依托,打造协同联动、规范高效的政府网站集群。

12.3.2 职责分工

1) 网站管理职责

网站建设与运行均需要主管机构负责统筹规划和监督考核,涉及开办整合、安全管理、考核评价和督查问责等管理工作。通常,地市级和县级政府办公厅(室)承担本地区政府网站的管理职责。

全国政府网站的安全管理由中央网信办统筹协调。中央编办、工业和信息化部、公安部是全国政府网站的协同监管单位,共同做好网站标识管理、域名管理和ICP备案、网络安全等级保护、打击网络犯罪等工作。

2) 网站管理内容

(1) 主管机构 承担网站建设规划、组织保障、正常运行、安全管理等职责,具体承担网站技术平台建设维护、安全防护、展现设计、内容发布、审核检查和传播推广等日常运行保障工作。在政务云环境下,采用集约化网站平台模式进行管理。

(2) 网站内容 公开政务信息和业务部门提供的服务项目,确保内容权威、准确、及时;建立保密审查机制,禁止涉密信息上网,不泄露个人隐私和商业秘密;做好有关业务系统与政府网站的对接。网站要对接入的业务系统进行资源整合,统一展现,根据业务部门需要设置专栏专题,共同策划开展线上线下联动的专项活动,主动服务政府工作。

(3) 内容编辑 由专人负责具体内容的发布与更新、数据管理、信息服务的整合加工、公众互动诉求的响应处理、展现形式的优化,以及信息内容的策划、采集、编制和发布,加强值班审阅,及时发现和纠正错漏信息,确保内容准确、服务可用。

(4) 技术运维 由专人负责承担网站平台的建设和技术保障,做好软硬件系统维护、功能升级、应用开发等工作。按网络安全法等法律法规和政策标准要求,开展检测评估和安全建设,定期对网站进行安全检查,不断完善防攻击、防篡改、防病毒等安全防护措施,加强日常巡检和监测,发现问题或出现突发情况要及时妥善处理,确保网站平台安全、稳定、高效运行。

12.3.3 政府网站的开设与整合

1) 网站开设

政府网站分为政府门户网站和部门网站,其开设与整合要点如下:

(1) 分类开设　政府门户网站:根据相关规定,县级以上各级政府、国务院部门要开设政府门户网站。乡镇、街道通常不开设政府门户网站,通过上级政府门户网站进行政务公开,提供服务。已有的乡镇、街道网站要将内容整合至上级政府门户网站。

部门网站:省级、地市级政府部门,以及实行全系统垂直管理部门设在地方的县级以上机构均可按需开设本单位门户网站。

(2) 网站名称与域名　政府门户网站和部门网站均以本地区、本部门机构名称命名,网站在头部标识区域展示网站全称。

政府网站应是以".gov.cn"为后缀的英文域名和符合要求的中文域名。例如,中央人民政府门户网站使用"www.gov.cn"域名,其他政府门户网站使用"www.□□□.gov.cn"结构的域名,其中□□□为本地区、本部门机构名称拼音或英文对应的字符串。例如,北京市人民政府门户网站域名为www.beijing.gov.cn,商务部门户网站域名为www.mofcom.gov.cn。

部门网站要使用本级政府或上级部门门户网站的下级域名,结构为"○○○.□□□.gov.cn",其中○○○为本部门名称拼音或英文对应的字符串。例如,保定市水利局网站域名为slj.bd.gov.cn。

网站栏目和内容页的网址使用"www.□□□.gov.cn/...." "○○○.□□□.gov.cn/...."形式。

(3) 徽标和宣传语　徽标(Logo)是政府网站品牌形象的重要视觉要素,可根据需求设计网站徽标。徽标应特点鲜明、容易辨认、造型优美,便于记忆和推广。政府网站的宣传语,需要时也可结合本地区、本部门的发展理念和目标等设计展示。

2) 网站整合

政务网站的整合涉及网站迁移、网页归档等。网页归档是对政府网站历史网页进行整理、存储和利用的过程。在整合迁移、改版等情况下,要对有价值的原网页进行归档处理,归档后的页面要能正常访问,并注明"已归档"和归档时间。对任何的网站变更均要进行备案。

12.4 政府网站的基本功能与要求

政府网站功能主要包括信息发布、解读回应和互动交流,政府门户网站和具有对外服务职能的部门网站还要提供办事服务功能,并满足相关的技术与管理要求。

12.4.1 栏目与频道设置

1) 栏目与频道概述

栏目指网站中对内容或功能的分类方式,是一组信息或功能的组合,按照信息类别、特定主题等维度进行编排并集中展现,可有不同的划分标准与级别设置。政府网站对发布的信息和数据进行科学的栏目划分,以便公众查阅。已发布的静态信息变化或调整时,要及时更新替换,一些场合则需要调整栏目。政府网站使用地图类栏目时,要采用测绘地信部门发布的标准地图或依法取得审图号的地图。

频道是围绕特定主题的重要栏目或内容的组合,在各页面统一展示,为公众提供要闻导航。重要的单个栏目也可以作为频道。频道设置要清晰合理,重点突出。

2) 栏目与频道设置要求

政府网站栏目设置要充分体现政府工作职能,避免开设与履职行为、公众需求相关度不高的栏目。栏目名称应准确直观,不宜过长,能够清晰体现栏目内容或功能。栏目内容较多时,可设置子栏目。栏目页要优先展现最新更新的信息内容。做好各栏目与频道的内容更新、访问统计和日常核查,对无法保障、访问量低的栏目进行优化调整或关停并转。

3) 网站栏目设置内容

政府网站的栏目设置通常如下。

（1）概况信息　供政府机构发布经济、社会、历史、地理、人文、行政区划等介绍。

（2）机构职能　机构设置、主要职责和联系方式等信息。同一网站发布多个机构职能信息时,要集中规范发布,统一展现形式。

（3）负责人信息　本地区、本部门、本机构的负责人信息,可包括姓名、照片、简历、主管或分管工作等,以及重要讲话文稿。

（4）文件资料　本地区、本部门出台的法规、规章、政府文件以及相关法律等,应提供分类和搜索功能。如相关文件资料发生修改、废止、失效等情况,应及时公开,并在已发布的原文件上做出明确标注。

（5）政务动态　本地区、本部门的政务要闻、通知公告、工作动态等需要社会公众知晓的信息,转载上级政府网站、本级政府门户网站发布的重要信息等。

（6）信息公开指南、目录和年报　发布政府信息公开指南和政府信息公开目录,并及时更新。信息公开目录要与网站文件资料库、有关栏目内容相融合,可通过目录检索到具体信息,方便公众查找。按要求发布政府信息公开工作年度报告。

（7）数据发布　发布人口、自然资源、经济、农业、工业、服务业、财政金融、民生保障等社会关注度高的本地区本行业统计数据。通过与业务部门的系统对接,以数据接口等方式,动态更新相关数据,并与本级政府门户网站、政府网站等进行前端整合。要按主题、地区、部门等维度对数据进行分类,并通过图表图解、地图等可视化方式展现和解读。提供的数据查询,可按数据项、时间周期等进行检索,动态生成数据图表,并提供下载功能。

（8）数据开放　在做好安全保障和隐私保护的前提下,政府网站可以机器可读的数据格式集中规范地开放政府数据集,并持续更新,提供数据接口,方便公众开发新应用。数据开放前要进行保密审查和脱敏处理,对过期失效的数据应及时清理更新或标注过期失效标识。对已开放的数据目录要在网站公开,并注明各数据集浏览量、下载量和接口调用等情况。数据开放平台要做好数据对接和前端整合工作,形成统一的数据开放入口。

（9）网站地图　网站地图是用来说明政府网站结构、栏目和内容等信息的栏目,进入后可让用户快速了解网站的结构和内容。对于内容丰富的大型政务网站,网站地图是内容导览。

12.4.2 解读与回应要求

1) 政策文件解读

政府网站发布本地区、本部门的重要政策文件,并由文件制发部门、牵头或起草部门提供解读材料,包括各种形式的解读、评论、专访,详细介绍政策的背景依据、目标任务、主要内容和解决的问题等。

2) 解读形式

政府网站应根据政策文件和解读材料,会同业务部门制作便于解读的产品。从公众生产生活实际出发,对政策文件及解读材料进行梳理、分类、提炼、精简,重新归纳组织,通过数字化、图表图解、音频、视频、动漫等形式予以展现。

3) 关联解读

政府网站应提供政策文件与解读材料的相互关联,在政策文件页面提供解读页面入口,以关联政策文件有关内容;及时转载对政策文件精神解读到位的媒体评论文章,形成传播合力,增强政策的传播力、影响力。

4) 热点解读

对涉及本地区、本部门的重大突发事件,网站要按程序及时发布相关主体的回应信息,公布客观事实,并根据事件发展和工作进展发布动态信息,表明政府态度。对社会公众关注的热点问题,要邀请相关业务部门做出权威、正面的回应,阐明政策,解疑释惑。回应信息要主动向各类传统媒体和新媒体平台推送,扩大传播范围,增强互动效果。

12.4.3 办事服务

1) 网站服务平台

各级政府均依托门户网站整合本地区、本部门的政务资源与数据,构建权威、便捷的一体化互联网政务服务平台。通过统一的办事服务入口,发布本地区、本部门政务服务事项目录,集中提供在线服务。在线服务资源清单要按主题、对象等维度,对服务事项进行科学分类、统一命名、合理展现。标明每一服务事项网上可办理程度,能全程在线办理的要集中突出展现。

2) 网站办事功能

办事服务功能应关联各类文件资料库、互动交流平台、问答库中的信息资源,在事项列表页或办事指南页提供相关法律法规、政策文件、常见问题、咨询投诉和监督举报入口等,实现一体化服务,形成互联互通的政务信息资源库。

3) 办事功能整合

整合业务部门办事服务系统前端功能,利用电子证照库和统一身份认证,综合提供在线预约、在线申报、在线咨询、在线查询以及电子监察、公众评价等功能,实现网站统一受理、统一记录、统一反馈。

4) 办事指南

网站应细化规范办事指南,列明依据条件、流程时限、收费标准、注意事项、办理机构、联系方式等;明确需提交材料的名称、依据、格式、份数、签名签章等要求,并提供规范表格、填写说明和示范文本,确保内容准确,并与线下保持一致。

5）办事记录

网站应全程记录企业群众在线办事过程，对查阅、预约、咨询、申请、受理、反馈等关键数据进行汇总分析，为业务部门简化、优化服务流程，便捷企业/群众办事提供参考。

12.4.4 公众互动交流

1）网站互动内容

政府门户网站应提供互动交流平台，实现留言评论、在线访谈、征集调查、咨询投诉、邮件反馈和即时通信等功能，为听取民意、了解民愿、汇聚民智、回应民声提供服务。部门网站的互动交流栏目应尽量使用政府门户网站统一的互动交流平台，标明开设宗旨、交互目的和渠道方式等。

2）网站留言

信息发布、解读回应和办事服务类栏目要通过统一的互动交流平台提供留言评论等功能，以实现数据汇聚、统一处理。

3）互动要求

网站开设互动交流栏目，要加强审核把关和组织保障，确保公众有序参与，提高业务部门的互动频率、增强互动效果。建立公众意见与建议的审看、处理和反馈等机制，以听民意、汇民智。要客观真实地反映群众心声和关切重点，有参考价值的政策建议要按程序转送业务部门研究办理，并给出答复。

做好意见建议受理反馈情况的公开工作，列清受理日期、答复日期、答复部门、答复内容以及有关统计数据等。开展专项意见、建议征集活动的，要在网站上公布采用情况。设立公用电子信箱的，应每日查看邮箱信件，及时办理并公开信件办理情况。

4）处理要求

机构应定期整理网民咨询及答复内容，按主题、关注度等进行分类汇总和结构化处理，编制形成知识库，实行动态更新。在网民提出类似咨询与意见时，推送可供参考的规范答复。

12.4.5 集约共享

集约化是解决政务网站"信息孤岛""数据烟囱"等问题的有效途径。通过统一标准体系、统一技术平台、统一安全防护、统一运维监管途径，集中管理信息数据，集中提供内容服务，实现政府网站资源优化融合、平台整合安全、数据互认共享、管理统筹规范、服务便捷高效。具体要求如下。

1）按职责推进集约化

应构建电子政务集约化平台，实现纵横向机构间互联互通和协同联动，推动本地区、本部门政府网站集约化工作的统筹推进、组织协调和考核，要指定专门机构研究集约化平台的建设需求、技术路线、系统架构、部署策略、运维机制、安全防护体系等。

2）集约化平台的管理

政府网站的主办、承办单位要结合实际构建集约化平台，协商确定各自职责，负责本网站的栏目策划、内容运行、技术支撑和安全保障等。如集约化平台存在无法满足有关需求之处，管理部门应与各相关单位沟通协商，同时响应基层部门网站开设整合、栏目定制等需求。

3) 集约化平台的功能

集约化平台要向相关政府网站提供以下服务功能：站点管理、栏目管理、资源管理、权限管理；内容发布、领导信箱、征集调查、在线访谈；站内搜索、评价监督；用户注册、统一身份认证；个性定制、内容推送、运维监控、统计分析、安全防护等。同时，要具备与政务公开、政务服务、电子证照库等系统和数据库对接融合的扩展性。可使用CDN（内容分发网络）等技术，提升访问请求的处理效率和响应速度。

4) 集约化平台的安全防护

集约化平台要充分利用云计算、大数据等相关技术，满足本地区、本部门、本系统政府网站的建设需求，可依托符合安全要求的第三方云平台开展建设。要加强对集约化平台的日常管理和考核监督，确保其安全稳定地运行。

12.4.6 共享共用信息资源

政务平台的信息共享需求如下。

1) 资源共享思路

构建分类科学、集中规范、共享共用的全平台统一信息资源库，按照"先入库，后使用"原则，对来自平台上各政府网站的信息资源进行统一管理，实现统一分类、统一元数据、统一数据格式、统一调用、统一监管。

2) 资源共享途径

基于信息资源库、电子证照库和统一身份认证系统，从用户需求出发，推动全平台跨网站、跨系统、跨层级的资源相互调用和信息共享互认。

3) 资源共享层级

乡镇、街道和县级政府部门的信息、服务和互动资源原则上要无缝融入区/县级政府门户网站各相关栏目，由区/县级政府门户网站统一展现，实现信息、服务和互动资源的集中与共享。省级、地市级政府部门网站集约至统一平台后，信息资源要纳入统一的信息资源库共享管理，同时可按部门网站形式展现，保留相对独立的页面和栏目。实行全系统垂直管理部门的网站，信息资源原则上由国务院有关部门统一管理。

12.4.7 政务服务创新

1) 个性化服务

个性化服务是电子政务发展的主要方向。打造个人和企业专属主页，提供个性化、便捷化、智能化服务，实现"千人千网"，为个人和企业"记录一生，管理一生，服务一生"。根据用户群体特点和需求，提供多语言服务。围绕残疾人、老年人等特殊群体获取网站信息的需求，不断提升信息无障碍水平。

优化政府网站搜索功能，提供内容智能比对、关键词推荐、拼音转化搜索和通俗语言搜索等功能。根据用户真实需求调整搜索结果排序，提供多维度分类展现，聚合相关信息和服务，实现"搜索即服务"。

通过自然语言处理等相关技术，自动解答用户咨询，不能答复或答复无法满足需求的可转至人工服务。利用语音、图像、指纹识别等技术，鉴别用户身份，提供快捷注册、登录、支付等功能。

2) 开放式架构

构建开放式政府网站系统框架,支撑融合新技术、加载新应用、扩展新功能,随技术发展变化持续升级,实现平滑扩充和灵活扩展。

开放网上政务服务接口,引入社会力量,利用第三方平台,开展预约查询、证照寄送以及在线支付等服务,创新服务模式,让公众享受更便捷高效的在线服务。同时,建立并完善公众参与办网机制,引导群众分享用网体验,开展监督评议,探索网站内容众创,形成共同办网的新局面。

3) 大数据支撑

对网站用户的基本属性、历史访问页面内容和时间、搜索关键词等行为信息进行大数据分析,研判用户潜在需求,结合用户定制信息,主动为用户推送关联度高、时效性强的信息或服务。同时分析网站各栏目更新、浏览、转载、评价以及服务使用等情况,对有关业务部门贯彻落实决策部署,开展信息发布、解读回应、办事服务、互动交流等方面的工作情况进行客观量化评价,为改进工作提供建议,为科学决策提供参考。

12.4.8 多渠道拓展

适应互联网发展和公众习惯,推进政府网站向移动终端、自助终端、热线电话、政务新媒体等多渠道延伸,提高政务新媒体内容发布质量,可对来自政府网站的政务信息进行再加工和再创作,通过数字化、图表图解、音频视频等公众喜闻乐见的形式发布。开展响应式设计,自动匹配适应多种终端。建立健全人工在线服务机制,融合已有的服务热线资源,完善知识库,及时响应网民诉求,解答网民疑惑。加强与网络媒体、电视广播、报纸杂志等的合作,通过公共搜索、社交网络等公众常用的平台和渠道,多渠道传播政府网站的声音。开展线上线下协同联动的推广活动,提高政府网站的用户黏性、公众认知度和社会影响力。

12.4.9 安全要求

政府网站要根据网络安全法等要求,贯彻落实网络安全等级保护制度,采取措施对攻击、侵入和破坏政府网站的行为及影响政府网站正常运行的意外事故进行防范,确保网站稳定、可靠、安全运行。具体如下。

1) 技术防护

(1) 网站服务器和关键设备　政府网站服务器应采购通过安全审查的网络产品和服务。使用的关键设备和安全专用产品要通过安全认证和安全检测。被列为关键信息基础设施的政府网站要在严格执行等级保护制度的基础上,实行重点保护,并开展安全检测评估。

(2) 软、硬件部署　部署必要的安全防护设备,以应对病毒感染、恶意攻击、网页篡改和漏洞利用等风险,保障网站安全运行。操作系统、数据库和中间件等软件要遵循最小安装原则,仅安装应用必需的服务和组件,及时安装安全补丁程序。部署的设备和软件要具备与网站访问需求相匹配的性能。划分网络安全区域,严格设置访问控制策略,建立安全访问路径。

(3) 前、后台分离　前台发布页面和后台管理系统分别部署在不同的主机环境中,设置严格的访问控制策略,防止后台管理系统暴露在互联网中。要对应用软件的代码进行安全分析和测试,识别并及时处理可能存在的恶意代码。对重要数据、敏感数据进行分类管理,做好加密存储和传输工作。加强后台发布终端的安全管理,定期检查,防止终端成为后台管理系统的风险入口。

（4）用户管理　根据用户类别设置不同安全强度的鉴别机制。禁止使用系统默认或匿名账户,根据需要创建必需的管理用户。要采用两种或两种以上组合的鉴别技术,确定管理用户身份。严格设定访问和操作权限,实现系统管理、内容编辑、内容审核等用户的权限分离。要对管理用户的操作行为进行记录。加强网站平台的用户数据安全防护工作。

（5）加密与密码管理　使用符合国家密码管理政策和标准的密码算法和产品,建立基于密码的网络信任、安全支撑和运行监管机制。

（6）集约化管理　在网站建设中,应采用可信计算、云计算、大数据等技术,利用集约化手段,开展网站群建设,减少互联网出口,实现网站的统一管理、统一防护,提高网站综合防护能力。

2) 监测预警与应急处置

（1）安全监测管理　建立安全监测预警机制,实时监测网站的硬件环境、软件环境、应用系统、网站数据等的运行状态以及网站挂马、内容篡改等攻击情况,对异常情况进行报警和处置。定期对网站应用程序、操作系统及数据库、管理终端进行全面扫描,发现潜在安全风险并及时处置。留存网站运行日志不少于六个月。密切关注网信、电信主管部门等发布的系统漏洞、计算机病毒、网络攻击、网络侵入等预警和通报信息,并及时响应。

（2）应急响应机制　建立应急响应机制,制订应急预案并向主管单位和网络安全应急主管部门备案,明确应急处置流程,开展应急演练,提高对网络攻击、病毒入侵、系统故障等风险的应急处置能力。发生安全事件时,要立即启动应急预案及时处置,并按照规定向有关管理部门报告。

（3）防伪打假　及时处置假冒网站。假冒政府网站是指以虚假政府机构名义、冒用政府或部门名义开办的,利用与政府网站相同或相似的标识（名称、域名、徽标等）、内容及功能误导公众的非法网站。网信部门协调电信主管、公安等部门积极配合,及时对假冒政府网站的域名解析和互联网接入服务进行处置。

3) 管理要求

（1）明确管理责任　明确政府网站安全责任人,落实安全保护责任。强化安全培训,定期对相关人员进行安全教育、技术培训和技能考核,提高安全意识和防范水平。对因工作失职导致安全事故的进行责任追究。被列为关键信息基础设施的政府网站,应对关键岗位人员进行安全背景审查。

（2）提升安防能力　按照相关法律法规和政策标准要求,制定、完善安全管理制度和操作规程,做好网站安全定级、备案、检测评估、整改和检查工作,提高网站防篡改、防病毒、防攻击、防瘫痪、防劫持、防泄密能力。

（3）建立安保制度　建立政府网站信息数据安全保护制度,收集、使用用户信息数据时应当遵循合法、正当、必要的原则。对存储的信息数据要严格管理,通过磁盘阵列定期、全面备份网站数据,提升容灾备份能力；利用对称、非对称的加密技术,对网站数据进行双重加密；通过设置专用加密通道,严格控制数据访问权限,确保安全,防止数据泄露、毁损、丢失等。

12.4.10　机制保障

政府网站的运行与管理具有极其重要的意义,其管理与监督比商业与民间网站更加严格,具体要求如下。

1) 监管机制

(1) 常态化监管　地区与部门应至少每季度对其政府网站信息内容开展巡查抽检,抽查比例不得低于30%,抽查结果及时在门户网站公开,对发现的问题要及时整改。及时响应与处理网民纠错意见,定期对政府网站安全管理和技术防护措施进行检查。

(2) 考核评价　制定政府网站考评办法,考评结果纳入政府年度绩效考核的重点督查事项。可采用第三方评估、专业机构评定、社情民意调查等多种方式,客观、公正、多角度地评价工作效果。

(3) 人员培训　政府网站工作纳入干部教育培训体系,把提升网上履职能力作为培训的重要内容,不断提高机关工作人员知网、懂网、用网的意识和水平。加强专业人才培养,建设一支具备信息采集、选题策划、编辑加工、大数据分析和安全保障等综合能力,熟悉政务工作和互联网传播规律,具有高度政治责任感和工作担当的专业化队伍。积极开展试点示范,树立标杆典型,建立交流平台,加强业务研讨,分享经验做法,共同提高管网、建网、办网的能力。

2) 运维机制

(1) 专人负责制度　指定专人负责网站信息内容和安全运行。栏目责任人负责栏目的选题策划、信息编发和内容质量等。严格审校流程,确保信息内容与业务部门提供的原稿一致,发现原稿有问题时要及时沟通。转载其他非政府网站信息的,要加强内容审核和保密审查。

(2) 值班读网制度　建立24小时值班制度,及时处理突发事件,编辑、审核和发布相关稿件。设立质量管理岗位,加强日常监测,通过机器扫描、人工检查等方法,对政府网站的整体运行情况、链接可用情况、栏目更新情况、信息内容质量等进行日常巡检,及时发现问题、纠正错漏并做好记录。

(3) 资源管理机制　栏目主编根据权限从信息资源库调取资源,配置完善栏目。资源库管理团队要做好入库资源的管理,详细记录资源使用情况,并进行挖掘分析,提出栏目优化和新应用开发的建议。

(4) 预算及项目管理制度　统筹考虑并核定网站内容保障和运行维护经费需要,纳入部门预算,制定管理办法。建立项目管理制度,规范项目立项、招投标和验收等工作。外包的业务和事项,应严格审查服务单位的业务能力、资质和管理制度,确保人员到位、服务到位、安全到位。

(5) 年报制度　编制政府网站年度工作报表,包括年度信息发布总数和各栏目发布数、用户总访问量、服务事项数和受理量、网民留言办理情况,以及平台建设、专题开设、新媒体传播、创新发展和机制保障等情况,确保数据真实、准确、完整,每年向社会公开。

12.5　政府网站建设与管理规范

12.5.1　网上政府信息公开

1) 网上政府信息公开的要求

(1) 全面公开　网上政府信息公开应按《中华人民共和国信息公开条例》的要求,做好政府信息的全面公开。

（2）信息准确　公开的内容应完整、准确，不得发布失真或有歧义的信息。

（3）发布及时　公开的内容应及时、有效，属于主动公开范围的政府信息，应在信息公开的同时，在政府网站上同步发布。

（4）信息获取无障碍　公开的内容应保证不同的人群能平等、方便、无障碍地获取。

（5）保密信息不公开　公开的内容不得涉及国家秘密、商业秘密、个人隐私。但经权利人同意或者行政机关认为不公开可能对公共利益造成重大影响的涉及商业秘密、个人隐私的政府信息，可予以公开。

2）网上政府信息公开的方式

（1）主动公开　政府网站应按照《中华人民共和国政府信息公开条例》的要求，依照信息公开目录规定的范围和责任主动公开政府信息。

（2）依申请公开　除主动公开政府信息外，政府网站还应提供依申请获得政府信息的渠道，方便申请人获取政府信息。

12.5.2　网上政府信息公开的栏目设置

（1）机构设置栏目　政府部门网站应设置机构设置栏目，公开本部门机构设置、机构职能、领导信息、办事程序等信息。

（2）法规文件栏目　政府部门网站应设置法规文件栏目，公开以下两方面信息：

① 本部门制定的规范性文件以及相关文件解读；

② 与本部门业务工作相关的法律、法规、规章等。

（3）规划计划栏目　政府部门网站应设置规划计划栏目，公开以下方面信息：

① 本部门制定的长期发展规划及相关政策等信息；

② 本部门制定的重要工作计划及执行情况等信息。

（4）统计信息栏目　政府部门网站应设置统计信息栏目，发布相关统计信息。

（5）行政事业性收费栏目　政府部门网站应设置行政事业性收费栏目，公开本部门行政事业性收费信息，包括收费项目、依据、标准等。

（6）行政办事栏目　政府部门网站应设置行政办事栏目，公开以下方面信息：

① 本部门行政许可事项信息，包括事项名称、依据、条件、数量、程序、期限以及申请行政许可需要提交的全部材料目录和办理情况。

② 本部门其他行政办事事项信息，包括事项名称、依据、条件、程序、期限以及需要提交的全部材料目录和办理情况。

（7）政府信息公开专栏　政府部门网站应设置政府信息公开专栏，公布以下信息：

① 本部门编制的政府信息公开指南。

② 本部门编制的政府信息公开目录。

③ 本部门编制的政府信息公开工作年度报告。

④ 依申请公开的渠道，受理申请人通过数据电文形式提出的政府信息公开申请。

⑤ 监督意见箱。

（8）其他类栏目　政府部门网站还应在本部门职责范围内公开以下方面信息：

① 重大建设项目的批准和实施情况等信息。

② 城乡建设和管理的重大事项信息。

③ 本部门主要领导人事任免信息,本部门公务员招考信息。
④ 突发公共事件的应急预案、预警信息及应对情况。

12.6 在线服务

12.6.1 在线服务的要求

1) 政府门户网站在线服务的要求
(1) 应整合政府行政服务资源和相关社会公益性服务资源,丰富在线服务内容。
(2) 应根据服务对象的需求提供服务内容,服务分类应清晰、明确,导航应方便、快捷。
(3) 应创新服务方式,提供人性化的服务。
2) 政府部门网站在线服务的要求
(1) 应围绕本部门业务工作和服务对象需求,丰富在线服务内容。
(2) 应在提供办事指南和表格下载等基本服务的基础上,加强在线咨询、办事查询、在线办理等深度服务的建设,形成以事项为核心的一体化服务链。
(3) 应创新服务方式,提供人性化的服务。

12.6.2 在线服务的构成和实现方式

1) 在线服务的构成
政府网站的在线服务内容应包括政府行政办事服务和社会公益性便民服务。
2) 在线服务的实现方式
政府网站的在线服务一般包括办事指南、表格下载、在线咨询、在线查询和在线办理等实现方式。具体如下。
(1) 办事指南　应提供办事指南服务,包括办理机构、办理地址、办理电话、办理时间、办理时限、办理程序、收费标准及依据、办理依据等内容,且皆应准确无误。
(2) 表格下载　政府网站应提供办事所需的表格、申请书以及示范文本等的下载服务。
① 提供的表格、申请书应准确无误、方便下载。
② 提供办事表格的示范文本和填表说明。
③ 提供的表格、申请书和示范文本应支持常用办公软件进行编辑处理。
(3) 在线咨询　政府网站应提供办事咨询服务。
① 应提供办事服务的咨询渠道,受理用户在办事过程中遇到的疑难问题。
② 应依据相关政策、法规文件,做好用户咨询的解答工作。
(4) 在线查询　政府网站应提供办事过程与办事结果的在线查询服务。
① 应根据业务办理的实际情况,提供办事状态信息的查询服务。
② 应提供办事结果的查询服务。
(5) 在线办理　政府网站应根据业务事项的实际情况,提供在线办理服务。
① 在线申请服务,实现用户网上提交办事申请、预约办理时间。
② 在线受理服务,实现用户网上提交办事材料、部门在线受理业务。

③ 在线处理服务,实现网上受理用户申请、部门在线处理业务、网上反馈办理结果。

12.6.3 在线服务的内容组织

1) 政府门户网站在线服务的内容组织
(1) 应根据用户对象设置服务主题,依据服务主题组织服务内容。
(2) 面向个人用户的服务内容应包括纳税、劳动就业、社会保障、户籍、交通、住房、婚姻生育、教育、医疗卫生等,可围绕本地区的实际需求适当增加服务内容。
(3) 面向企业用户的服务内容应包括设立变更、年审年检、破产注销、行业准营、资质认证、立项申报、质量检查、城市建设、环保绿化、司法公证、交通运输、对外交流、劳动保障、纳税服务等,可围绕本地区的实际需求适当增加服务内容。
2) 政府部门网站在线服务的内容组织
(1) 可按用户对象或服务主题的方式,组织服务内容。
(2) 应在本部门职责范围内,重点提供教育、就业、住房、交通、环境、医疗卫生、社会保障等民生领域的服务内容。

12.7 公众参与

12.7.1 公众参与栏目的要求

政府网站应围绕政府重点工作和公众关注热点,做好公众参与栏目内容的建设;应开展多种形式的互动交流活动,为公众参与创造条件;应对公众参与栏目的内容进行审核,确保安全。

12.7.2 公众参与栏目的建设

1) 咨询投诉类栏目
(1) 咨询投诉类栏目形式
政府网站咨询投诉类栏目的形式包括领导信箱、公众监督信箱、留言板等。
(2) 咨询投诉类栏目建设要求
① 基本功能是接受公众的意见、咨询和投诉举报。
② 应明确咨询投诉问题的答复时间,在时限内完成答复工作。
③ 应明确咨询投诉问题的处理流程和质量要求,保证答复质量。
④ 应提供查询功能,方便公众查询问题处理情况和处理结果。
2) 民意征集类栏目
(1) 民意征集类栏目形式　政府网站民意征集类栏目的形式可包括网上调查、网上听证、网上评议等。
(2) 民意征集类栏目建设要求
① 基本功能是征集公众意见和建议,为政府决策提供参考。

② 应围绕政府重要决策和与公众利益密切相关的事项设置征集主题。

③ 应及时对意见征集情况进行分析汇总,并公开征集结果和公众意见采纳情况。

3) 网站导航设计

(1) 政府网站应建立统一的站内导航服务,实现不同栏目之间的有机连接。

(2) 政府网站应提供业务相关网站的站外导航服务,方便公众使用。

12.8 网站页面设计

(1) 政府网站页面设计应科学布局、重点突出。

(2) 政府网站页面设计应美观大方、简洁庄重。

(3) 政府网站页面层级应合理规划、深度适中,尽量保证少于或等于3次点击即可获取所需服务内容。

12.9 政府网站技术性能

1) 政府网站基本运行指标

(1) 全年服务中断率应不超过0.5%。

(2) 网页打开时间一般不宜超过3秒。

2) 政府网站技术规范性要求

(1) 应兼容主流浏览器。

(2) 文字编码宜采用GB18030标准。

(3) 信息交换格式应符合XML数据交换标准。

(4) 互操作服务接口应符合Web Services和HTTP标准。

(5) 用户访问日志保存时间应不少于6个月。

(6) 应定期进行系统检测与升级,检测周期不超过1个月。

(7) 应定期进行系统备份,重要数据备份周期不超过1周。

3) 政府网站辅助功能要求

(1) 应提供搜索功能,支持结构化检索或全文检索。

(2) 应提供帮助功能,如使用说明、网站地图等。

(3) 应提供单点登录功能,实现统一认证、一站服务。

(4) 宜提供信息共享和聚合服务。

(5) 宜支持移动服务。

(6) 宜采用内容管理技术,实现内容采集、编辑、存储、审核、发布、归档、销毁等管理功能。

(7) 宜采用日志分析技术,实现网站浏览量、用户行为、访问时间等统计分析功能。

(8) 可提供个性化定制服务,如页面定制、栏目定制等。

(9) 可提供信息主动推送服务,如邮件订阅、短信订阅等。

4) 政府网站测试要求

(1) 正式发布前,应进行全面的功能测试和相关安全测试。

(2) 应定期对网站服务内容和服务功能进行有效性测试,及时发现和修改网站错误。

12.10 政府网站安全

12.10.1 政府网站的物理安全

(1) 政府网站机房建设应符合《电子计算机场地通用规范》(GB/T 2887—2000)、《电子计算机机房设计规范》(GB 50174—93)、《计算站场地安全要求》(GB 9361—1988)等技术要求。
(2) 硬件设备应符合相关产品安全标准。
(3) 通信线路应有必要的冗余和备份。

12.10.2 政府网站的网络安全

(1) 网络基础设施建设应符合《信息安全技术 网络基础安全技术要求》(GB/T 20270—2006)等技术要求。
(2) 应合理规划网络安全区域,安全区域间应制定严格的访问控制策略。
(3) 应采用防火墙、入侵检测等安全防护措施对安全区域进行安全防护。
(4) 政府网站应对网络设备及其用户进行标识和鉴别。
(5) 政府网站应对网络设备的运行状况、网络流量、用户行为等进行安全审计。

12.10.3 政府网站的系统安全

(1) 操作系统应符合《信息安全技术 信息系统通用安全技术要求》(GB/T 20271—2006)、《信息安全技术 操作系统安全技术要求》(GB/T 20272—2006)等技术要求。
(2) 应遵循操作系统最小安装原则,仅安装必要的组件和应用程序。
(3) 应定期更新操作系统,并及时安装各种安全补丁程序。
(4) 应严格限制操作系统默认账户和匿名账户的使用,定期更换账户口令,口令应符合复杂性要求。
(5) 应严格设置操作系统访问控制策略,禁止所有不必要的访问权限。
(6) 采用防病毒、漏洞扫描等安全防护措施对操作系统进行安全防护。

12.10.4 政府网站的应用安全

(1) 应用系统建设应符合《信息安全技术 信息系统通用安全技术要求》(GB/T 20271—2006)等技术要求。
(2) 应用系统的功能设计应符合相关安全标准,编码应符合安全规范。
(3) 应用系统的用户名和口令应符合复杂性要求,应对用户进行标识和鉴别。
(4) 应用系统应具备访问控制功能,制定安全访问策略,严格管理远程访问权限。

12.10.5 政府网站的数据安全

（1）应采用数据分级管理措施，对不同级别的数据应分别制定访问控制策略。
（2）应采用数据加密、内容防篡改等安全防护措施，防止敏感数据被非法访问、修改和破坏。
（3）应采用数据备份和恢复措施，提高网站灾难恢复能力。

12.11 政府网站管理制度

12.11.1 政府网站组织管理制度

组织管理制度应包括如下内容：
（1）明确政府网站建设和管理的责任单位。
（2）明确政府网站建设和管理的岗位职责与要求。
（3）明确政府网站建设和管理的人员素质要求，并建立人员培训机制。

12.11.2 政府网站在线服务制度

在线服务制度应包括如下内容：
（1）制定在线服务流程，明确办理条件、服务内容、服务程序、服务方式等要求。
（2）制定在线服务质量标准，明确服务时限、服务指标、用户满意度等要求。
（3）制定在线服务持续改进机制，明确问题发现机制、改进措施等要求。

12.11.3 政府网站公众参与制度

公众参与制度应包括如下内容：
（1）制定公众咨询、投诉问题处理流程，明确问题处理时限、答复质量等要求。
（2）制定公众意见征集办法，明确意见征集范围、意见处理、意见反馈等。
（3）制定公众在线交流办法，明确在线交流内容、交流方式及安全管理等要求。

12.11.4 政府网站技术运维管理制度

技术运维管理制度应包括如下要点：
（1）制定网站技术运维标准，明确可用性、差错率、网页打开时间等指标要求。
（2）制定网站日志管理规范，明确日志记录、审计、保存等要求。
（3）制定网站检测与升级规范，明确检测范围、检测周期、系统升级等要求。
（4）制定备份与恢复管理规范，明确备份内容、备份周期、备份方式、存储介质、保存周期、恢复策略等要求。

12.11.5　政府网站安全管理制度

安全管理制度应包括如下要点：
(1) 按照国家信息安全等级保护管理规范和技术标准，确定网站安全保护等级。
(2) 根据网站安全保护等级，制定网站安全建设方案、测试方案，以及网站整体安全管理策略等。
(3) 制定网站安全事件应急预案，明确应急组织机构和人员、工作流程和内容、应急保障措施、监督管理等。
(4) 制定网站安全事件上报机制，明确上报责任人、上报时限、上报流程等要求。

12.11.6　其他相关制度

根据实际工作需要，可制定政府网站软硬件采购、使用、报废以及其他方面的相关制度。

思考题
1. 什么是政府网站，它的一般要求有哪些？
2. 简述政府网站的主要设计原则。
3. 政府门户网站、政府部门网站在线服务的要求各有哪些？
4. 试述政府网站在公众参政中的作用。
5. 什么是网上政府信息公开，其基本要求与实现途径有哪些？
6. 政府网站与公众互动的主要形式与渠道有哪些？
7. 政府网站页面设计有哪些基本要求？
8. 政府网站向公众提供在线服务有哪些制度性要求？
9. 简述政府网站安全涉及的主要方面与内容。

13 电子政务绩效评估

13.1 电子政务绩效评估概述

13.1.1 电子政务绩效评估的定义

1) 电子政务绩效的概念

"绩效"是指组织、团队或个人在一定的资源、条件和环境下完成任务的程度,是对某个既定目标实现情况及达成效率的衡量。绩效可以看作是对过程中的表现及过程产生的结果优劣的评测;绩效评估则是这类评测的具体实施与反馈。

电子政务绩效是指在电子政务实施中,公众、企业及相关机构间通过业务协作,开展各类社会服务的深度、广度与接受方的满意度,也是对电子政务提供的多种服务能力在促进全社会对公共行政的参与和监督,增强公共产品的供给能力进行的衡量。

从技术角度上,电子政务绩效包括两方面:政府机构信息化运行过程和运行结果。运行过程是指通过有效配置信息资源、内部与内外公共服务来改善政府目标;运行结果是指信息化成果的应用对政府目标实现的贡献度、公众的获得感与对政府服务的体验。

电子政务绩效评估近年来日益受到重视。电子政务建设伊始,以"以投入为主"来确定信息化的水平,现经过20年的建设进入"互联网+政务服务"时期,变为"以绩效为主"的指向,这具有重要的政策引导和实践价值。绩效评估有助于机构将信息化引导到体现公众服务的实绩、实效和可持续发展方向上,使其能配合政府总体战略,建立绩效导向机制,讲求实效,避免追求形式。

2) 电子政务绩效的内涵

机构的"绩效"既包括其目标管理和职责要求,也包括其实现的效率、效果、态度、品行、行为与方式等。绩效评估就反映机构、部门、个人或群体在工作中的素质和能力,评估结果可指导其改进、完善,预计其在未来时间内所能取得的成效。电子政务绩效不是事后结果的反映,它与系统功能(服务的种类、数量与质量)和成果(有效满足预期目标)的实现相关;还包含其战略实施、管理控制、综合能力、运营效能及可持续发展能力等。

所以,电子政务绩效评估应从政府绩效、信息化绩效、评估方法与实施主体等方面综合考察。

(1) 政府绩效评估 是指根据管理效率、服务质量、公共责任、公众满意度等方面的评判,对政府在公共管理过程中的投入、产出、运行及结果所体现出来的成绩与功效进行评定和认可。

(2) 信息化绩效评估 是指依统一标准建立技术指标体系,运用数理统计、运筹学等方法,按一定程序,通过定量与定性的对比分析,对一定期间的信息化过程表现和其效果做出客观准确的综合评判。

(3) 评估方法　运用一定的考核方法、量化指标及评估标准,以人工和计算机系统,通过主观和客观测评法对被考评机构的政务系统建设、运行和管理的过程及其结果进行综合性考核与评估。

(4) 实施主体与结果　电子政务绩效评估既可由机构自己进行,也可由第三方专业机构独立进行,采用权威机构设定的评估指标体系与测评标准,通过线上线下观测、分析与考核各地政务系统的运行、产出与反馈情况,统一发布评估结果。测评结果通常以表格排序形式发布,各地政府机构的名次向公众公开,这也能对后进地区的政府起到鞭策与推进作用。

13.1.2　电子政务绩效评估的内涵

1) 绩效评估内涵

绩效评估通常是在适当的资金、技术与人力资源条件下进行。它有三层含义:一是从投入角度看,它强调投入的节约性;二是从产出角度看,它强调提高电子政务的服务效率与服务供给能力;三是从最终结果看,它注重电子政务的产出对用户的实际效果。它们可体现为政治绩效、经济绩效、文化绩效、产业绩效、社会绩效与安全绩效等,其核心是电子政务的价值取向,体现为加强政府的经济调节、市场监管、社会管理、公共服务等职能,通过提高自身管理水平、决策水平,为社会公共和企事业单位及其他政务机构提供更好的服务。

2) 绩效评估过程

过程上,由评价主体依照评估目标,设定评估体系和评估模型,运用特定的评估指标和标准,通过定量与定性结合的对比分析,对电子政务生命周期、绩效目标的达成情况等做综合性评判;分析未达目标指标的原因并提出改进建议,发挥评估工作的导向性改进作用。

13.1.3　电子政务绩效评估的意义

电子政务建设本质上是"政府再造"过程,并非传统意义的信息技术和设备升级。它必须支撑行政管理体制改革,成为政府管理创新的信息化平台,以适应"互联网+政务服务"之需,并进一步研究政府改革的新型治理机制。所以,电子政务绩效评估的意义是:构建更科学有效的跨部门、跨业务、跨系统的建设领导、协调指导、顶层设计、安全管理、资源整合和深化应用需求的政务治理框架;通过电子政务全流程管控体系的实施,构建面向政务创新的善治的IT治理机制。

目前国内外尚没有公认的电子政务绩效评估标准体系,相关研究与实践均处于起步阶段。国内外评估体系,在架构、指标与方法上均存在较大区别,尚未形成一套完全成熟的标准体系。同时,电子政务受各国政府的政治体制和社会文化环境影响较大。因此,针对我国国情和电子政务发展阶段建立科学实用的电子政务绩效评估体系,必须从理论和实践两方面进行探索与创新。

13.2 国内外电子政务绩效评估的基本框架

13.2.1 国外相关绩效评估框架

电子政务绩效评估是新领域,除公共服务内容外,目前国外部分公认的可参考的信息化框架有:COBIT(Control Objectives for Information and Related Technology)即信息系统和技术控制目标框架,基于联邦企业架构(Federal Enterprise Architecture,FEA)的绩效参考模型和基于电子治理评估框架(E-Governance Assessment Framework,EAF)的评价体系,等等。具体如下。

1) COBIT 框架

COBIT 是一个开放性标准框架,1996 年由美国 IT 治理研究所开发与推广,目前已成为国际公认的 IT 绩效管理框架。其基本概念是:通过评价用来支持业务目标或运营需求的信息,或把信息看作是需要由 IT 过程管理的相关资源综合应用的结果,来完成对 IT 的绩效管理。该框架已经在全球一百多个国家的政府机构与企业中运用,指导这些组织有效利用信息资源,有效管理与 IT 相关的绩效。

COBIT 的特点是:以信息为核心,面向应用,围绕发挥信息资产价值来设计管理框架。该理论具有通用性、一般性,不针对具体行业与具体问题的一般性绩效评估,实施时应根据机构的自身功能、实际需求和运行环境进行取舍修改,使这个一般性的指南能满足实际的应用需要。

2) FEA 绩效参考模型

2002 年美国政府主管电子政务工作的机构联合开发了联邦企业架构(FEA)模型,所谓"企业架构"(Enterprise Architecture)不仅针对企业,而是著名的 Zachman 信息架构方法论的名称。FEA 是 Zachman 的企业架构理论在政务领域的衍生形态,其目标是"发掘信息资产的重用价值、促进 IT 投资的有效性"。

FEA 由 5 个子模型构成:①绩效参考模型(PRM);②业务参考模型(BRM);③服务组件参考模型(SRM);④技术参考模型(TRM);⑤数据信息参考模型(DRM)。

这 5 个子模型共分 4 个层级:①服务分解;②技术重用;③数据共享;④绩效考核。

FEA 是个面向业务和绩效驱动的信息化框架。它从对联邦政府各种行政业务的定义和流程梳理出发,环环相扣延伸到服务分解、技术重用、数据共享、绩效评估等各层次,最终为推动跨部门应用整合和信息资源共享提供完善的参考模型。

其中,绩效参考模型(PRM)是美国政府各部门阐明电子政务系统绩效目标的基本参考标准,也是预算管理部门评价项目绩效的基本依据,处于整个 FEA 体系的最顶层。其特点是:应用目标的完整性、模型结构的逻辑性和实际使用的灵活性。该模型为电子政务绩效评估提供了一个指导性的规范框架,要求实际管理者在这个框架的指导下,充分发挥自己的专业判断能力进行实际操作,这与我国的现状和需求有一定的差距。

3) 基于 EAF 的绩效评估体系

EAF 是由印度政府委托研究机构开发并应用于电子政务系统绩效评估的体系。EAF 将电子政务系统按特定属性划分为四类,通过详细的指标体系打分计算,得出评估总分,并根据评分确定预算。其特点是：评估过程的严格性、评估内容的具体性和操作方法的易用性。与COBIT和PRM相比，EAF更容易理解和掌握。

EAF有服务、技术、可持续性、成本效益和可复用性5个一级指标，再分解为15个二级指标和72个三级指标，包含了运行效果、软硬件设施、管理控制、人力资源、设计规划、实施的运维等考评方面，评估内容较全面。同时，该体系还详细规定了评价的算法与具体参数，测评者可较客观、方便地操作，降低了专家评价的主观性。

13.2.2 国内部分电子政务绩效评估框架

我国从中央到地方电子政务建设存在条块上的差异性和多样性，故目前尚没用国家层面的统一标准评估框架。但许多研究与地方政府根据实践总结出一些简单易行的评估框架。

如中国IT治理研究中心提出三位一体信息化绩效评估模型体系，即根据不同管理层的不同关注点，应从战略层、流程管控层、项目或系统层对政府的信息化绩效进行评价，由此形成一套综合绩效管理评估模型体系。这三类评估虽侧重点各有不同，但评估内容上存在交叉，应用时可结合信息化的具体实施策略，单独运用某种评估体系，或者综合运用。

针对电子政务发展的不同阶段，绩效评估的重点各不相同，但基本围绕以下六大方面展开。

(1) 电子政务基础设施建设水平；
(2) 政务信息资源开发与利用；
(3) 社会接受程度与公众体验；
(4) 政务电子化服务的供给水平与便捷度；
(5) 电子政务的领导与管理能力；
(6) 对政府变革的促进，等等。

同时，我国电子政务绩效评估也存在一些问题，主要体现为：

(1) 重视电子政务绩效评估，但评估目标仍需明确。如许多地方政府对电子政务绩效评估的认识不足，往往采取走过场形式，而一些评估则简单地等同于网站评估。

(2) 指标的体系化有所增强，但仍需进一步优化。由于我国目前尚没有一套标准的电子政务绩效评估指标体系，致使各地的评估内容、方法、规定与要求等互不相同。

(3) 已有绩效评估工作机制，但其有待完善。电子政务绩效评估的重要性在于运用其结果调整和改进电子政务的建设与运行，应深化其闭合式的"反馈—整改—再反馈—提升"管理机制，做好其与政务公开、行政问责等的有机衔接。

13.2.3 电子政务绩效评估框架类型

1) 一般分类

可从不同角度将电子政务绩效评估框架分为不同类型。如：按评估层级，可将电子政务绩效评估分为宏观、中观和微观评估。按评估指标，可分为规划性、描述性和警示性评估。按评估时限，可分为近期、中期和长期评估。按评估主体，可分为外部、内部、内外部结合的综合评估三类。其中，发达国家开展的电子政务绩效评估多为前两种类型，内外部结合的评估模式多通过上级部门监管、第三方专业机构和公众监督相结合来实行。

还可根据评估内容,将电子政务绩效评估划分为专项评估与综合评估,各有其侧重点。

2)层次分类

从构成层次上,电子政务绩效评估框架又可分为:项目绩效评估、系统绩效评估、综合绩效评估、发展水平评估等。由于国内电子政务处于发展阶段,各地应用领域、普及范围和服务深度各不相同。电子政务绩效评估的不同类型具体见表13-1。

表 13-1 电子政务绩效评估的不同类型

评估类型	具体说明
项目绩效评估	• 电子政务项目建设绩效评估 • 电子政务项目运维绩效评估 • 电子政务项目实施绩效评估
系统绩效评估	• 政府部门门户网站绩效评估 • 电子政务资金管理绩效评估 • 电子政务项目管理绩效评估 • 电子政务信息安全绩效评估
综合绩效评估	对一个或多个政府部门电子政务服务与应用、资源整合与利用以及管理与保障等方面的成绩与效果进行综合性的全面考核与评估
发展水平评估	国家或省、市地区政务信息化的建设与应用水平绩效评估

(1)项目绩效评估 电子政务项目分为建设项目和运维项目,因此就有建设项目绩效和运维项目绩效。这类评估是指对一个或多个电子政务项目从立项、招投标、实施、验收直至上线运行等建设与运行过程绩效的评估。可在立项阶段设定项目绩效目标和指标,项目建设完成后再对照前期的绩效目标和指标进行评估,运行一定时间后可对项目运行与管理情况进行评估。评估主要从项目管理、项目产出、应用效果、资金使用四个方面进行。

(2)系统绩效评估 电子政务系统是服务型政府的主要实现载体,形式多样。各种系统(含专题系统与子系统)的绩效直接影响政府以信息化手段提供公共服务的能力和水平。电子政务系统绩效评估是指对一个或多个政务系统从上线服务到日常维护等应用过程的评估,主要从系统服务目标、系统技术情况、系统可持续性、系统成本效益和系统可复用性五个方面进行。

(3)综合绩效评估 电子政务综合绩效反映各机构信息化建设的整体情况以及该部门通过信息化手段提供公共服务的综合能力和水平。电子政务综合绩效评估是指对一个或多个政府部门在一个时间周期内的部门电子政务建设情况进行评估,主要从服务与应用、资源整合与利用、管理与保障三个方面进行。

(4)发展水平评估 是指对一个或多个省、市地区的电子政务建设发展情况的评估,主要从基础设施、服务能力、服务多样性、内容丰富程度、服务便捷性、安全性、开放性、决策支持水平等方面进行评估。

3)指标分类

评估指标是评估的对象,所得数据是评估的依据。评估指标按数据类型可分为定量和定性数据两种,它们在评估应用、描述对象和处理时有所不同。

(1)定性指标 定性数据通常以调查问卷及实测操作等方法获得。为避免主观判断的失误,增加定性指标的准确性,可采用隶属度赋值法将其分成几个档次,每个档次对应于一定的分值。对每一档次的评分,制定评分标准,作为评估的约束条件,使之能在一定程度上克服单纯主观评估的缺陷,也使评估人员在评分时具有相应的参考依据。

(2) 定量指标　定量指标的数据值按指标释义和各机构的情况进行收集,数据收集可能需要其他职能机构配合提供。由于各项定量指标的内容、量纲各不相同,直接综合在一起十分困难。因此,需将这些指标进行无量纲处理,将其原值转化为评估值。

13.3 电子政务绩效评估体系

13.3.1 电子政务绩效评估体系与流程

1) 评估体系构成

电子政务绩效评估体系由评估主体、评估客体、评估思路、评估模型、评估流程和评估报告等构成,如图13-11所示。首先确定评估主体和评估客体,然后在评估目标的指导下,形成科学合理的评估思路,沿着评估思路构建评估模型。评估模型又包括评估方法、评估基准、评估指标、评估数据,遵循既定的评估流程,运用评估模型对评估客体进行评估,最后得出评估结果,形成评估报告。

评估过程可伴随着电子政务系统建设与运行以周期性或动态性方式展开。评估过程强调监控和评估,实现对电子政务全生命周期的闭环管理和自我良性循环,以便根据评估工作经验总结,持续改进。

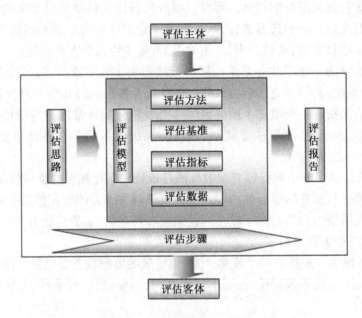

图13-1　电子政务绩效评估体系

(资料来源:中国IT治理研究中心 www.itgov.org.cn)

2) 评估流程

流程管理思想认为"流程决定结果",电子政务综合绩效评估遵循严格的评估流程,涵盖从确定评估客体至完成整个评估工作的全过程。具体包括如下步骤：

（1）确定评估主体与客体，成立评估工作组，下达评估通知书　通知书是评估组织机构出具的文书，也是被评估单位接受评估的依据，其中应载明评估任务、评估目的、评估依据、评估人员、评估时间和有关要求等事项。

（2）拟定评估工作方案，搜集基础资料　评估工作方案是评估工作组的工作安排，主要内容包括评估客体、评估目的、评估依据、评估项目负责人、评估工作人员、工作时间安排、拟用评估方法、选用评估标准、准备评估资料以及有关工作要求等。

（3）实施评估　通常应采用内外部结合评估模式，由第三方专业机构承担具体实施工作。工作内容有征求专家意见、实际上线操作、收集评估数据、辅助综合评议、确定评估结果及评估运用模式、撰写评估报告等。

（4）复核　将评估报告报送评估工作组复核，向评估组织机构送达评估报告和选择公布评估结果，建立评估项目档案等。

13.3.2　评估方法、报告与成果

1）评估方法

采用不同评估方法会产生不同的评估结果。技术上，电子政务评估属于多指标综合评估，相关方法较多，根据权重确定法的不同，可大致分为两类：一类是主观赋权法，如层次分析法、德尔菲法、综合评估法等，多采用综合咨询评分定性方法，这类方法易受人为因素影响，致使排序结果有时不能真实地反映现实情况。另一类是客观赋权法，即根据各指标间的相关关系或各项指标值的变异程度来确定权数，避免人为因素的偏差，如主成分分析法、因子分析法、DEA方法等。

其他一些评估方法中权重的确定基本上离不开这两种思路。指标的权重是指该指标在本层指标中所占的相对重要程度。权重对评估结果会产生较大影响，权重确立的合理性与专家的判断水平直接相关。

2）评估报告和成果运用

评估报告是评估主体对评估客体的电子政务绩效状况和业务目标实现情况等进行对比判断、分析后形成的综合结论文件。报告应包括评估背景、基本情况描述、各绩效指标对比分析、评估结论、趋势预测、评估依据和评估方法等，还包括评估依据的基础文件和数据资料等。评估模型是评估体系的主体部分，评估方法、评估基准、评估数据和评估指标是其核心四要素。

评估报告应由独立第三方的专业人员进行符合性审核，即评估工作程序是否完整、评估方法是否正确、选用评估标准是否适当、评估报告是否符合规范等。评估结果应该反馈给决策部门、被评单位并向社会公布，作为电子政务投资、系统改善和绩效监管的参考依据；并作为对政府机构领导的任职绩效考核依据，同时也可为其他相关单位提供信息咨询和管理参考。

13.3.3　评估基准

基准是系统化的方法论，用于识别、度量、比较在某一时期内的工作过程或职能，可与一个或多个对象比较。基准是绩效评估的参考点。通过与参考点的对照可以认清评估客体自身的位置或水平，从而识别改进的方向与目标。电子政务综合绩效评估基准是衡量绩效的尺度，其

选择对评估结果有较大影响。基准的制定是电子政务综合绩效评估体系建立的主要环节,根据基准参考点划分为内部基准和外部基准。

内部基准是指以某一时间段的绩效为参照,反映机构的内部绩效随时间变化的情况,前提是以历史数据为依据。在进行过数据评估之后,机构可选内部数据为基准,进行纵向比较与衡量。内部基准包括计划基准、经验基准和历史基准等。

外部基准是指某机构与外部组织的运行绩效进行比较的参照物。一种是与同级同类机构的实践比较,找出差距。另一种是只针对特殊标杆进行比照,确定自己目前所处的水平与不足,制定对照提升措施等。

电子政务综合绩效评估必须对评估基准进行总体规划设计,研究指标与基准的对应关系,研究不同评估客体的基准选择,通过各种渠道广泛收集整理各种分类基准数据,在条件成熟时要研究建立绩效评估基准数据库。

同时,基准并非固定不变,会随着经济发展、社会信息化水平与IT技术的发展而不断变化。因此,建立和维护基准库也是一项重要工作,既要根据实际对基准库进行补充和修正,还应不断纳入新基准指标,使之适应电子政务的迅速发展。

13.4 电子政务绩效评估指标体系

13.4.1 电子政务绩效评估指标体系简介

评估指标体系是评估模型的骨架。科学建立评估指标体系是决定评估成功与否的关键。如评估指标选择不当,或缺少关键指标,则会影响评估精度,甚至得出错误信息。

目前国内外的电子政务绩效评估指标体系,多将所考察的指标进行层次分解,形成体系。这样不仅有利于横向比较,而且末级指标能体现电子政务的具体特征,可使其上一层指标得以精确评估,进而形成最终的评估结果。

13.4.2 电子政务绩效评估指标体系的构建思路

构建评估指标体系的基本思路主要如下。

1) 树立面向公众服务的综合评估理念

传统评估以政府网站或基础设施为对象,以功能设置、技术性能和信息供给等为内容。面向公众服务的综合评估将目标从"政府中心"转换为"公众中心",体现其开放性、服务性、实效性理念,以推动需求拉动型、职能转换型的电子政务建设。

2) 建立评估指标体系的基本框架

电子政务从提高机构内部行政管理效能,发展为公众服务和决策支持,需要从战略层、管理层、技术层、服务层等诸多方面构建综合型评估指标体系,确立以政府为主导、公众广泛参与、第三方客观测评的多元评估主体,以应用与绩效为导向的评估指标内容和以用户主观体验与多指标客观评价相结合的评估方法的基本评估框架。

3) 设计全面且具代表性的指标

构建上述评估指标体系时,应综合考虑投入与产出、效果与性能等,能全面反映电子政务的主要特征和发展现状，针对电子政务在对内应用、对外服务、公众交流、服务体验等方面的发展，按照电子政务绩效评估指标的设计原则，选取各项代表性指标，确保其能反映电子政务的本质特征、复杂性和综合性水平，从战略层、管理层和作业层确定指标的含义、应用说明及指标间的关系等。

4) 验证和完善指标体系

电子政务绩效评估具有很强的实践性，指标体系设计后，应通过机构自评估、现场核实、综合评议等方式来验证与完善其科学性与合理性，并根据找出的问题和意见反馈进行指标调整修改。验证过程需要深入现场、广泛征求各方意见，对评估对象、评估内容、评分标准、项目权重、评估流程、评估方法等进行细化，提升其规范性与可操作性等。

13.4.3 电子政务绩效评估指标体系的构建原则

随着电子政务深入千家万户、融入社会生产生活各领域，构建电子政务绩效评估指标体系已成为一个复杂的系统工作，指标体系的构建过程必须遵循以下诸原则。

1) 目标性原则

无论常规评估还是专题评估，电子政务绩效评估均应具有明确的目标。电子政务绩效评估的目的是引导与帮助被评估机构实现其电子政务战略目标，以及检验其实现目标的各项方法、措施的正确性与完善度。战略目标给出了指标体系顶层设计的指向，就可据此向二级目标与二级评估指标逐级展开，形成"目标—支撑措施—评估指标"链，自上而下分解，自下而上保障，形成纵向与横向展开的框架链，使评估各项指标有机化关联。

2) 科学性原则

电子政务绩效评估使用的各指标要有科学的规定性，各指标概念要科学、确切，拥有明确的内涵与外延，计算式要明确，指标要能反映绩效、工作价值等，结果要可追溯、能再现，结论应明确、无歧义。

3) 系统性原则

电子政务绩效评估是一项广泛、综合的系统性作业。所设指标必须能衡量全貌，相互联系与制约。系统性原则寻求的是总体最优，而非局部最佳，故设计评估指标要统筹测评电子政务在技术、功能、性能、效益、管理等各方面的关系，实现公众服务事项与后台跨机构的资源与流程整合，并能通过"耦合-解耦"方式组合，满足政府改革与公众需求的变化。

4) 可比性原则

评估指标体系的每项测评指标的含义、口径、适用范围和应用应具有通用性与可比性，确保测评结果能进行同级政府部门间的横向比较与时间上的纵向比较，以便更好地了解各地各部门电子政务建设的实际水平和变化趋势。同时，对条件不同、任务不同的单位进行横向比较，要根据各机构在政务过程中的共同点进行设计，同时采取调整权重方法，以适应不同性质、不同类型的机构。此外，评估指标还应尽可能与国内、国际的有关评估指标相一致，尽可能采用标准或公认的概论、方法与工具，评估内容也应去除不确定因素和特定条件环境因素的影响。

5) 导向性原则

电子政务绩效评估的目的在于通过评估，全面把握电子政务发展现状、存在的问题以及未来的发展目标，找出自己与其他机构的系统与应用间的差距，引导电子政务的改进与提升。因此，评估指标的设计应能对电子政务建设和发展起到导向作用，体现其发展方向与战略重点，为建设者和管理者提供参考。

6) 实用性原则

实用性体现在以下四个方面：

(1) 评估指标体系应繁简适中，观测、计算与评估方法简便易行。在能保证客观性、全面性、公正性的条件下，使指标体系尽量简化。

(2) 评估指标所需的数据、测评样本和操作结果等要易于采集和呈现，应尽量从实际运行的系统、业务和数据库中获取。

(3) 各项评估指标及其相应的观测与计算方法、各项数据的制度化、规范化和标准化。

(4) 在评估过程中体现质量控制原则，依靠评估数据的准确性、可靠性和计算评估方法的正确实施来保证整个评估过程的质量。

7) 动态性原则

电子政务绩效评估指标体系的设计与构建，是一个随电子政务发展而动态调整的过程。随着改革的深化，评估指标体系也需及时修正。同时，新科技、新领域和新知识不断催生出新应用，使电子政务不断增加新功能、新业务。如早期在固定场所使用固定终端的政务模式，正在被移动空间的各类手机政务应用 APP 所取代，这就导致一些移动信息、移动服务和动态交互式指标的出现，改变了公众与政府机构的交流沟通模式。

因此，电子政务绩效评估指标体系的构建，既要涵盖可以反映电子政务绩效的现实指标，也要包括能反映电子政务发展及未来趋势的指标，还应结合行业特点和新应用、新服务方式的出现，对评估指标做出动态调整，使指标在时间上具有延续性，内容上能及时更新。

13.4.4 电子政务绩效评估指标体系

13.4.4.1 指标体系架构

电子政务评估指标的体系架构，从形态上是分类与分层，内容上是指标属性的区别。依照简化描述原则，可将电子政务绩效评估指标架构表示为如图 13-2 所示的层级与类别。

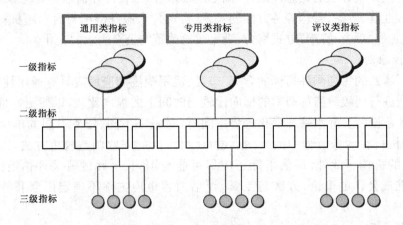

图 13-2 电子政务绩效评估指标体系架构示意图

图 13-2 表示电子政务评估指标体系纵向形态呈树型结构，通常分为一级、二级与三级评

估指标,层级过多会迅速增加评估的复杂性,降低实用性。通常,一级指标是按应用与服务、资源管理、应用与保障等领域来设计;二级指标按"简化指标、突出绩效"原则,对一级指标做初步分解而成;三级指标是针对具体政务功能的实现做定性与定量评估的评估项。

横向代表指标性质,可分为通用类、专用类和评估类指标,具体如下。

(1) 通用类指标　通用类指标亦称基础类指标,是电子政务绩效评估中最重要、最基本的指标,可对政府机构绩效的总体情况进行概括性评估。此类指标能反映不同机构的电子政务基本情况,可对各机构电子政务绩效进行初步考核,具有通用性,能使不同行业和层级的机构通过通用类指标进行比较。

(2) 专用类指标　专用类指标是专门针对某一行业或领域的特点提出的评估指标,在对同行业、同类型政府机构做分析对比时,可用其对通用类指标进行补充,以形成内容更详细、更具体与全面的针对某领域机构电子政务绩效评估的分析评估。同行业机构采用专用类指标进行具体比较。

(3) 评估类指标　评估类指标是对测量电子政务绩效的因素进行判定的指标,通常由评估实施中的专家咨询组进行评估。对特殊因素的评判可以通过评估类指标,依托专家组进行评估,得到定性评估结论。

13.4.4.2　指标体系模型与实例

1) 指标体系模型

电子政务的飞速发展,促使国内外许多机构从多层次和多角度研究并发布了一系列的电子政务绩效评估指标框架或模型。根据评估目标、评估对象的不同,可大致将它们分为服务导向类、技术导向类、项目导向类和综合评测类等几大板块类指标模型。

综合这些板块,结合前述指标体系设计原则,可设计多种评估指标模型。如比较简洁实用的一种评估指标模型,它由综合发展和服务水平评估(D)、项目建设和管理评估(P)、应用推广和用户满意评估(S)三个板块组成,称为DPS指标模型,具体见表13-2。

表13-2　电子政务绩效评估指标体系模型

电子政务绩效评估指标体系	综合发展和服务水平	对外服务	政府网站、渠道拓展、社区服务、网格化管理、社会信用体系建设
		对内应用	无纸化办公、业务处理、辅助决策
		共享协同	信息共享、业务协同
		综合保障	管理机制、基础设施、信息安全、资金投入、队伍建设
		创新改革	管理创新、应用创新、持续发展
	项目建设和管理	立项支持	项目申请、承建招标、监理招标、合同签订
		过程管理	备案管理、质量管理、合同执行、监理记录、项目变更
		验收文档	试运行、项目验收、验收改进、项目水平、经费使用
		项目成效	成本效益、成果共享、可持续发展
	应用推广与用户满意	应用推广	推广形式、推广次数、推广效果、典型示范
		用户满意	使用便捷、流程规范、响应速度、评价渠道、投诉处理

2) 指标体系实例一

由于各级政府机构的管理领域与服务范围不同,电子政务的发展取向也有差异,导致评估指标体系也有所不同,但可在表 13-2 模型的基础上进行评估指标的拓展。表 13-3 就是以提升政府行政效能和公共服务水平为出发点,对表 13-2 中"应用推广与用户满意"指标进行的拓展设计实例。

表 13-3 "应用推广与用户满意"指标拓展示例

评估指标	二级指标	三级指标	评价要点
应用推广与用户满意	提升政府履职能力	提高行政效率	减少审批环节、减少往返次数、缩短办事时间等
		降低行政成本	信息化以后单位事项行政成本降低程度,举例说明
		提高政府服务能力	促进转变职能,推行"一窗式""一站式""联网办公""并联审批"等服务的情况、服务满意度
	带动信息化发展	政务信息资源开放	围绕政务公开,政务信息资源的共享与利用情况
		带动关键技术研发和信息服务业发展	电子政务带动关键技术研发和信息服务业发展的情况
	支持经济发展	提高政府监测和调控经济运行能力	加强税源监控、进出口贸易、金融市场发展、环境保护、耕地保护、节约能源等方面的情况
		提高政府市场监管能力	提高政府规范市场经济秩序能力的情况
	支持社会发展	利用信息网络平台宣传方针政策	利用信息网络平台宣传党的方针政策的情况
		政府网站提高掌握和引导舆情民意的能力	政府网站在掌握和引导舆情民意方面的情况
		利用信息技术手段提高城市管理水平	利用网络和计算机等手段提高治安管理水平的情况
		通过电子政务建设支持社会事业发展	通过电子政务建设支持教育、科技、文化、卫生、体育、劳动保障等社会事业发展的情况

比较表 13-2 与表 13-3,可看出依据一般评估模型构建具体领域的实用电子政务绩效评估指标体系时,需要依据当地的发展需求进行设计。表 13-3 的指标设计就有强化行政绩效和公共服务导向、面向政府部门的综合性评估,引导电子政务向有利于社会发展、经济增长、民生福利、民主政治等方向发展的指向性。

3) 指标体系实例二

表 13-4 则是以政务公开、服务与联系公众为指向的绩效评估指标体系设计示例,同时给出指标项的说明,以表明其生成依据和相关计算方法。

表 13-4 政务公开、服务与联系公众类电子政务绩效评估指标体系实例

一级指标	二级指标	评估要点
政府信息公开	主动公开信息量	政府网站实际主动公开政府信息的总数量
	依申请公开量	全年公众通过政府网站申请公开信息的数量
	年度新增量	全年政府网站实际主动公开政府信息的新增数量

(续表)

一级指标	二级指标	评估要点
网上办事	网上办事量	政府网站实际提供的各类网上办事服务事项的数量
	网上办事度	公众通过政府网站办理相关服务事项中,政府网站提供网上办事服务的办理程度
	网上办事率	全年通过网站办理的服务事项的件数,占该事项全年通过各类办事渠道办理的总件数的比例
政民互动	公众参与量	全年公众通过政府网站参与各类互动活动的总事件(人次)数
	参与答复量	全年对公众通过政府网站参与建议的各类互动活动,给予答复的总件(条)数
	参与便捷度	政府网站为公众提供参与互动的渠道种类和数目中,互动服务便捷程度满意的人数占使用政民互动服务总人数的比例

表 13-4 中相关指标说明如下。

(1) 政府信息公开

① 主动公开信息量:按照《中华人民共和国政府信息公开条例》中,对县级以上各级人民政府及其部门、乡(镇)人民政府应主动公开信息内容的规定,政府网站上实际主动公开政府信息的总数量,统计以件(条)为单位。

② 依申请公开量:按照《中华人民共和国政府信息公开条例》对"依申请公开信息"申请的规定,全年公众通过政府网站申请办理"依申请公开信息"的件数,统计以件(条)为单位。

③ 年度新增量:按照《中华人民共和国政府信息公开条例》中,对县级以上各级人民政府及其部门、乡(镇)人民政府应主动公开的重点信息内容的规定,全年政府网站实际主动公开政府信息的新增数量,统计以件(条)为单位。

(2) 网上办事

① 网上办事量:政府部门依据职能通过政府网站面向社会公众提供各类网上办事服务的总件数,统计以件为单位。

② 网上办事度:政府网站网上办事服务全流程覆盖的实现程度。网上办事全流程应覆盖五项服务,即办事指南、表格下载、网上咨询、网上申请、结果反馈。服务等级分为三级:一级,政府网站网上办事中 1/2 以内的网上办事事项实现网上全流程五项服务的覆盖;二级,政府网站网上办事中 1/2 至 2/3 的网上办事事项实现网上全流程五项服务的覆盖;三级,政府网站网上办事中 2/3 以上的网上办事事项实现网上全流程五项服务的覆盖。

③ 网上办事率:网上办事率=通过网站办理的服务事项的总件数÷通过各类办事渠道(网站和非网站方式)为公众办理的服务事项的总件数。

(3) 政民互动

① 公众参与量:全年公众通过政府网站参与提问、咨询、访谈、投诉、建议等政民互动活动的总事件(人次)数。

② 参与答复量:全年政府对公众通过政府网站参与提问、咨询、访谈、投诉等各类互动活动,给予答复(包括采纳、不便采纳但答复等)的总件(条)数。

③ 参与便捷度

(a) 通过统计政府网站实际提供的政民互动参与渠道种类和数目,评估政府网站提供政民互动渠道的能力,反映公众通过政府网站参与互动的方便性。

（b）对政府网站政民互动参与渠道种类、数目及互动服务界面友好、使用方便等便捷程度的满意人数占参与互动服务总人数的比例。

13.4.5　部委、省、市级政府网站绩效评估指标

本节依据国家相关文件,给出2017年全国政府网站绩效评估指标体系,分别为国家部委、省、市三类政府的统一规范测评体系,供学习者研究与对照分析。详见附录一、附录二与附录三。

13.4.6　质量-效益型(质效型)电子政务运维管理指标体系

1）质效型电子政务简介

深化改革推进传统政府向服务型政府转型,对服务型政府的绩效评估,随着全国各地不同范围、不同行业的电子政务系统纷纷投入建设与运行,人们越来越将注意力从初期的系统建设完好性,转向其服务的功能,再进一步转向测评电子政务系统运行的质量与效益,于是,质量-效益型(简称"质效型")电子政务的理念和评估指标体系就开始出现。

2）质效型电子政务的特点

质效型电子政务强调的是对电子政务系统的运行、维护的投入与产出进行的分析和改进,它具有以下八个特点。

（1）以服务对象为核心　随着云计算、大数据、物联网和移动互联网等技术的广泛应用,信息化正由IT(信息技术)向DT(数据技术)时代迈进,电子政务运维服务的核心也由"IT基础设施"转向"人"(服务对象)。以人为本体现的电子政务服务对象有：政府机构内部的各级领导、中层干部,各级各类面向业务的公务员,以及社会公众,公民个体,企事业单位等。

（2）运维服务产品化　针对政务系统的不同层面,根据服务主体、服务对象、服务内容的不同,服务产品可分为运维服务、信息服务和信息应用。政务信息系统的运行保障定义为运维服务产品,将信息技术直接提供的数据和信息服务定义为信息服务产品,由信息系统提供的具体业务应用定义为信息化应用产品。通过建立并不断完善服务产品的规划、设计、研发、运营和改进等工作机制,能不断提供丰富的服务产品,为运维管理体系的各类服务对象提供高质量的、随需而变的运维服务。

（3）运维管理一体化　所谓一体化政务运维服务机制,包括政府服务能力管理、相关人员、流程、资源和技术四个要素。通过纵向与横向整合各级各类电子政务系统,使之一体化运行维护,实现政府的总体服务水平、服务能力、服务质量、应用成效等方面的一致性和标准化,使各机构的信息技术主管部门(服务需方)、政务服务产品提供者(服务供方)、各类内外部用户(信息消费方)职责清晰、分工协作、规范化沟通与交互。

（4）运维人员专业化　针对运维人员按照专业化分工进行管理,包括管理、业务、技术等岗位序列,实现机构在编技术人员和各类信息系统运维外包人员知识、技能、经验的融合,统一对机构人员进行培训,提升其信息化服务技能,同时建立外包专业人员准入资格审查和绩效评价机制等。

（5）运维资源集中化　电子政务正朝着大系统集成、高技术融合发展,对各级机构的系统

运维与各类资源实行集中化管理,包括建立集中的数据资源库、知识库和服务平台等,往往超出某个基层单机的能力。采用云计算、大数据中心等将运维资源集中化,能提升政府系统服务能力,降低成本,实现资源集约化开发与应用。

(6) 绩效评估统一化　建立统一的科学、标准和规范的绩效评估机制,包括机构内外服务的自评价机制、上级部门的服务评价机制、社会第三方服务评价机制,如安全等级保护测评、信息技术服务运行维护、数据管理能力通用要求符合性评估等。

(7) 信息化绩效数据化　服务质量、应用成效和用户满意度是电子政务绩效的重要组成部分。从安全性、可靠性、响应性、适用性、友好性等维度可建立一级、二级、三级服务质量评价指标;从服务公众、服务业务、服务机构管理等维度建立各类信息化应用成效的共性指标和个性指标,如用户行为习惯分析、用户体验分析、应用普及率等;从是否可用、是否有用、是否好用等多个层面建立服务对象满意度指标。在这些指标间建立关联、有效组合,构成质效型运维管理的可数据化测量与呈现的指标体系。

(8) 政务体系全要素的可视化　用信息技术实现政务运维管理体系全要素的可视化,具体包括:服务对象的可视化,如面向公众、在线业务运行各执行环节进程的可视化;服务队伍的可视化,如服务一线、二线及各类任务与场景的呈现;服务过程的可视化,如事项、问题、变更、配置和发布的可视化;服务资源的可视化,如知识库、专业库、资源库等的可视化;服务内容的可视化,如例行操作、响应支持、优化改善等的可视化;服务质效的可视化,如服务质量和服务效率的可视化;运行对象的可视化,如系统服务连接、运行状态、安全告警等的可视化。

显然,上述质效型电子政务与"完好型""服务型"电子政务在理念层面、工作职责划分、预算机制、绩效评估、持续改进等方面均有所关联,但又有所不同,参见表13-5。

表13-5　完好型、服务型和质效型政务系统绩效评估指标的对照

	完好型	服务型	质效型
运维目标	设施完好、运行稳定	数据准确、安全好用	绩效可视、用户满意
运维对象	基础设施	基础设施、数据、应用和安全	基础设施、应用、数据和安全
服务对象	基础设施	基础设施	法官、诉讼参与人和公众
运维管理	各个单位自行建立运维管理体系(单节点)	各个单位自行建立运维管理体系(单节点)	"一体化"运维体系(多节点);服务可度量、可评价、可量化、信息化应用成效和运维体系全要素的"可视化"
运维组织	运维决策、运维管理和运维交付不分,谁建设谁运维	运维决策和运维管理分开,运维管理和运维交付分开,建设与运维分开	运维决策、管理和交付分开;运维服务"产品化";运维人员"专业化"
运维资源	部分资源使用,如服务台、网络监控等	使用服务台、网络监控、应用监控、运维流程管理、数据质量管理等	使用全部资源、运维资源"集中化"
运维过程	部分服务流程,如事件、问题、变更、发布等服务支持流程	除服务支持流程外,建立业务交流、数据管理、应用管理、资产管理等工作流程	服务流程"统一化";覆盖全面的运维服务过程改进量化指标体系,并能量化数据进行过程改进与优化
运维评价	自我评价	自我评价、主管部门评价	服务评价"统一化";自我评价、主管部门评价;第三方评价

表 13-5 同时表明,电子政务绩效的动态评估,体现在其日常运维管理中,其体系建设是一个持续不断改进的过程,没有建立运维管理体系的应该向建立"完好型"运维管理体系方向改进;已经建立"完好型"运维管理体系的可向"服务型"运维管理体系升级;已经建立"服务型"运维管理体系的可向"质效型"电子政务运维管理体系发展,质效型运维管理体系需要按照服务要求不断深化改进。

思考题

1. 如何理解电子政务绩效的内涵,对其评估有何意义?
2. 构建电子政务绩效评估指标体系的基本思路是什么?
3. 构建科学合理的电子政务指标体系应遵循哪些基本原则?
4. 什么是电子政务绩效评估的 DPS 指标模型?概述其内容。
5. 如何科学合理地运用电子政务绩效评估的结果?
6. 什么是质量-效益型电子政务,其主要特点有哪些?
7. 如何完善我国电子政务绩效评估机制与措施?

14 "互联网+政务服务"技术体系

14.1 "互联网+政务服务"技术体系简介

2016年12月,国务院办公厅108号文发布了《"互联网+政务服务"技术体系建设指南》(简称《建设指南》),给出了"互联网+政务服务"的总体技术体系建设构架。

《建设指南》是在各地区各部门积极推进网上政务服务平台建设的背景下,针对普遍存在的网上政务服务内容不规范、服务不便捷、政务服务平台不互通、数据不共享、线上线下联通不畅,政务服务的标准化、规范化程度不够高等问题,提出全国一体化的"互联网+政务服务"技术和服务体系整体设计规范。

《建设指南》围绕"互联网+政务服务"业务支撑体系、基础平台体系、关键保障技术、评价考核体系等方面,提出了优化政务服务供给的信息化解决路径和操作方法,为构建统一、规范、多级联动的"互联网+政务服务"技术和服务体系提供保障。本章根据《建设指南》主要内部编写,其中"互联网+政务服务"平台总体架构参见第3章。

14.2 "互联网+政务服务"技术体系基本内容

14.2.1 体系目标

《建设指南》要求在2020年建成全国整体联动、部门协同、省级统筹、一网办理的"互联网+政务服务"技术和服务体系,以实现以下目标。

1) 政务服务标准化

实现政务服务事项清单、办事指南、审查工作细则、考核评估指标、实名用户、线上线下支付等的标准化,让企业和群众享受规范、透明、高效的政务服务。

2) 政务服务精准化

按照公众和企业办事需求,群众"点餐"与政府"端菜"相结合,将政务服务事项办事指南要素和审查工作细则流程相融合,删繁化简,去重除冗,减条件、减材料、减环节,实现政务服务精准供给,让数据"多跑路",让群众"少跑腿"。

3) 政务服务便捷化

以用户为中心,整合政务服务资源和流程,提供个性化服务,实现一站式办理。应用云计算、大数据、移动互联网等技术,对政务服务办理过程和结果进行大数据分析,创新办事质量控制和服务效果评估,提高政务服务的在线化、个性化、智能化水平。

4) 政务服务平台化

打造线上线下融合、多级联动的政务服务平台,建成网上统一身份认证体系、统一支付体系、统一电子证照库,推动跨部门、跨地区数据共享和业务协同;推动政务服务平台向基层延伸,促进实体办事大厅规范化建设,公众和企业办事网上直办、就近能办、同城通办、异地可办。

5) 政务服务协同化

在政务服务标准化、精准化、便捷化、平台化过程中,推动政务服务跨地区、跨部门、跨层级业务协作。借助社会资源和智力,加快政务服务方式、方法、手段迭代创新,为企业和群众提供用得上、用得好的"互联网+政务服务"。

14.2.2 重点任务

围绕构建统一、规范、多级联动的"互联网+政务服务"技术体系,以服务驱动和技术支撑为主线,重点建设业务支撑体系、基础平台体系、关键保障技术体系、评价考核体系等。

1) 业务支撑体系建设

针对办事事项不全面、不规范、不统一等问题,加强业务支撑体系建设。围绕服务事项发布与受理、服务事项办理、行政职权运行、服务产品交付、服务评价等关键环节,制定相关标准规范、管理办法和制度措施。各地区各部门组织梳理政务服务资源,建成统一的政务服务事项库,实现事项名称、事项类型、法律依据、基本编码统一,建立事项信息库动态更新和业务协作工作机制。优化政务服务办理流程,深化并联审批,加强事中、事后监管,促进政务服务向街道、乡镇和城乡社区延伸。

2) 基础平台体系建设

针对网上政务服务平台不互通、数据不共享等问题,加强基础平台体系建设。围绕平台架构、数据交换和信息共享,跨地区、跨部门一体化政务服务平台建设,实现政务服务事项统一申请、统一受理、集中办理、统一反馈和全流程监督,避免线上线下政务服务平台"两张皮"、不同平台无法交互等。开展各地区现有各类业务办理系统整合,推进国务院部门统建系统数据对接,建设各级政务服务数据共享平台,推进跨地区、跨部门、跨层级数据共享、身份互信、证照互用、业务协同,实现就近办理、同城通办、异地可办。

3) 关键保障技术体系建设

针对开展网上政务服务的普遍技术障碍,加强关键保障技术建设。针对网上政务服务平台建设运行、安全保障等关键技术环节,制定相关标准规范、管理办法和制度措施,完善"互联网+政务服务"配套支撑体系。建成网上统一身份认证体系、统一支付体系、统一电子证照库,促进云计算、大数据、物联网、移动互联网等在政务服务中的应用,不断提升政务服务便捷化、个性化、智慧化、安全化水平。

4) 评价考核体系建设

针对政务服务用户体验不足、评价手段欠缺等问题,加强"互联网+政务服务"评价考核体系建设。从社会和公众体验角度制定评价指标、方法,利用电子监察平台加强政府内部监督督查,积极运用第三方评估等方式组织开展政务服务评估评价,注重评价考核结果的运用,以评价考核为手段促进各地区各部门不断提升网上政务服务水平。

14.2.3 "互联网+政务服务"的主要内容

"互联网+政务服务"指各级政务服务实施机构运用互联网、大数据、云计算等技术,构建统一平台,整合各类政务服务事项和业务办理等信息,通过网上大厅、办事窗口、移动客户端、自助终端等多种形式,结合第三方平台,为自然人和法人等提供一站式政务服务,为实现其统一申请、统一受理、集中办理、统一反馈和全流程监督,平台逻辑上主要由四部分构成。

1) 互联网政务服务门户

是政务服务实施机构为自然人、法人等提供互联网政务服务的入口。

2) 政务服务管理平台

是承担政务服务管理职能的机构进行政务事项管理、运行管理、监督考核等工作的平台,是政务服务门户信息的来源,是业务办理系统接入的通道。

3) 业务办理系统

是政务服务实施机构内部审批的专业系统,分为国务院部门业务办理系统、省级政府统建业务办理系统及其部门业务办理系统、地市级统建业务办理系统及其部门业务办理系统。可根据实际情况,与政务服务管理平台合并。

4) 政务服务数据共享平台

是支撑互联网政务服务门户、政务服务管理平台、业务办理系统运行的基础数据平台,包括集中汇聚的政务服务事项库,办件信息库,社会信用等业务信息库和共享利用的人口、法人、地理空间信息,电子证照等基础信息库,以及政务服务数据共享交换的支撑系统。

政务服务可按事项性质、服务对象、实施主体、服务主题、服务层级、服务形式、行政管辖等进行以下分类。

(1) 按事项性质分类 可分为行政权力事项和公共服务事项。

(2) 按服务对象分类 可分为面向自然人和法人的政务服务事项。

(3) 按实施主体分类 按照事项的管理归属部门进行分类。

(4) 按服务主题分类 可按面向自然人和法人的不同主题进行分类,具体如下。

① 面向自然人的主要有:生育收养、户籍办理、民族宗教、教育科研、入伍服役、就业创业、设立变更、准营准办、抵押质押、职业资格、行政缴费、婚姻登记、优待抚恤、规划建设、住房保障、社会保障(社会保险、社会救助)、证件办理、交通出行、旅游观光、出境入境、消费维权、公共安全、司法公证、知识产权、环保绿化、文化体育、公用事业、医疗卫生、离职退休、死亡殡葬、其他(含个体工商户,按照人类生命周期排序)等。

② 面向法人的主要有:设立变更、准营准办、资质认证、年检年审、税收财务、人力资源、社会保障、投资审批、融资信贷、抵押质押、商务贸易、招标拍卖、海关口岸、涉外服务、农林牧渔、国土和规划建设、交通运输、环保绿化、应对气候变化、水务气象、医疗卫生、科技创新、文体教育、知识产权、民族宗教、质量技术、检验检疫、安全生产、公安消防、司法公证、公用事业、法人注销、档案文物、其他(按照法人生命周期排序)等。

(5) 按服务层级分类 可分为国家级、省级、市级、县级、乡级、村级(代办)政务服务事项。

(6) 按服务形式分类 可分为线上办理、线下办理、线上线下一体化办理的政务服务事项。

(7) 按行政管辖分类 可分为定点办理、跨地区通办的政务服务事项。

14.2.4 "互联网＋政务服务"平台用户的注册和认证体系

为保证信息的真实、合法和有效，自然人和法人用户的注册、认证均采用实名制。统一用户注册和认证体系是开展"互联网＋政务服务"、建立政务服务实施机构和行政相对人线上服务法律关系的前提，是全国政务服务"一地注册，各地互认"的基础。针对平台建设的不同特点，注册和认证可采用以下三种方式。

1) 分建方式

用户可通过国家、省、地市级互联网政务服务门户注册和验证，注册用户账号信息存储在各级政务服务数据共享平台，通过交叉验证实现共享互认。用户跨省、跨市登录验证时，通过国家、省级用户互认服务，调用获取外省(区、市)、地市(州)用户信息。

用户注册和验证流程如图 14-1 所示。

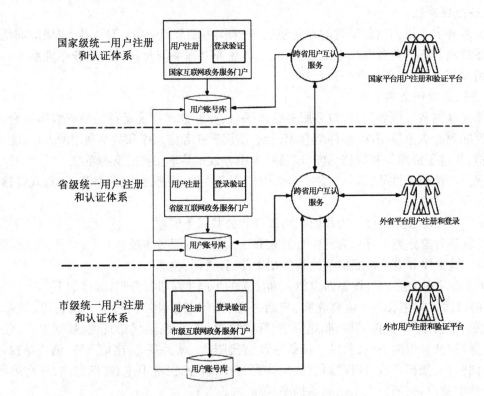

图 14-1 分建方式用户注册和认证示意图

2) 统分方式

用户可通过国家、省、市级互联网政务服务门户注册和验证，市级互联网政务服务门户注册和验证页面直接嵌入省级互联网政务服务门户用户注册和验证页面，用户账号信息集中存储在省级政务服务数据共享平台，省(区、市)内用户信息互认，用户跨省(区、市)登录验证时，通过国家用户互认服务，调用获取外省(区、市)用户信息。

用户注册和验证流程如图 14-2 所示。

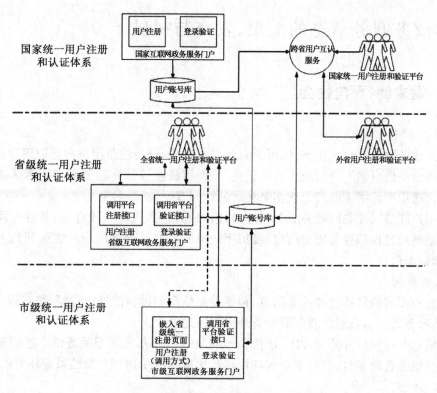

图 14-2 统分方式用户注册和认证示意图

3) 统建方式

用户可通过国家、省级互联网政务服务门户注册和验证,用户账号信息集中存储在省级政务服务数据共享平台,省(区、市)内用户信息互认,用户跨省(区、市)登录验证时,通过国家平台用户互认服务,调用获取外省(区、市)用户信息。

用户注册和验证流程如图 14-3 所示。

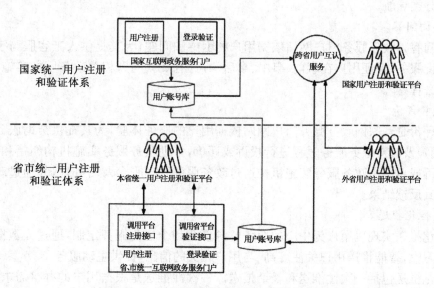

图 14-3 统建方式用户注册和认证示意图

14.3 政务服务信息的汇聚、发布与提供

14.3.1 需求侧(面向社会)

1) 用户访问

用户是政务服务平台的访问者,可为自然人或法人,分为注册用户和普通用户。注册用户是指通过网络采集自然人身份或法人登记信息,经审核验证确立政务服务主客体法律关系的访问者。普通用户是指未通过上述实名注册的访问者。

注册用户能访问互联网政务服务门户,检索静态信息,进行在线咨询,并在专属用户空间查询申办事项的过程信息和历史信息,维护用户空间信息。普通用户只能访问政务服务门户网站,检索静态信息。

2) 信息资讯

用户能查阅或获得的政务服务信息,包括静态信息和过程信息,通过各级互联网政务服务门户展现,政务服务信息应由政务服务管理平台推送产生。

静态信息是按照政务公开要求,依法公布的政务服务办理的相关资讯。过程信息是由部门通过政务服务管理平台,以一定形式向用户提供事项的受理、审查、结果等环节的信息。

3) 信息检索

信息检索是互联网政务服务门户网站向用户提供的查阅、搜索静态信息和过程信息的服务,应具备模糊检索、目录检索、全文检索等功能。可按照关键词搜索服务事项和办事指南,按照办件编号查询办事进度、信件回复情况等,能让用户查得方便、看得明白。

4) 服务引导

服务引导是政务服务管理平台依据用户需求目标和筛选条件,对其申办的事项进行初步定位,通过目标的细化和筛选条件的增加,为用户提供事项办理的部门、地点、主题等快捷的浏览入口和分类导航。

5) 咨询问答

咨询问答是政务服务门户网站依据用户的困惑和问题,为其提供人工客服与智能客服相结合的咨询服务,保证用户在事前、事中、事后均可"有疑就问",相关政务服务实施机构"有问必答""答必释惑"。

6) 监督评价

监督评价是互联网政务服务门户网站依据用户的服务体验,为其提供帮助服务和评价渠道,保证用户及时对政务服务过程进行投诉或评价,帮助政务服务实施机构纠错和优化服务。用户的投诉或差评由政务服务实施机构通过政务服务管理平台及时办理,并通过政务服务门户网站向其反馈结果。

7) 个性化推送

个性化推送实现以用户为中心的服务资源聚合和个性化服务定制,通过大数据挖掘分析用户行为习惯,智能推送用户关注度高、与用户相关的信息,提供主动服务。

个性化推送包括一次性推送和长期推送。一次性推送是根据用户的办事需求,推送相似案例办理经验、可比选的路径或其他参考信息。长期推送是结合用户的基本信息和办事足迹

(即办理事件全过程的记录与管理数据),推送相关业务信息,与自然人相关的社会公共服务信息(水、电、气、公积金、交通违章等信息),与法人经营范围相匹配的经营许可和行业准入许可信息、相关扶持优惠政策等内容。

14.3.2 供给侧(面向政府)

政府是政务服务的主要供给方,要求做到事项清单标准化、办事指南规范化、审查工作细则化、业务办理协同化、事项管理动态化。具体如下。

14.3.2.1 事项清单标准化

政务服务事项清单包括目录清单和实施清单,两者如下。

1) 目录清单

目录清单是编制、法制等有关职能部门牵头编制的政务服务事项基本清单,包含事项名称、基本编码、设定依据、事项类型等要素。目录清单分国家、省、市等层级。国家级目录清单全国通用,省级目录清单全省(区、市)通用,市级目录清单全市通用。

2) 实施清单

实施清单是政务服务机构依据"三定方案"确定的职责分工,对目录清单中本机构的政务服务事项进行细化形成的清单,清单要素包含事项名称、基本编码、设定依据、事项类型、实施编码、行使内容等要素。此清单是编制政务服务指南,进行政务服务事项管理和运行管理的基础,分国家、省、地市、区县、乡镇等不同层级。

各地区在建立政府部门行政权力清单的基础上,编制政务服务事项清单,依托本级政府门户网站发布,并纳入政务服务管理平台进行管理。编制清单应遵循以下规则。

(1) 梳理原则

① 统一规范:政务服务事项清单应统一制定发布。对列入清单的政务服务事项,按统一标准自上而下予以规范。同一政务服务事项应在纵向不同层级、横向不同区域间,保持政务服务事项名称、类型、依据、编码等要素相对统一。

② 全面准确:涵盖实施的所有政务服务事项。确保纵横间权界清晰、分工合理、权责一致。

③ 合法有效:清单发布前须经编制、法制等部门进行有效性、合法性审查。严格按照法律、法规、规章要求,不得擅自增加、减少、转移行政权力。

④ 动态管理:法律、法规、规章等制定、修改、废止时,应及时更新事项清单及相关要素。

⑤ 便于应用:政务服务事项可分为主项、子项,政务服务实施机构可根据实际情形,对事项编制部门发布的主项和子项进一步拆分为办理项。

(2) 统一政务服务事项　对列入目录清单的政务服务事项按统一标准,实现不同层级相同的政务服务事项,其事项名称、事项类型、法律依据、基本编码等要素完全统一,逐步形成由国家级、省级、市级等层级目录清单以及各实施机构实施清单等组成的政务服务事项清单体系。

各级政务服务实施机构按自身承担的职责范围,在目录清单基础上,细化完善实施编码、行使内容、申请材料等事项全要素,形成具体的实施清单。实施清单作为编制政务服务的指南,是进行政务服务事项管理和运行管理的基础。

(3) 组织推进　省级编制、法制等部门组织开展本地区政务服务事项清单标准化工作。在梳理清单的基础上,由省级、市级编制、法制等部门牵头,政务服务管理机构、政务服务实施机构共同参与建立统一的事项管理数据库,相关部门按照各自的职能和权限对具体事项的要素内容进行动态维护,加强对政务服务事项的共同管理和运用,实现政务服务事项的数据统一、同步更新、同源公开、多方使用。

14.3.2.2 办事指南规范化

办事指南是为方便用户办事,在实施清单标准化基础上对政务服务事项的办理主体、依据、流程、材料、注意事项等内容所做的指导性说明,并规定办理政务服务事项的各方应共同遵守的规则。

1) 办事指南要素

办事指南包括以下要素:事项名称、事项类型、设定依据、实施机构、法定办结时限、承诺办结时限、结果名称、结果样本、收费标准、收费依据、申请材料、办理流程、办理形式、审查标准、通办范围、预约办理、网上支付、物流快递、办理地点、办理时间、咨询电话、监督电话等。

(1) 申请材料　申请材料应当有材料名称、材料类型、材料样本、电子表单、来源渠道、纸质材料份数和规格、填报须知、受理标准、是否需电子材料等信息。要求提供申请材料的,须有相应的法律法规、规章及规范性文件作为依据,要体现出合理性、必要性、适时性、完整性。

申请材料需提供样本。告知申请人要件材料的来源渠道(如需提供其他部门审批证件的,注明该证件的核发部门),对中介机构或法定机构产生的要件材料,应提供其业务查询及联系方式。

(2) 办理流程　办理流程是指在政务服务办理过程中直接面向用户的外部流程,包括申请、材料补正、原件预审、缴费、物流、受理、办结、签收等环节。每个环节包含开始时间、结束时间、办理时长、申请人员、办事窗口等要素信息,作为办事过程信息在互联网政务服务门户向用户主动推送或接受查询。

应明确清晰地绘制出政务服务事项所涉及的法定程序和环节以及时限要求,并附以相应说明,要按简化和缩短后的时限编制。应提供图像型或表格型文件。

(3) 结果样本　提供政务服务事项申请同意后形成的批文或证照等结果文书样本。样本采用安全通用的文件格式,如涉及企业或个人不宜公开的信息须作隐藏处理。

2) 办事指南组织和展示发布

办事指南由政务服务实施机构依据政务服务事项清单标准化要求填写各项要素内容,政务服务管理平台按既定的办事指南要素逐项生成,并通过政务服务门户、移动终端、自助服务机、宣传手册等途径展示发布。政务服务实施机构应对同一政务服务事项编制统一的办事指南,鼓励同一层级和同一内容的办事指南标准化编制。

14.3.2.3 审查工作细则化

为规范对外服务,应制定工作细则和流程规范等要求,包括审查工作细则要素、编制要求等内容,具体如下。

1) 审查工作细则要素

审查工作细则要素包括基本信息、政务服务人员、业务流程、申请、受理、审查、决定、证件制作与送达、决定公开、收费、咨询等。

2) 审查工作细则编制要求

(1) 基本信息　基本信息应有10项要素:事项(子项)名称、实施编码、实施机构、联办机构、服务对象、法定办结时限、承诺办结时限、咨询电话、监督电话、办理形式。

（2）政务服务人员　列出对从事本项政务服务的工作人员的资格要求，包括法律上、业务上等方面的条件及资格限制；应具备的相应的知识和专业技能，并接受过法律和相应的业务培训及考核；其他应具备的特殊要求。明确收件人、受理人、审查人、决定人、送件人等角色和人员，一个人可以多角色。

（3）业务流程　按相关办理流程确定的程序和时限，将其中规定的步骤和环节细化到实施机构内部办理的岗位，明确每个岗位的岗位名称、工作职责、时限等。

（4）申请　列出申请编号、申请材料、申请接收、收件凭证送达等相关要求。

（5）受理　列出受理审核、补正材料、受理决定、审查方式确定和收件转办等相关要求。

（6）审查　列出所需采用的审查方式和要求。按简化流程、提高效率的原则，根据政务服务事项的具体情况选择若干种方式。审查方式主要包括书面审查，实地核查，招标与拍卖，检验、检测、检疫、鉴定，考试、考核，专家评审，技术审查，听证，听取利害关系人意见，集体审查，法律、法规或规章规定的其他审查方式。

（7）决定　根据审查人提出的审查意见，由决定人决定是否批准申请人的申请。能由受理人当场审查和做出决定的事项，应当场做出决定。审查人在完成书面审查后能当场做出决定的事项，应当场做出决定。经书面审查并依据检验、检测、检疫、鉴定结果即可认定设备、设施、产品、物品是否符合技术标准、技术规范的事项，应当场做出决定。经书面审查并完成实地核查、招标、拍卖、考试、考核、专家评审、技术审查、听证、听取利害关系人意见中的任一种方式审查的事项，由审查人签署意见，由决定人做出决定。完成集体审查的事项，由决定人做出决定。

（8）证件制作与送达　列出证件的类型、名称和内容，岗位职责和权限，制作、送达方式和时限，无法送达的处理，文书、材料归档的内容、要求和时限等。属于并联审批的，证件可由并联审批各机构分别送达申请人，或统一由综合窗口或牵头实施机构送达申请人。

（9）决定公开　列出决定公开的方式、岗位职责和权限、内容、时限、文书等内容。

（10）收费　收费事项应列出收费环节、收费项目、收费依据、收费标准、减免收费的情形，以及缴费的时间、地点等。不收费的事项应列明"本事项不收费"等内容。

（11）咨询　政务服务人员有义务准确、可靠地答复申请人的疑问。应列出岗位职责和权限、途径、工作程序和回复时限。可提供窗口咨询、电话咨询、网上咨询、信函咨询等方式。应列出咨询时间和回复时间。

14.3.2.4　业务办理协同化

业务办理协同化是指以申请人的目标需求为导向，两个或两个以上部门或地区通过系统、数据、人员相互协同的方式，实现政务服务业务跨部门、跨区域、跨层级办理。重点业务如自然人与法人证照异地办理，社会保险关系转移接续，投资项目多评合一、多图联审，商事登记证照联合办理等跨部门协同办理等。

跨部门业务办理协同化的要求：一个收发窗口、一张告知清单、一个流转平台。明确牵头部门与协办部门，牵头部门负责建立协同流程，制定申请材料清单，控制办理时限；协办部门相应调整工作流程配合业务协同办理。

跨区域业务办理协同化的要求：一套共享数据、一个受理标准。跨区域业务协同由共同的上级政务服务管理机构牵头协调，相关区域政务服务管理机构和涉及的政务服务实施机构共同配合，统一数据接口、受理标准和服务规范。

14.3.2.5 事项管理动态化

各地区各部门要建立权责清晰的分级负责机制和动态管理机制。主要包括：

1）清单动态管理

根据机构和职能调整变动情况等，及时调整目录清单和实施清单。事项清单按"谁编制、谁维护"的原则进行动态调整。事项调整的申请审核流程与清单编制的申请审核流程相同，仍由相关部门按各自职责权限在同一平台上操作维护，形成实时更新的基础数据。

2）办理流程动态管理

政务服务事项办理流程动态管理是指对办理流程各环节和各环节要素信息进行调整的过程。各级政务服务实施机构对事项办理环节及其要素信息有调整需求的，应向同级政务服务管理机构提出申请，经审核同意后调整。

3）办事指南动态管理（对外）

根据目录清单和实施清单的调整，及时调整相关事项的办事指南要素，新增事项须及时编制办事指南。依据简政放权、放管结合、优化服务改革的要求，同步对相关事项的办事指南要素进行调整。通过建立事项数据库进行管理的，办事指南的相关要素来源于政务服务事项清单要素，随事项清单要素的调整同步调整，无需重新编制。

4）审查工作细则动态管理（对内）

根据清单、办事指南的动态调整，及时对所涉事项的审查工作细则进行动态调整。定期、不定期地对已办结件进行分析研究，不断完善审查工作细则，改进服务方式和手段，简化流程，缩短时限，提升用户体验。

5）协同业务动态管理

当协同办理业务的实施机构及相关事项变动时，政务服务管理机构会同相关政务服务实施机构及时进行相应调整的过程，分为主动动态管理和被动动态管理两种情形。

主动动态管理是指根据自然人、法人的需求变化对已有的业务协同方式做优化改进的过程。被动动态管理是指协同办理的政务服务事项相关要素，如事项设定依据、实施机构、行使层级、申请材料等发生改变，协同业务必须做出相应改变的过程。

协同业务动态管理由政务服务事项发生变动的实施机构向业务协同牵头方提交业务调整要求，牵头方征求其他协办方意见，确定业务调整方案，报政务服务管理机构审定后实施调整。

14.3.3 政务服务事项的一体化办理

政务服务事项办理是指申请人通过线上或线下的方式，提出事项办理申请，政务服务实施机构依法通过核查、检验、检测、评审、鉴定等审查方式，对递交的申请做出决定并告知申请人的过程。

政务机构通过在互联网政务服务门户公开政务服务事项办事指南，为申请人提供一站式办事服务。申请人通过此门户或实体大厅递交事项申请，政务服务实施机构通过政务服务管理平台统一受理，经由业务办理系统对申请事项进行审查并依法做出决定，最后将决定汇总至政务服务管理平台统一告知申请人。

14.3.3.1 互联网政务服务门户（外部服务）

互联网政务服务门户公开发布政务服务事项办事指南，为公众提供场景式在线办事导航，为注册用户提供专属的办事数据存储和应用空间,提供网上预约、网上申请、网上查询、咨询投诉等相关服务。互联网政务服务门户与实体政务大厅应在服务引导、同源数据发布的层次上进行充分地互联、集成。

1) 建设管理要点

(1) 集约建设　按标准化、集约化原则,采用省级统一门户或省、市两级统一门户建设模式,建设互联网政务服务门户,集中发布和展示政府部门政务服务信息。

(2) 同源管理　各级各部门的政务服务信息,应统一汇聚到本级政务服务数据共享平台;各项业务办理中的受理、过程和结果信息,应统一发布到互联网政务服务门户,实现同源发布。各部门也可反向链接相关信息,扩大信息的公开渠道。

(3) 多渠道服务　利用互联网技术实现多渠道服务,包括移动APP、自助服务一体机、热线电话等,由政务服务门户统一提供服务接口,供各种渠道调用,实现数据同源。具体如下。

① 移动APP:具备办件查询、表单预填、办事预约、咨询投诉、网上支付等功能,支持手机等移动终端,支持主流操作系统。

② 自助服务终端:具备办事指南、办事预约、办件查询等功能,支持身份证识别、二维码扫描、表格样本打印、申请材料上传等功能,实现自助申请服务,一般放置于实体大厅和便民服务点。

③ 第三方公共服务平台:借助成熟的第三方公共服务平台,为自然人和法人提供服务。

2) 主要功能

包括用户注册、用户管理、事项信息的发布、事项办理的触发、用户互动、办理过程和结果的查询、服务评价等功能。具体如下。

(1) 用户注册　自然人和法人用户须采用实名制注册。法人用户可用法定代表人实名注册,激活注册企业账号;或使用统一社会信用代码直接注册企业账号;或与已使用企业CA认证的用户进行关联注册后创建企业账号;或与已使用电子营业执照的用户进行关联注册后创建企业账号。

图14-4以自然人用户为例说明注册流程。主要包括线上(门户)自行注册、线下(窗口)现场注册和关联注册等形式。具体环节与要求说明如下。

① 线上自行注册:申请人根据注册向导填写姓名、身份证号码等信息。为保证实时性、安全性、准确性,注册时须不少于三种认证内容,其中身份证信息为必选项,手机号、社会保障卡信息、银行卡账号、公积金账号、驾驶证档案编号等信息任选两项进行实名验证,验证完成后应签订网上服务协议,完成实名注册。

② 线下现场注册:在政务大厅专设窗口,申请人刷卡进行身份信息验证,并输入手机短信验证码确认,然后书面签订服务协议,窗口人员激活用户账号,告知申请人账号和密码,账号默认为身份证号码(登录后账号实际显示内容及运用中,可根据需求隐去年月日相关信息,以保护个人隐私),密码应自动随机生成,用户登录后可自行更改。

③ 关联注册:可通过与本地已经建立官方实名认证的平台,绑定认证,获取实名信息,并补充签订服务协议,完成快速注册。

(2) 用户管理　分自我管理和后台管理两类。

① 自我管理:应具备用户信息的维护管理功能,具体包括以下内容。

(a) 找回密码　用户遗忘登录密码时,可通过注册手机号,发送、确认短信验证码,重置密码。也可凭身份证到实体政务大厅,经窗口人员审核确认后,将自动生成的新密码告知用户。

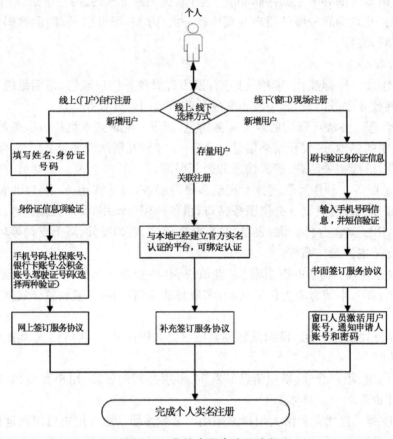

图 14-4 自然人用户注册流程

(b) 更换绑定手机号码　用户更换绑定手机号码,须通过原绑定手机号码短信验证确认解除绑定,并通过新手机号码短信验证绑定。

(c) 法人用户授权　法人用户应具有多级授权,可设定被授权人、授权有效期、服务事项范围,被授权人可进行再次授权,授权层级最多三层,具备授权、申请授权、变更授权、取消授权、授权查看等功能。

② 后台管理:应具有注册用户的管理功能,提供账号的开通、禁用和解禁、操作审计功能,具体如下。

(a) 账号开通　具有账号信息的录入、验证、开通等功能,可打印书面服务协议书。

(b) 账号禁用　用户有违反法律法规行为的,管理人员可进行账号禁用操作,禁用账号应短信通知用户。

(c) 账号解禁　具备已禁用账号的解禁功能,账号解禁须经过管理部门负责人审核,并通过短信告知用户。

(d) 操作审计　具备用户管理过程的操作日志审计功能,实现可追溯。

当统一用户体系实现法人多账号授权管理模式后,在多业务模式下的应用须考虑实现不同账号可访问不同的应用功能,实现应用精细化授权管理。应用访问控制模式要保证应用访问的安全性,满足实名要求。支持灵活主动的管理应用访问,当应用访问控制策略调整时,能对某个应用或某类用户进行策略调整,避免对接入应用的扰动,使系统更灵活、安全。

(3) 事项信息的发布　各级机构在省级统一政务服务事项库中动态维护本级服务事项实施清单,政务服务事项库中的在用、最新版本数据单向且实时同步到本级政务服务门户。

① 事项信息的检索:用户可通过多种方式查找所需要的政务服务事项信息。

(a) 模糊检索　应具备通过关键词、词组、筛选条件进行政务服务事项的模糊检索,具备关键字飘红、搜索排名、热点排名等功能。

(b) 目录检索方式　应具备根据部门事项目录、事项类别目录检索功能,查找到所需的服务事项信息。

(c) 场景导航　应具备通过服务对象(自然人、法人)、实施主体、服务性质、申请类型、服务主题等引导功能,查找到所需的服务事项信息。

(d) 智能推荐　根据自然人和法人的信息属性、办理事项的前后关系、事项订阅的要求进行自动筛选,推送到用户空间,实现注册用户的个性化智能推荐。

(e) 热点服务　应具备热点服务自动排名功能,推送到热点服务频道,用户可通过热点服务事项快速链接通道,查找到所需服务事项信息。

② 事项信息的展示:应提供办事指南、办事引导、信息分享、多渠道展示等功能。

(a) 办事指南　应以静态页面形式展示各类办事指南要素,具备一键下载包括附件下载功能。

(b) 办事引导　应提供网上办事引导服务功能,包括办理形式(线上、线下)、是否支持网上预约、通办范围、是否支持网上支付、是否支持物流快递等。

(c) 信息分享　应具备一键发布到微信、微博的功能,提供事项二维码扫描、快速收藏到手机的功能,具备办事经验分享功能。

(e) 多渠道展示　应提供事项信息同源发布、多渠道展示,支持 PC、手机、智能化终端设备的事项信息展示。

(4) 事项办理的触发　注册用户具备事项网上办理功能,包括申请、预约等。

① 网上申请:申请人查看办事指南,再进入申请页面,系统自动引用申请人的用户空间信息、电子证照信息,完善填写申请信息,上传相关申请材料,提交申请。申请完成后,应给予是否提交成功的提示,告知申请编号,并提供短信、移动终端等方式的提醒。充分利用各部门已有电子证照,最大程度精简纸质材料。

网上申请应支持三种形式:原件预审、原件核验、全程网办。

(a) 原件预审　申请人网上申请后,窗口人员通过政务服务管理平台网的预审功能查看提交的相关信息和材料,如果符合办理条件,通过短信、移动终端等渠道通知申请人携带原件材料到现场办理,如材料不符合条件,则通过短信、移动终端等渠道通知申请人网上补正材料。预审通过后,申请人携带原件到现场,窗口人员审核通过后,正式受理,按照事项的办理流程进行内部审查、做出审批决定,并将结果反馈给政务服务管理平台,通过短信、移动终端等方式通知申请人来大厅领取结果,也可选择物流递送结果,整个办理过程应到大厅现场不超过 2 次。具体流程如图 14-5 所示。

(b) 原件核验　申请人网上提交申请后,默认其提交的所有信息材料真实有效,如符合办理条件,窗口人员通过平台受理;如材料不符合条件,通过短信、移动终端等渠道通知申请人网上补正材料,受理通过后由工作人员审批办理,并将审批过程、结果反馈给政务服务管理平台,窗口人员统一办结,到发证环节时通知申请人携带原件材料到窗口核验,核验通过后领取结果,整个办事过程应到大厅现场不超过 1 次。

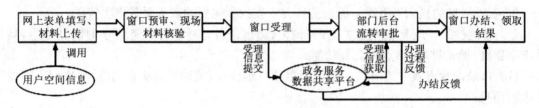

图 14-5 预审流程

(c) 全程网办 网上申请,申请信息均为验证过的信息,申请人网上提交申请后,通过政务服务管理平台受理,受理通过后由工作人员通过业务办理系统进行审批办理,并将审批过程、结果反馈给政务服务管理平台,窗口人员统一办结,审批结果通过物流递送,整个办事过程无需到大厅。具体流程如图 14-6 所示。

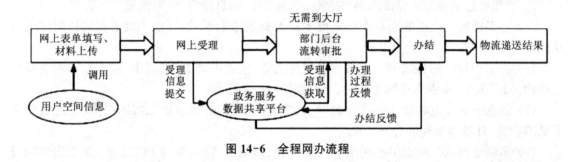

图 14-6 全程网办流程

② 网上预约:网上预约需用户登录,可通过政务服务门户、APP 等渠道预约,选择预约窗口和事项、日期和时间段,预约申请提交后应明确提示是否成功。

(a) 预约控制:应提供预约控制功能,预约时间一般为从第二天开始的一周内的工作时间,可根据每个事项的办理时间与预期人数,设置最大预约数,超过后该时段停止预约。同一政务服务事项一个身份证只能预约一次,须办理完成或取消预约后才能再进行预约。

(b) 大厅联动:大厅取号机上开设预约取号功能,与政务服务管理平台对接,通过刷身份证调出未过期的有效预约并打印排队号单。预约号应按预约时段叫号。有条件的地方,可以探索移动端预约。

(c) 预约提醒:在预约到期前的合适时间通过短信、移动终端等提醒申请人及时去大厅办理,因故无法办理的,取消预约操作。

(d) 取消预约:在预约时间段内,可以取消预约。可在网上、移动终端、大厅自助设备上进行操作。

(e) 信用管理:在一定时间段内超过一定次数的预约不取号或取号不办理(比如 1 个月内超过 3 次),暂停该用户网上预约功能。

(5) 用户互动 互联网政务服务门户提供多种用户互动方式,包括咨询、建议和投诉等。

① 咨询:用户可通过门户进行网上咨询,提供网上留言和在线咨询。网上留言由用户填写咨询问题提交到政务服务管理平台,工作人员在合理时限内答复并反馈到互联网政务服务门户,答复的时间纳入绩效考核的指标项;在线咨询指用户和部门工作人员点对点的实时交

互。门户的每个页面都可打开咨询链接,能根据用户当前浏览页面,定位咨询对象,如当用户停留在某一政务服务事项的办事指南时,应自动将咨询对象定位到该事项所属政务主体。

② 建议:用户访问门户时发现系统故障、内容错误、操作体验、改进建议、工作评议等方面的问题,可提交建议,由政务服务人员通过平台反馈答复。对合理建议,答复时应隐去建议人的隐私信息后公开。门户的每个操作页面上,都应有打开建议窗口的链接。

③ 投诉:用户投诉需实名登录,选择部门、事项类别、是否愿意公开,填写投诉内容并提交,由政务服务管理机构通过政务服务管理平台接收投诉并做出处理,也可派发至被投诉的部门和人员由其做出解释,反馈给用户。如选择公开,可公示于门户,为保护投诉人隐私,投诉者的个人信息应被隐藏。投诉需在合理时限内予以答复,答复的时间纳入电子监察并作为绩效考核的指标项。

(6) 办理过程和结果的查询　用户在完成政务服务事项的申请后,可通过以下渠道查询事项的办理过程和办理结果。

① 互联网政务服务门户:可通过此门户登录用户空间,在已办件列表中查看申请人的办件进度,包括办件的办理信息、过程信息和结果信息。用户也可直接在门户办件查询中输入统一办件编号查询。

② 移动终端:用户登录互联网政务服务门户 APP,在办件相关栏目的列表中查询办件信息,也可直接在 APP 办件查询中输入统一办件编号查询。

③ 智能触摸终端:用户可在智能触摸终端的办件查询模块通过刷身份证查询办件信息,也可在办件查询中输入统一办件编号查询。

④ 热线电话:用户可拨打办件查询热线电话并提供统一办件编号,由热线人员代为查询,并反馈办件信息。

⑤ 二维码:用户可通过手机扫描受理通知书二维码,根据其中的统一审核编码信息检索办件库,获取办件信息。

政务服务事项的办件信息展示页面应至少包含以下关键要素。

① 事项申请信息:包括统一审核编码、申请材料、申请时间、收件凭证、受理通知书等。

② 办理过程信息:包括办理各环节的名称、起止时间、政务服务人员姓名及工号、各环节审查意见等,并附带办理流程图以直观展示办理进程。

③ 办理结果信息:包括审查决定及证照批文等。

(7) 服务评价　服务评价需用户登录,便于核实与回访,应具备限制重复评价功能,一个IP、一个账号只能评价一次。

评价指标可分为五级,包括非常满意、满意、基本满意、不满意、非常不满意,对应 5 分、4 分、3 分、2 分、1 分。当用户选择的是不满意或非常不满意时,应填写不满意的具体内容,以便于监察人员分类交办处理和反馈结果。

3) 用户信息管理

用户信息的管理包括用户基本信息、证照信息、第三方报告及用户自制信息的管理,应引入分级管理模式。

(1) 用户基本信息

① 自然人:包括用户姓名、身份证号码、密码、手机号码、证件类型、证件号码、邮箱、地址等。

② 法人:包括统一社会信用代码、法人名称、注册地址、经营范围,法定代表人姓名、身

证号码及联系电话等。

以上信息中,用户姓名、身份证号码、手机号码等信息均来自用户注册时填写的内容。身份证号码需通过号码规则验证,手机号码需通过短信验证。实名制用户身份证号码和姓名信息应通过人口信息库比对验证。

(2) 证照信息 证照信息是指政务服务实施机构根据申请人提交的申请颁发的证件、执照、批文。

① 信息内容:应按证照颁发单位、证照类型、颁发时间、持证照者(自然人和法人)进行分类,信息内容应包括证照元数据、照面信息和证照图像。

② 信息来源:证照录入申请材料电子化、审批结果电子化和各部门电子证照库。

③ 信息分级:证照信息的可信等级分 A、B、C、D 四级。A 级是政务机构产生的证照批文,可在申请政务服务事项时直接使用;B 级是已被窗口人员核验通过的证照信息,可在申请政务服务事项时重复使用;C 级是用户自行上传的证照批文,在申请政务服务事项时要由窗口人员核验原件后使用;D 级为用户自制材料,由用户承诺对其真实性负责,可在申请政务服务事项时直接使用。

④ 信息加注:A 级证照批文上传时需加盖发证机构的电子印章,并附"水印注明"(载明:此件由××机构提供,仅供办理政务服务事项时使用,有效期至×年×月×日);B 级证照信息在窗口人员核验通过上传时,需"水印注明"(载明:此件经与原件核对无误,仅供办理政务服务事项时使用,有效期至×年×月×日);C 级证照批文由用户提交窗口人员核验时,需"水印注明"(载明:此件由本用户按原件上传,请政务服务窗口人员受理时与原件核对);D 级自制材料由用户上传时,需"水印注明"(载明:本用户对此材料的真实性负责)。若证照信息来自独立的电子证照库,则通过电子证照库进行验证。

(3) 第三方报告 第三方报告主要为中介机构等第三方机构出具的评估、检验、检测等报告。

① 数据内容:第三方报告的数据内容主要由第三方报告名称和电子文书组成。

② 数据来源:第三方报告主要由中介机构维护上传,并转换成电子文件格式,有条件的地区可以对接中介机构管理系统,通过数据交换的方式同步中介服务成果。

③ 信息验证:用户自行上传的第三方报告可信度登记默认为 D 级(参照电子证照的信息分级),在申请环节作为申请材料使用时需要核验原件,政务服务窗口人员核验后可信度等级调整为 B 级(参照电子证照的信息分级)。

(4) 用户自制信息

① 数据内容:用户自制信息的数据内容主要由名称和电子文书组成。

② 数据来源:主要来自用户上传的各类电子文书,但需限制 EXE 等可执行程序的上传。用户上传自制信息需进行限制,超过固定容量的,用户需清理后才能上传。

14.3.3.2 政务服务管理和业务办理(内部办理)

政务服务管理和业务办理包括:事项管理、运行管理、电子监察、电子证照管理、网上支付、物流配套等基础功能和并联审批、事中事后监管等拓展功能,具体由政务服务管理平台和业务办理系统组成。

政务服务管理平台应与同层级门户对接,门户事项等静态信息通过数据接口实现由平台向门户单向推送;门户动态信息如申请信息、预约信息、咨询信息等,通过数据接口实现与平台的双向交互。平台通过数据接口实现与本级业务办理系统的双向交互。

1) 基础业务功能

(1) 政务服务事项管理　政务服务事项管理是政务服务运行管理、电子监察管理的基础,应具备事项清单管理和事项动态更新管理功能,记录事项的应用情况,提供事项变化追踪、自动检查校验、汇总统计、比对分析等功能。政务服务事项库管理主要包括目录清单管理、实施清单管理、清单发布管理、统计分析等功能。

① 目录清单管理:具备对全省(区、市)统一动态维护管理功能,覆盖省、市、县三级政务服务事项的主项、子项事项,目录清单管理功能应至少包括以下功能:

(a) 清单要素管理　包括事项类型、基本编码、事项名称、设定依据等基本要素信息,支持基本要素的新增、修改、删除等操作。

(b) 统一清单库初始化　将统一清单数据初始入库,提供批量导入功能,并根据要素规则自动检查并提醒错误信息。

(c) 动态维护管理　具备新增、变更、拆分、合并、暂停、取消、统计分析等功能。其中新增指清单新增,由编制、法制等有关职能部门审核通过后,生成清单新版本及事项编码,统一更新;变更、暂停、取消、拆分、合并均参照新增流程实施;查询统计同时提供报表和电子表格文件导出等功能。

② 实施清单管理:应具备编制、变更、查询统计等功能。其中,编制是指机构从目录清单中选择本级范围内的政务服务事项,同步基本要素信息,完善其他要素信息,填写完成后报编制、法制等部门审核。审核通过后,纳入本部门的实施清单。业务办理系统依托实施清单运行。

平台提供办理项设置功能,灵活设置办理项多情形条件,根据不同条件关联不同材料,具备办理流程自定义配置,自动生成外部流程图。

③ 清单发布管理:提供清单发布的通用接口,供各级政府门户网站,省、市两级互联网政务服务门户调用,实现清单同源发布。

④ 统计分析:具备事项检索功能,可按区域、部门、类型、状态检索,应具备清单统计报表功能,支持电子表格文件导出功能,提供事项横向部门比对分析,提供同一事项实施清单在不同地区、不同层级的比对分析。

(2) 政务服务运行管理　包括网上预约、受理、审核、审批、收费、送达、评价等环节的管理。集成大厅各类智能化设备,实现线上线下融合的一体化办理。办理流程如图14-7所示。

① 网上预审:对注册用户通过政务服务门户、移动APP等提交的申请进行初步审核,满足申请条件及材料的,即进行预受理,让申请者进一步提供相关材料或者信息。

② 预约管理:对注册用户通过政务服务门户、移动APP等提交的预约办理信息的管理功能,应具备预约事项属性配置、预约时间段设置等。

③ 窗口受理:实体政务大厅窗口人员受理本人权限范围内的服务事项,涵盖咨询、接件、受理、查询等业务环节,包括预审、叫号、接件、受理、补齐补正等功能。具体如下。

(a) 预审:对注册用户网上提交的办件申请信息进行审核确认、反馈的管理功能。若缺少必要材料,应提醒用户补充材料;若材料齐全通过预审,可通过在线消息、短信、移动终端等方式通知用户到现场办理。

(b) 叫号:申请人根据取号票到窗口排队办理,通过与大厅窗口显示屏对接,动态显示窗口排队情况,窗口人员按照办件编号受理申办人业务。叫号需要与大厅排队取号机、窗口显示屏关联。

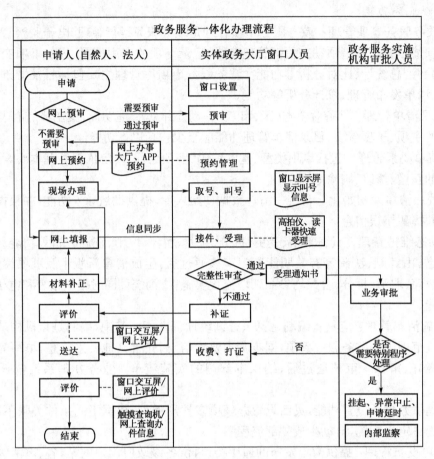

图 14-7 政务服务一体化办理流程

（c）接件：申请人办理时，刷卡进行身份确认，窗口人员获取其基本信息并填写其他信息，证照材料自动关联电子证照库抽取证照信息，其他材料通过高拍仪上传，完成接件。

（d）受理：接件完成且受理通过后，窗口人员打印带二维码的受理通知书，其上提供办件编号、受理时间、受理部门、窗口人员、承诺时限、受理材料及送达方式等信息，告知申请人。受理不通过，打印不予受理通知书，其中应提供办件编号、受理时间、受理部门、窗口人员、不予受理原因等信息，告知申请人。

系统应支持一窗受理模式，列出所有受理材料的审查要点并醒目提示，降低综合窗口人员的受理难度。

（e）补齐补正：对需要补齐补正材料的情况，应打印补齐补正通知书，其上应提供办件编号、受理时间、受理部门、窗口人员、承诺时限、需补齐补正材料等信息。申请人补齐补正材料后再来办理时，可直接调出补齐补正办件继续办理。

④ 内部审批：对有独立业务办理系统的机构，通过数据交换，向系统推送申请表、附件材料、受理信息，并从系统获取过程信息、审批结果、电子证照。对没有独立业务办理系统的机构，可直接在系统中完成事项内部审批环节，包括业务审批、特别处置、内部监察等。具体如下。

（a）业务审批：实现部门内部办理，包括审查、决定、送达等通用审批，支持部门自定义审批流程。

(b) 特别处置：主要包括事项挂起、异常中止、申请延时等。在听证、实地核查等特殊情况时作暂停处理，并告知申请人，事项挂起后，事项办理时效将停止计时。由于事项特殊原因需要延时办件的，应申请延时，延时申请审核通过后，该事项监察点时限也将自动延时。对于办件过程中中止的，需要发起中止程序，提交中止原因。

(c) 内部监察：对部门内部事项审批办理进行跟踪、监控。具有监察权限的政务服务实施机构人员可以对审批的过程进行监控，应能提供预警提醒功能。

⑤ 收费制证：系统根据事项收费依据和标准自动计算出收费金额，窗口人员核价，打印缴费通知单，申请人按缴费通知单要求缴费并获取发票，完成后由窗口人员确认，或统一在线缴费。需要打印的事项，具备在线套打功能。申请者在门户上可自行下载打印通知单。

⑥ 送达：通过短信、移动终端等将办理结果告知申请人，请其到大厅取件，窗口人员登记送达信息，也可通过物流方式将办理结果送至申请人。

⑦ 查询与评价：事项办理过程中，可通过门户查看办件进度，让申请者能随时查看整个过程。事项办理结束后，申请人可通过手机短信、移动终端、门户网站、政务服务大厅评价器（或窗口交互平台）等进行办件评价，评价信息应关联到窗口，作为绩效评估的依据。

⑧ 归档管理：审批事项办结后，将审批形成的电子证照、决定及回执，申请人上传的各类电子文书及提报的审批项目基本信息，实施行政审批受理（或者不予受理）、审查、办理等过程形成的电子表单，行政审批关键业务行为的受理人、受理时间、办理情况等过程描述元数据，按照档案管理有关要求在线或离线进行电子归档。

⑨ 智能化集成：高拍仪/扫描仪可将扫描材料压缩转换并自动上传到系统中，实现办件材料的电子化。具备图片矫正、编辑等电子材料优化功能。

身份证读卡器：实现刷卡办件申请、获取办件数据、刷卡办件取证等功能，需支持读取二代身份证照片信息功能。

排队叫号系统：支持刷卡快速打印号票，显示办理事项、排队人数等信息，支持窗口软件叫号集成功能，具备取号机缺纸自动预警功能。

智能触摸终端：提供大厅简介、组织架构、服务指南、办理流程、法律法规、公示公告等相关信息查询功能，可提供刷卡办件查询、办事评价功能。

窗口显示屏：注明窗口编号、实施机构名称、政务服务事项名称、当前登录系统窗口人员姓名和工号、动态显示窗口排队等状态信息。

自助服务终端：可提供办事指南、办事预约、办件查询等服务，支持身份证识别、二维码扫描、样本打印、申请材料扫描等功能。

在实现线上线下集成化办理的同时，支持对部分政务服务事项的全流程网上办理，实现申请、受理、审查、决定、送达等全流程网上运行，主要流程见图14-8。

(3) 电子监察管理　电子监察管理是指对政务服务事项运行全过程进行网上监察，涵盖事前、事中、事后过程，是支撑政务服务事项公开透明运行的保障，其流程如图14-9。

电子监察管理功能包括监察规则设置、运行监察、投诉处理、效能管理、统计分析和监察日志。具体如下。

① 监察规则设置：支持监察条件、监察类型、监察状态、扫描时间的自定义配置，提供监察条件运算配置，运算关系包括和、或、大于、小于、等于、加、减、乘、除等。提供监察数据自动运算功能，通过监察条件配置对相关数据进行逻辑计算，生成监察信息数据。提供监察指标配置管理功能，监察指标由监察规则组合而成，通过监察指标将办件信息库中的异常数据自动抓

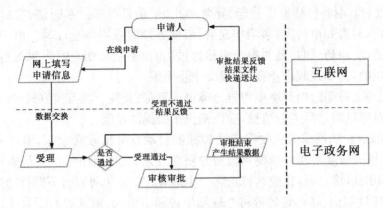

图 14-8　服务事项全流程网上办理

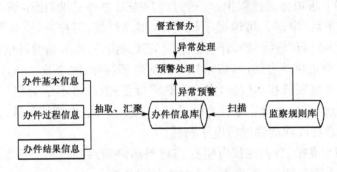

图 14-9　电子监察运行流程

取到异常信息库中。

监察指标分为五类：时效异常指标、流程异常指标、内容异常指标、裁量（收费）异常指标、廉政风险点指标。

（a）时效异常指标：设置临近时限监察，计算当日日期减去办件受理日期得到的时限，扫描比对事项法定期限和承诺期限，自动识别是否临近时限、是否超期异常。设置环节时限监察，计算当日日期减去流程上一环节通过日期得到的时限，扫描比对环节处理承诺时限，自动识别办理环节是否超期。

（b）流程异常指标：设置状态异常监察，扫描办件信息库中的状态信息，自动识别是否暂停。设置结果异常监察，扫描办件信息库中的状态信息，自动识别是否中止、是否不予受理、是否审批不通过。

（c）内容异常指标：设置完整性异常监察，扫描办件信息库中申请表格、申请材料、办理附件信息，识别申请表格字段内容、申请材料、办理附件是否为空。设置一致性异常监察，扫描办件信息库中办件过程信息，识别前后办理环节申请表格字段内容、申请材料、办理附件是否一致。

（d）裁量（收费）异常指标：设置裁量异常监察，扫描政务服务事项库中收费依据信息，比对相关部门收入征管系统的收费依据，识别收费裁量是否异常。设置收费异常监察，扫描办件信息库中的收费信息，比对政务服务事项库收费依据信息，识别收费是否异常。

（e）廉政风险点指标：设置廉政风险点监察，对设有廉政风险点的环节、人员，扫描投诉信息库、办件异常信息库信息，识别风险情况。

② 运行监察：包括实时监控、预警纠错、督查督办、大数据监察等，具体如下。

（a）实时监控：通过自动采集办件库数据，还原办件过程。具备政务服务管理机构人员授权查阅功能，可查阅政务服务事项受理、承办、审核、批准、办结等过程信息，包括办件基本信息、办件过程信息、办件结果信息、申请表格、办理附件、结果附件、廉政风险防控信息等内容，政务服务管理机构人员可对发现的异常情况直接发起督查督办处理。

（b）预警纠错：应根据时效、内容、流程、收费、廉政五类监察指标自动判断，对异常情况发出预警，通过"黄牌"和"红牌"方式进行提醒。

（c）督查督办：可根据预警信号，对发现的异常情况发督办单，被督办人员需给出答复。督查督办结果可纳入部门及个人绩效考评。管理机构人员对部门、个人行使权力过程中出现的疑似异常或异常的自查自纠情况进行调查处理，调查结果纳入部门、个人绩效考评。

（d）大数据监察：运用大数据技术，比较分析地区、部门、事项间数据，对各地各部门政务服务工作的整体运行情况进行监察。

③ 投诉处理：投诉来源于门户网上投诉、来电、来访等渠道，应提供登记、调查、审核、批示、结果认定流程管理功能。其中网上投诉处理结果需通过数据接口推送到服务门户反馈，系统应具备全程留痕功能，投诉结果认定结论与被投诉部门、被投诉人关联，并纳入部门、个人绩效考核。

④ 效能管理：可根据各地绩效考核管理办法进行设置，量化考核标准，自动对各部门、各岗位的办事效能进行打分、考核和分析，考核结果应通过数据接口定期推送到本级门户进行公示。绩效考核包括考核规则设置、效能评估、申诉管理、数据上报等。

（a）考核规则设置：应具备考核规则自定义设置，分部门、窗口、个人三种考核主体类型，手动和自动两种考核方式，考核指标包括考核方式、分值、内容、指标项、权重系数等具体指标。

（b）效能评估：由考核人员发起操作，可选择考核主体类型，挑选对应的具体部门、窗口或人员，挑选考核规则中的考核指标，填写考核时间范围，发起考核流程。自动考核部分抽取考核主体对应办件信息库的办件数据进行计算，形成办件量、提速率等指标项，自动评估打分；手动考核部分，通过巡逻抽查发现问题的，考核人员登记扣分并关联考核指标，受群众表扬的，考核人员登记加分并关联考核指标。支持部门、窗口、个人考评情况的查询，支持部门、窗口、个人季度考核、年度考核报表汇总。

（c）申诉管理：个人考核扣分，在规定的时限内可进行在线申诉，陈述申诉理由，申诉申请提交后由政务服务管理机构人员进行查证，非因部门、窗口工作人员的过失而造成扣分的，将相应扣分加回。

（d）数据上报：本级效能数据定期上报到上级政务服务管理平台，实现数据效能汇总。

⑤ 统计分析：应支持灵活的查询统计设置，可按地区、时间段、部门、事项类型等进行设置，自动生成办件统计、满意度统计、部门办件汇总统计、办理事项汇总统计、办理时效统计、部门时效统计、异常数据统计、咨询问题汇总统计等数据统计报表，支持在线打印、电子表格导出功能。应支持用图表的方式直观展现整体情况，包括各部门办件量、平均用时、办件满意度、异常办件等。

⑥ 监察日志：可对办件情况、办结情况及督办情况等方面的网上运行数据进行自动采集，定量分析形成日志记录；对所有政务服务管理机构人员进行系统操作和使用等方面的工作情况进行监控、记录和分析统计。

（4）电子证照管理　电子证照是以数字方式存储、传输的证件、执照、批文等审批结果信息,是支撑政务服务运行的重要基础数据。电子证照库是基础资源库的组成部分,其设计应包含证照编号、证照内容信息、证照信息文件、证照样式、电子证照文件索引等。电子证照和证照信息文件数据都应归集到电子证照库中统一管理和使用。证照信息标准应实现省级统一,推动全国互认。

① 证照目录管理：电子证照应该具有统一的目录管理,明确各类证照的类别。电子证照目录可按证照颁证单位、证照类型、持证者类型(自然人和法人)进行分类。

② 证照库接口管理：电子证照库提供的请求访问接口应与具体的证照和证照内容无关。通过制定接口服务标准,对新增的证照信息,发布其证照编号和证照内容数据库字段标准,即可通过原设计的接口提供服务。部分存储在其他信息系统中的证照信息,以接口方式提供服务,由电子证照库封装后统一对外提供服务。

③ 证照维护管理：主要包括证照变更、证照年检、证照挂失和有效期管理、版本管理。

（a）证照变更：如因采集数据错漏需要变更证照数据,为新数据产生一个新版本,原数据标记为历史版本。

（b）证照年检：对需要定期年检的证照,年检信息作为证照附属信息,可以逐年附加。

（c）证照挂失：已挂失的电子证照标记为挂失,不可再被引用,但保留数据备查。

（d）有效期管理：对注明有效期限的证照,采集时必须采集有效期数据。证照超过有效期后系统自动将其标记为历史版本,不可再被引用。在证照有效期到期前,政务服务平台可以自动通知证照持有人。

（e）版本管理：任何证照信息变动都不会修改数据记录,而是将原数据标记为历史版本,并产生一条新数据。历史数据仅用作备查,不再提供给外部引用。

④ 证照安全管理：电子证照安全的核心是电子证照文件的安全,需要有效的机制来保障其文件的完整性(防篡改)、不可否认性(确认电子证照的签发单位)和可验证(确认电子证照是否已被注销)。为保证电子证照在其生成、入库、应用全过程的信息安全,建议在全过程使用电子签名。包括相关系统在调用电子证照库接口服务和封装证照信息文件用于引用时,应使用服务器 CA 验证或相关主管部门审查批准的电子证照系统验证。

⑤ 证照访问管理：注册用户可通过登录政务服务门户获取用户相关的电子证照数据,并在事项申请时直接调用。机构在受理、审批时,可调用电子证照数据辅助办理。

（5）网上支付管理　用户通过互联网政务服务门户办理事项涉及缴费时,由门户生成缴款单,向统一公共支付平台发起缴款请求,由公共支付平台与代收机构平台实施电子支付,并按业务归属地区实时将业务数据归集至相关征收部门的收入征管系统。按照约定时间(如每日 24 点前),代收机构将资金清分至相关征收部门指定资金结算账户,公共支付平台与代收机构平台、收款银行系统、相关征收部门收入征管系统进行多方对账,并完成资金结报、清算等业务。用户在互联网政务服务门户办理缴费时涉及的"第三方支付平台"须为依法取得《支付业务许可证》的非银行支付机构。网上支付流程如图 14-10 所示。

统一公共支付平台主要包括信息系统开发、标准规范制定和系统接入实施三部分。一是信息系统开发,包括政府收入征管信息系统升级改造、统一公共支付平台建设。二是标准规范制定,包括相关征收部门接入标准规范、执收单位接入标准规范、代收机构接入标准规范、收款银行接入标准规范的制定。三是系统接入实施,主要包括相关征收部门接入、执收单位接入、代收机构接入、收款银行接入实施等。

（6）物流配套管理　依托第三方建立统一的物流服务系统,并与网上支付对接,实现网上

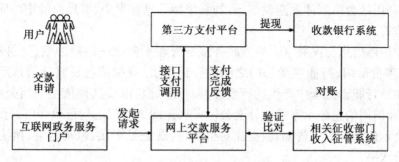

图 14-10 网上支付流程

支付与物流对账,物流传递包括申请材料递送、审批结果递送。

① 申请材料递送:用户登录互联网政务服务门户,选择办件材料递送,自动获取用户基本信息、办件编号信息,推送到物流服务系统,系统自动分配快递员,并通知取件,在递送过程中应记录递送物流状态信息,用户可跟踪物流信息。

② 审批结果递送:窗口人员登录平台勾选递送材料清单,系统根据办件编号、递送地址等生成递送单,系统自动分配快递员,并通知取件,在递送过程中应记录递送物流状态信息,窗口人员和申请人可跟踪物流信息。

2) 功能拓展与流程优化

(1) 并联审批 并联审批是对涉及两个以上部门共同审批办理的事项,实行由一个中心(部门或窗口)协调、组织各责任部门同步审批办理的行政审批模式。结合行政审批制度改革,充分利用政务服务平台,支撑企业设立登记多证合一、投资项目并联审批、投资项目多评合一、投资项目多图联审等拓展应用。

① 企业经营许可联合审批:各地结合实际,根据国务院相关文件要求,逐步推动企业设立登记多证合一,并同步调整网上政务服务平台相关功能和流程。针对与企业经营相关联的许可事项,按行业类别实行联审联办。需现场勘察的,探索"联合踏勘",降低企业制度性交易成本。

② 投资项目并联审批:投资项目并联审批将项目审批分为用地和规划阶段、立项(审批核准备案)阶段、报建阶段、开工后竣工前阶段、竣工后阶段等,实现"事项及材料一单告知,批量申请多个事项,申请材料一窗受理,审批过程并行协同,审批结果关联共享"等服务功能和"项目审批流程图监控、督查督办、汇总分析"等监管功能。有条件的地区可以实行"容缺受理"制度,进一步加快项目审批效率。项目审批应依托投资项目在线监管平台,统一项目代码,上报项目的审批过程和结果信息。

③ 投资项目多评合一:投资项目多评合一是由政务服务管理机构牵头会同相关部门,对项目基本信息进行联合评审,明确所需中介评估内容,申请人按需提交所有的评估材料,各部门联合评审,统一给出整改意见。投资项目多评合一把对相关中介评估的审查工作由串联改为并联,实现企业投资项目立项评估的统一受理、统一评估、统一评审、统一审批、统一监管。

④ 投资项目多图联审:投资项目多图联审,实行一窗受理、一次收费、联合审查,重点解决各部门电子图的格式统一问题,开展基于统一 GIS 地图的电子图审,利用大附件存储技术,实现"一张图"在部门之间的流转、审批,实现全过程自动存档,形成图审电子档案。

(2) 加强事中、事后监管 围绕"先照后证"改革后联动监管、"双随机一公开"、信用监管等方面,以信息化平台为支撑,实现行政监管、信用管理、行业自律、社会监督、公众参与"五位一体"。充分利用社会信用体系建设成果,加强信用信息在事中、事后监管中的应用,推进综合执法和协同监管。

开展企业信用信息交换共享。按照政务服务管理平台统一制定的信息交换共享目录,实现工商部门、审批部门、行业主管部门之间的登记注册、审批信息及监管信息双向实时交换。各政府部门在履行职责过程中产生的行政许可、行政处罚以及其他依法应当公示的企业信用信息,通过企业信用信息公示系统向社会公示。构建同级部门之间行政许可、行政处罚以及其他依法应当公示信息的双向告知、数据比对机制,实现证照衔接、联动监管、执法协作,提高监管效率和监管水平。

开展市场主体监管风险监测大数据分析。依托政务服务平台和企业信用信息公示系统等相关平台资源,在归集各类企业信用信息的基础上,工商部门、审批部门和行业主管部门要按照法定职责建立监测系统分工协作框架,逐步建设监测数据信息化系统,加强监测数据开发与应用,开展大数据智能关联分析。逐步建立市场主体监管风险动态评估机制,通过整合日常监管、抽查抽检、网络定向监测、违法失信、投诉举报等相关信息,主动发现违法违规线索,分析掌握重点、热点、难点领域违法活动特征,及时根据市场主体监管动态信用风险等级实施有针对性的监管。

开展企业信用监管警示工作。将企业信用信息公示与企业信用监管结合起来,依据信用分类、风险等级、监管职能,对企业实施信用分类监管。对信用良好的企业,实施以随机抽查为重点的监管措施;对有轻微违法失信的企业,通过公开失信记录、督促整改等措施加强监管;对有违法违规等典型失信行为的企业,采用公开违法记录、重点抽查、列入经营异常名录、市场限制等措施加强监管;对有严重违法失信行为的企业,适用重点检查、列入严重违法失信企业名单、市场禁入等监管措施。

(3) 打通基层政务服务 "最后一公里"基层服务中心的建设,要按照"五个统一"(统一功能定位、统一机构设置、统一名称标识、统一基础设施、统一运行模式)和"三个标准化"(事项名称、流程、材料标准化,事项办理、服务过程标准化,服务管理机制建设标准化)要求,推进乡镇(街道)、村居(社区)便民服务中心规范化建设,推动户籍办理、个体工商登记、社保、农技推广、宅基地申请、计划生育管理、流动人员管理、社会救助、法律调解、社会综治等与基层群众联系密切的事项在基层便民服务中心直接办理。

推广网上联动办理。整合各级部门延伸到基层的信息系统,建设覆盖所有乡镇(街道)、村居(社区)便民服务中心的统一政务服务平台。依托统一政务服务平台,推动县级行政审批事项受理窗口下移,建立"基层窗口受理、材料网上流转、主管部门审批、基层窗口反馈"的办事模式,让群众在基层便民服务中心就近办事。

推行网上代办。推进实体政务大厅向网上办事大厅延伸,打造政务服务"一张网",简化服务流程,创新服务方式,对群众办事实行"一口受理""一站办结"。探索发挥农村电商服务站点的作用,以政府适当补贴的方式,鼓励农村电商服务点为基层群众提供网上代办行政审批以及社保、缴费、医院预约挂号等服务。

(4) 政务服务热线 通过"12345"等政务服务热线集中接受社会公众的咨询、求助、意见、建议和投诉,通过信息化手段逐步整合各部门现有的政民互动渠道。及时解决群众反映的热点和难点问题,提供政策法规、办事程序、生活指南及查询有关部门职能范围等咨询服务。推动政务服务热线与互联网政务服务门户和政务服务管理平台集成,实现"一号对外、诉求汇总、分类处置、统一协调、各方联动、限时办理",服务范围覆盖政府政务服务和公共服务领域。

(5) 公共资源交易　推动公共资源交易平台建设，实现工程建设、政府采购、土地使用权交易、国有产权出让交易、药品及医疗器械采购等活动的全过程网上电子交易。政务服务中心、公共资源交易中心一体化建设的地区，积极探索实现政务服务平台与公共资源交易平台的融合，支持数据共享、业务协同。

思考题

1. "互联网＋政务服务"的内涵是什么？
2. 试述面向公众的政务服务信息的汇聚、发布与提供服务的主要项目。
3. 试述面向外部服务的互联网政务服务门户的基本功能。
4. 网上申请应支持哪几种形式？
5. 简述政务事项的全程网办流程。
6. 简述政务事项的一体化办理流程。
7. 电子监察管理的作用、流程与内容有哪些？
8. 简述"互联网＋政务服务"的基础业务功能。
9. 简述"互联网＋政务服务"的功能拓展与流程优化。

15 政务数据资源互联互通与整合

15.1 政务数据资源互联互通与整合概述

在信息领域,"整合"也称为"集成",包括两层含义:一是"聚合"即汇合、集合,是运用通信与信息技术将异构的数据资源链接在一起;二是"组合"即融合,指通过各种数据加工技术,将所集聚的各种数据资源进行变换处理,解决其间的异质、异构问题,使之能在格式上彼此对接、内涵上互相融合。

因此,政务数据资源的整合与共享,首先要使不同机构来源的数据在物理上互联互通,实现聚合,再从语义和业务逻辑上融合,实现数据的内容升值和对业务的支持与实现,其中,解决异构是关键。"异"指数据间形态、表述与内容上的差异;"构"指资源的结构与组成。异构系统是多源系统间内容与形态间的彼此不兼容;集成就是异构系统间的互操作,通过多种手段屏蔽不同系统间的数据差异,提高系统间的兼容性。

电子政务数据资源的异构性主要体现在三个层面:

1) 政务系统平台的异构

政务系统平台的异构主要为不同地区、不同领域、不同系统间的针对相同对象提供不同业务,因相互独立开发造成的系统在物理环境与业务逻辑体系等方面的异构。

2) 数据库系统的异构

数据库系统的异构包括数据模型、系统软件、库结构与应用系统间的异构等。

3) 数据的异构

数据的异构是最普遍、最需繁琐加工才能解决的一种异构,主要包括数据类型、数据结构、数据语义、数据定义与描述等方面的异构。数据类型的异构是指数据类型的多样性;数据结构的异构是指数据存在形态的不同;数据语义的异构即相同数据的内涵差异,如相同词语或概念在不同语境中具有不同的含义;数据定义与描述的异构则是用多少个元数据项来表示一个数据对象上的差异,以及元数据及数据元素间的差异等。

政务数据资源的互联互通与整合的本质,就是通过一定的技术手段,将上述不同机构来源、不同格式、不同应用、不同性质的异构数据,在物理与逻辑上进行沟通与汇聚,屏蔽各种机构的数据资源的差异,让原先异构的数据在特定的政务系统中互联互通,并以统一形式表现和作用于具体政务应用。

15.2 政务数据资源互联互通

政务数据共享与交换的前提是其互联互通,在我国当前的政务基础设施条件下,主要有以下一些模式。

15.2.1 统一数据交换

经过十余年的建设,我国已初步建成了国家数据共享交换平台,各省(市、区)也建成相应的数据共享交换平台。要充分利用国家数据共享交换平台和各地方已有的数据共享交换平台等信息基础设施资源,构建全国政务服务数据共享平台体系。同时,结合政务信息资源目录体系开展数据交换。

15.2.1.1 目录体系

政务信息资源目录体系是为整合利用各类政务信息资源而建设的信息服务体系。根据业务需求,按照统一的信息资源目录体系标准,对相关政务服务信息资源进行编目,生成政务服务公共信息资源目录,记录政务服务信息资源结构和政务服务信息资源属性。政务服务信息资源结构通过树状的目录结构,展示政务服务信息资源之间的相互关系;政务服务信息资源属性则描述信息资源的管理属性。

政务服务公共信息资源目录信息包含六类信息:自然人基本信息、法人信息、证照信息、投资项目信息、政务服务事项信息、办件信息。以证照信息、政务服务事项信息两类为例,相关目录与数据项部分实例如表15-1~表15-3。

(1) 证照目录信息 电子证照目录表明证照类型,方便查询管理,见表15-1。在政务服务系统中利用目录能对应引用到某个申请材料。

表 15-1 证照目录信息示例

序号	字段含义	数据类型	描述
1	证照名称	字符	证照名称
2	证照类别	字符	如:个人基本信息、法人基本信息、企业资格信息、投资项目审批环节结果信息
3	证照目录编码	字符	唯一标识某种证照的编码
4	证照授予对象	字符	自然人、法人、投资项目

(2) 证照基本信息 记录所有证照通用的信息项,见表15-2。

表 15-2 证照基本信息

序号	字段名	数据类型	描述
1	电子证照标识	字符	每个证照的唯一标识
2	证照目录编码	字符	每种证照在目录中的分组分类号
3	证照编号	字符	证照照面上可见的唯一编号
4	颁证时间	日期	主管机构颁发证照的时间
5	有效期(起始)	日期	证照生效的日期
6	有效期(截止)	日期	证照失效的日期
7	颁证单位	字符	颁发证件的主管机构
8	持证者	字符	被授予并持有证照的自然人或法人机构

(续表)

序号	字段名	数据类型	描述
9	证照变更记录	字符	证照形式或内容项变更的记录
10	证照图像	二进制	—
11	证照电子文书	二进制	证照电子文书包含了完整的结构化信息和可视的证照图像

(3) 政务服务事项信息　描述政务服务事项所需数据的一般构成,见表15-3。

表 15-3　政务服务事项信息

序号	字段名	数据类型	描述
1	基本编码	字符	政务服务事项清单要素内容说明
2	实施编码	字符	政务服务事项清单要素内容说明
3	事项名称	字符	政务服务事项的具体名称
4	事项类型	字符	政务服务事项清单要素内容说明
5	设定依据	字符	政务服务事项清单要素内容说明
6	行使层级	字符	国家级、省级、市级、县级、乡级、村级
7	权限划分	字符	划分同一事项在不同层级间行使的标准
8	行使内容	字符	指法规条文对不同层级的实施机构行使同一事项有区别性规定的情况
9	实施机构	字符	办理具体政务服务事项的机构名称
10	实施主体性质	字符	法定机关/授权组织/受委托组织
11	法定办结时限	字符	某一政务服务事项法规条款明确的具体办结时限
12	受理条件	字符	法规和文件列明的具体条件
13	申请材料	字符	政务服务事项清单要素内容说明
14	联办机构	字符	同一事项有两个以上实施机构
15	中介服务	字符	法定涉及的中介服务
16	办理流程	二进制文件	政务服务事项清单要素内容说明
17	数量限制	字符	政务服务事项有数量限制的应予以标注
18	结果名称	字符	—
19	结果样本	字符	政务服务事项清单要素内容说明
20	是否收费	字符	
21	收费标准	字符	物价部门核定的标准
22	收费依据	字符	政府部门正式批文说明
23	服务对象	字符	自然人/法人
24	办件类型	字符	承诺件/即办件
25	承诺办结时限	字符	实际对外承诺办件办结时限

(续表)

序号	字段名	数据类型	描述
26	通办范围	字符	全国/跨省/跨市/跨县
27	办理形式	字符	窗口/网上办理
28	是否支持预约办理	字符	是/否
29	是否支持网上支付	字符	是/否
30	是否支持物流快递	字符	是/否
31	运行系统	字符	国家级/省级/市级
32	办理地点	字符	具体承办单位所在地点
33	办理时间	字符	—
34	咨询电话	字符	办理咨询电话
35	常见问题	字符	常见问题解答
36	监督电话	字符	投诉监督联系方式
37	受理条件	字符	—
38	内部流程描述	字符	权力运行内部流程的说明信息
39	权力更新类型	字符	新增/变更/取消
40	版本号	字符	从1开始顺序增加
41	版本生效时间	日期	权力版本生效时间
42	权力状态	字符	在用/暂停/取消

15.2.1.2 交换体系

交换体系是为消除部门、地域、层级间政务服务信息的共享困难、信息不一致、信息实时性不强而建设的信息服务体系。按政务服务信息资源交换标准,根据各地区、各部门应用系统的需求,科学规划共享信息,为部门内的业务应用系统和跨部门的综合应用系统提供信息定向交换服务和信息授权共享服务。

15.2.1.3 目录体系与交换体系间的相互关系

目录体系和交换体系既相对独立,可独立建设,又相互依赖,可互相提供服务。一方面,通过目录体系建立起的政务信息资源目录及接口,可对政务信息资源进行查询和检索,从而为政务信息交换奠定基础;另一方面,通过交换体系,可对政务信息资源编目进行传送和对信息资源进行访问、获取。应用系统根据需要可以选择目录体系提供的目录服务,或交换体系提供的交换和共享服务,也可选择两个体系提供的所有服务。

15.2.1.4 层次结构

电子政务系统将采用集中与分布相结合的方式进行信息资源目录服务和数据交换服务,其体系主要分为国家、省、地市三级节点,实现国家、省、市、县级数据交换。在国家级节点存储和提供政务信息资源总目录和国家级政务数据交换服务;在省级节点存储和提供相关省级政务信息资源分目录和省级交换服务;在地市级节点存储和提供地市级及以下政务信息资源分目录和地市级及以下交换服务。下级节点应当利用上级节点进行本级政务信息资源的注册和跨区域的数据交换。如图 15-1 所示。

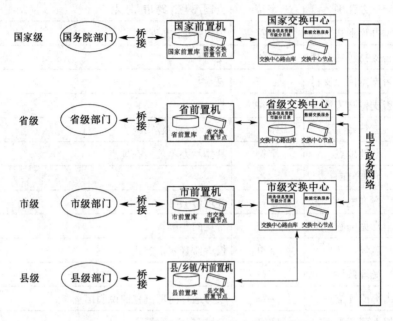

图 15-1　我国政务数据交换体系层级结构图

采用统建模式、分建模式的地区可根据实际情况组织各层级数据交换平台建设。

15.2.1.5　交换方式

国家级、省级、地市级节点内部采用集中交换和分布交换相组合的形式。具体如下。

1）集中交换模式

该模式是将信息资源集中存储于共享信息库中，信息资源提供者或使用者通过访问共享信息库实现信息资源交换。对于信息共享程度较高的信息资源，可采用集中交换模式。在集中交换的基础上进行数据清洗、加工、整合，并为其他部门提供服务，便于各类主题信息的统计分析和提高信息查询效率。

2）分布交换模式

该模式是将信息资源分别存储于各业务信息库中，以目录的方式进行数据共享，信息资源提供者和使用者通过交换节点提供的交换服务实现信息资源的跨部门共享，实现一数一源、一源多用、跨部门共享。集中与分布相结合，从而支持多种服务模式。国家级、省级、地市级节点之间通过国家级政务服务平台和省级政务服务平台实现数据跨域交换。

统一数据交换平台均可根据不同的场景提供数据库表、Web Service、文件等数据交换方式。

（1）数据库表方式　在统一数据交换平台能直接访问前置机数据库的情况下，数据交换双方均将数据推送至前置机数据库表中，并从前置机数据库表中读取交换给本方的数据。

（2）Web Service 方式　数据交换双方通过 Web Service 发布数据读写接口，并通过调用该接口完成数据的双向交换。

（3）文件方式　对于非结构化的信息资源，统一数据交换平台可以读取非结构化信息资源，通过消息中间件实现非结构信息资源的数据交换。

15.2.2 平台架构及功能

统一数据交换平台是交换体系建设的基础,通过统一数据交换平台建设能够为政府各部门提供跨层级、跨部门的数据共享交换支撑。

15.2.2.1 平台架构

统一数据交换平台由平台前置层、共享交换层、平台支撑层和基础资源层组成,其逻辑架构与各层资源组成与 3.6.1 节及图 3-3 相同。

15.2.2.2 主要功能

1) 目录管理平台功能

目录管理平台包括元数据管理、目录编目、目录发布、目录维护、目录查询、目录订阅等功能。具体如下。

(1) 元数据管理　对政务信息资源的标识、内容、分发、数据质量、数据表现、数据模式、图示表达、限制和维护等信息进行统一管理,提供元数据的定义、存储、查询及维护等功能,以利于发现与定位信息资源、管理与整合信息资源,提高系统有效存储、检索和移动数据的能力。

(2) 目录编目　对目录数据进行管理,提供目录的生成、注册、查询及维护等功能,以利于跨部门、跨层级以及部门内部进行信息共享。

(3) 目录发布　对已生成的目录信息进行审核发布,包括对目录类别、目录项、目录文字等的审核发布,形成可查询显示的目录内容和访问地址。

(4) 目录维护　对已发布的目录信息进行维护管理,包括对目录的删除、停用、更新、重组、备份、恢复等功能。

(5) 目录查询　对已发布的目录提供多维度的目录查询、列表查询等功能。

(6) 目录订阅　分权限对已发布的目录信息进行订阅查询。

2) 交换平台功能

交换平台包括交换适配、前置交换、交换传输、交换管理等功能。

(1) 交换适配　主要完成部门业务办理系统与数据交换系统之间的信息桥接,与部门业务办理系统为松耦合结构,可以在保证部门审批业务信息系统可靠、安全的前提下,实现部门业务办理信息数据库与前置交换信息库之间在线实时交换。

(2) 前置交换　为确保各部门现有系统的运行不被资源整合所影响,保障现有系统的数据安全,以前置交换作为各部门与数据交换平台进行数据交换的窗口,一方面从各业务系统提取数据,并向数据中心提交;另一方面从数据中心接收数据,并向业务系统传递数据。

(3) 交换传输　在前置交换之间构成信息交换通道,根据部署的交换流程,实现交换信息的打包、转换、传递、路由、解包等功能。通过消息总线模式,实现部门前置交换信息库之间的信息处理和稳定可靠、不间断的信息传递。

(4) 交换管理　作为交换平台的中心管理模块,应提供图形化的配置工具,实现对整个信息交换过程的流程配置、部署、执行和整个交换平台运行的监控、管理。具体包括数据交换适配管理、交换节点管理、交换流程管理等。

15.3 备份机制及运行保障

1) 备份机制

对统一数据交换平台中重要的交换数据、日志进行备份,备份系统选配相应的数据备份与恢复软件以及数据备份服务器、磁带库等设备,通过定义备份策略,如全备份、增量备份、差异备份等,定时将平台中的数据备份到备份介质,以防止系统出现故障(如数据误删除、病毒感染、自然灾害破坏等)后能够及时恢复数据,保证系统运行。

2) 运行保障

制定平台管理办法,明确数据服务提供方和使用方的权利和责任,确保为各部门提供满足需求、响应及时、安全可靠的运行保障服务。

15.4 各地区现有政务服务相关业务办理系统对接

15.4.1 分类、分层级对接

推动政务服务管理平台同各地区现有的政务服务相关业务办理系统对接。各部门已经自建的政务服务相关业务办理系统,按照数据对接标准升级改造;新开发业务办理系统的,在设计开发时要遵循数据对接标准,在本级实现数据对接。推动上级部门集中部署的业务办理系统对接统一数据交换平台,本级政务服务管理平台通过垂直数据交换通道实现与本级相关部门业务数据的对接。

15.4.2 部门业务办理系统对接

按照政务服务的业务流程,政务服务管理平台负责受理和结果发放,部门业务办理系统负责内部业务审批。政务服务管理平台和部门业务办理系统之间的对接流程示意如图15-2。

政务服务管理平台受理申请后,按照对接数据标准,将办件申请及受理信息送至部门业务办理系统,部门业务办理系统把审批过程信息和审批结果信息返回给统一平台。同时,如果窗口人员在受理时需要部门业务办理系统辅助的,部门业务办理系统提供实时查询验证接口,由政务服务管理平台整合到统一受理功能中。

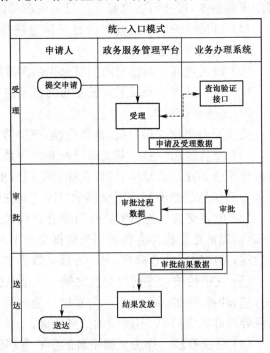

图15-2 业务办理系统对接流程图

15.4.3 数据交换内容

政务服务数据交换的内容包括事项信息、受理信息、申请材料信息、办理环节信息、特别程序信息、办结信息。具体的数据交换内容与信息标准,示例见表15-4~表15-6。

1）申请信息标准定义

表15-4　申请信息标准定义

序号	字段名	数据类型	描述
1	办件编号	字符	全省统一,作为办件的唯一标识,由业务系统按规则自动生成
2	事项编码	字符	—
3	事项名称	字符	根据选中的事项自动填写,如交通建设工程施工许可
4	办件类型	字符	办件/承诺件
5	申请人名称	字符	填写申请人的名称,如为个人,则填写姓名;如为法人,则填写单位名称
6	申请人证件类型	字符	申请人提供的有效证件名称,包括身份证、组织机构代码证等
7	申请人证件号码	字符	申请人提供的有效证件的识别号,如身份证号码
8	联系人/代理人姓名	字符	如果无代理人,联系人就是申请人
9	联系人/代理人证件类型	字符	提供的有效证件名称,包括身份证、组织机构代码证等
10	联系人/代理人证件号码	字符	提供的有效证件的识别号,如身份证号码
11	联系电话	字符	申请人的联系电话
12	邮编	字符	申请人联系地址对应的邮政编码
13	通信地址	字符	申请人的联系地址
14	法定代表人	字符	申请人是法人时需要填写
15	申请来源	字符	标识办件的申请源头,如政务服务门户、实体政务大厅等
16	申请时间	字符	时间格式:yyyy-mm-dd hh(24):mi:ss
17	项目编号	字符	有注册项目的需要填写项目编号,同国家投资项目管理监管平台中的编号保持一致

2）申请材料信息定义

表15-5　申请材料信息定义

序号	字段名	数据类型	描述
1	办件编号	字符	基本信息的办件编号
2	材料名称	字符	事项所对应的申请材料
3	是否已收取	字符	标识申请材料收取的情况,1=是,0=否

(续表)

序号	字段名	数据类型	描述
4	收取方式	字符	纸质收取、附件上传、证照库
5	收取数量	数字	记录所收取申请材料的数量
6	收取时间	日期	时间格式：yyyy-mm-dd hh(24):mi:ss
7	附件实体	二进制	如果上传附件，则该信息保存的是具体的附件信息
8	备注	字符	作为申请材料收取情况的补充说明

3) 特别程序信息标准定义

表 15-6　特别程序信息标准定义

序号	字段名	数据类型	描述
1	办件编号	字符	基本信息的办件编号
2	特别程序种类	字符	特别程序的种类： A. 延长审批 B. 除延长审批之外的情况，如书面审查、实地核查、招标与拍卖、检验、检测、检疫、鉴定、考试、考核；专家评审、技术审查、听证、听取利害关系人意见、集体审查、法律法规或规章规定的其他审查方式等
3	特别程序种类名称	字符	填写上栏列举的实地核查、听证、检验、检测、检疫、鉴定等，不在上列范围内时可自行扩展，自行扩展的都按 B 类处理，即在"特别程序种类"中填写"B"
4	特别程序开始日期	日期	提出特别程序申请的日期，时间格式：yyyy-mm-dd
5	特别程序启动理由或依据	字符	特别程序启动理由、原因或依据
6	申请人	字符	提出特别程序申请的人员
7	特别程序结束日期	日期	时间格式：yyyy-mm-dd
8	特别程序结果	字符	进入特别程序后得出的结论，比如实地核查、听证、检验、检测、检疫、鉴定结果等
9	特别程序办理意见	字符	审批办理意见
10	办理人	字符	特别程序结果办理人员

15.5　省级平台与国务院部门相关系统数据对接

推动省级政务服务管理平台与国务院部门相关信息系统（政务服务业务办理系统、基础信息资源库等）的数据对接和共享共用。

1) 对接要求

各地区各部门根据各自政务服务需求，梳理省级平台与国务院部门相关统建系统相互之间需要对接的事项,细化明确需交换信息的内容、标准、格式等。省级政务服务平台和国务院部门相关信息系统之间的数据交换通过国家政务服务平台实现。

2) 对接方式

国家部委均根据政务服务需要,推动纵向业务办理系统和政务服务数据资源与地方政务服务平台按需对接。根据国务院部门统建系统和网络实际,可提供系统数据实时交换、批量导入导出、人工录入等不同方式。

(1) 系统数据实时交换　接口实时交换:通过 Web Service 接口等方式实现国务院部门统建系统和省级平台对接,实现数据自动实时交换,优点是实时性强、交换效率高、数据质量有保障,适用于对实时性要求高的交换。

前置库实时交换:通过前置机数据库的方式实现国务院部门统建系统和省级平台对接,优点是系统改造成本小、交换效率高、数据质量有保障,适用于大批量、实时性要求较高的交换。

(2) 批量导入导出　通过人工方式批量导入导出或异步传输大批量数据,实现国务院部门系统与省级平台对接,优点是能够保证数据的准确性和完整性,但效率低、实时性差,适用于系统数据实时交换实现难度大、网络不畅、大批量、对于实时性要求低的交换。

此外,可采取人工二次录入的方式,将要交换的数据在国务院部门系统和省级平台中分别录入,优点是无需进行系统对接及升级改造,缺点是数据的实时性、准确性、完整性都难以保障,重复性工作,适用于国务院部门和省级平台无法实现数据实时交换及批量导入导出的交换。

15.6　基础资源库共享共用

积极利用人口、法人、地理空间信息、信用信息、电子证照等基础信息资源库和业务信息库,依托统一数据交换平台实现基础资源库的共享共用。

15.6.1　共享共用模式

基础资源库由数据源、信息资源目录、数据服务接口三部分组成。

数据源可以是集中的数据库,也可以是独立的数据库。由政务服务管理平台生成的数据应集中存储,如政务服务事项库、投资项目库、电子证照库等;由其他业务系统管理的数据可以独立存储,如人口、法人、信用信息库等。在市级平台生成的项目信息、电子证照信息应汇聚到省级平台。

信息资源目录记录了所有信息的元数据和访问地址,所有基础数据都应该注册到信息资源目录中。

数据服务接口是外界访问基础信息资源的通道,所有信息资源数据通过数据服务接口统一对外提供访问服务。数据服务接口的形式有多种,可以是 Web Service 接口、前置机或人工操作的查询界面。

国家政务服务平台承担基础资源访问引导功能,实现跨省(区、市)访问基础政务服务数据资源。具体的数据访问流程如图 15-3 所示。

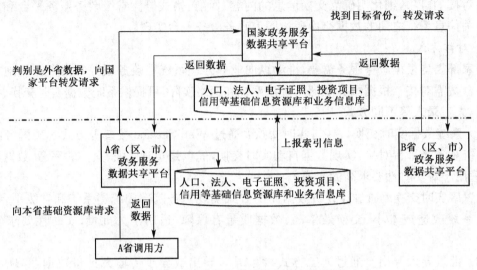

图 15-3 跨省访问基础数据资源流程图

15.6.2 访问方式和访问流程

1）数据访问方式

数据访问的方式有应用系统调用和人工查询两种，如图 15-4 所示。

数据服务接口提供多种数据访问模式。

（1）精确匹配返回单条信息 如根据身份证号码获取自然人基本信息。

（2）根据筛选条件获取批量数据 如获取政务服务事项库中某部门某时间段后新增或变更的事项。

（3）验证信息真伪 如提交企业统一社会信用代码和注册金额，验证是否真实。

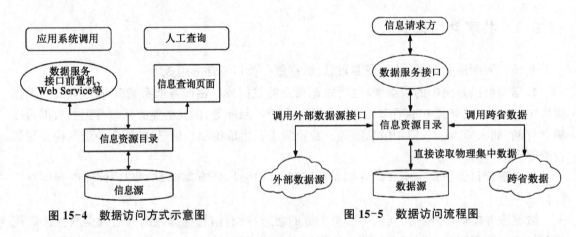

图 15-4 数据访问方式示意图　　　　图 15-5 数据访问流程图

2）数据访问流程

数据访问由信息请求方发起，通过调用注册到信息资源目录中的数据服务接口进行信息流转，确认信息源后反馈请求信息，并将经过封装的信息传输给请求方。具体流程如图 15-5 所示。

15.6.3 基础资源目录管理

基础资源目录管理主要包括信息资源的元数据管理、编目、订阅、发布、管理、查询、服务调用等功能，可实现对政务服务基础数据资源的管理和共享。

1）元数据管理

对政务信息资源的标识、内容、分发、数据质量、数据表现、数据模式、图示表达、限制和维护等信息进行统一管理，以利于发现与定位信息资源、管理与整合信息资源，提高系统有效存储、检索和移动数据的能力。

元数据管理包括以下功能：

（1）元数据定义　包括基础分类信息制定、元模型制定、数据分层定义、数据主题管理、模型规范制定。

（2）元数据存储　元数据存储的信息管理范围：数据源接口、ETL 和前端展现等全部数据处理环节，并提供对技术元数据及业务元数据的存储。

（3）元数据查询　元数据查询须支持对元数据库中的元数据基本信息进行查询与检索的功能，可查询数据库表、指标、过程及参与的输入输出对象信息，以及其他纳入管理的对象的基本信息，并将所查的元数据及其所属的相关信息按处理的层次及业务主题进行组织。

（4）元数据维护　平台的元数据是动态更新的，因此元数据的维护需提供对元数据的增加、删除和修改等基本操作功能。

2）目录管理

目录管理系统主要实现包括目录分类、编目、审核发布、查询、权限及维护等功能。

（1）目录分类　将一级政务服务信息资源目录分为自然人信息、法人信息、证照信息、投资项目信息、政务服务事项信息、办件信息六大类。也可根据实际的应用需要进行分类。

（2）编目　一级政府资源目录由管理部门维护，用于跨部门、跨层级部门信息共享的索引，二级部门内部目录由部门自己设定，用于部门内部信息共享的索引。编制完成之后提交审核。

（3）审核发布　包括对目录类别审核，对目录项审核，对目录文字审核，对目录流程图审核，数据资源目录项中标识符编码的查询显示、人工修改。

（4）目录查询　包括多维度目录查询、列表查询、信息资源访问功能。

（5）目录权限　目录权限管理是对不同用户级别进行授权，满足不同用户对目录浏览、检索的权限要求。

（6）目录维护　对已发布的目录进行维护，包括删除、停用、更新、重组目录等操作。

3）资源管理

资源管理是对抽取的各个业务部门的信息资源进行统一管理，主要功能包含：

（1）资源编码管理　根据设定的规则，自动生成信息资源编码。

（2）资源版本管理　对于资源的任何变更进行版本管理，所有历史版本都保留备查。

（3）部门资源管理　包括新增资源、未发布资源、已发布资源、历史资源、应用程序管理、资源数据展示。

（4）资源服务　所有人工或自动初始化的资源生成一项标准服务，供共享调用。

（5）资源调用　对于完全共享的信息资源以及审核备案通过的信息资源，可以查看、调用该资源的服务,实现资源共享使用。

(6) 资源申请审核 对于非完全共享的信息资源,如要使用其信息资源,需要进行申请,管理人员进行审核备案。

(7) 资源与目录关联 维护资源分类,实现资源与目录自动关联,将资源显示到目录。

(8) 资源订阅管理 主要对资源的订阅、收到的资源需求和提出的资源需求进行管理。

15.7 建立数据共享利用的管理机制

除上述内容外,还需要以统一政务服务平台为基础,建立相应的管理机制,确保数据交换与共享利用,具体如下。

1) 明确政务信息资源的共享原则

规定政务信息资源的范围,明确需求导向、统筹管理、无偿共享、保障安全等共享原则,明确主管部门及其他机构的共享职责。

2) 确定政务信息资源的共享内容

确定编制政务信息资源目录的程序,列入目录的内容除依法需要保密的外,须通过共享平台向有共享需求的机构无偿提供。政务部门有权从其他政务部门获取其履行职责所需的信息,也有责任向其他政务部门提供履行职责所需的信息。

3) 规定政务信息资源的共享程序

规定有共享需求的机构应当向提供单位提出共享要求,并商定共享内容,不能达成一致的,由信息共享主管部门会同机构编制、保密等有关部门,直接协商确定有关共享事项。

4) 建立信息共享监督检查和考核通报机制

建立相应的监督考核机制,对网上政务服务信息共享工作的实施过程和效果加强监督检查,各部门应主动接受监督。

15.8 关键保障技术

面向政务应用的政务信息资源共享与交换涉及一系列的关键技术。

15.8.1 平台支撑技术

15.8.1.1 统一用户与认证

统一用户与认证包括面向互联网用户(自然人和法人)的用户体系和认证体系、面向政府工作人员的用户体系和认证体系。

1) 用户注册

(1) 面向互联网用户的用户注册 依托互联网政务服务门户建立统一的互联网用户体系,提供自然人和法人的网上注册功能。同时提供页面和接口两种对外的用户注册服务,实现互联网用户的统一注册。

① 页面方式:互联网政务服务用户体系提供统一注册页面,第三方系统通过修改注册地址链接到该页面。该方式适用于用户注册认证统分方式。

② 接口方式:互联网政务服务用户体系提供统一用户注册接口,第三方系统发起用户注

册时,调用互联网政务服务门户用户注册接口增加用户。该方式适用于用户注册认证分建方式。

(2) 面向政府工作人员的用户注册　依托政务服务管理平台建立统一的政府工作人员用户管理体系。使用统一系统的政府用户由同级政务服务管理平台统一提供用户的新增、维护、删除等管理。使用自建系统的政府用户,可自行建立用户管理体系。需要接入的可使用以下方式。

① 统一登录名和密码:对于接入统一政务服务管理平台的各级政府部门业务办理系统,如果所有政府工作人员用户在省级政务服务管理平台统一管理、统一认证,需采用统一登录名和密码方式接入,并实现单点登录。由省级政务服务管理平台提供统一用户管理页面,自建系统通过修改用户管理地址链接到该页面。

② 映射方式接入:如果只是实现从省级政务服务管理平台单点登录自建系统,可采用映射方式接入省级政务服务管理平台。映射方式下的部门业务办理系统,自己管理系统内的用户。

2) 身份认证

根据认证程度不同,实名认证用户可分为不同等级,不同等级的用户赋予不同的网上办事权限。

(1) 面向互联网用户的身份认证　身份认证服务提供用户名/密码、手机号码/密码、身份证号码/密码和数字证书等登录方式。具体的认证方式由用户或者所使用的应用系统决定。

申请人在以个人身份进行网上办事前,需先行注册成为互联网政务服务门户的个人用户。注册时,应填写申请人的真实姓名、身份证号码、邮箱地址、手机号码等主要信息,并通过身份证信息认证、社会保障卡实名认证、银联卡实名认证、电信运营商实名认证、公积金账号认证、实体大厅现场审核验证等方式完成申请人的实名认证,通过实名认证后开通申请人的个人账号。对同一个用户而言,可以根据所使用的应用系统的要求采用相应的认证方式,如果用户已经通过了高安全级别的身份认证,对只要求低安全级别的系统服务则无需进行再次认证。如果用户已经通过了低安全级别的身份认证,需要高安全级别的认证时则需要再次进行相应的高安全级别认证。

(2) 面向政府工作人员的身份认证　依托省级政务服务管理平台建立统一的政府工作人员认证体系。提供用户名/密码认证和数字证书认证等方式。

15.8.1.2　电子证照

1) 电子证照库的部署方式

作为汇聚各类证照信息并提供服务的电子证照库应采用统一平台,可省、市两级建库,以省级集中汇集的方式部署,以便其提供统一标准接口供省、市、县三级相关应用系统调用。

2) 电子证照文件格式和内容

电子证照文件格式采用版式文件格式,文件内容包含与纸质证照相同比例的证照底图、电子证照的照面信息、电子证照元数据信息、签发单位的电子印章与对电子证照文件内容进行的数字签名。个人电子证照应关联身份证号码信息,企业电子证照应关联企业统一社会信用代码信息。

3) 证照采集、存储

通过证照信息多元采集和沉淀,实现证照产品化,实现"一次提交、多方利用",解决基础数据的实时性、准确性问题。主要技术实现方式如下。

(1) 证照采集　证照采集主要包括证照信息采集和证照样式采集。一般可通过数据交换或者数据库复制等方式,将省、市级各部门原有业务系统中的电子证照信息以统一标准保存到电子证照库中,形成电子证照库的基础数据。在省、市、县三级相关部门某个办件业务办理完成时,将产生的电子证照信息通过数据交换平台交换到电子证照库保存,以实现证照信息的更新。证照样式包括证照底图和证照排版信息,应与纸质证照一致,并按全省(区、市)统一标准进行统一采集。证照样式保存于电子证照库,并与其证照编号关联。

证照采集可包括以下方式:证照录入、申请材料电子化、审批结果电子化、证照自动合成、整合其他电子证照库。

(2) 证照录入 通过扫描证照原件采集证照图像,并手工录入证照照面信息项,可以通过图文识别技术辅助识别证照照面文字信息,提高采集效率。这种方式主要应用于存量证照的集中电子化。由发证单位对存档纸质证照进行集中电子化,或在实体政务大厅设立专门窗口,提供证照录入服务。

(3) 申请材料电子化 窗口工作人员在受理申请后,将事项申请材料中核验通过的证照类材料,通过拍照、扫描方式采集证照图像,并手工录入照面信息项。

(4) 审批结果电子化 窗口工作人员在发证环节,通过拍照、扫描方式采集证照图像,并手工录入照面信息项。

(5) 证照自动合成 审批结果信息通过数据接口交换至电子证照库,根据预设的证照底图,自动合成证照图像。

(6) 整合其他电子证照库 对于已建成的部门电子证照库,通过数据交换的方式将部门电子证照库中的证照信息交换到政务服务数据共享平台电子证照库中,并建立实时或定期数据交换机制。

① 数据清洗:采集后的电子证照数据,要经过比对清洗,识别并去除虚假的、过期的、失效的、重复的证照数据,保留下来的有效数据,要加盖电子印章和水印。针对源数据库中出现二义性、重复、不完整、违反业务或逻辑规则等问题的数据进行统一处理。

② 证照转化、处理:对各类证照数据进行采集、清洗后,将电子证照统一转化成电子格式文件。系统应具备对证照采集和填报的数据进一步处理的功能,主要包括证照版式处理、式样图叠加、扩展数据、文件编号等功能。

③ 数据封装:将证照数据电文元数据与证照照面进行封装处理,形成符合标准的证照数据电文文件,封装后系统可读取被封装的元数据和证照照面信息。

④ 证照文件生成与存储:电子证照信息进入数据库后,立即将其全部信息和样式封装并形成缩略图,保存时应包括信息来源和电子证照库名称,并以电子签名封装,以保证其不可修改。电子证照信息更新后,新数据重新生成证照信息文件,旧数据作为历史数据另行保存,不再支持检索,但可以备查。

⑤ 证照发放:电子证照的发证功能一般应在政务服务管理平台或相关业务系统扩展开发和补充实现。在一定范围内,可建设电子证照发证平台,为相关系统统一提供电子证照的生成功能。在生成电子证照后,将证照内容信息和电子证照文件通过数据交换平台交换到电子证照库保存。

⑥ 数据校验与证照验证:对已生成的证照数据电文可进行数据校验修改,提供自动校验(数据比对)和人工校验两种方式。

证照安全性验证包括防篡改、防抵赖验证,验证证照数据电文的电子印章及其来源的有效性。证照数据信息验证,分机读验证和目视验证两种。机读验证是政务服务管理平台获取到证照数据电文封装包后,读取封装包内的照面信息文件,对照面信息中登记事项进行自动匹配、查验;目视验证是指用目视的方式查验证照。

4) 电子证照的应用

电子证照作为实现全流程网上审批应用的最后一环,依托"一窗式受理、一站式服务"的政务服务模式,在流程上实现对电子材料、电子证照的生成、应用和共享。自然人和法人在办理过程中可以直接查询所需的电子证照和相关信息,以电子证照作为办事的材料依据,避免材料重复提交。同时实现纸质证照与电子证照同步签发,形成电子证照的全程闭环应用。部分政务服务中需提供的电子证明材料可通过相关部门电子证照库信息共享接口实现。业务部门提供一个信息查询服务接口,并由电子证照库统一管理这些接口服务。由电子证照库调用部门信息共享接口,获取符合条件的证明材料信息,生成电子证明文件予以保存,并将电子证明文件返回给用户用于保存或提交电子证明材料。

5) 电子证照的共享互认

电子证照的共享基于电子证照目录,按部门、行政区划、证照类别、持证者等信息分类;建立电子证照共享平台,实现跨部门、跨地区、跨层级共享和校验,按授权查询、下载、比对和复用,防篡改、防伪造、可验证。

平台提供本区域证照共享管理、证照目录及元数据的查阅功能,提供证照服务注册和证照服务发布功能;同时预留并支持跨省电子证照查询、比对功能以及跨省电子证照的验证功能。通过区域内外的分级处理,解决应用过程中电子证照的互认互信问题。通过国家政务服务平台的建设实现跨地区证照共享和互认。

从制度层面,依托国家相关法律法规,探索电子证照在各地区的共享与使用,逐步推动全国范围内的互认。如关于电子营业执照的使用,《中华人民共和国公司登记管理条例》明确规定,电子营业执照与纸质营业执照具有同等法律效力。

15.8.1.3 电子文书

电子文书主要是政务服务流转过程中形成的各类电子文件,如申请材料、电子证照等。

1) 形成方式

电子文书根据形成方式及信任级别,分为两种类型:

一是由政务服务管理平台产生或由其他可信平台共享形成,该类电子文书可直接应用于系统,无需核对信息,电子证照属于该类型电子文书。

二是由用户上传或窗口工作人员通过高拍仪上传,申请人提交的各类电子材料属于该类型电子文书。

2) 文件格式

电子文书采用安全通用的文件格式,并对文件类型、大小、图片拍摄、分辨率等有严格的限制。系统具备上传电子文书自动检查功能,如扫描件的分辨率、文书版面大小、文档格式等。若上传文件不符合材料格式上传要求,则系统自动提示申请人重新上传。

3) 数据保存与归档

数据保存与归档应具备防篡改、历史数据备查备用、电子文书归档等功能,以促进网上办事、审批办理和档案管理的无缝衔接。

4) 应用规则

对电子文书在政务服务中的应用,需建立规范的制度和工作程序并采取相应的技术措施。电子文书应用于政务服务的网上申请、受理、审批、办结等环节,应具备权限控制、痕迹保留功能,保证电子文书的产生、处理等过程符合规范。

15.8.1.4 电子印章

1) 电子印章的使用

政务服务申请人在线提交各类电子表单和电子文档材料时,根据所申请服务事项的要求,在电子表单和电子文档材料上加盖申请人的电子印章。

政务服务实施机构在事项办结时,应在办件结果电子证照及文书上加盖签发机构的电子印章。

经加盖电子印章的表单、文档材料、电子证照、文书,均可进行签章信息查看(包括签章者姓名、印章名称、签章时间、签章保护内容等)、印章证书查看(包括印章关联证书的基本信息、有效期限、颁发机构和颁发目的等)、文档完整性检查(被篡改的文档显示无效印章的样式)。

2) 电子印章系统

电子印章须具备以下功能:

(1) 电子印章管理 包括电子印章的申请、审批、制作、发放、挂失和销毁等管理功能。

(2) 电子签章认证 包括电子签章认证、身份认证、数字签名认证和信息加解密。

① 数字证书合法性验证:验证数字证书是否由指定的合法颁发机构颁发。

② 数字证书是否过期:验证数字证书是否在有效期内。

③ 数字证书是否被废止:从数字证书中心获取废止的证书列表,确保被废止的数字证书对应的电子印章不可以签章。

④ 数字签名验证:对提交的数字签名数据包进行解析和验证,防止在传输过程中数据被非法篡改。

(3) 客户端电子签章 在客户端电脑、移动终端等设备上对具体的文档或信息内容进行电子签章和验证,一般包括文档电子签章、网页签章、表单签章、移动端签章等功能。

15.8.2 平台保障技术

15.8.2.1 安全保障

1) 安全保障要求

各级电子政务系统均应遵循国家信息安全等级保护相关规范以及国家保密管理和密码管理的有关要求,建立健全"互联网+政务服务"安全保障体系。通过整体考虑、顶层规划"互联网+政务服务"安全保障体系的建设,按照信息系统安全等级保护要求构建数据存储环境、应用系统环境、运行管理机制,确保政务数据安全和公民个人数据的合法应用。安全保障体系要与"互联网+政务服务"应用系统同步建设,对所建安全保障体系要进行重点保护,实施动态调整。

2) 安全保障体系的组成

(1) 物理安全 一是机房安全,采用门禁控制系统、摄像头在线监控。二是应急灾难备份恢复,对机房的电源、重要主机、存储、重要线路等重要设备的冗余设计,要进行系统级的整体数据备份设计。

(2) 网络安全 在不同的安全域边界部署防火墙系统,在上下级网络边界部署 VPN 虚拟专用网关设备,在核心交换区部署 IPS 入侵防御系统,在相应的设备上根据自身网络结构配置相应的安全策略,保障必要的数据和服务交换安全。

（3）数据安全　　一是在必要的网络边界部署加密设备,保障数据网络传输安全。二是各级政务服务系统的数据库管理系统要做好数据库自身的安全配置,登录账户要专人专管,密码要实现数字和字母符号混合设置并定期更换,防止外网和内网用户直接访问和恶意攻击。三是数据存储备份恢复系统要做好定期的本地多种方式的重要数据备份和异地的远程数据备份。备份恢复工作要专人负责,责任到人。四是用户名、口令等关键信息应当加强安全保护。

（4）系统安全　　一是部署网络层的病毒防范体系,由病毒监测中心和各个主机上的病毒防治终端构成,实时监测系统中的各类病毒,防止基于邮件的各类攻击。二是对主机中的操作系统进行相应的口令设置、权限配置,对系统操作日志进行周期性转储审计工作。三是漏洞扫描和补丁分发,通过漏洞扫描系统和补丁分发系统可以主动发现系统、数据库、应用服务系统存在的安全漏洞,并修复安全漏洞。

（5）应用安全　　一是网页防篡改,对标准应用的 HTTP 服务部署网页防篡改系统,防止黑客对网页文件进行攻击。二是对用户身份进行统一管理,对应用服务资源进行访问控制,对用户行为进行追溯审计。三是加强对网页挂马、SQL 注入、漏洞利用等攻击的防护。四是加强应用代码的安全管理。

3) 对电子证照、网上支付等重要系统和关键环节进行全流程安全监控

电子证照、网上身份认证、网上支付等重要系统和关键环节是"互联网＋政务服务"技术体系建设和运行的关键,对这些系统和重要环节的安全性应给予端到端的全过程监控,及时发现和解决问题隐患,以确保关键业务正常运行。

4) 重视数据交换和信息共享存在的安全风险,完善开放接口的安全防护功能

数据交换和信息共享是"互联网＋政务服务"技术体系得以发挥作用乃至正常运转的核心能力。任何数据交换和信息共享过程都会对系统的安全性造成影响。应采取有针对性的安全措施,完善开放接口的安全防护功能,对数据交换和信息共享环节给予端到端的全过程监控,及时发现和解决问题隐患,以确保关键业务正常运行。

5) 加大对平台中各类公共信息、个人隐私等重要数据的保障力度

加强平台中各类公共信息、个人隐私等重要数据的安全防护,建立数据安全规范。在系统后台对每类数据的安全属性进行必要的定义和设置,详细规定数据的开放范围和开放力度,并严格执行相应的权限管理。

15.8.2.2　运行管理

"互联网＋政务服务"技术体系要遵循国家信息安全等级保护指南的要求,进行自身的资产界定归类、安全防范技术应用、安全检测及风险评估;制定机房出入管理制度,机房监控日志保存制度,数据库管理、备份、恢复管理制度,网络设备配置管理制度,系统管理制度,突发应急事件处理流程,机房资产管理规范等。

15.9　网上政务服务的监督考核

监督考核是推进"互联网＋政务服务"工作的重要抓手。网上政务服务评估评价要按照"以用户为中心"的原则,从公众体验和信息化支撑的角度,结合对网上政务服务的内容、管理和运维等多方面的考察,建立科学有效的评估指标体系,促进各级政府部门不断提升政务服务供给质量。

思考题

1. 什么是政务数据资源的互联互通与整合共享?
2. 试述目录体系与交换体系间的相互关系。
3. 我国政务数据交换体系分哪几个层级,其结构如何?
4. 简述跨省访问基础数据资源的基本流程。
5. 简述建立数据共享利用的管理机制的基本要点。
6. 简述电子证照"一次提交、多方利用"的技术实现方式。
7. 简述电子文书的形成、格式、保存与应用。
8. 简述电子印章的功能与作用。
9. "互联网+政务服务"的安全保障体系主要涉及哪些内容?

附录一 2017年全国政府网站绩效评估指标体系（部委）

一级指标	权重	二级指标	权重	评估说明
信息公开	35	权责清单	5	主要考核公开部门权力清单和责任清单，两张清单是否对应一致，权利清单是否公布事项的项目编码、审批部门、项目名称、设定依据、审批对象以及服务指南等信息（注：无行政审批部委该项指标不计入考核）
		财政资金	5	主要考核发布2016年本单位财政资金信息，内容包括一般公共预算、政府性基金预算、国有资本经营预算拨款收支情况；财政拨款收支情况公开5张表格，"三公"经费按要求科目公开
		重点领域公开	5	主要考核公共资源配置、社会公益事业发展等信息的发布情况，明确公开的主体、范围、程序
		重大项目	5	主要考核重点改革任务、重大工程项目的批复情况以及执行情况的发布
		决策落实	5	主要考核重大决策、重要政策的落实情况的发布
		行业监管/执法监管	5	主要考核及时公开本部门负责的行业监管、行政执法信息（注：无监管职能部门该项指标不计入考核）
		其他主动公开信息	5	主要考核政策文件、人事信息、统计信息、规划计划信息公开的实时性、连续性
在线服务	25	便民服务	10	主要抽查履行业务职责产生的各类便民服务、信息查询服务提供及维护保障情况
		办事服务（有审批职能）	10	考查服务渠道建设情况、服务事项的准备性与规范性、服务功能的便捷性等方面
		业务专题（无审批职能）	5	主要考核围绕部门重点业务工作、重大决策决定建立专题专栏，考查专题栏目信息数量和更新情况
互动回应	20	政策解读	5	主要考核政策发布的及时性与准确性，解读形式和解读方式的丰富性与可读性
		热点回应	5	主要考核利用热点回应栏目、专题、新闻发布会、在线访谈等渠道，针对社会热点、焦点事件，及时予以回应，引导网络舆情
		调查征集	5	主要考核设置网上调查、意见征集等调查征集渠道，公众可有效表达合理诉求。 (1) 调查征集：就重大规划、政策制定、涉及群众利益的政府决策等提供渠道，开展民意征集、调查活动 (2) 应用效果：对公众意见、建议的公开、分析与采纳情况，每年度开展次数不少于6次
		信箱渠道	5	主要考核设立功能便捷的在线咨询投诉类渠道，并能及时有效地反馈用户信件。 (1) 渠道建设：设立在线信箱类互动渠道，提供操作使用说明；设置信件查询、答复满意度调查评价功能 (2) 反馈情况：公开1年内的有效信件；能够对一般信件在7个工作日内给予回复或反馈，无敷衍、推诿、答非所问等情况

(续表)

一级指标	权重	二级指标	权重	评估说明
创新发展	20	智能服务	5	主要考核提供访问终端响应式、智能搜索、智能问答、个性主页/服务、无障碍浏览等智能化的网站使用体验。 (1) 访问终端响应式：站点页面可根据不同的访问终端改变大小，如电脑、手机、平板等 (2) 智能搜索：对搜索内容智能匹配，根据内容相关性强弱提供结果排序，可对办事服务项目搜索一键直达 (3) 智能问答：对网站相关的一般性问题提供智能在线问答信息服务，智能交互体验准确性和关联性较好 (4) 个性主页/服务：开通个性化服务功能，通过用户身份、访问行为、阅读历史、智能定位等，提供个性化的信息推送或主动服务 (5) 无障碍浏览：针对视觉、听觉、肢体障碍以及老年人等弱势群体提供无障碍服务功能，并提供无障碍功能操作说明
		数据开放	5	主要考核是否公开数据开放目录，是否建立数据开放平台或专栏，以及数据开放的方式和数据持续更新情况
		社会化融合	5	主要考核是否开通微博、微信、移动客户端等新媒体；可通过便捷的方式获取新媒体服务；网站是否提供社交分享、评论等功能；是否利用新媒体作为回应社会关切的必要渠道；是否利用新媒体作为政务服务的必要渠道
		国际化程度	5	主要考核根据部门实际情况，提供外文版服务，包括行业信息介绍、动态信息发布、外事服务、交互服务等
附加项	▼10	减分项	▼10	主要考核本部门网站受到国务院办公厅相关通报批评或发生媒体曝光等其他负面影响的情况，经查实属网站管理原因的，直接扣5分
附加项	▼10	减分项	▼10	主要考核网站基础功能是否达到国家政策要求，网站内容未达到全国政府网站普查要求的给予一定减分： (1) 信息公开专栏：未设置信息公开专栏，或设置不规范；信息公开目录未持续更新；未开设依申请公开相关渠道，或渠道不能正常使用 (2) 首页更新：监测时间点前2周内首页无信息更新 (3) 栏目不更新：动态2周内无更新，通知公告和政策文件等6个月内无更新，应更新栏目出现1年以上长期未更新情况 (4) 栏目有效性：存在空白栏目，包括有栏目无内容、栏目内容无实际意义等情况 (5) 链接可用性：存在链接不准确/出错，图片、附件、外部链接无法访问等情况
附加项	▼10	减分项	▼10	主要考核网站安全问题，网页是否携带有病毒或被挂马，是否被搜索引擎收录为恶意网站，是否按中编办2562号文件要求，提供"党政机关"网站统一标识
合计	100	—	100	—

附录二 2017年全国政府网站绩效评估指标体系(省级)

一级指标	权重	二级指标	权重	评估说明
信息公开	20	清单公开	3	主要考核行政权力清单、责任清单、收费清单等清单的公开情况
		财政资金	3	主要考核发布年度各单位财政资金信息,内容包括一般公共预算、政府性基金预算、国有资本经营预算拨款收支情况;财政拨款收支情况公开5张表格,"三公"经费按要求科目公开
		公共监管/执法监管	3	主要考核安全生产、环境保护、卫生防疫、食品药品等执法和监管信息公开情况
		民生信息	3	主要考核各地在扶贫脱贫、社会救助、环境保护、教育卫生、食药安全等领域关于民生信息的公开情况
		公共资源配置	2	主要考核采购招标、土地出让、征地拆迁等方面信息的公开情况
		重大建设项目	2	主要考核各地重大项目名单及重大项目建设进展信息的公开情况
		决策落实	2	主要考核重大决策、重要政策的落实情况的发布
		其他主动公开信息	2	主要考核政策文件、人事信息、统计信息、规划计划信息公开的实时性、连续性
在线服务	35	平台化建设	15	主要考核省级集约化政务服务平台建设情况,在网站醒目位置提供入口;用户管理上实现统一身份认证和单点登录;流程上涵盖从办事指南、表格下载、网上预约、网上申请、状态查询、咨询投诉等各环节的相关服务;范围上至少涵盖省、市、县三级服务,各级政府机构网站服务与平台反向融合
		业务服务事项	15	主要考核提供的行政审批服务事项是否与权力清单保持统一;行政审批服务事项是否实行编码管理;行政审批与便民服务事项是否按不同性质进行分类;各服务事项提供要素的数量;各服务事项要素内容是否不为空
		功能应用	5	主要考核服务平台各项功能的易用性和便捷性,提供人性化导航服务,提供服务满意度评价功能
互动回应	20	政策解读	5	主要考核政策发布的及时性与准确性,解读形式和解读方式的丰富性与可读性
		热点回应	5	主要考核利用热点回应栏目、专题、新闻发布会、在线访谈等渠道,针对社会热点、焦点事件,及时予以回应、引导网络舆情
		调查征集	5	主要考核设置网上调查、意见征集等调查征集渠道,公众可有效表达合理诉求。 (1)调查征集:就重大规划、政策制定、涉及群众利益的政府决策等提供渠道,开展民意征集、调查活动 (2)应用效果:对公众意见、建议的公开、分析与采纳情况,每年度开展次数不少于6次
		信箱渠道	5	主要考核设立功能便捷的在线咨询投诉类渠道,并能及时有效地反馈用户信件。 (1)渠道建设:设立在线信箱类互动渠道,提供操作使用说明;设置信件查询、答复满意度调查评价功能 (2)反馈情况:公开1年内的有效信件;能够对一般信件在7个工作日内给予回复或反馈,无敷衍、推诿、答非所问等情况

(续表)

一级指标	权重	二级指标	权重	评估说明
数据开放	10	开放目录	3	主要考核网站是否发布政府数据资源开放目录以及开放目录的规范性
		渠道建设	3	主要考核省级数据开放渠道的建设,包括完整性、数据集数量、数据类型、涉及领域等方面
		开放方式	2	主要考核平台数据获取的便捷性,包括数据获取收费方式、数据使用条件、数据格式等方面
		数据更新	2	主要考核平台数据是否保持持续更新
创新发展	15	智能服务	5	主要考核提供访问终端响应式、智能搜索、智能问答、个性主页/服务、无障碍浏览等智能化的网站使用体验。 (1) 访问终端响应式:站点页面可根据不同的访问终端改变大小,如电脑、手机、平板等 (2) 智能搜索:对搜索内容智能匹配,根据内容相关性强弱提供结果排序,可对办事服务项目搜索一键直达 (3) 智能问答:对网站相关的一般性问题提供智能在线问答信息服务,智能交互体验准确性和关联性较好 (4) 个性主页/服务:开通个性化服务功能,通过用户身份、访问行为、阅读历史、智能定位等,提供个性化的信息推送或主动服务 (5) 无障碍浏览:针对视觉、听觉、肢体障碍以及老年人等弱势群体提供无障碍服务功能,并提供无障碍功能操作说明
		社会化融合	5	主要考核是否开通微博、微信、移动客户端等新媒体;可通过便捷的方式获取新媒体服务;网站是否提供社交分享、评论等功能;新媒体是否作为回应社会关切的必要渠道;新媒体是否作为政务服务的必要渠道
		国际化程度	5	主要考核根据当地实际情况,提供外文版服务,包括地区介绍、动态信息发布、外事服务、交互服务等
附加项	▼10	减分项	▼10	主要考核本级政府网站受到国务院办公厅相关通报批评或发生媒体曝光等其他负面影响的情况,经查实属网站管理原因的,直接扣5分
				主要考核网站基础功能是否达到国家政策要求,网站内容未达到全国政府网站普查要求的给予一定减分: (1) 信息公开专栏:未设置信息公开专栏,或设置不规范;信息公开目录未持续更新;未开设依申请公开相关渠道,或渠道不能正常使用 (2) 首页更新:监测时间点前2周内首页无信息更新 (3) 栏目不更新:动态2周内无更新,通知公告和政策文件等6个月内无更新,应更新栏目出现1年以上长期未更新情况 (4) 栏目有效性:存在空白栏目,包括有栏目无内容、栏目内容无实际意义等情况 (5) 链接可用性:存在链接不准确/出错,图片、附件、外部链接无法访问等情况
				主要考核网站安全问题,网页是否携带有病毒或被挂马,是否被搜索引擎收录为恶意网站,是否按中编办2562号文件要求,提供"党政机关"网站统一标识
合计	100	—	100	—

附录三 2017年全国政府网站绩效评估指标体系（市级）

一级指标	权重	二级指标	权重	评估说明
政务公开	30	清单公开	4	主要考核行政权力清单、责任清单、收费清单等清单的公开情况
		财政资金	4	主要考核发布2016年本单位财政资金信息，内容包括一般公共预算、政府性基金预算、国有资本经营预算拨款收支情况；财政拨款收支情况公开5张表格，"三公"经费按要求科目公开。
		公共监管/执法监管	4	主要考核安全生产、环境保护、卫生防疫、食品药品等执法和监管信息公开情况
		民生信息	4	主要考核各地在扶贫脱贫、社会救助、环境保护、教育卫生、食药安全等领域关于民生信息的公开情况
		公共资源配置	4	主要考核采购招标、土地出让、征地拆迁等方面信息的公开情况
		重大建设项目	4	主要考核各地重大项目名单及重大项目建设进展信息的公开情况
		决策落实	3	主要考核重大决策、重要政策的落实情况的发布
		其他主动公开信息	3	主要考核政策文件、人事信息、统计信息、规划计划信息公开的实时性、连续性。
在线服务	35	公共服务	10	主要考核教育领域等各类公共服务资源的整合提供情况。重点考查政府网站对学前教育、中小学教育、高等教育、继续教育、特殊教育、教育救助与资助等教育服务的基本信息提供情况,包括基本信息介绍、指南信息、收费标准、相关政策等
		平台化建设	10	主要考核平台集约化建设情况,在省级平台已建的情况下,是否统一使用省级平台；省级平台未建的情况下,是否建立市、县两级统一平台；在网站醒目位置提供入口。用户管理上实现统一身份认证和单点登录；流程上涵盖从办事指南、表格下载、网上预约、网上申请、状态查询、咨询投诉等各环节的相关服务；各级政府机构网站服务与平台反向融合
		服务事项	10	主要考核提供的服务事项是否与权力清单保持统一；服务事项是否实行编码管理；服务事项是否按不同性质进行分类；服务事项要素内容是否不为空
		功能设置	5	主要考核服务平台各项功能的易用性和便捷性,提供人性化导航服务,提供服务满意度评价功能
互动回应	20	政策解读	5	主要考核政策发布的及时性与准确性,解读形式和解读方式的丰富性与可读性
		热点回应	5	主要考核利用热点回应栏目、专题、新闻发布会、在线访谈等渠道,针对社会热点、焦点事件,及时予以回应,引导网络舆情
		调查征集	5	主要考核设置网上调查、意见征集等调查征集渠道,公众可有效表达合理诉求。 (1)调查征集：就重大规划、政策制定、涉及群众利益的政府决策等提供渠道,开展民意征集、调查活动 (2)应用效果：对公众意见、建议的公开、分析与采纳情况,每年度开展次数不少于6次

(续表)

一级指标	权重	二级指标	权重	评估说明
互动回应		信箱渠道	5	主要考核设立功能便捷的在线咨询投诉类渠道,并能及时有效的反馈用户信件。 (1) 渠道建设：设立在线信箱类互动渠道,提供操作使用说明；设置信件查询、答复满意度调查评价功能； (2) 反馈情况：公开1年内的有效信件；能够对一般信件在7个工作日内给予回复或反馈,无敷衍、推诿、答非所问等情况
创新发展	15	智能服务	5	主要考核提供访问终端响应式、智能搜索、智能问答、个性主页/服务、无障碍浏览等智能化的网站使用体验： (1) 访问终端响应式：站点页面可根据不同的访问终端改变大小,如电脑、手机、平板等 (2) 智能搜索：对搜索内容智能匹配,根据内容相关性强弱提供结果排序,可对办事服务项目搜索一键直达 (3) 智能问答：对网站相关的一般性问题提供智能在线问答信息服务,智能交互体验准确性和关联性较好 (4) 个性主页/服务：开通个性化服务功能,通过用户身份、访问行为、阅读历史、智能定位等,提供个性化的信息推送或主动服务 (5) 无障碍浏览：针对视觉、听觉、肢体障碍以及老年人等弱势群体提供无障碍服务功能,并提供无障碍功能操作说明
		社会化融合	5	主要考核是否开通微博、微信、移动客户端等新媒体；可通过便捷的方式获取新媒体服务；网站是否提供社交分享、评论等功能；新媒体是否作为回应社会关切的必要渠道；新媒体是否作为政务服务的必要渠道
		国际化程度	5	主要考核根据当地实际情况,提供外文版服务,包括地区介绍、动态信息发布、外事服务、交互服务等
附加项	▼10	减分项	▼10	主要考核本级政府网站受到国务院办公厅相关通报批评或发生媒体曝光等其他负面影响的情况,经查实属网站管理原因的,直接扣5分
				主要考核网站基础功能是否达到国家政策要求,网站内容未达到全国政府网站普查要求的给予一定减分： (1) 信息公开专栏：未设置信息公开专栏,或设置不规范；信息公开目录未持续更新；未开设依申请公开相关渠道,或渠道不能正常使用 (2) 首页更新：监测时间点前2周内首页无信息更新 (3) 栏目不更新：动态2周内无更新,通知公告和政策文件等6个月内无更新,应更新栏目出现1年以上长期未更新情况 (4) 栏目有效性：存在空白栏目,包括有栏目无内容、栏目内容无实际意义等情况。 (5) 链接可用性：存在链接不准确/出错、图片、附件、外部链接无法访问等情况
				主要考核网站安全问题,网页是否携带有病毒或被挂马,是否被搜索引擎收录为恶意网站,是否按中编办2562号文件要求,提供"党政机关"网站统一标识
合计	100	—	100	

参考文献

[1] DAMA International. DAMA 数据管理知识体系指南[M]. 马欢,刘晨,等译. 北京:清华大学出版社,2012.

[2] (加)Jiawei Han,Micheline Kamber. 数据挖掘概念与技术[M]. 范明,孟小峰,译. 北京:机械工业出版社,2011.

[3] (美)Sunil Soares. 大数据治理[M]. 匡斌,译. 北京:清华大学出版社,2014.

[4] 刘鹏. 云计算[M]. 3 版. 北京:电子工业出版社,2010.

[5] 唐鹏,孟昭莉,刘琼,等. 互联网+政务:从施政工具到治理赋能[M]. 北京:电子工业出版社,2016.

[6] 孙松涛. 电子政务绩效评估:思考与体系构建[M]. 北京:人民出版社,2014.

[7] 田景熙,洪琢. 电子政务信息系统规划与建设[M]. 北京:人民邮电出版社,2010.

[8] 蔡立辉,于刚强. 电子政务[M]. 2 版. 北京:清华大学出版社,2009.

[9] (荷)Jan van Bon. IT 管理框架[M]. 刘向晖,译. 北京:清华大学出版社,2009.

[10] (美)Peter Aiken,Michael Gorman. 首席数据官实践:重铸高管团队,充分利用最有价值资产[M]. 刘晨,宾军志,译. 北京:清华大学出版社,2015.

[11] (美)Richard Y Wang,Elizabeth M Pierce,Stuart E Madnick,et al. 信息质量[M]. 曹建军,刁兴春,许永平,译. 北京:国防出版社,2013.

[12] (美)Danette McGilvray. 数据质量工程实践:获取高质量数据和可信信息的十大步骤[M]. 刁兴春,曹建军,张健美,等译. 北京:电子工业出版社,2010.

[13] 单志广,房毓菲,王娜. 大数据治理:形势、对策与实践[M]. 北京:科学出版社,2016.

[14] 戴剑伟,吴照林,朱明东,等. 数据工程理论与技术[M]. 北京:国防工业出版社,2010.

[15] 蔡立辉,等. 电子政务应用中的信息资源共享机制研究[M]. 北京:人民出版社,2012.

[16] 杨兴凯. 电子政务[M]. 4 版. 大连:东北财经大学出版社,2018.

[17] 周贺来. 基于电子政务的政府公共服务电子化研究[M]. 北京:中国水利水电出版社,2018.

[18] 金江军. 电子政务理论与方法[M]. 4 版. 北京:中国人民大学出版社,2017.